경찰인사관리론

[제 6 판]

신 현 기 저

法 文 社

Theory of Police Personal Management

6th Edition

by

Prof. Dr. Hyun Ki Shin

2018

Bobmun Sa

Paju Bookcity, Korea

Mein ganz besonders Dank gilt meinem verehrten Doktorvater Herrn Prof. Dr. Peter J. Opitz der Ludwig-Maximilians-Universität München Deutschland/Germany

Am 27 Juli 2016(Dienstag), im Untersuchungsbüro von Herrn Prof. Dr. Peter J. Opitz an der Universität München

제 6 판에 즈음하여

우리나라 경찰공무원의 수는 지속적으로 증가하고 있는데 박근혜 정부에서 16,000여명을 증원하고 2017년 5월에 출범한 문재인 정부에서도 증원작업은 계속되고 있다. 의무경찰을 제외하고 2018년 현재 국가경찰 수는 대략 130,000여명의 달하는 것으로 알려져 있다.

2014년 12월에는 인천지방경찰청도 치안정감으로 청장의 직급이 조정됨으로써 전체 치안정감의 수도 6명으로 증가하였으며 2016년 3월 경기북부지방경찰청이 개청됨으로써 17개 지방경찰청 시대를 열었다. 이에 따라 2018년 7월 기준 전국의 경찰서 수도 총 254개로 증가하였으며 2019년에는 인구가 125만명을 넘어서고 있는 수원시, 화성시, 남양주시, 평택시, 인천광역시 등에 추가로 경찰서가 문을 열게 될 단·중장기 계획도 세워져 있다.

이러한 경찰인력 증가와 조직의 확대에 따라 2018년 경찰예산도 10조 8,181억원에 달했다. 경찰 1인당 국민담당 수도 450여명으로 비교적 높기 때문에 경찰인력은 당분간 증원될 가능성이 매우 높다. 경찰청도 직원들의 경찰복지분야를 꾸준히 개선시키는 노력에 집중하고 있어 이전에 비해 눈부실 만큼 큰 발전을 거듭하고 있다. 경찰입직면에서도 매년 지원경쟁률이 지속적으로 높아지고 있다. 저자는 이번 개정6판에서 이전의 내용들을 과감하게 삭제하고 경찰공무원을 원하는 응시생들에게 지식의 폭을 넓게 해주고자 노력했다. 특히 이번 개정판은 시험에 자주 출제되는 주요영역 위주로 대폭 개정 작업을 진행했다. 또한 2018년 7월까지의 최신자료로 보완하는 데도 심혈을 기울였다.

끝으로 본서의 개정판을 흔쾌히 결정해 주신 법문사 사장님과 이번 개정 작업에 물심양면으로 수고가 많으셨던 법문사 편집부 김제원 이사님과 영업부 정해찬 선생님에게 심심한 감사를 전한다.

2018년 가을학기를 기다리며
신산본 한세대학교에서
신 현 기

제 5 판에 즈음하여

저자가 경찰인사관리론을 개정하여 제4판을 내놓은지도 어느덧 2년이 지났다. 그동안에 경찰인사관리 분야에서 많은 관련 법률들이 지속적으로 개정되었다. 우리나라 경찰공무원의 수도 지속적으로 증가하였는데 특히 박근혜 정부가 2013년 2월에 출범하여 20,000명의 경찰공무원을 증원하기로 하고 적극적으로 추진한 결과 2014년과 2015년에 걸쳐 수천여명이 증원됨으로써 전체 경찰인력이 어림잡아 116,000여명에 달하는 것으로 알려져 있다.

2014년 12월에는 인천지방경찰청도 치안정감으로 청장의 직급이 조정됨으로서 전체 치안정감의 수도 6명으로 증가하였다. 또한 전국의 경찰서 수도 251개로 증가하였으며 2019년에는 인구가 120만명을 보여주고 있는 수원시에 경찰서가 1개 증설될 예정이다. 인천광역시의 경우도 늘어나는 인구증가로 인해 경찰서 증설을 구체화하고 있는 등 경찰조직의 양적증가를 보여주고 있다. 특히 우리나라 경찰의 경우 2016년을 기해 예산증가 면에서 10조원을 넘어서는 거대조직이 되었다. 경찰의 국제적 위상도 상당히 높아졌으며 2015년에는 필리핀에 코리아데스크와 수사교통조사 사무환경 개선 예산 57억원도 확보하게 되는 비약적인 발전도 보여주고 있다. 경찰복지분야에서도 꾸준히 개선노력을 기울인 결과 이전에 비해 눈부실 만큼 큰 발전을 거듭하고 있다. 경찰입직면에서도 매우 높은 지원경쟁률을 보여주고 있으며 젊은이들에게 인기가 상승하고 있다.

본 저서의 이번 개정판에서는 전반적으로 새로운 자료로 업그레이드 하는 노력을 기울였으나 부분적으로 신자료의 접근 부족으로 인해 미비한 점이 남아 있으며 추후 지속적으로 보완해 나갈 것이다.

끝으로 개정 5판을 흔쾌히 결정해 주신 법문사 사장님과 이번 개정 작업에 물심양면으로 수고가 많으셨던 법문사 편집부의 최문용 차장님과 영업부의 정해찬 선생님에게 심심한 감사를 드린다.

2016년 초봄 신산본 한세대학교에서

신 현 기

제 4 판에 즈음하여

필자는 2003년 우리나라에서 처음으로 법문사를 통해 관동대 이영남 교수와 공저로 경찰인사관리론을 출판한 이후 2006년에 제2판을 내놓았고 2012년에는 제3판을 개정해 냈다. 그 후 불과 1-2년 사이에도 우리 사회의 치안환경이 급속히 변화하였다. 이러한 변화에 걸맞게 경찰청도 상당히 많은 부분에서 관련 법률들을 개정 및 정비하면서 경찰인사제도의 개선을 시도하였다. 특히 2013년 2월 25일 박근혜 정부가 출범하면서 행정안전부를 안전행정부로 명칭까지 변경하면서 국내 치안안전을 중요시하였으며 나아가서 경찰공무원을 18,000여명 이상 새로이 충원하는 대선공약을 2013년 여름부터 실천에 옮기기 시작했다. 이처럼 많은 영역에서 경찰인사관리 부분에 변화가 오고 이에 걸맞게 새로 개정된 최근 내용들을 수용하여 금번에 개정4판을 세상에 내놓게 되었다. 필자는 제4판에서는 기존 목차의 기본틀을 대부분 그대로 유지하도록 하면서 전 분야에 걸쳐 2013년 말까지의 최신 자료들을 소개하는 데 집중했다. 본서가 경찰행정학과 학생들, 대학원생, 관련 경찰공무원과 경찰학자들에게 경찰인사관리 분야를 익히고 연구하는 데 있어 적지 않은 도움이 될 것으로 본다.

이 자리를 빌려 저자의 경찰인사관리론 연구에 든든한 자문을 해주시는 관동대 이영남 교수, 대구한의대 박동균 교수, 계명문화대 김용태 교수, 강동대 정상완 교수, 국민대 박억종 교수, 한라대 남재성 교수를 비롯해 여러 동료교수들에게 특별한 고마움을 표한다. 그리고 1999년 초 저자에게 박사학위를 수여해 주고 오늘날 학문의 길을 걷게 해주신 독일 바이에른 주 주립 뮌헨(LMU München)대학교 페터 요하임 오피츠(Peter J. Opitz) 지도교수님에게 진심으로 감사를 전한다(Mein ganz besonders Dank gilt meinem verehrten Doktorvater Herrn Prof. Dr. Peter J. Opitz der LMU München Germany). 그리고 본서가 출판되는 데 있어 교정작업에 수고가 많았던 정현정 경찰학 석사에게 고마움을 전하며, 그의 미래 학문세계가 순조롭게 펼쳐지기를 기도한다. 또한 개정판을 흔쾌히 결정해 주신 법문사 사장님과 이번 개정 작업에 물심양면으로 많은 도움을 주신 법문사 편집부의 김용석 과장과 영업부의 권혁기 대리에게 심심한 사의를 표하는 바이다.

2014년 초봄 신산본 한세대학교에서

신 현 기

제 3 판에 즈음하여

필자는 2003년 우리나라에서 처음으로 법문사를 통해 경찰인사관리론을 출판한 이후 2006년에 제2판을 내놓았는데 벌써 5년의 시간이 흘렀다. 긴 시간이 흐르면서 우리 사회의 치안환경이 급속히 변화하였다. 이러한 변화에 걸맞게 경찰청도 상당히 많은 부분에서 관련 법률들을 개정 및 정비하면서 경찰인사제도의 개선을 시도하였다.

저자가 초판을 세상에 내놓을 때까지만 해도 경찰인사관리론 분야는 사실상 불모지였으나 개정판을 거듭하였고, 다른 경찰학자들도 저술작업을 본격화하면서 이제는 어느 정도 체계가 잡힌 것으로 보인다. 필자는 금번에 제3판을 개정하면서 기존 목차의 기본틀을 대부분 그대로 유지하되 전 분야에 걸쳐 2012년 초까지의 최신 통계자료와 상당히 많은 내용들을 넣고빼는 노력을 했다는 점에서 전체적인 가치를 인정해 주기 바란다. 본서가 경찰행정학과 학생들, 대학원생, 관련 경찰공무원과 경찰학자들에게 경찰인사관리 분야를 익히고 연구하는데 있어서 다소나마 도움이 될 것을 기대한다.

이 자리를 빌려 저자의 경찰인사조직관리 연구에 있어서 항상 든든한 자문을 해주시는 관동대 경찰행정학과의 이영남 교수, 대구한의대 박동균 교수를 비롯해 여러 동료교수들에게 특별한 고마움을 표한다. 그리고 저자가 박사학위를 받도록 끝까지 인내해 주셨고 학문의 길을 걷는 데 있어 오늘도 염려를 아끼지 않으시는 독일 국립 뮌헨대학교 페터 요하임 오피츠 교수님에게 진심으로 감사를 전한다(Mein ganz besonders Dank gilt meinem verehrten Doktorvater Herrn Prof. Dr. Peter J. Opitz der LMU München Germany). 그리고 제3판이 세상에 나올 수 있도록 물심양면으로 많은 도움을 주신 법문사 편집부의 김용석 과장님과 영업부의 권혁기 선생님 그리고 출간을 흔쾌히 결정해 주신 배효선 사장님께도 심심한 사의를 표하는 바이다.

2012년 초봄 신산본 한세대학교에서

신 현 기

개정판에 즈음하여

2003년에 경찰인사관리론을 처음 출판한 이후 지금까지, 그리 길지 않은 시간에도 불구하고 사회는 급속히 변화하였다. 무엇보다 경찰청은 급변하는 시대정신에 걸맞게 상당히 많은 부분에서 경찰인사제도상의 야심찬 개선을 시도하였다.

저자는 기존에 불모지였던 경찰인사관리론 분야의 국내 저술이 전무하였던 상태에서 경찰인사관리론을 강의하며 모은 이런저런 자료들을 미숙하나마 한 권의 책으로 법문사를 통해 출판했었고 어느덧 3년이 지났다. 이러한 가운데 저자는 추가적으로 새로운 자료들을 수집하며 경찰인사관리론의 개정을 계획했었고 금번에 그 작업을 시도하여 보다 나은 결과를 얻고자 했다. 그러나 능력의 한계로 인해 만족하기에는 아직도 갈 길이 멀다. 그럼에도 불구하고 이번 개정판에서는 될 수 있는 한 지난 번의 골격을 유지하되 전면 개정을 시도했다는 점에서 크게 차별화된다. 특히 최근 변화된 경찰인사관리 분야의 자료들과 통계들을 최대한 수록하는 데 심혈을 기울였다는 점에서 전체적인 가치를 평가해 주기 바란다. 본서가 경찰행정학과 학생들이 경찰인사관리 분야를 익히고 연구하는 데 있어서 좋은 길라잡이가 될 것을 기대한다.

본 저서는 총 12개장으로 전면 개정하였는바,

제 1 장 경찰의 인사관리
제 2 장 경찰공무원의 모집
제 3 장 경찰공무원의 선발과 임용
제 4 장 경찰공무원의 교육훈련
제 5 장 경찰의 보직관리와 보직공모제
제 6 장 경찰공무원의 내부임용
제 7 장 경찰공무원의 근무성적평정과 징계
제 8 장 경찰공무원의 사기
제 9 장 정년제도와 연금관리제도

제10장 경찰공무원의 윤리와 부패
제11장 경찰공무원 노조
제12장 21세기 한국 경찰의 인사관리상 과제 등으로 구성했다.

이 자리를 빌려 저자의 경찰학 연구에 있어서 항상 든든한 후원자가 되어 주신 관동대학교 경찰행정학과의 이영남 교수님에게 특별한 고마움을 표한다. 그리고 저자의 박사학위 지도 교수였으며 학문의 길을 걷는 데 항상 염려를 아끼지 않으시는 독일 국립 뮌헨대학교 페터 요하임 오피츠 교수님에게 진심으로 감사를 전한다(Mein ganz besonders Dank gilt meinem verehrten Doktorvater Herrn Prof. Dr. Peter J. Opitz der LMU Muenchen Germany). 그리고 언제나처럼 이 책이 정리되어 출판되는 동안 물심양면으로 많은 도움을 주신 도서출판 법문사 영업부의 고영훈 과장님과 편집부의 김용석 선생님에게도 진심으로 감사한다. 끝으로 본 개정판의 출간을 흔쾌히 결정해 주신 배효선 사장님께도 심심한 사의를 표하는 바이다.

2006년 겨울 신산본 한세대학교에서

신 현 기

머 리 말

먼저 수년간 본 저서의 필자들이 경찰행정학과에서 연구와 교직생활을 통해 인식의 관심사로 삼아왔던 경찰인사관리에 관한 내용들을 한 권의 학술연구서로 내놓게 됨을 무엇보다 기쁘게 생각한다. 지난번에 필자들은 『경찰조직관리론』이라는 저서를 법문사에서 출판한 바 있다. 이러한 연구 노력에 힘입어 금번에는 그동안의 경찰인사관리론 영역을 연구하고 강의하면서 익힌 내용들을 정리해 『경찰인사관리론』이라는 제목을 달아 또 한 권의 저서를 세상에 내놓게 되었다. 40여년 전 처음으로 동국대학교에 경찰행정학과가 설치된 이후 아직까지 경찰인사관리론에 관한 저서가 출판되지 않아 다수의 경찰행정학과 학생들이 경찰인사관리 분야를 이해하는 데 어려움이 있었을 것으로 사료된다. 이 분야의 학술연구서가 하루 빨리 출판되어야 한다는 것이 그동안 경찰행정학계의 오랜 숙제 중 하나였다.

특히 본서는 기존에 경찰인사관리론이라는 영역이 불모지였다는 점 때문에 선행연구서를 참고할 수 없는 입장이었다. 따라서 목차에서부터 그 내용에 이르기까지 미숙한 부분이 적지 않다는 점을 밝혀둔다. 하지만 가급적이면 최신 자료들을 활용하고자 하는 노력에 심혈을 기울였다. 이번 기회를 통해 미개척 분야를 나름대로 한 권의 책으로 정리한다는 것이 얼마나 어려운가 하는 점을 다시 한 번 실감하게 되었다. 여러 가지 제약들로 인해 더 좋은 연구서를 만들지 못한 아쉬움이 크게 남는다.

본서는 경찰행정학을 전공하는 학부생과 대학원생들이 경찰인사관리론 부분에서 반드시 이해하고 넘어가야 할 과제영역에 기초적 자료를 제공하는 데 역점을 두고 저술되었다. 필자들은 이 경찰인사관리론의 영역을 한 권의 책으로 출판하는 작업을 처음으로 시도한 데에 만족하지 않고 향후 보다 나은 학술연구서가 되도록 지속적으로 보태고 다듬어 나갈 계획이다. 독자들의 따가운 비판을 기대한다.

본 저서는 총 10장으로 구성되었다.

제 1 장 경찰의 인사관리
제 2 장 경찰공무원의 모집
제 3 장 경찰공무원의 임명
제 4 장 경찰공무원의 내부임용
제 5 장 경찰공무원의 해직, 복직 및 보직공모제
제 6 장 경찰공무원의 교육훈련
제 7 장 경찰공무원의 근무성적평정
제 8 장 경찰공무원의 사기와 동기부여
제 9 장 경찰공무원의 부패와 그 대책
제10장 21세기 한국 경찰의 인사관리상 과제 등이 바로 그것이다.

원고정리에 수고가 많았던 한세대학교 경찰행정학과 김종태 군에게 이 자리를 빌려 고마움을 전한다. 언제나처럼 이 책이 정리되어 출판되는 동안 물심양면으로 많은 도움을 주신 도서출판 법문사 영업부의 고영훈 선생님과 편집부의 김용석 선생님에게도 진심으로 감사한다. 또한 본 저서의 출판을 흔쾌히 결정해 주신 배효선 사장님께도 심심한 사의를 표하는 바이다.

2003년 여름

신현기 · 이영남

차　　례

제 1 장　경찰의 인사관리

제 2 장 경찰공무원의 모집

제 3 장 경찰공무원의 선발과 임용

제 5 장　경찰공무원의 근무성적평정

제 7 장 경찰공무원의 권리와 의무 및 책임

제 1 절 경찰공무원의 권리
(267~275)

제 2 절 경찰공무원의 의무
(275~278)

제 3 절 경찰공무원의 징계
(279~312)

제 8 장 경찰공무원의 사기

제10장 경찰공무원의 정년제도와 연금관리제도

제 1 장

경찰의 인사관리

제 1 절 경찰인사관리의 이론적 토대

Ⅰ. 경찰인사관리의 의의

경찰인사관리(police personal management)라 함은 합법적이고 합리적인 규칙에 토대를 두고 경찰관의 모집, 채용, 특기분리, 교육훈련, 승진, 사후관리 등을 보다 효과적이고 효율적으로 공정하게 추진해 나가는 일련의 동태적인 과정을 의미한다. 이러한 이유 때문에 경찰조직의 인사담당 부서에서 인력규모와 경찰관의 자질향상을 위한 단기 또는 중·장기적인 계획을 제대로 세워야만 올바른 경찰의 인사관리가 가능하다. 즉 경찰의 인사관리란 위에서 언급한 모집이나 채용 이외에도 적절한 배치전환, 경찰관에 대한 재교육 및 훈련, 동기부여, 행동통제를 중심으로 경찰관들이 자부심을 가진 직업인으로서 공공의 안녕과 질서유지를 위한 제반 경찰업무를 보다 동태적으로 추진해 나가는 일련의 활동으로 정리할 수 있다.[1)]

1) 전용린 · 박영대, 『경찰경무론』(용인: 경찰대학, 2002), pp. 141～143; 임준태, 『경찰학개론』(서울: 좋은세상, 2002), p. 255.

Ⅱ. 경찰인사관리의 목적

인사관리의 목적은 상당히 다양하고 광범위한 관계 때문에 간단히 설명한다는 것이 쉬운 일은 아니다. 경찰인사관리의 목적을 다음과 같이 정리할 수 있다.[2)]

첫째, 효율적인 경찰인력의 운영이다. 경찰관들의 근무의욕과 사기가 높은 수준을 유지하도록 하는 것이 중요한 목적이라는 것이다. 이러한 목적을 수행해 나가는 데 있어서 경찰관의 자질과 개성, 경력 등을 충분히 고려해 합리적으로 인력수급계획을 추진해 나가는 일은 무엇보다 중요하다는 것이다.

둘째는 합리적이고 객관적인 기준을 중심으로 한 공정성의 확보문제이다. 사사로운 정에 이끌려 행해지는 정실인사는 배격되어야 하며 가능한 한 실적제에 토대를 두고 채용이나 교육훈련, 보직, 근무성적관리 및 승진 등이 공정하게 이루어지도록 해야 한다는 것이다.

셋째는 경찰조직과 경찰관 개개인의 욕구에 대한 조화이다. 개인의 욕구가 어느 정도는 충족될 때 전체 조직도 활성화될 수 있을 것이다. 우선 경찰관 개인의 만족이 중요시되는데 경찰 개개인들의 만족을 좌우하는 요인들은 성취감이나 안정감을 비롯해 책임이나 승진 및 성장 등이다.

넷째는 조직의 효과성에 대한 제고문제이다. 일단 우수한 경찰관들을 다수 확보하여 그들의 능력을 확대시켜 주고 보다 나은 근무의욕을 갖도록 해 주는 것도 중요한 경찰인사관리의 요소라 할 수 있다. 이렇게 함으로써 경찰조직의 효과성이 더 한층 제고될 수 있는 것이다.

다섯째, 환경변화에 대한 적응성 문제이다. 환경의 변화에 제대로 적응할 수 있는 토대를 마련해 주는 노력이 지속화될 때 경찰관들은 그 조직에서 자부심을 가지고 의욕적으로 근무할 수 있는 것이다. 따라서 이러한 문제를 경찰조직이 마련해 주는 것 또한 경찰인사관리의 중요한 목적 중에 하나이다.

---

2) 전용린·박영대, 전게서, p. 143; 임준태, 전게서, p. 255.

Ⅲ. 경찰인사관리의 접근방법

1. 엽 관 제

앞에서 개략적으로 엽관제에 관해 살펴보았으나 이해를 돕기 위해 좀더 세부적으로 살펴보기로 한다. 엽관제(spoils system)는 미국에서 생겨난 것으로 이미 제퍼슨(Jefferson) 대통령이 부분적으로 시행한 바 있다. 특히 미국에서 공직의 임기를 4년으로 한정하는 각 주(州)의 「임기4년법」(Four Years Law)의 제정과 마크(Macch) 의원의 소위 '전리품은 승리자에 속한다'는 슬로건에 크게 영향을 받은 데서 발전하기 시작했던 것이다.[3] 이는 정권이 바뀔 때마다 공무원이 역시 바뀌는 것을 전제로 하고 있다. 공무원이 능력이나 자격이 좋든 나쁘든 간에 승리한 정당에 충성하고 공헌이 많은 사람이 공직에 새로이 임명된다는 원리이다. 이것은 무엇보다 정당의 책임정치를 활성화 할 수 있다는 장점이 있고 민주정치의 이념에도 도움이 된다는 장점을 가지고 있다. 또한 이 당시 미국에서 행정은 단순한 것이라서 누구나 수행할 수 있다는 관념이 지배했었고 긍정적으로 이해도 되었다.

그러나 엽관제(獵官制)는 다음과 같은 단점들로 인해 비판받게 되었다.

첫째, 무능하고 전문지식이 부족한 인물이 공직에 들어옴으로써 공공행정에 대해 비능률을 초래할 위험이 있다는 것이다.

둘째, 정권이 교체될 때마다 공무원이 대폭 바뀌게 되어 행정의 안정성과 계속성이 불안하게 된다는 것이다.

셋째, 신분이 불안해지고 경력직을 중심으로 하는 직업공무원의 발전에 발목을 잡게 된다는 것이다. 이러한 신분불안은 한탕하고 말자는 공무원부패를 조장할 수 있다는 것이다. 즉 경찰공무원의 부패를 조장할 수 있다.

넷째, 정당에 기여할 기회가 없었던 능력 있는 사람들에게 공직에 취임할 기회를 사전에 박탈하는 문제를 안고 있다.

---

3) 이종수·윤영진 외, 『새 행정학』(서울: 대영문화사, 2014), p. 430; 김충남, 『경찰학개론』(서울: 박영사, 2002), p. 267; Nigro, F. A & Nigro, L. G. *Modern Public Administration*(6th ed.), N. Y. : Harper & Row, 1984, p. 20.

다섯째, 공공업무에 대한 무책임성과 능력의 부족으로 인해 예산을 낭비할 수 있다.

2. 실 적 제

위에서 살펴본 엽관제의 폐단이 심각해지고 19세기에 접어들면서 엽관제는 점차 실적제로 전환되기 시작했다. 엽관주의는 1881년 가필드(J. A. Garfield) 대통령이 엽관주의 추구자에 의해 암살당하면서 쇠퇴하게 되었다. 엽관주의에 대한 폐해를 줄이려고 하는 개혁운동이 영국에서 1870년에, 그리고 미국에서는 1883년에 나타나게 되었다.[4] 그러나 그렇다고 해서 엽관제가 완전히 사라진 것은 결코 아니다. 통설에 의하면 미국이나 한국에서 대통령이 임명할 수 있는 엽관제에 따른 임명자리의 수는 어림잡아 3,000여개에 이르는 것으로 알려져 있다. 한국의 경우 청와대의 일부 인사, 국무총리, 장관, 국영기업체 간부, 각종 국가위원회 임원 등 주변에서 엽관제의 성격을 지닌 사례들을 어렵지 않게 찾아 볼 수 있다. 그러나 실적주의(merit system)는 직업공무원제도의 선행조건이라고 할 수 있는데 이미 1883년 이른바 펜들턴법(Pendleton Act)은 기회균등의 보장, 능력·자격·실적중시, 정치적 중립, 공무원의 신분보장을 규정한 바 있다. 즉 펜들턴법의 제정을 계기로 실적주의 인사제도가 확립된 것이다. 본 법은 독립적 인사위원회의 설치와 공개경쟁 채용시험의 원칙 및 공무원의 정치활동금지 등을 규정하고 있다.

O. Glenn Stahl에 따르면 실적제는 공직에 사람을 임용하는 데 있어서 정실이나, 혈연, 지연, 선배, 후배와 무관하게 오로지 실력이나 자격, 성적 및 능력에 따라서만 공무원으로 임용되는 것을 의미한다.[5]

---

4) 임창호, 『경찰학의 이해』(서울: 대왕사, 2004), p. 251.

5) O. Glenn Stahl, *Public Personnel Administration*(7th ed.), N. Y.: Harper & Row, 1976, pp. 41~42.

(1) 장 점

실적제는 다음과 같은 장점들을 지니고 있다.

첫째, 실적제는 공개경쟁이 토대가 되며 어디까지나 능력, 실적, 성적 등에 따라서만 공무원에 임용되기 때문에 정실인사나 당파성의 영향에서 벗어날 수 있다.

둘째, 누구에게나 실력에 의해서 공무원이 될 수 있도록 기회가 균등하다는 점이다. 학력이나 신분 또는 종교 등과도 무관하게 모든 공직에의 지원과 임용이 국민에게 개방된다.

셋째, 대통령과 같은 통치자가 선거에 의해 바뀌더라도 공무원들은 전문지식이나 능력에 따라 흔들림 없이 국민을 위해 봉사하게 된다.

넷째, 공무원은 형사상의 죄를 범하지 않는 한 누구나 신분이 보장되는 관계로 안정된 자신의 위치를 지킬 수 있다.

이러한 실적제의 장점에도 불구하고 실적제로 인한 폐단도 적지 않다.

(2) 단 점

첫째, 공무원의 권익을 유지하고 보호하는 데에만 관심을 지나치게 갖는다는 비판이 있다. 이는 결국 공무원 인사관리의 집권성을 초래하는 원인이 될 수도 있다는 것이다.

둘째, 실적제하에서는 법규나 절차 및 기준에 대한 위반의 여부만 지나치게 중요시 한다는 비판이다. 이는 결국 형식화나 경직화를 초래함으로써 조직에 좋지 않은 영향을 미칠 수도 있다는 것이다.

셋째, 신분보장으로 인해 관료들에게 특권화나 보수화를 심어줄 수 있다는 것이다.[6)]

---

6) 김충남, 전게서, p. 269.

표 1-1 엽관주의와 실적주의의 발전과정

엽관주의	· 1829년(잭슨 대통령의 연두교서) · 1820년(4년 임기법) · 1774년(워싱턴 · 제퍼슨의 내각구성) · 1978년(공무원제도개혁법)
실적주의	· 1947년/1953년(후버위원회) · 1939년(해치법) · 1938년(브라운위원회) · 1883년(펜들턴법) · 1871년(그랜트위원회) · 1868년(젠크스 법안) * 영국 · 1870년(제2차 추밀원령) · 1853년(노스코트-트레벨리언 보고서)

출처: 이종수 · 윤영진 외, 전게서, p. 395에서 재인용.

3. 직업공무원제

국가는 국가의 공공의 안녕과 치안질서를 유지하기 위해 유능한 직업경찰공무원을 필요로 한다. 이러한 과정 속에서 국가가 경찰관에게 일생을 국가에 봉사하는 것을 최대의 영예로 생각하고 긍지를 가지도록 공직관을 확고하게 심어주는 일련의 제도를 직업경찰공무원제도라고 한다. 직업경찰공무원제도의 장 · 단점은 다음과 같다.

(1) 장 점

첫째, 유능한 인재를 공직으로 유치하는 데 도움이 되는 동시에 공무원의 장기근속을 장려해 행정의 안정성과 계속성을 유지하고 확보해 준다.

둘째, 정권 교체나 정쟁에 의한 영향을 받지 않고 행정의 중립성 · 안정성 · 계속성을 확보함으로써 국가의 통일성을 유지할 수 있다.

셋째, 공무원의 성장 · 발전의 동기부여가 촉진되며, 더 나아가서 성공감의 충족과 사기 및 능률의 제고에 도움을 준다.

넷째, 전문직업 의식으로 단체정신 및 충성심이 강화되고 공복(公僕)으로서 사명감, 공공봉사정신이 강해지는 동시에 사기가 올라간다.

(2) 단 점

첫째, 하위직에서 상위직으로 승진하는 것을 원칙으로 하기 때문에 행정의 전문화와 기술화를 저해하게 된다.

둘째, 외부인사의 중·고위직에로의 임용을 금지하는 폐쇄제를 채택하므로 관리직의 폐쇄화를 초래하며 특정분야의 전문가를 채용하기가 곤란해진다.

셋째, 관료주의화의 우려와 정부에서만 필요한 직업인으로 굳어져 직업전환이 어렵다.

넷째, 학력·연령의 엄격한 제한은 공직임용에의 기회균등을 제약하며 민주주의 평등원칙에 위배된다. 그리고 변동이나 개혁에 대한 저항으로 인해 동태적 환경에의 적응력이 약하고 공직사회의 침체를 가져오기가 쉽다.[7)]

표 1-2 실적제와 직업공무원제의 관계

구 분	실적제	직업공무원제
채택국가	미국·캐나다	영국·독일·프랑스·일본
사회적 배경	산업사회	농업사회
공직분류	직위분류제, 개방형	계급제, 폐쇄형
중점	직무중심: 업적성	사람중심: 생애성
보수관	직무급	생활급
연령 제한	없음	연령 제한이 필수적
인사 배치	비신축적	신축적
행정가	전문행정가(specialist)	일반행정가(generalist)

7) 신현기 외 8인, 『현대행정의 이해』(서울: 대영문화사, 2015), p. 214.

제 2 절 경찰인사관리의 관계 법규

Ⅰ. 인사행정 법령

우리나라는 조선시대에 「경국대전(經國大典)」(1485)을 근간으로 인사행정이 이루어졌으나, 일제시대를 거치면서 그 흐름이 점차 단절되었다. 일제시대에는 일본이 따르고 있는 대륙법계의 영향을 받아 행정명령인 칙령(勅令)으로 규정된 인사규정을 적용하였으며, 법률의 형식으로는 1949년 제정된 국가공무원법이 그 시작이다.

현재는 1949년에 제정되어 몇 차례의 개정을 거친 국가공무원법, 1960년의 공무원연금법, 1961년의 군사원호대상자임용법, 1963년의 공무원훈련법, 직위분류법(1973년에 폐지되었다가 1981년 국가공무원법 개정에 따라서 부활), 지방공무원법 등이 인사행정법령으로 시행되고 있다. 초기의 법률은 명령에서 법률로 형식만 바뀌었을 뿐 그 내용이 과거의 것과 크게 다르지 않았을 뿐만 아니라 조항의 수도 많지 않아 포괄적이지 못하였다. 그러나 현재의 법령은 여러 차례의 개정을 통해 우리의 실정에 맞게 잘 다듬어지고 필요한 법령상의 형식을 대체로 갖추고 있는 셈이다.

Ⅱ. 경찰인사 관련 법규

경찰공무원법 제6조(임용권자)는 「총경 이상의 경찰공무원은 경찰청장의 추천을 받아 행정자치부장관의 제청으로 국무총리를 거쳐 대통령이 임용하고, 국민안전처 소속 총경 이상의 경찰공무원은 국민안전처장관의 제청으로 국무총리를 거쳐 대통령이 임용한다. 다만, 국민안전처 소속 치안총감은 대통령이 임명하고, 총경의 전보, 휴직, 직위해제, 강등, 정직 및 복직은 경찰청장이 행한다」라고 명시하고 있다.[8] 이어서 제2항에서는 「경정 이하의 경찰공무원은 경찰청장이 임용한다. 다만, 경정으로의 신규채용, 승진임용 및 면직은 경찰청장의 제청으로 국무총리를 거쳐 대통령이 한다는[개정 2014.11.19 제12844호(정부조직법)]는 것을 명시하고 있으며, 제3항에서는 「경찰청장은 대통령령으로 정하는 바에 따라 경찰공무원의 임용에 관한 권한의 일부를 소속 기관의 장, 지방경찰청장 또는 지방해양경비안전관서의 장에게 위임할 수 있다는 점을 분명히 하고 있다. 그리고 제4항에서는 「경찰청장 또는 제3항에 따라 임용권을 위임받은 자는 총리령 또는 행정자치부령으로 정하는 바에 따라 소속 경찰공무원의 인사기록을 작성·보관하여야 한다」(2014.11.19. 개정)라고 규정하고 있다.

한편 경찰공무원법 제7조에서 명시하고 있는 임용자격과 결격사유를 살펴보면 제1항과 2항으로 나누어 명시하고 있다. 제1항은 경찰공무원은 신체 및 사상이 건전하고, 품행이 방정한 자 중에서 임용한다. 그리고 제2항은 다음의 각호에 해당하는 자는 경찰공무원으로 임용될 수 없다고 명시하고 있다. 즉 ① 대한민국 국적을 가지지 아니한 자, ② 금치산자 또는 한정치산자, ③ 파산자로서 복권되지 아니한 자, ④ 자격정지 이상의 형의 선고를 받은 자, ⑤ 자격정지 이상의 형의 선고유예를 받고 그 선고유예기간중에 있는 자, ⑥ 징계에 의하여 파면 또는 해임의 처분을 받은 자 등은 경찰공무원 시험에 응시할 수 없다.[9]

제 3 절 경찰인사기관

우리나라 경찰의 인사기관은 흔히 분권적인 부처인사기관의 형태를 띠

8) 경찰공무원법 제6조 참조.
9) 동법 제7조 참조.

고 있다고 지적하곤 한다. 경찰공무원법에 근거해 우리나라 경찰의 인사권자는 크게 대통령과 경찰청장으로 나누어진다. 우선 대통령은 총경 계급 이상의 경찰공무원을 임명하는 권한을 가지고 있다. 물론 경찰청장(警察廳長)도 이에 해당된다. 그리고 경찰청장은 경정(警正) 이하의 경찰공무원들을 임용하도록 하고 있다. 이 밖에도 경찰청장은 소위 대통령령의 규정에 따라 자신의 경찰공무원에 대한 임용권을 그 소속기관의 장(長)에게 위임할 수 있도록 규정하고 있다. 이는 17개 지방경찰청장, 경찰인재개발원장 및 경찰수사연수원장 등을 의미한다.[10] 위의 인사권자는 경무과를 통해 보좌를 받고 있다.[11] 경찰청의 경우는 전국의 경찰을 총괄하는바, 경무국 인사교육과에서 보좌하는 임무를 수행하고 있다. 전체 우리나라 경찰에 관한 정원의 관리는 경찰청 경무과에서 담당하고 있고 전투경찰에 관한 제반 인사관리의 문제는 경비국 경비2과에서 그 과제들을 수행해 나가고 있다.[12]

표 1-3 경찰청 소속 경찰공무원의 인사권자

인사권자	내용
대통령	○총경 이상의 임용 ○경정에의 신규채용, 승진임용 및 면직
경찰청장	○경정 이하 임용 ○총경의 전보, 휴직, 직위해제, 정직, 복직

10) 2007년을 기해 대전광역시와 광주광역시에 각각 지방경찰청이 개청되어 16개 지방경찰청 시대를 열었다. 그 이전에는 충남지방경찰청과 전남지방경찰청이 각각 나누어 담당하고 있었다.

11) 임준태, 전게서, p. 258.

12) 2012년 3월 29일 그 모집이 전격 중단된 우리나라 전투경찰은, 병무청을 통해 입대한 후 논산훈련소에서 기본교육을 받고 나서 컴퓨터 추첨을 통해 차출되어 중앙경찰학교에서 교육훈련을 받고 안전행정부의 외청인 경찰청으로 인계되어 각 기동대와 경찰서 방범순찰대 등에서 국방의 의무를 마치고 병적기록부에 병장으로 제대하는 제도로 2013년 말까지 운영된 바 있다. 이는 그동안 많은 문제를 낳았기 때문이다. 의무경찰제도는 그대로 존속하지만 지속적으로 줄여나감으로써 수년내에 신임순경으로 모두 대체된다.

인사권자	내용
지방경찰청장 경찰대학장 경찰인재개발원장(2018.4.1) 중앙경찰학교장 경찰수사연수원장 경찰병원장	경찰청장의 권한을 위임받아 소속경찰관 중 ○ 경정의 전보, 파견, 휴직, 직위해제 및 복직에 대한 권한 ○ 경감 이하의 임용권
경찰서장	지방경찰청장의 권한을 위임받아 소속경찰관 중 경감 이하의 승급, 전보

1. 경찰인사관리 부서로서 경찰청 경무인사기획관

우리 경찰의 인사관리기관이었던 경찰청 경무국은 경무인사기획관(치안감)으로 조직개편이 이루어졌다. 그 산하에는 경무담당관, 인사교육담당관, 복지정책담당관이 업무를 수행하고 있다. 경무인사기획관은 경찰청장의 막료기관(staff agency)으로서 인사관계법규와 중앙인사기관의 계획과 방침에 따라 경찰청장의 인사권행사를 보좌하고 기관 내의 각종 인사관리를 책임진다. 전문적인 규모의 인사관리는 경찰청의 경무인사기획관실에서 담당하고 각 지방규모의 인사관리는 지방경찰청경무부(과)(인사교육과 또는 경무과 인사계)와 경찰서의 경무과(인사담당)가 담당한다. 한편, 경찰관의 정원관리는 경찰청 경무인사기획관리관 산하의 인사교육담당관실에서 하고, 전경에 대한 인사관리는 경비국 경비과에서 담당하고 있다.

표 1-4 경찰청 관서별 담당부서

경찰청	지방청	경찰서
경무국 인사교육과	○ 경무부 인사교육(서울경찰청) ○ 경무과(기타 지방경찰청)	경무과

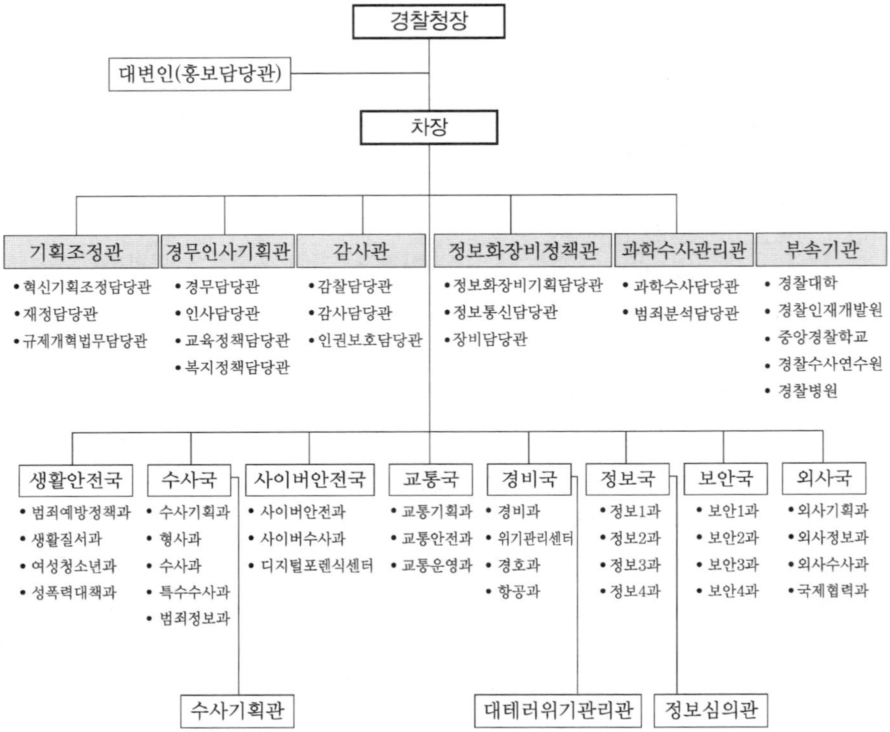

※ 지방경찰청 17개 부속기관 5개, 경찰서 254개(2018. 7)
출처: 사이버경찰청 홈페이지 참조(2018년 7월 현재).

그림 1-1 경찰청 조직도 현황

(1) 경찰청 경무인사기획관 산하에 경무담당관, 인사교육담당관, 복지정책담당관을 둔다(경찰청과그소속기관등직제 제10조 제1항).

1) 인사교육담당관은 다음 사항을 분장한다(동 제5항).

① 공무원의 임용 및 상훈

② 공무원의 충원에 관한 계획의 수립

③ 근무성적평정과 승진심사

④ 인사위원회의 운영

2) 교육단은 다음 사항을 분장한다(동 제6항).

① 경찰공무원의 교육 훈련

② 경찰공무원의 채용 및 승진시험의 관리

③ 경찰교육기관의 운영감독

(2) 서울지방경찰청 경무부에 경무과, 인사교육과 및 전산통신과를 둔다(동 제65조 제1항).

인사교육과는 다음 사항을 분장한다(동 제4항).

1) 소속공무원의 인사, 교육훈련 및 상훈에 관한 사항

2) 소속공무원의 근무성적 평정, 승진심사 및 승진시험에 관한 사항

(3) 광역시 및 도의 지방경찰청 경무과는 다음 사항을 분장한다(동 제76조).

① 보안, ② 관인 및 관인대장의 관수, ③ 문서의 분류·수발·통제·편찬·보존 및 관리, ④ 인사·교육·훈련 및 상훈, ⑤ 예산의 집행, 회계, 물품 및 국유재산의 관리, ⑥ 소속공무원의 복무 및 후생에 관한 사항, ⑦ 소속기관의 조직 및 정원관리(의무경찰은 제외), ⑧ 법제업무, ⑨ 장비의 수급계획 및 보급관리, ⑩ 민원업무의 운영·감독, ⑪ 경찰청 내 다른 과 및 담당관의 주관에 속하지 아니하는 사항 등이다.

2. 경찰위원회

경찰위원회는 경찰인사에 관계되는 법규·훈령·예규 및 운영기준에 관한 사항과 경찰교육 기본계획에 관한 사항을 심의·의결한다.[13]

경찰법 제5조에 따라 경찰행정에 관하여 제9조 제1항 각호에 정한 사항을 심의·의결하기 위하여 행정자치부에 경찰위원회(이하 위원회)를 둔다.

---

13) 경찰법 제2장 경찰위원회 규정 제5조.

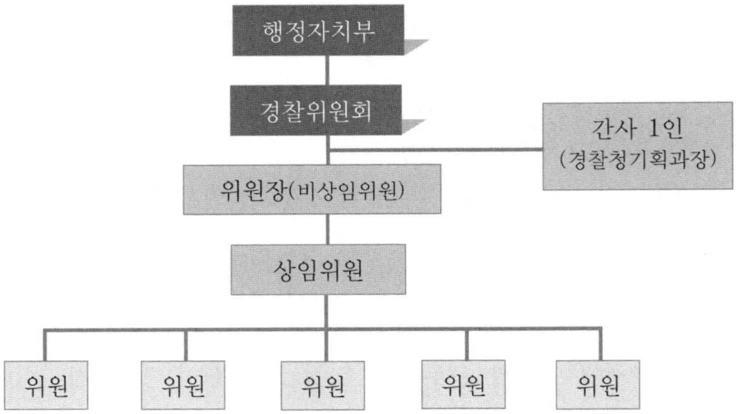

그림 1-2 경찰위원회 조직도

출처: 신현기, 『경찰조직관리론』(파주: 법문사, 2018), p. 172.

표 1-5 경찰위원회 심의 · 의결 사항

경찰법 제9조 제1항	① 경찰의 인사 · 예산 · 장비 · 통신 등에 관한 주요정책 및 업무발전에 관한 사항 ② 인권보호와 관련되는 경찰의 운영 · 개선에 관한 사항 ③ 경찰임무 이외의 다른 국가기관으로부터의 업무협조요청에 관한 사항, ④ 기타 행정자치부장관 및 경찰청장이 중요하다고 인정하여 위원회에 부의한 사항
경찰위원회 규정 제5조	① 경찰인사와 관련된 법규 · 훈령 · 예규 및 운영기준에 관한 사항 ② 경찰교육 기본계획인권보호와 관련되는 경찰의 운영 · 개선에 관한 사항 ③ 경찰장비와 통신의 개발 · 보강 및 운영에 관한 기본계획 ④ 경찰예산편성 기본계획 ⑤ 경찰 중 · 장기발전계획에 관한 사항 ⑥ 국민의 권리 · 의무와 직접 관계되는 경찰행정 및 수사절차 ⑦ 경찰행정과 관련되는 과태료 · 범칙금 기타 벌칙에 관한 사항 ⑧ 경찰행정과 관련되는 국민의 부담에 관한 사항

표 1-6 연도별 경찰위원회 운영 결과

경찰위원회 운영 결과

(단위: 회, 건)

구 분		'91～'04	'06	'07	'08	'09	'10	'11	'12	'13	'14	'15	'16	'17	계
회의개최	정기	171	12	12	12	12	12	12	12	12	9	12	12	11	311
	임시	47	2	1	1	5	2	5	3	6	3	3	1	3	76
	계	218	14	13	13	17	14	12	15	18	12	15	13	14	387
안건처리	의결	784	63	55	57	153	95	89	117	174	60	94	97	88	1,927
	보고	456	56	52	34	52	62	46	39	42	37	42	21	30	968
	계	1,240	119	107	91	205	157	135	156	216	97	136	118	118	2,895

출처: 경찰청, 「2018 경찰백서」, p. 394.

경찰위원은 학식이나 덕망이 높은 법조계, 학계, 언론계, 여성계, NGO 등에서 선발된다. 위원회는 위원장 1인을 포함한 7인의 위원으로 구성하되, 위원장 및 5인의 위원은 비상임, 1인의 위원은 상임으로 한다. 위원은 행정자치부 장관의 제청으로 국무총리를 거쳐 대통령이 임명한다. 행정자치부 장관은 위원을 제청함에 있어서 경찰의 정치적 중립이 보장되도록 하여야 한다. 위원 중 2인은 법관의 자격이 있는 자이어야 한다. 당적을 이탈한 날부터 3년이 경과되지 아니한 자, 선거에 의하여 취임하는 공직에서 퇴직한 날로부터 3년이 경과되지 아니한 자, 경찰 · 검찰 · 국가정보원 또는 군인의 직에서 퇴직한 날로부터 3년이 경과되지 아니한 자 등은 위원이 될 수 없다. 위원의 임기는 3년으로 하며 연임할 수 없다. 결원이 생겨 새로운 위원의 선임에 따른 보궐위원의 임기는 전임자의 잔임기간으로 한다. 위원은 정당에 가입하거나 제6조 제4항 제2호 또는 제3호의 직에 취임 또는 임용되거나 제4호에 해당하게 된 때에는 당연히 퇴직된다. 위원은 중대한 심신상의 장애로 직무를 수행할 수 없게 된 경우를 제외하고는 그 의사에 반하여 면직되지 아니한다.

경찰위원회는 다음과 같은 사항을 처리한다. 즉 경찰의 인사, 인권보호와 관련 사항, 국가기관의 업무협조요청 사항, 기타 행정자치부장관 및 경찰청장이 중요하다고 인정하여 위원회에 부의한 사항 경찰인사에 관계되는 법규·훈령·예규 및 운영기준에 관한 사항과 경찰교육기본계획에 관한 사항을 심의·의결한다(경찰법 제2장, 경찰위원회 규정 제5조). 그러나 행정자치부 장관은 위원회의 심의·의결 내용이 부적정하다고 판단될 때에는 재의를 요구할 수 있다.

또한 경찰위원회는 1991년에 설치되어 지금까지 활발한 운영활동을 펼치고 있다. 그리고 연도별 경찰위원회의 의결사항을 보면 법률, 대통령령, 부령, 훈령, 예규, 고시, 동의안, 계획 등 다양하다.

3. 인사혁신처의 소청심사위원회

소청심사위원회는 행정부뿐만 아니라 사법부와 입법부에도 따로 설치되어 운영되고 있다. 경찰공무원에 대한 소청심사는 인사혁신처에 설치된 소청심사위원회에서 다루어진다.

특히 인사혁신처의 소청심사위원회는 경찰공무원이 징계처분이나 기타 그의 의사에 반하는 불리한 처분을 받았다고 소청이 있는 경우에 그 사항을 심사·결정하는 합의제기관이다. 특히 경찰공무원은 인사혁신처에 설치되어 있는 소청심사위원회에 소청심사를 청구하도록 규정하고 있다. 하지만 기동대의 대원 중 경사 이하의 경찰공무원(의경 포함)의 소청에 대하여는 그 경찰관의 소속에 따라 경찰청, 각시·도경찰청의 경찰관

표 1-7 소청의 심사의 대상

국가공무원법상 소청심사의 대상에는 징계처분, 기타 의사에 반하는 불리한 처분, 부작위 등이 있으며 구체적으로 어떠한 것이 포함되는지 여부는 사안의 성격과 내용에 따라 결정될 수 있다.

구분	내용
징계처분	파면, 해임, 정직, 감봉, 견책
기타 의사에 반하는 불리한 처분	강임, 휴직, 직위해제, 면직, 전보 등
부작위	당사자의 신청에 대해 행정청이 상당한 기간내 일정한 처분을 해야 할 법률적 의무가 있음에도 처분을 하지 않은 경우(복직 청구 따위)

표 1-8 소청심사청구서 양식

소청심사청구서

1. 사건명 : 청구
2. 소청인

성 명	(한자 :)
주민등록번호	– (세)
소 속	
직(계)급	
주 소	(우편번호 :)
전자우편(e-mail)	
전화번호	– 자택 또는 직장 : – 휴대전화 : ※ 휴대전화 문자메시지(SMS)수신 동의 여부 : 동의함( ), 동의안함( )
대리인 (선임시 기재)	

3. 피소청인 :
4. 소청의 취지 :
5. 처분사유설명서 수령일 : 년 월 일
6. 희망 심사시기 : 빨리( ), 늦게*( ), 의견 없음( )
   * '늦게'로 표기한 경우 구체적인 희망시기와 사유 기재( )
7. 소청이유 : 별지로 작성
8. 입증자료 :

위와 같이 청구합니다.

년 월 일

위 청구인 (서명 또는 인)

인사혁신처 소청심사위원회 위원장 귀하

출처: 인사혁신처 소청심사위원회 자료실: https://sochung.mpm.go.kr

보통징계위원회에서 심사한다.[14]

소청심사위원회는 위원장을 포함하여 5인 이상 7인 이하의 상임위원으로 구성한다. 상황에 따라서는 비상임위원도 둘 수 있다. 위원장과 위원의 선임은 행정자치부장관의 제청을 통해 대통령이 임명하고 있다. 위원의 임기는 3년인데 1차에 한해서만 연임이 허용된다. 물론 겸직은 불허한다. 위원이 될 수 있는 자격은 법관, 검사, 변호사직에 5년 이상 근무한 자, 대학에서 행정학·정치학·법률학을 담당한 부교수 이상의 직에 5년 이상 근무한 자, 또는 3급 이상의 공무원으로 3년 이상 근무한 자로 정하고 있어 비교적 높고 많은 경륜자를 선호하고 있다.

소청심사과정에서는 소청인(대리인)에게 의견의 진술 기회가 부여됨을 원칙으로 하며 대리인이나 본인에게 진술기회를 주지 않은 결정은 무효로 한다. 소청심사에서 최종결정은 재적위원 3분의 2의 출석과 재적위원 과반수의 합의에 의하여 결정됨을 원칙으로 한다. 소청심사청구가 이 법이나 다른 법률에 적합하지 아니한 경우 각하(却下)될 수 있다. 그리고 소청심사청구가 이유 없다고 인정되는 경우에는 기각(棄却)될 수 있다.

소청심사위원회의 결정에 불복이 있는 자는 통지를 받은 지 10일 이내에 재심청구가 허용된다. 이 기간 내에 재심청구가 없는 경우에는 최종결정되어 효력을 발생하며 재심의 결정도 동일한 결과로 나타날 때에는 결정이 확정된 것으로 한다.

특히 소청심사위원회의 결정은 징계처분보다 중한 징계처분을 할 수 없도록 규정하고 있다. 즉 같은 동급의 징계나 혹은 그 이하의 처분으로 줄여주어야 한다.

14) 전투경찰대 설치법 제6조 참조.

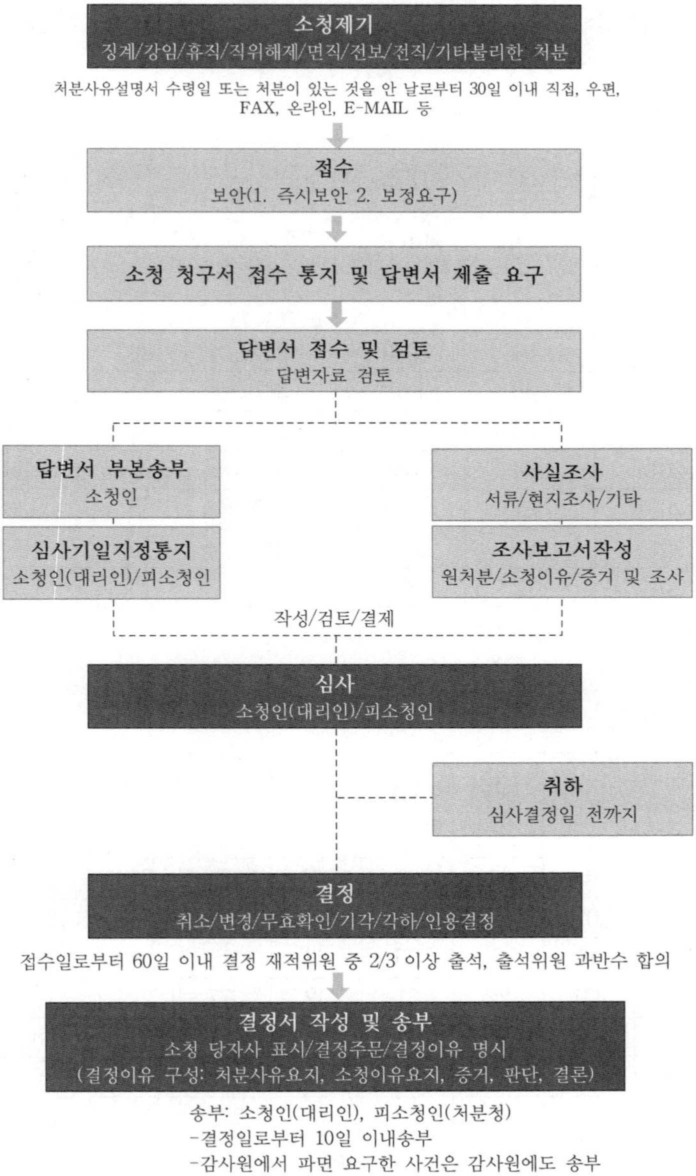

출처: 인사혁신처 소청심사위원회 내부양식.

그림 *1-3* 소청심사의 절차도

한편 소청심사위원회의 결정 현황을 살펴보면 다음과 같다.

표 1-9 연도별 현황

(단위: 건(%))

연도	접수건수	처리건수	심사결과			
			인용			기각, 각하 등 불인용
			소계	취소	변경(무효포함)	
2011	1,166	946	344	22	322	602
2012	940	1,017	387	24	363	630
2013	835	967	376	45	331	591
2014	864	831	304	21	283	527
2015	881	876	340	35	305	536
2016	885	860	311	40	271	549
2017	872	869	297	46	251	572

출처: 인사혁신처 소청심사위원회 자료(2018).

표 1-10 계급별 현황

(단위: 건(%))

연도	계	3급이상	4급(총경)	5급(경정)	6급(경감, 경위)	7급(경사)	8급(경장)	9급(순경)	기능직 기타
2011	946	14	22	47	334	324	143	46	16
2012	1,017	13	29	64	389	351	97	44	30
2013	967	8	26	63	372	332	79	46	41
2014	831	22	31	42	377	229	78	42	10
2015	876	25	51	82	396	192	98	27	5
2016	860	25	39	87	377	176	82	63	11
2017	869	12	52	71	391	197	80	44	22

출처: 인사혁신처 소청심사위원회 자료(2018).

소청심사를 청구하는 직렬은 경찰공무원이 가장 많은 비중을 차지하고 있는데 가장 큰 조직이라는 점도 하나의 큰 원인이 될 수 있다고 본다.

표 1-11 공무원 유형별 현황

(단위: 건)

연도	계	경찰공무원	교정공무원	세무공무원	기타 일반행정직 공무원
2011	946	756	30	36	124
2012	1,017	791	19	32	175
2013	967	735	26	29	177
2014	831	633	24	11	163
2015	876	596	31	32	217
2016	860	545	16	21	278
2017	869	503	42	24	300

출처: 인사혁신처 소청심사위원회 자료(2018).

소청심사위원회의 처분종류별 현황을 살펴보면 다음과 같다.

표 1-12 처분종류별 현황

(단위: 건(%))

연도	계	징계처분						기타불이익	징계부가금
		파면	해임	강등	정직	감봉	견책		
2011	946	77	106	31	121	193	299	90	29
2012	1,017	84	133	43	130	187	249	109	82
2013	967	66	118	43	121	195	242	111	71
2014	831	75	118	17	110	143	226	79	63
2015	876	49	105	40	126	158	241	82	75
2016	860	54	94	53	138	158	188	88	87
2017	869	66	75	46	122	181	202	117	60

출처: 인사혁신처 소청심사위원회 자료(2018); 강등제도는 2010년 3월 22일 경찰공무원에 대해 시행되었음.

4. 고충심사위원회

국가공무원법 제76조의2에 따라 모든 경찰공무원은 인사, 조직, 처우 등 직무조건과 신상문제에 대해 인사상담이나 고충심사를 청구할 수 있으며 이와 관련해 불이익한 처분이나 대우를 받지 않음이 보장된다. 인사담당자는 고충에 대한 해결책을 강구해 주는 제도이다. 고충심사제도는 추상적인 불이익, 불만에 대해서도 청구가 가능하다. 경찰공무원의 애로사항을 해결이나 구제할 수 있다는 점에서 의의가 있다.

경찰공무원의 인사상담 및 고충을 심사하기 위하여 경찰청, 지방경찰청 및 대통령이 정하는 경찰기관에 경찰공무원 고충심사위원회를 둔다(국가공무원법 제76조의2). 다만 경정 이상의 경찰공무원의 인사상담 및 고충심사는 국가공무원법에 의하여 설치된 중앙고충심사위원회에서 심사한다.[15] 고충심사제도는 소청 심사의 대상이 되지는 않지만 공무원의 근무여건에 애로사항으로 작용하는 여러 문제점을 살피는 데 목적이 있다. 고충의 대상은 근무조건, 인사관리, 신상문제들이다.

표 1-13 고충심사의 청구 대상

구 분	심사 내용
근무조건	○봉급, 수당 등 보수에 관한 사항 ○근무시간, 휴식, 휴가에 관한 사항 ○업무량, 작업도구, 시설안전, 보건위생 등 근무환경에 관한 사항 ○주거, 교통 및 식사편의 제공 등 후생복지에 관한 사항
인사관리	○승진, 전직, 전보 등 임용에 관한 사항으로 재량권자의 재량행위에 속하는 사항 ○근무성적평정, 경력평정, 교육훈련, 복무 등 인사행정의 기준에 관한 사항 ○상훈, 제안 등 업적성취에 관한 사항
신상문제	○성별, 종교별, 연령별 등에 관한 차별 대우 ○기타 개인의 정신적, 심리적, 신체적 장애로 인하여 발생되는 직무수행과 관련된 사항

출처: 인사혁신처 소청심사위원회; https://sochung.mpm.go.kr/home/page/index.do

15) 동법 제25조, 이에 대한 자세한 내용은 본 저서의 제7장 제3절 고충처리부분을 참조.

표 1-14 고충심사 청구서 서식

고충심사청구서

1. 청구인

구분	내용
성 명	(한자 :)
생년월일	
소 속	
직 급	
전화번호	- 자택 또는 직장 : - 휴대전화 : ※ 휴대전화 문자메시지(SMS)수신 동의 여부 : 동의함( ), 동의안함( )
주 소	(우편번호 :)
대리인 (선임시 기재)	

※ 개인정보보호법 제15조제1항제3호에 따라 법령에서 정한 소관업무 수행을 위하여 동의를 받지 않음

- 관련근거: 국가공무원법 제76조의2 및 제76조의3, 경찰공무원법 제25조, 소방공무원법 제22조 및 교육공무원법 제49조, 공무원고충처리규정(대통령령)

2. 피청구인 :
3. 청구취지 :
4. 보통고충심사결정서 수령일 :
5. 청구이유 : 별지로 작성
6. 입증자료 :

위와 같이 청구합니다.

년 월 일

위 청구인 (서명 또는 인)

인사혁신처 중앙고충심사위원회 위원장 귀하

출처: 인사혁신처 소청심사위원회; https://sochung.mpm.go.kr/home/page/index.do

표 1-15 고충심사 설치기관

위원회별	설치기관	관할내용
중앙고충심사위원회	중앙인사관장기관(안전행정부 소청심사위원회에서 기능을 관장)	○ 보통 고충심사위원회의 심사를 거친 재심청구 ○ 경정 이상의 경찰공무원
경찰공무원 고충심사위원회	경찰청, 지방경찰청 및 대통령령이 정하는 경찰기관	○ 경감 이하의 경찰공무원 불복 경우: 중앙고충심사위원회에 재심 청구

출처: 인사혁신처 소청심사위원회; https://sochung.mpm.go.kr/home/page/index.do

표 1-16 고충심사위원회의 설치와 관장

설치	관장
보통고충심사위원회 • 경찰청 및 그 부속기관, 지방청, 경감 이상의 장을 소속기관장으로 하는 경찰관서	순경, 경장, 경사, 경위, 경감 경찰공무원의 고충
중앙고충심사위원회 • 인사혁신처	경정이상 경찰공무원의 고충, 보통고충심사위원회의 재심사항

출처: 인사혁신처 소청심사위원회; https://sochung.mpm.go.kr/home/page/index.do

한편 고충심사 설치기관은 〈표 1-15〉와 같다.

중앙고충심사위원회의 기능은 인사혁신처 소청심사위원회에서 관장하고 있으며 결정은 재적위원 과반수의 합의에 의한다. 고충처리에 의한 최종결정은 각하, 인용(시정요청), 불인용(기각) 등이고 결과에 불복하는 자는 행정소송이 불가능한데, 그 최종적인 결정이 법적 기속력이 없기 때문이다.

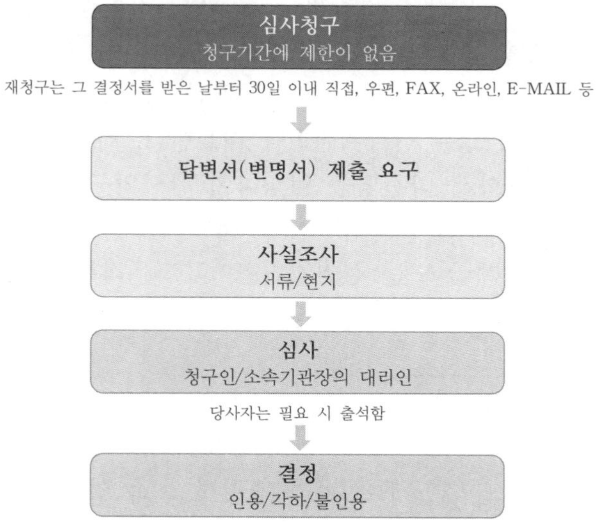

출처: 인사혁신처 소청심사위원회; https://sochung.mpm.go.kr/home/page/index.do

그림 1-4 고충심사위원회 심사절차도

5. 경찰공무원 인사위원회

경찰청 소속 경찰공무원의 인사(人事)에 관한 중요 사항에 대하여 경찰청장의 자문에 응하게 하기 위하여 경찰청에 경찰공무원인사위원회(이하 “인사위원회”라 한다)를 두고, 국민안전처 소속 경찰공무원의 인사(人事)에 관한 중요 사항에 대하여 국민안전처장관의 자문에 응하게 하기 위하여 국민안전처에 인사위원회를 둔다[개정 2014.11.19 제12844호(정부조직법)]. 인사위원회의 구성 및 운영에 관하여 필요한 사항은 대통령령으로 정한다.

경찰공무원의 인사에 관한 중요사항에 관하여 경찰청장의 인사행정에 관한 방침과 기준 및 기본계획, 경찰공무원의 인사에 관한 법령의 제정 또는 개폐에 관한 사항, 기타 경찰청장이 부의하는 사항 등을 심의한다(경찰공무원법 제4조).

경찰인사위원회는 통상 5인 이상 7인 이하로 구성된다고 규정하고 있다. 물론 인사위원장은 경찰청의 경무인사기획관(인사담당국장)이 된다. 기타 위원은 경찰청 소속 총경 이상의 경찰공무원 중에서 경찰청장이 임명하는 것으로 되어있다. 기타 위원회들처럼 경찰인사위원회 위원장도 회의를 통할한다. 역시 그는 인사위원회를 대표한다. 위원장은 경찰청에 소속된 경찰공무원들 중에서 약간명을 임명하여 간사의 직함을 주고 그로하여금 인사위원회의 제반 사무를 담당하게 할 수 있다. 위원장의 유고시에는 위원 중에서 최상위계급 또는 선임경찰관이 그의 직무를 대신 수행하도록 규정하고 있다.[16)]

6. 승진심사위원회

경찰공무원법 제12조에 따라 경찰청 소속 경찰공무원의 승진심사를 위하여 경찰청에 중앙승진심사위원회를 두고, 경찰청·지방경찰청과 대통령령으로 정하는 경찰기관에 보통승진심사위원회를 둔다. 승진심사위원회는 제11조제4항에 따라 작성된 승진대상자 명부의 선순위자(제11조제2항 단서에 따른 승진시험에 합격된 승진후보자는 제외한다) 순으로 승진시키려는 결원의 5배수의 범위에 있는 사람 중에서 승진후보자를 심사·선발한다. 그리고 승진심사위원회의 구성·권한 및 운영에 관하여 필요한 사항은 대통령령으로 정한다.[17)]

7. 징계위원회

경찰공무원에 대한 징계의 의결을 행하기 위하여 경찰징계위원회를 설치·운영한다. 다만 경무관(警務官) 이상의 경찰공무원에 대한 징계의 의결은 국가공무원법에 의하여 국무총리 소속하에 설치된 징계위원회에서 행한다(경찰공무원법 제26조).[18)]

---

16) 상게서, p. 151.
17) 경찰공무원법 제12조.
18) 동법 제26조 제2항 및 3항.

표 1-17 징계위원회 설치기관 및 관할

위원회별	설치기관	관 할
중앙징계위원회	국무총리실	경무관 이상 경찰공무원
경찰공무원 중앙징계위원회	경찰청	총경 및 경정
경찰공무원 보통징계위원회	경찰청, 지방경찰청 및 경찰기관	당해 징계위원회가 설치된 경찰기관 소속 경감 이하 경찰공무원(단, 경찰청장이 징계의결을 요구하는 경찰공무원)

총경 이하의 경찰공무원에 대한 징계의결을 하기 위하여 대통령령으로 정하는 경찰기관 및 해양경비안전관서에 경찰공무원 징계위원회를 둔다[개정 2014.11.19 제12844호(정부조직법)]. 그리고 경찰공무원 징계위원회의 구성·관할·운영, 징계의결의 요구 절차, 그 밖에 필요한 사항은 대통령령으로 정한다[전문개정 2011.5.30].

제 4 절 공직의 분류

1. 의 의

종래 모든 공무원을 일반직과 별정직으로 구분하던 것과는 달리 1981년 4월 20일 개정·공포된 새 국가공무원법은 직업공무원제의 확립과 직위분류제의 점진적 확산을 도모하기 위하여 직업공무원인 경력직 공무원과 비직업공무원인 특수경력직공무원으로 구분하고 있다. 일반적으로 실적주의의 원칙을 적용받는 공무원을 일반직이라 하고 그렇지 않은 공무원을 별정직이라 하였다.

그러나 별정직 가운데 실적주의의 적용을 받는 공무원이 많았다. 그리고 일반직과 별정직으로만 나누게 되어 지나치게 단순하고 또 별정직에는 일반직과 같은 것들이 남설(濫設)되어 있어 인사관리의 좋은 지침이 되지 못하였다. 이러한 결함을 시정하기 위하여 경력직과 특수경력직으로 구분하고 다시 세분화시켰다.

경력직 공무원이라 함은 실적과 자격에 의하여 임용되고 그 신분이 보장되며, 평생토록 공무원으로 근무할 것이 예정되는 직업공무원을 말하며, 실적주의에 적합하지 않은 직을 특수경력직으로 분류하고 경력직에 적용되는 것과는 별도로 특별한 임명기준, 근로조건, 징계기준, 복무기준 등을 적용하고 있다.[19)]

한편 본 국가공무원법은 법률 제11530호로 2012년 12월 11일 일부개정된 바 있었으며 이어서 또 한 번 법률 제11992호로 2013년 8월 6일 일부개정을 했으며 시행은 2014년 2월 7일이다. 2013년 8월 개정에서는 주로 국가공무원법 제33조(결격사유), 제38조(채용후보자 명부), 제71조(휴직), 제72조(휴직기간)에서 일부개정을 단행하는 데 그쳤다.

---

19) 국가공무원법 제6조(중앙인사관장기관/개정 2008.3.28)는 다음의 내용을 명시하고 있다. 즉 ① 인사행정에 관한 기본 정책의 수립과 이 법의 시행·운영에 관한 사무는 다음 각 호의 구분에 따라 관장(管掌)한다(개정 2013.3.23 제11690호/정부조직법). 1. 국회는 국회사무총장, 2. 법원은 법원행정처장, 3. 헌법재판소는 헌법재판소사무처장, 4. 선거관리위원회는 중앙선거관리위원회사무총장, 5. 행정부는 안전행정부장관 등. ② 중앙인사관장기관의 장(행정부의 경우에는 안전행정부장관을 말한다. 이하 같다)은 각 기관의 균형적인 인사 운영을 도모하고 인력의 효율적인 활용과 능력 개발을 위하여 법령으로 정하는 바에 따라 인사관리에 관한 총괄적인 사항을 관장한다(개정 2013.3.23 제11690호(정부조직법). ③ 중앙인사관장기관의 장은 다음 각 호의 어느 하나에 해당하는 경우에는 그 초과된 현원을 총괄하여 관리할 수 있다. 이 경우 결원이 있는 기관의 장은 중앙인사관장기관의 장과 협의하여 결원을 보충하여야 한다. 1. 조직의 개편 등으로 현원이 정원을 초과하는 경우, 2. 행정기관별로 고위공무원단에 속하는 공무원의 현원이 정원을 초과하는 경우, ④ 행정부 내 각급 기관은 공무원의 임용·교육훈련·보수 등 인사 관계 법령(특정직공무원의 인사 관계 법령을 포함하되, 총리령·부령을 제외한다)의 제정 또는 개폐 시에는 안전행정부장관과 협의하여야 한다(개정 2013.3.23 제11690호/정부조직법).

2. 경력직 공무원

경력직이란 실적과 자격에 의하여 임용되고 그 신분이 보장되는 공무원으로서 평생토록 근무할 것이 예정되는 직업공무원으로서 정부로부터 보수 · 신분보장 · 연금 등의 혜택을 받으며 실적주의의 적용을 받는 공무원을 말한다. 그 종류는 일반직 공무원, 특정직 공무원, 기능직 공무원이 있다.

(1) 일반직 공무원

일반직 공무원이란 종래 사용되었던 구분으로 연구, 지도, 기술직공무원 또는 행정일반에 대한 업무를 담당하는 공무원으로 직군(職群) · 직렬(職列)별로 분류되는 공무원을 말한다.

(2) 특정직 공무원

특정직 공무원이란 법관 · 검사 · 외무공무원 · 경찰공무원 · 소방공무원 · 교육공무원 · 군인 · 군무원 및 국가정보원의 직원과 특수분야의 업무를 담당하는 공무원으로서 다른 법률에 의하여 특정직 공무원으로 지정되는 공무원을 일컫는다.

(3) 기능직 공무원

기능직 공무원이란 기능적인 업무(타자, 방호, 사무보조 담당공무원)를 담당하며 그 기능별로 분류되는 공무원을 말한다. 이는 1등급에서 10등급으로 구성되어 있다. 수년전 경찰청 산하에도 3,000여명 가량의 기능직 공무원이 근무하고 있었으며 점차적으로 시험을 통해 일반직 공무원으로 직위를 변경해 주고 있는데, 2013년 말에도 80여명이 기능직에서 일반직으로 신분변경이 있었으며 이는 계속해서 증가하고 있고 모두 일반행정직공무원으로 변경하게 된다. 일반직으로 신분이 변경되어 일반 시청이나 구청으로도 이직이 가능하게 되는 등 신분상승의 효과가 매우 커졌다.

3. 특수경력직 공무원

특수경력직 공무원이란 국가공무원법상 보수 및 복무규정을 제외하고는 공무원법이나 실적주의 등의 획일적인 적용을 받지 않으며 정치적 임용이 필요하거나 특수한 직무를 담당하는 자로서 그 임명에 있어 특수한 기준을 요하는 비직업공무원이다. 즉 직업공무원제의 적용을 받지 않는 경력직 공무원 외의 공무원을 말한다.

특수경력직 공무원의 기준으로는 첫째, 정책결정을 담당하는 직위나 또는 기밀을 담당하는 직위, 둘째, 고도의 기술을 요하여 경쟁시험을 필요로 하지 않는 직위, 셋째, 자유스러운 임명이 적당한 직위, 넷째, 그 직의 성격상 독립하여 인사행정을 행할 것이 요청되는 직위 등이다.

특히 공무원법 개정으로 기존에 존재하던 전문직 공무원과 고용직 공무원은 폐지되었다.

(1) 정무직 공무원

정무직 공무원이란 선거에 의하여 취임하거나 임명에 있어서 국회의 동의를 요하는 공무원, 그리고 고도의 정책결정 업무를 담당하거나 이러한 업무를 보조하는 공무원으로서 법률이나 대통령령(대통령비서실 및 국가안보실의 조직에 관한 대통령령만 해당한다)에서 정무직으로 지정하는 공무원을 말한다(국가공무원법 제2조). 그 밖에 감사원의 원장·감사위원 및 사무총장, 국회의 사무총장 및 차장, 헌법위원회의 상임위원 및 사무처장, 그리고 국무총리, 국무위원, 처의 처장, 부의 장관·차관 또는 차장·청장(중앙행정기관이 아닌 청을 제외), 기획조정실장, 행정조정실장, 행정개혁위원회의 위원장, 부위원장 및 상임위원, 서울특별시장, 부산광역시장, 도지사, 차관급 상당 이상의 보수를 받는 비서관, 국가정보원의 원장 및 차장, 기타 다른 법령이 정무직으로 지정하는 공무원을 들 수 있다.

(2) 별정직 공무원

별정직 공무원으로는 국회전문위원, 감사원 사무차장, 서울특별시 및 광역시·도 선거관리위원회 상임위원, 국가정보원 기획조정실장, 원자력위원회 상임위원, 과학기술심의실장, 각급노동위원회 상임위원, 해양안전심판원의 원장 및 심판관, 비서관, 비서 기타 다른 법령이 별정직으로 지정하는 공무원 등이 있다.[20]

4. 고위공무원단

2003년 2월 25일 출범한 노무현 참여정부에서 2006년에 전격 도입하여 활성화했던 고위공무원단 제도는 많은 장단점을 지니고 있다.[21] 국가공무원법 제2조의2(고위공무원단)에 따르면 ① 국가의 고위공무원을 범정부적 차원에서 효율적으로 인사관리하여 정부의 경쟁력을 높이기 위하여 고위공무원단을 구성한다. ② 제1항의 "고위공무원단"이란 직무의 곤란성과 책임도가 높은 다음 각 호의 직위(이하 "고위공무원단 직위"라 한다)에 임용되어 재직 중이거나 파견·휴직 등으로 인사관리되고 있는 일반직공무원, 별정직공무원 및 특정직공무원(특정직공무원은 다른 법률에서 고위공무원단에 속하는 공무원으로 임용할 수 있도록 규정하고 있는 경우만 해당한다)의 군(群)을 말한다(개정 2012.12.11/시행일 2013.12.12)라고 명시하고 있으며 다음 각호를 의미한다.

1. 「정부조직법」 제2조에 따른 중앙행정기관의 실장·국장 및 이에 상당하는 보좌기관
2. 행정부 각급 기관(감사원은 제외한다)의 직위 중 제1호의 직위에 상당하는 직위
3. 「지방자치법」 제110조제2항·제112조제5항 및 「지방교육자치에 관한 법률」 제33조제2항에 따라 국가공무원으로 보하는 지방자치단체 및 지방교육행정기관의 직위 중 제1호의 직위에 상당하는 직위
4. 그 밖에 다른 법령에서 고위공무원단에 속하는 공무원으로 임용할 수 있도록 정한 직위

20) 국가공무원법 제2조와 관련된 제3항에 따른 별정직 공무원의 채용조건·임용절차·근무상한연령, 그 밖에 필요한 사항은 국회규칙, 대법원규칙, 헌법재판소규칙, 중앙선거관리위원회규칙 또는 대통령령으로 정한다(개정 2011.5.23, 2012.12.11/시행일 2013.12.12).

21) 자세한 내용은 신현기 외 8인, 전게서, pp. 222~224 참조 바람.

그리고 ③ 행정안전부장관은 고위공무원단에 속하는 공무원이 갖추어야 할 능력과 자질을 설정하고 이를 기준으로 고위공무원단 직위에 임용되려는 자를 평가하여 신규채용·승진임용 등 인사관리에 활용할 수 있다(개정 2013.3.23./제11690호/정부조직법). 또한 ④ 제2항에 따른 인사관리의 구체적인 범위, 제3항에 따른 능력과 자질의 내용, 평가 대상자의 범위, 평가 방법 및 평가 결과의 활용 등에 필요한 사항은 대통령령으로 정한다(전문개정 2008.3.28)고 명시하고 있다.

제5절 직위분류제와 계급제[22)]

Ⅰ. 직위분류제

1. 의 의

공무원 인사관리의 효율성과 합리성을 제고하고 편의도모를 위해서는 일정한 기준과 원칙이 필요하다. 인사행정에 있어서 다수의 공무원을 개별적으로 다룬다면 혼란과 무질서를 초래하기 때문이다. 이러한 기준과 원칙에는 직위분류제와 계급제가 있으며, 직위분류제(position classification)는 직위(position)에 기초를 둔 것으로 공직을 각 직위에 존재하는 직무의 종류와 곤란성, 책임도의 차이에 따라 횡적으로는 직종별로, 종적으로는 등급별로 구분·정리하는 제도이다. 반면에 계급제는 계급(rank)에 기초를 둔 것으로 사람을 중심으로 개개공무원의 신분상의 자격·학력·능력을 기준으로 해서 계급으로 분류하는 제도이다.

---

22) 신현기 외 8인, 전게서, pp. 215~220.

2. 특 징

직위분류제는 주관적·감정적·비합리적 요인에 의하여 지배되기 쉬운 인간적 요인을 배제하고, 인력관리의 합리화를 의도한다는 점에서 산업사회에서 그 효용성이 높다고 할 수 있으며, 다음과 같은 특징을 들 수가 있다.

첫째, 직위분류제는 직무의 성질·내용·곤란성을 표시해 주므로 어떤 지식과 기술을 가진 사람이 그 직위에 요구되는가를 밝혀주며 시험·임용·승진·전직의 합리적 기준을 제공해 준다. 둘째, 공무원의 보수결정기준은 다양하지만, 직위분류제를 도입하면 동일 직무에 대한 동일 보수의 원칙에 따르는 직무급 제도를 확립함으로써 보수제도의 합리적 기준을 제시해 준다. 셋째, 근무성적을 평정하려면 공무원이 담당하는 직책의 내용을 파악하여야 하는데 직위분류제는 그 직책의 내용을 용이하게 알려준다. 넷째, 조직단위간의 횡적 관계와 종적 지휘·감독관계에 있어서 권한과 책임의 한계를 명백히 해준다. 다섯째, 업무분담의 합리화와 직무분석에 의하여 정원 및 사무관리의 합리적 관리에 유리하다.

3. 수립과정[23)]

직위분류제를 수립·운영하는 과정은 서로 관련된 여러 단계를 거치는데 각 단계는 다음과 같다.

(1) 계획의 수립 - 준비작업단계

계획과 절차를 결정하고 분류담당자를 결정한다. 직위분류에 필요한 면접, 직무분석, 직무평가를 담당할 요원을 선정하고 조직기구의 성격·기술적 가능성이나 효과면을 고려하여 분류대상 직위를 결정한다.

---

23) 상게서, pp. 215~220.

⑵ 직무조사단계

분류대상인 직위들의 직무내용에 관한 자료수집을 직무조사라 하는데 이를 위하여는 직무기술서를 작성하게 된다. 직무기술서란 실제로 개개공무원이 수행하는 직무내용을 기술하는 것으로 공무원들에게 기술서를 배부하여 기입케 한다.

⑶ 직무분석

직무종류·성질에 따른 종적 분류로 직군·직렬을 결정하는 것으로, 직무분석이란 직무에 관한 정보·자료를 조사·검토하여 직무를 종류에 따라 종적·수직적으로 분류하는 작업을 의미한다. 수직적 분류구조를 결정하는 작업으로서 직군·직렬·직류를 형성·결정하게 된다.

⑷ 직무평가

직무의 곤란도·책임도에 따른 횡적 분류로 직급·등급을 결정한다.

직무평가란 각직위의 직무에 내포되는 곤란성·책임성의 정도에 따라 직위의 상대적인 가치·비중·수준을 결정하는 것을 말한다. 수평적 분류구조를 결정하는 작업으로서 등급·직급을 결정·형성하는 절차이다. 직무평가의 방법에는 계량적 방법인 점수법·요소비교법, 미계량적 방법인 서열법·분류법 등이 있다.

① 서열법: 직위의 가치를 전체적·종합적으로 평가하여 상하서열을 정하는 방법이다.

② 분류법: 직무간의 가치를 난이도를 평가하는 기준이 되는 등급기준표(분류기준표)를 미리 작성해 놓고, 이 등급기준표에 입각하여 개개의 직무를 해당 등급에 배치해 가는 방법이다.

③ 점수법: 직무의 구성요소별로 계량적 점수를 부여하여 평가해 가는 방법이다.

④ 요소비교법: 기존직무의 평가요소에 부여된 수치에 각 직무의 평가요소를 상호대비시켜 평점을 함으로써 평가대상직무의 상대적 가치를 결정하는 방법이다.

⑸ 직급명세서 작성단계

직군 · 직렬과 등급 · 직급이 결정되면 직급별로 직급명세서가 작성된다. 인사행정의 기초가 되는 직급명세서에는 직급명, 직책의 개요, 최저자격요건, 채용방법, 보수액 등이 명시된다.

⑹ 직급 단계

직급명세서가 작성되면 모든 직위는 각각 해당 직군 · 직렬 · 직류와 등급 · 직급에 배정된다.

⑺ 제도의 유지와 관리단계

모든 관계자 및 재직자에게 시행에 앞서 검토와 이의신청의 기회를 주어야 하며 직무 내용의 변화에 따라 계속 수정 · 보완되어야 한다.

Ⅱ. 직위분류제 구성요소와 장 · 단점[24)]

1. 구성요소

직위분류제는 다음과 같은 요소가 종횡으로 구성되어 있다.

1) 직위(Position)는 한 사람이 수행하는 직무와 직책(가장 최소한의 기초단위)으로 그것을 담당하는 사람과는 구분된다.

2) 직급(Class)은 직무의 종류, 곤란도, 책임도가 유사한 직위의 집단으로 인사행정상 동일하게 다룰 수 있는 직위의 집단을 말한다.

3) 직렬(Series)은 직무의 종류는 유사하나 책임과 곤란도가 상이한 직급의 군으로 이 직급들은 그 곤란성의 책임도에 따라 종적으로 배열된다.

4) 직군(Occupational group)은 직무의 성질이 유사한 직렬의 군(가장 포괄적인 단위)을 말한다.

---

24) 상게서, p. 220.

표 1-18 우리나라 직위분류(일반직)의 예

직군	직렬	직류	등급				
			1급	2급	3급	4급	5급
행정	행정	일반행정 재정 사회 교육 교정 보안	관리관	이사관	부이사관	서기관	사무관

5) 직류(Sub-series)는 한 직렬 내에서 담당분야가 동일한 직무의 군을 말한다.

6) 등급(Grade)은 직무의 종류, 성질은 상이하나 곤란도, 책임도가 유사한 계급으로 동일한 보수를 줄 수 있는 모든 직위를 말한다.[25)]

7) 직무기술서(Job description)는 직위가 요구하는 직책내용을 명시한 것이다.

8) 직급명세서(Class specification)는 직무분석 및 직무평가에 따라 결정된 직급의 직책내용, 자격요건 그리고 시험내용을 명시해 놓은 것으로 이는 채용, 승진, 보수 등 인사행정의 기준으로 활용된다.[26)]

2. 장·단점

(1) 직위분류제의 장점

첫째, 보수체계의 합리화로 동일 직무에 대한 동일 보수의 원칙에 따르는 직무급제도를 확립함으로써 보수결정의 합리적 기준을 제시하며, 시험의 합리화로 각 직무가 요구하는 전문성에 입각하여 직무수행능력을 테스

25) 1급, 2급, …… 9급을 우리는 계급이라고 한다. 그러나 직위분류제 아래에서 직책의 여하에 따라 여러 계층으로 분류하여 그를 등급이라고 한다. 성질상 계급보다는 등급의 수가 많게 되는 것이 보통이다.

26) 이종수·윤영진, 전게서, p. 449.

트함으로써 합리적인 시험척도가 된다.

둘째, 조직단위간의 횡적인 직책의 한계와 종적인 상하지휘·감독관계에 있어서 권한과 책임의 한계를 명백히 해준다. 이로써 행정책임과 행정능률을 확보하는 데 기여할 수 있다.

셋째, 동일한 직책을 장기간 담당하게 되므로 특정분야의 전문가를 양성하는 데 매우 효과적이며 행정의 전문화·분업화에 도움을 준다.[27)]

넷째, 필요한 직위의 파악이 가능하며 인건비에 관한 예산편성이 용이하고, 국민에게 공무원의 서비스와 인건비 간의 논리적 관계를 밝혀줌으로써 행정의 민주적 통제에 기여한다.

다섯째, 합리적인 전문화·분업화(업무분담체계)를 통하여 효율적인 정원관리 및 행정의 능률성 제고에 기여한다.

여섯째, 직무분석·직무평가를 통해 계속적인 작업연구 및 사무관리의 개선을 가능케 한다.

일곱째, 직위가 요구하는 직무의 내용·성질·자격요건을 밝혀주므로 채용시험·인사배치·전직·전보·승진 등의 합리적 기준을 제공한다. 아울러 인사배치의 적격성이 확보되어 행정조직의 합리화 및 개선에 기여한다.

여덟째, 해당직위가 요구하는 자격요건을 밝혀주므로 훈련수요를 구체적으로 명확히 판단하는 데 도움을 주며 이로써 합리적인 훈련계획의 수립 및 훈련의 효율화가 가능하며 직무의 내용을 구체적으로 명시하므로 근무성적평정의 객관적 기준을 세우는 데 효과적이다.

(2) 직위분류제의 단점

첫째, 과학적 관리법 시대의 고전적 조직이론 또는 행정이론, 즉 합리성에 대한 과신, 행정변수로서 구조만 생각하고 인간은 거의 무시한다.

둘째, 일반교양과 능력을 가진 유능한 일반행정가의 확보·육성이 어

---

27) 실제로는 우리나라 공사단체의 직제규정을 보면 과단위로 규정되어 있어 직원간의 권한이나 책임의 한계가 불분명하고 이에 상하간의 업무분담이 무질서하고, 업무분량과 시간의 격차가 심하다고 할 수 있다.

렵다.

셋째, 장기적 · 종합적 능력발전과 직업공무원제의 확립이 곤란하다. 즉 공무원이 특정직위와 관련되므로 장기적 · 종합적 능력발전이 어려워 직업공무원제의 확립이 곤란해진다.

넷째, 동일한 직렬에 따라서 전보 · 승진이 이루어지므로 인사배치의 신축성 · 융통성이 결여된다.[28]

Ⅲ. 계급제의 특징과 장·단점

1. 의 의

(1) 우리나라는 계급제 중심의 공직분류형에 직위분류제 요소를 가미하고 있다.

(2) 계급제는 사람을 중심으로 일반적인 능력과 자격을 기준으로 하여 공무원을 계급으로 분류하는 제도이다.

(3) 계급제는 영국, 프랑스, 독일, 일본 등에서 채택되고 있다.

2. 특 징

(1) 폐쇄형의 인사관리방식이 채택되고 있다.

(2) 일반적으로 교육제도상의 계층과 밀접한 관계가 있는 4대계급제가 확립되고 있다. 계급간의 차이가 심하며 승진이 어렵다.

(3) 고급공무원의 수가 적고 높은 학력이 요구되고 있어 고급공무원의 엘리트화 현상이 현저하게 나타나고 있다.

---

28) 신윤표, 『행정학』(서울: 박영사, 1999), p. 323.

3. 장·단점

(1) 계급제의 장점

첫째, 담당할 직무에 관계없이 인사배치를 할 수 있어 종적·횡적으로 인사배치의 신축성·융통성을 기할 수 있다.

둘째, 공무원의 능력을 여러 분야에 걸쳐 발전시킬 수 있어 유능한 일반행정가를 양성하는 데 유리하다.

셋째, 직위의 종류에 구애됨이 없이 승진할 수 있으므로 장기적·종합적 능력발전에 이바지하며, 직업공무원제의 확립·발전을 촉진한다.

넷째, 행정계획면·조직계획면·조직의 발전면에 있어 그 효용이 장기

표 1-19 직위분류제와 계급제의 비교

비 교	직위분류제	계급제
분류기준	직무의 종류, 책임도, 곤란도	개개인의 자격, 능력
중 점	직무	사람
모 집	채용과 시험의 연결	채용과 시험의 연결이 없음
보 수	직무급	생활급
발달배경	산업사회	농업사회
채택국가	미국, 캐나다, 필리핀	영국, 프랑스, 독일, 일본
인사배치	비신축적	신축적
행정계획	단기계획에 적합	장기계획이 용이
교육훈련	전문성 교육	일반교양 교육
신분보장	불확실 (직업공무원제 확립되지 못한다)	확실 (직업공무원제 확립)
시험과목	전문과목	교양과목
승 진	신축성이 없다	신축성이 크다
공직충원	개방형	폐쇄형
행정가형	Specialist(전문행정가)	Generalist(일반행정가)
최근경향	계급제적 요소도입경향 (미국, 제2차 Hoover 위원회 주장)	직위분류제적 요소도입경향 (영국 풀턴/Fulton 위원회)

출처: 신현기 외 8인, 전게서, p. 224.

적이다.

다섯째, 직위분류제하에서는 고도의 전문화가 이루어지고 있으므로 전문가간의 의사소통이나 조정이 어려운 데 반하여 계급제하에서는 보다 용이하다.

여섯째, 공무원이 기구개편에 의한 영향을 받지 않으므로 신분보장이 강하다. 따라서 행정의 안전성 · 계속성이 유지 · 확보되며 공무원의 사기가 앙양된다.[29)]

(2) 계급제의 단점

첫째, 권한 · 책임이 불분명하며 인사관리의 객관적 합리화 및 객관적 기준설정이 곤란하다.

둘째, 인력수급계획의 수립이 곤란하고 행정의 전문화 및 전문행정가의 양상이 어려워진다.

셋째, 신분보장과 폐쇄제의 인사관리 등으로 인하여 관료주의화를 초래하기 쉽다.

넷째, 강한 서열의식이 지배되어 상 · 하간의 의사소통이 장애를 초래한다.

앞에서와 같이 계급제와 직위분류제가 반드시 대립적 · 배타적인 것이 아니라 상호보완적인 관계에 있다.

제 6 절 국가공무원과 지방공무원

Ⅰ. 개 념

자유민주주의 정치체제를 채택하고 있는 대부분의 국가는 정도의 차이

29) 신현기 외 8인, 전게서, p. 220.

는 있지만 대개 중앙정부(국가)의 사무와 지방자치단체의 사무를 구분하여 실행하고 있다. 중앙정부에서 수행하는 국가사무는 중앙부처나 특별지방행정기관 또는 중앙정부의 위임에 의하여 지방자치단체의 행정기관에서 수행하며, 지방자치단체의 자치사무는 시·도와 시·군·구 등 보통지방자치단체 혹은 특별지방자치단체의 행정기관에서 수행된다. 따라서 중앙정부의 국가사무와 지방정부의 자치사무를 수행하기 위하여 대부분의 국가는 국가공무원과 지방공무원을 두고 있다.[30]

그러나 국가공무원과 지방공무원을 명확하게 구분하는 기준은 없다. 대개의 경우 임용 주체에 의하여 중앙정부(국가)가 임용하는 공무원을 국가공무원이라 하고, 지방자치단체에 의하여 임용되는 공무원을 지방공무원이라고 한다. 또한 행정주체를 기준으로 하여 중앙정부의 국가사무를 담당하는 공무원을 국가공무원, 지방자치단체의 자치사무를 담당하는 공무원을 지방공무원으로 구분하기도 한다. 또한 보수 기타 경비의 부담주체를 구분의 기준으로 삼아 국가에서 경비를 부담하는 공무원을 국가공무원, 지방자치단체가 경비를 부담하는 공무원을 지방공무원으로 구분하기도 한다.[31]

한국은 국가공무원과 지방공무원에게 적용하는 법체계를 달리하고 있다. 그러나 현재 지방자치단체의 행정기관에는 지방공무원뿐만 아니라 국가공무원이 함께 있으며, 사무도 국가사무와 자치사무를 엄격하게 구분하여 담당하지 않고 있다. 그리고 동일한 직급의 지방공무원을 국가공무원으로 또는 국가공무원을 지방공무원으로 임용하고자 하는 경우에는 특별임용시험을 면제하여 특별채용할 수 있게 함으로써 지방공무원과 국가공무원을 상호 교류할 수 있게 하고 있다.

그러나 대부분 동일 직급의 지방공무원은 보직 서열상 국가공무원보다 낮게 되어 있으며, 지방공무원이 국가공무원으로 특별채용되었을 때는 승진한 것과 같은 대우를 받았다. 그러나 지방자치제가 본격적으로 실시되면

30) 미국의 경우는 연방공무원과 주정부공무원, 그리고 지방정부의 공무원을 두고 있다. 이는 미국이 연방국가이기 때문에 국가공무원 대신 연방공무원을 두고 있으며, 연방공무원이 주정부에서 근무하는 경우도 있다.

31) 김중양, 『한국인사행정론(제3판)』(서울: 법문사, 1999), p. 43.

표 1-20 국가공무원과 지방공무원

<table>
<tr><th>구 분</th><th colspan="2">국가공무원</th><th colspan="2">지방공무원</th></tr>
<tr><td>법적 근거</td><td colspan="2">국가공무원법, 헌법기관규칙 등</td><td colspan="2">지방공무원법, 지방자치법, 조례 등</td></tr>
<tr><td>임용권자</td><td colspan="2">대통령, 국회의장, 대법원장, 중앙선거관리위원장, 헌법재판소장 등</td><td colspan="2">지방자치단체의 장</td></tr>
<tr><td>보수 재원</td><td colspan="2">국비</td><td colspan="2">지방비</td></tr>
<tr><td rowspan="4">공무원 구분</td><td rowspan="2">경력직 공무원</td><td>일반직 국가공무원</td><td rowspan="2">경력직 공무원</td><td>일반직 지방공무원</td></tr>
<tr><td>특정직 구가공무원</td><td>특정직 지방공무원</td></tr>
<tr><td rowspan="2">특수경력 직공무원</td><td>정무직 국가공무원</td><td rowspan="2">특수경력 직공무원</td><td>정무직 지방공무원</td></tr>
<tr><td>별정직 국가공무원</td><td>별정직 지방공무원</td></tr>
</table>

출처: 강성철 외, 『새인사행정론』(서울: 대영문화사, 2014), p. 220.

서 지방자치단체에 있던 국가공무원이 대부분 지방공무원으로 전환되었으며, 국가공무원은 '지방자치단체에 두는 국가공무원의 정원에 관한 법률과 시행령'에 규정된 극히 한정된 분야의 인원만을 지방자치단체에 두고 있다.[32)]

한국의 국가공무원법과 지방공무원법은 각각의 공무원에게 적용할 인사기준의 근본을 정하는 것이라고 하지만, 인사행정의 원리는 국가공무원이나 지방공무원이나 근본적으로 대동소이하다. 그럼에도 불구하고 현재 국가공무원과 지방공무원 간에는 약간의 차이점을 발견할 수 있으며, 이를 정리하면 〈표 1-20〉과 같다.

1. 국가경찰공무원

2006년 7월 1일 우리나라 제주특별자치도에는 제주자치경찰이 출범하게 된 것을 계기로 2006년 7월 19일을 기해 경찰법을 새로 개정했다. 경찰법을 주체로 하는 경찰을 국가경찰이라고 한다. 경찰공무원법의 대상이 되는 경찰만을 국가경찰공무원이라고 하기 때문에 경찰기관에 근무하는 일반

32) 강성철 외, 『새인사행정론(개정 3판)』(서울: 대영문화사, 2002), pp. 146~147에서 재인용.

직이나 기능직 등의 공무원은 경찰공무원이 아니며 전투경찰순경이나 의무경찰순경도 경찰공무원이 아니다. 하지만 전투경찰순경이나 의무경찰순경도 형법상의 공무집행방해죄의 공무원에 해당되며 국가배상법상의 공무원 개념에는 엄연히 포함시키고 있다. 경찰공무원법 14조에 따르면 경찰공무원의 경우 경찰공무원의 책임 및 임무의 중요성과 신분 및 근무조건의 특수성에 비추어 그 임용, 교육훈련, 복무, 신분보장 등에 관하여 국가공무원법과는 별도로 경찰공무원법을 별도로 두어 국가공무원에 관한 특례를 규정하고 있다.

2. 자치경찰공무원

제주자치경찰법을 주체로 하는 것을 자치경찰로 명확히 규정한 것이다. 제주특별자치도 설치 및 국제자유도시 조성을 위한 특별법 제105조에서 지방자치법, 지방공무원법을 준용한다고 규정한 근거에 따라 제주특별도지사 산하에 제주자치경찰단(단장: 자치경무관)이 설치되었다. 도지사가 시장을 임명하는 체제인 행정시로서 제주시와 서귀포시에 각각 자치경찰대를 설치했다. 한편 제주자치경찰에서 순수 자치경찰공무원을 보면 원래 제주자치경찰의 법정인원은 자치순경에서 자치총경까지 2018년 기준 총 130명이다.

모집시에는 중요한 조건이 있는데, 본인이나 부모의 본적 및 주민등록이 제주도에 등재되어 있어야 한다. 자치순경 합격자는 국가경찰기관인 중앙경찰학교 또는 제주지방공무원교육원에서 16주 교육 후 제주공무원교육원에서 1개월간 지역 관련 교육 후 자치경찰의 현장에 배치된다.[33]

---

33) 신현기, "제주자치경찰의 인력확보 대책에 관한 연구," 한국경찰발전연구학회, 『한국경찰연구』, 제7권 제1호(2008년 봄), pp. 12~15; 신현기, "제주자치경찰공무원의 승진현황과 개선방안에 관한 연구", 한국치안행정학회보, 2011.

Ⅱ. 공직분류상 경찰공무원의 위치

경찰법 제23조 제1항을 보면 경찰공무원의 계급은 치안총감(차관급)·치안정감·치안감·경무관·총경·경정·경감·경위·경사·경장·순경으로 한다고 규정[34)]하고 있다. 경찰공무원의 계급으로 순경(巡警)에서 치안총감(治安總監)까지는 총 11개 계급으로 구분되어 있다. 이는 비록 경찰직이 특수직이기는 하나 1~9급으로 구성된 일반직 공무원의 분류체계와 비교할 때 약간 과다하다는 지적도 있다.

우리나라 경찰총수는 15만명의 경찰인력을 지휘하는 데 있어서 그 직급이 타부서에 비해 현저히 낮은 편이다. 검찰부서에서는 무려 33명의 차관급을 유지하고 있다. 지방경찰청장의 경우도 불리한 점이 많다. 즉 서울지방경찰청장(치안정감), 경기경찰청장(치안정감)과 부산경찰청장(2012년 1월부터 치안정감 승격) 및 인천지방경찰청장(2014. 12 치안정감 승격)을 제외하고 나머지 12개 지방경찰청장의 계급은 모두 치안감인데 2급에 해당한다. 특히 지방경찰청장은 1~2급 상당인 「치안정감~치안감」이나, 광역자치단체의 부단체장은 「차관급~1급」이며, 경찰서장은 4급 상당인 「총경」이나 기초자치단체의 부기관장은 「2~4급」이다.

법무부의 경우 검사가 1급에서 3급으로 이루어져 있고 검사장은 차관급, 그리고 고검장도 차관급으로 이루어져 있으며 검찰총장의 경우는 장관급으로 이루어져 있다. 치안감으로 운영되는 12개 지방경찰청장(서울과 경

표 1-21 정부 부처 장·차관(급) 현황

부처명	경찰청	검찰청	안전행정부	노동부
전체 인력	11,6584명	6,264명	2,294명	2,740명
장관급	-	1명	1명	2명
차관급	1명	33명	9명	1명

출처: 신현기, "경찰계급단계 및 구성비율의 적정성 분석에 관한 연구," 치안연구소, 연구보고서 2004-05, 2004, pp. 54~55를 참조하여 재작성(2018); 경찰청, 「2018 경찰백서」, p. 399

34) 경찰법 제23조 참조.

기 부산 및 인천경찰청장은 치안정감)이 부단체장에 해당되는 직급이므로 타기관과 업무협조에서 얼마나 많은 애로가 많은가는 익히 알려진 사실이다. 여기에 사기침체와 조직전체의 무기력화 현상을 초래하게 되어 국민을 위한 서비스에 어려움도 겪을 수 있다.

한편 우리나라 공무원의 분류표를 보면 크게 7개 영역으로 구분된다. 그 중에서 경찰공무원은 특정직공무원에 해당한다.

한편 국가정보원은 대통령 직속부서로서 책임자는 부총리급이다. 그리고 3명의 차장들은 차관급을 유지한다. 외국정보기관들과 국내 타부서 정보기관 책임자들과 비교했을 때, 그 직책이 매우 높은 편이다.[35]

표 1-22 국가공무원의 분류

경력직	일반직	기술, 연구, 행정 일반에 대한 업무를 담당하는 공무원
	특정직	법관, 검사, 외무공무원, 경찰공무원, 소방공무원, 교육공무원, 군인·군무원·헌법재판소 헌법연구관 및 국가정보원의 직원과 특수분야의 업무를 담당하는 공무원으로서 다른 법률이 특정직 공무원으로 지정하는 공무원
	기능직	기능적인 업무를 담당하며 그 기능별로 분류되는 공무원
특수경력직	정무직	○선거로 취임하거나 임명할 때 국회의 동의를 요하는 공무원 ○고도의 정책결정 업무를 담당하거나 이러한 업무를 보조하는 공무원으로서 법률 또는 대통령령(대통령비서실의 조직에 관한 대통령령에 한함)에서 정무직으로 지정하는 공무원(예: 국무총리, 감사원장, 장관)
	별정직	특정한 업무를 담당하기 위하여 별도의 자격 기준에 의하여 임용되는 공무원으로서 법령에서 별정직으로 지정하는 공무원(예: 국회 수석전문위원, 감사원 사무차장, 국가정보원 기획조정실장 등)
	계약직	국가와 채용 계약에 따라 전문지식 및 기술이 요구되거나 임용에 신축성 등이 요구되는 업무에 일정 기간 종사하는 공무원
	고용직	단순한 노무에 종사하는 공무원

출처: 강용길 외 7명, 『경찰학개론(상)』(서울: 경찰공제회, 2009), p. 264.

35) 임준태, "한국 정보기관의 발전방향에 관한 연구," 「한국공안행정학회보」 제22호 (2006), p. 392.

표 1-23 일반 행정직과 경찰직의 비교

구분	치안총감	치안정감	치안감	경무관	총경	경정	경감	경위	경사	경장	순경
경찰	차관급	1급	2급	3급	4급	5급	경감 6급 갑	경위 6급 을	7급	8급	9급

한편 경찰관직무집행법 제2조에 따르면 경찰공무원이란 경찰관의 직무를 수행하는 특정직 국가공무원을 말한다. 경찰관의 직무는 범죄의 예방, 진압 및 수사, 경비, 요인경호, 대간첩작전수행, 치안정보의 수집·작성 및 배포, 교통의 단속과 위해의 방지 그리고 기타 공공의 안녕과 질서유지로 규정하고 있다. 경찰공무원법 제7조, 제8조, 제9조, 제10조 및 제16조와 제17조에는 경찰공무원의 임용, 교육훈련, 신분보장, 복무규율 등을 자세히 규정해 놓고 있다. 특정직 국가공무원인 경찰공무원은 직책의 난이도와 보수의 차이를 두기 위한 계급(階級)과 개인의 능력, 적성, 자격 등을 활용하기 위한 목적으로 경과(警科) 및 특기(特技)로 그 기준을 구분하고 있다.

첫째 계급제는 위에서 살펴보았듯이 순경에서 치안총감까지 11개 등급으로 나누어지고 있다. 이 계급에 따라 경찰공무원의 책임도, 보수, 직무수행의 곤란도가 다르다.

둘째, 경찰공무원법 제3조와 경찰공무원임용령 제3조에 따라 일반경과, 보안경과, 특수경과, 항공경과, 통신경과, 운전경과로 나누어진다. 일반경과는 총경 이하 경찰공무원에 해당하는데 일반경찰기관에 근무하는 경찰공무원에게 주어진다. 보안경과는 경정 이하의 경찰공무원을 의미하는데 보안부서에서 근무한다. 그리고 특수경과는 항공, 해양, 통신, 운전 경과에 소속된 경찰공무원이다. 여기서 운전경과는 경사(警査) 이하에게만 한정되어 있다.

셋째, 경찰간부에 해당하는 경위 이상 경정 이하 경찰공무원은 위에서 소개한 경과 이외에 다시 두 번째로 특기에 따라 보직(補職)을 받게 되는데 특수경과는 모두다 전문특기에 해당하고 일반경과는 일반특기와 전문 특기를 부여받는다. 경찰공무원법 시행규칙 제20조 규정에 따르면 일반특기에는 기획, 감사, 경무, 생활안전, 형사, 수사, 교통, 경비, 작전, 정보, 보안, 외사 특기 등이 해당되고 전문특기에는 형사, 조사, 감식, 정보관리, 정보분석, 보안수사공작, 보안수사신문, 외사 및 기술(정보통신, 항공, 해양) 특기 등으로 분류하고 있다.36)

표 1-24 일반직 공무원의 분류체계(공안 및 행정)

직군	직렬	직류	계급 및 직급								
			1급	2급	3급	4급	5급	6급	7급	8급	9급
공안	교정	교정	관리관	교정 이사관	교정 부이사관	교정감	교정관	교감	교위	교사	교도
		교회				교회감	교회관	교회사	교회사보	교회원	교회원보
		분류				분류감	분류관	분류사	분류사보	분류원	분류원보
	소년 보호	소년보호			소년보호 부이사관	소년보호 서기관	소년보호 사무관	소년보호 주사	소년보호 주사보	소년보호 서기	소년보호 서기보
	보호 관찰	보호관찰			보호관찰 부이사관	보호관찰 서기관	보호관찰 사무관	보호관찰 주사	보호관찰 주사보	보호관찰 서기	보호관찰 서기보
	검찰 사무	검찰사무		검찰 이사관	검찰 부이사관	검찰수사 서기관	검찰사무관	검찰주사	검찰주사보	검찰서기	검찰서기보
		검찰수사					수사사무관				
	마약 수사	마약수사					마약수사 사무관	마약수사 주사	마약수사 주사보	마약수사 서기	마약수사 서기보
	출입국 관리	출입국 관리		출입국관리이사관	출입국관리 부이사관	출입국관리서기관	출입국관리사무관	출입국관리주사	출입국관리주사보	출입국관리서기	출입국관리서기보
	철도 공안	철도공안		이사관	부이사관	철도 공안감	철도 공안관	철도 공안사	철도 공안사보	철도 공안원	철도 공안원보
행정	행정	일반행정				서기관	행정사무관	행정주사	행정주사보	행정서기	행정서기보
		법무행정									
		재경									
		국제통상									
	세무	세무						세무주사	세무주사보	세무서기	세무서기보
	관세	관세						관세주사	관세주사보	관세서기	관세서기보
	운수	운수						운수주사	운수주사보	운수서기	운수서기보
	교육행정	교육행정					교육행정 사무관	교육행정 주사	교육행정 주사보	교육행정 서기	교육행정 서기보
	사회복지	사회복지					사회복지 사무관	사회복지 주사	사회복지 주사보	사회복지 서기	사회복지 서기보
	노동	노동					노동사무관	노동주사	노동주사보	노동서기	노동서기보
	문화	문화					문화사무관	문화주사	문화주사보	문화서기	문화서기보
	공보	공보					공보사무관	공보주사	공보주사보	공보서기	공보서기보
	통계	통계					통계사무관	통계주사	통계주사보	통계서기	통계서기보
	감사	감사				감사관	부감사관	감사주사	감사주사보	감사서기	감사서기보
	사서	사서				사서서기관	사서사무관	사서주사	사서주사보	사서서기	사서서기보

36) 허경미, 『경찰행정법』(서울: 법문사, 2003), p. 68.

참고로 특정직 경찰공무원을 일반직 공무원과 쉽게 비교해 보기 위해 일반직 공무원의 분류체계를 살펴보면 〈표 1-24〉와 같다. 여기서는 일반직의 공안직(公安職)과 일반행정직(一般行政職)만을 소개한 것이다.

제7절 경찰집행기관과 경찰행정관청

Ⅰ. 경찰의 표장과 계급 현황

일반경찰기관은 행정경찰작용을 주된 관장업무로 하는 경찰기관을 말하며, 행정경찰작용이란 다른 행정작용과 직접적인 관련 없이 그 자체로써 공공의 안녕과 질서유지를 위한 경찰작용을 말한다. 이는 다시 그 기능에 따라 경찰행정관청(警察行政官廳)과 일반 경찰집행기관(警察執行機關)으로 나누어진다.

경찰행정관청이란 경찰에 관한 국가의 의사를 결정하고 표시하는 권한을 가진 경찰행정기관을 말한다. 경찰은 국가행정작용의 일부인 까닭에 경찰권은 대통령을 수반으로 하는 정부에 속한다. 이에 따라 정부조직법은 경찰청장을 중앙보통경찰관청으로 하고, 지방경찰관청은 전국을 통하여 계층적 구조(hierarchical pattern)를 이루고 있다. 경찰행정관청은 경찰청장·지방경찰청장·경찰서장을 가리킨다.

일반경찰집행기관을 구성하는 계급을 보면 치안총감·치안정감·치안감·경무관·총경·경정·경감·경위·경사·경장·순경 등으로 구성되어 있다. 경찰은 특정직 공무원으로서 정복을 착용함은 물론이고 무기도 휴대하도록 되어 있다. 그리고 특별경찰집행기관은 소방공무원·헌병 등이 된다.

한국의 경찰조직은 앞의 [그림 1-1]에서 보는 바와 같이 1991년 외청(外

廳)으로 독립한 경찰청을 정점으로 2018년 7월 현재 총 1차장 8국 9관 32과 16담당관으로 구성되어 있으며 전국 특별시·광역시·도에 17개 지방경찰청을 두고 있으며 지방경찰청장 소속하에 경찰서 254개, 지구대 518개, 파출소 1,491개를 운영 중이다. 그리고 부속기관으로는 경찰대학·경찰교육원·중앙경찰학교·경찰수사연구원과 책임운영 기관으로 경찰병원 등이 별도로 설치되어 있다.

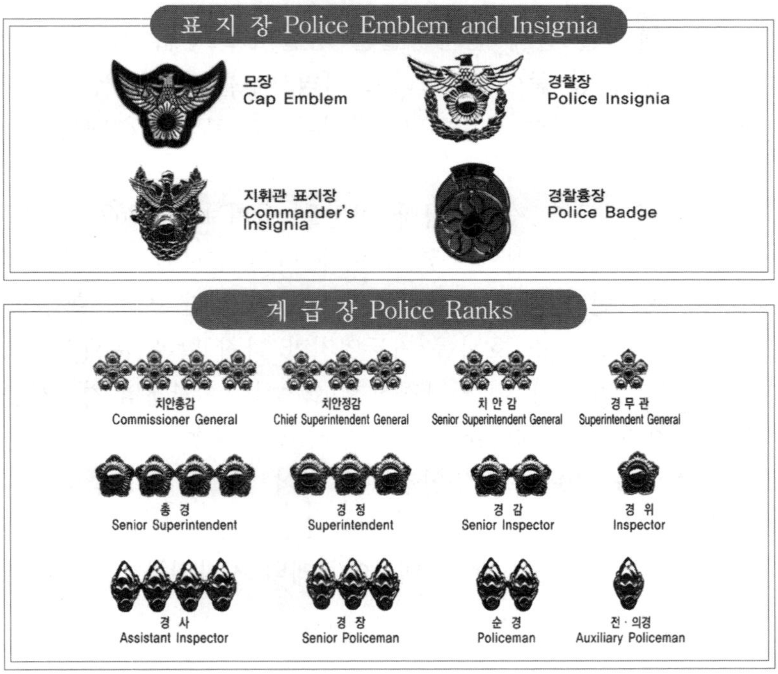

그림 1-5 우리나라 경찰의 계급장

출처: 경찰청, 『경찰백서 2017』(서울: 경찰청, 2017), p. 548; 김형만·신현기 외, 전게서, p. 65.

표 1-25 경찰조직의 변화 추이

구분	2014년	2015년	2016년	2017년	2018년
지방청	16	16	17	17	17
경찰서	250	251	252	254	254
지구대	515	514	516	518	518
파출소	1,438	1,463	1,473	1,486	1,491

출처: 경찰청, 「2018 경찰백서」, p. 392.

2018년 5월 현재 한국경찰은 경찰서 254개, 지구대 518개, 파출소 1,491개를 운영 중이다. 그리고 지역사무를 분담해서 수행해 나가기 위해 소위 국가사무인 특별지방행정기관으로 17개의 지방경찰청을 두고 있다.[37)]

한편 우리나라 경찰조직의 변천을 살펴보면 1969년 1월 7일 경장과 경정계급이 새로이 만들어졌다. 이에 따라 인사적체가 다소 해소되었지만 시간이 흐르면서 다시 인사적체에 직면해 있다. 이를 복수직급제로 해소하려는 노력도 다소 효과를 거두었지만 아직 많은 문제점을 안고 있다.

2018년 7월 현재 이 지방경찰청 소속하에 254개의 경찰서를 두고 그 아래에 순찰지구대(특수파출소)를 설치하고 있다.[38)]

이 밖에도 소속은 행정안전부로 되어 있으나 경찰청장의 지휘·감독하에 운영되며 경찰과학수사의 중추적인 역할을 수행하고 있는 국립과학수사연구원과 부산, 대구, 광주, 대전에 4개의 지방연구소가 설치되어 있다.[39)]

37) 우리나라 17개의 지방경찰청은 서울·부산·경기·대구·인천·울산·대전·광주·강원·충북·충남·전북·전남·경북·경남·제주지방경찰청 등이다.

38) 2009년 4월 20일날 경기 하남, 의왕, 동두천 경찰서가 그리고 2010년 사이에 용인서부, 청주남부경찰서, 의왕경찰서, 동두천경찰서, 부산기장, 안양만안, 부천 오정, 부산기장 경찰서 등이 신설되었다. 2013년 대구강북경찰서가 개서하여 총 250개의 경찰서가 존재하게 됐다.

39) 경찰청, 『경찰백서 2002』(서울: 경찰청, 2002), p. 301.

Ⅱ. 경찰계급장의 변천과 과제

우리나라 경찰의 계급장은 1945년 해방 이후 지금까지 여러 차례에 걸쳐 변경되는 과정을 경험했다. 1차는 1946년 1월, 2차는 46년 4월, 3차는 46년 9월, 4차는 58년, 5차는 66년, 6차는 68년, 그리고 7차는 83년 에 걸쳐 이루어졌다. 83년 제7차 경찰계급에 대한 변경이 이루어진 이후 현재까지 그 경찰계급장이 유지되어 오고 있으나 일반행정직 공무원 계급이 9급으로 되어 있는데 비례해 줄여야 한다는 의견도 꾸준히 제기된 바 있다. 계급이 너무 세분화되어 있어 비간부급은 비간부에서 머무를 확률이 크고 사기도 저하된다는 것이다.

1946년 9월 17일에는 경무총감이, 1966년에는 치안감계급이, 그리고 1969년에는 경장계급과 경정계급이 신설되었다. 이어서 1983년에는 치안정감 계급이 새로 설치되어 오늘에 이르고 있다.

2018년 현재 치안정감 자리에는 경찰청 차장, 서울지방경찰청장, 경기지방경찰청장, 부산지방경찰청장, 인천지방경찰청장, 경찰대학장 등 4명이었으나, 2012년부터는 부산지방경찰청장이 치안정감으로 격상되어 6명이 되었다. 경기지방경찰청장 자리는 2005년 1월을 기해 치안감에서 치안정감으로 격상되었다.[40] 그리고 2016년 3월 25일 경기경찰청이 분청되어 경기

표 1-26 경찰공무원 계급별 정원

총계	치안총감	치안정감	치안감	경무관	총경	경정	경감	경위	경사	경장	순경
116,584	1	6	26	60	537	2,545	8,187	16,482	24,894	30,090	33,756

출처: 경찰청, 「2018 경찰백서」, p. 399.

40) 초대 치안정감으로 임명된 경기지방경찰청장은 하태신 치안정감이었다. 이어서 이택순 치안정감이 뒤를 이었으나 2006년 1월에 경찰청장이 되어 본청장이 되었다. 본청장 자리는 허준영 경찰청장이 시위 도중 사망한 농민 2명에 대한 책임을 지고 물러나는 바람에 공석이 되었고 경기지방경찰청장이었던 이택순씨가 경찰청장을 지내고 노무현정부와 함께 물러난 후, 2008년 초에는 이명박 정부의 출범과 함께 어청수 서울경찰청장이 경찰청장으

표 1-27 우리나라 경찰계급의 변천과정41)

45.10.21	46.1.16	46.4.11	46.9.17	49.1.7	50.7.27	66	69.1.7	74.8.22	80.9	83	91.7.31이후
										의경[41]	의경
순사	순경	순경	순경	순경	순경	순경	순경	순경	순경	순경	순경
							경장	경장	경장	경장	경장
순사 부장	경사	경사	경사	경사	경사	경사	경사	경사	경사	경사	경사
경부보	경위	경위	경위	경위	경위	경위	경위	경위	경위	경위	경위
경부	경감	경감	경감	경감	경감	경감	경감	경감	경감	경감	경감
경시	감찰관	감찰관	감찰관				경정	경정	경정	경정	경정
	총경	총경	총경	총경	총경	총경	총경	총경	총경	총경	총경
도경찰 부장	도경찰 부차장	(관구) 경찰 부청장	(관구) 경찰 부청장	경무관	경무관	경무관	경무관	경무관	경무관	경무관	경무관
		(관구) 경찰 청장	(관구) 경찰 청장								
			경무 총감[42]				치안감	치안감	치안감	치안감	치안감
	경무부 차장	경무부 차장	경무부 차장		치안 부국장[44]	치안감			치안정감[45]	치안정감	치안정감
경무 부장 (장관)	경무 부장 (장관)	경무 부장 (장관)	경무부장 (장관)	치안국장 (치안이 사관)[46]	치안국장 (치안이 사관)	치안국장 (치안 이사관)	치안국장 (치안 이사관)	치안본부장 (차관급)[47]	치안본부장 (치안총감/ 차관급)	치안본부장 (치안총감/ 차관급)	경찰청장 (차관급)[48]

출처: 신현기, "경찰계급단계의 개선방안에 관한 연구," 한·독사회과학회, 『한·독사회과학논총』, 제14권, 제1호, 2004, p. 253.43)

로 승진되고 2009년 3월에는 강희락 해양경찰청장이 경찰청장에 취임했고 이어서 조현오, 김기용, 이성한, 강신명 경찰청장(2016. 1), 그리고 2017년 이철성 경찰청장(2017. 6. 30 퇴직), 민갑룡 청장 취임으로 이어졌다

41) 1983년에 의무경찰이 신설되어 기존의 순경이 달고 있던 계급장을 이어 받고 순경은 기존에 경장이 달고 있던 무궁화봉우리 2개를 달게 되는 제도의 변화가 있었다. 의무경찰은 군필자를 위한 병역제도의 일환으로 실시되는 것이지 정식경찰관의 계급은 아니며 순경부터가 정식경찰관에 해당하고 여기서는 편의상 의무경찰의 신설을 표기하기 위해 단순 소개하는 것이다.

42) 경무총감은 협의의 행정기관이 아니므로 경무부장의 명령이 없는 한 일반경찰업무에 관해 명령할 권한이 없고 감독만 수행한다.

43) 부국장제도는 1955년도에 4년 만에 폐지되었다.

44) 1980년 9월 치안정감 계급을 신설하여 송제근 치안정감이 경찰대학장으로 취임했고, 같은해 11월 김상희 치안정감이 취임해 경찰대학 1기생을 모집하였다.

45) 치안국장제도로 변경되어 부(部)에서 국(局)으로 한 등급 낮아졌다.

북부지방경찰청이 의정부에 창설되어 경기북부지역 11개 경찰서를 맡게 되었다.

Ⅲ. 경찰청 감사관과 정보화장비정책관의 개방형직위 지정

정부는 2010년 3월 22일 「공공감사에 관한 법률」에 따라 2011년 6월 30일까지 우리나라 모든 중앙행정기관의 감사 관련 기구의 장을 개방형 직위로 임용하도록 했는데, 이는 자체감사 기능의 전문성과 독립성을 확보하기 위한 데 목적이 있었다. 이에 따라 경찰청은 자체 감사기구인 감사관 직위를 2010년 6월 29일 개방형 직위로 공모하여 2011년 6월 외부인사를 경찰청 감사관으로 채용하였다.[48] 임기는 2년으로 연임이 가능해 연임을 했으며 2013년에 제2대 감사관이 선발되어 취임하였다. 그동안 경찰청은 자체 감사관을 경무관급으로 보해왔었다.

---

46) 치안본부체제로 정부조직법이 변경되어 국장이 치안본부장으로 변경되었다.

47) 지방자치제와 더불어 치안본부가 내무부/ 행정자치부의 외청으로 독립되어 경찰청시대가 열리고 경찰청장(차관급)이 15만 경찰을 지휘하게 되었다.

48) 경찰청, 「2011 경찰백서」, p.361.

연습문제 >>>

1. 경찰인사관리의 의의와 목적을 설명하시오.
2. 엽관제와 실적제를 설명하시오.
3. 경찰위원회에 대해 설명하시오.
4. 직위분류제의 의의와 특징을 설명하시오.
5. 공직분류상 경찰공무원의 위치를 설명하시오.
6. 경찰의 계급현황을 설명하시오.

제 2 장 경찰공무원의 모집

제 1 절 경찰공무원의 모집[1)]

급격한 사회변화와 경찰행정수요의 양적 · 질적인 증가추세에 따라 경찰행정의 전문화를 위한 경찰공무원의 자질향상문제는 세계 각국이 공통적으로 해결해야 할 시급한 당면과제로 부각되고 있다. 따라서 일반행정에서와 같이 경찰인사행정의 성패여부도 모집의 효과성과 합리성에 따라 좌우되는 것이라 할 수 있으며, 처음부터 유능하고 적절한 인적자원을 공직에 적극적으로 모집한다는 것은 경찰행정의 발전에 기본적인 구성요소로서 경찰공무원의 전문화 또는 민주화, 나아가서 보다 나은 양질의 치안서비스를 국민에게 제공할 수 있는 기초적 여건이 마련됨을 의미한다고 하겠다.

(1) 경찰공무원의 자질향상: 경찰공무원의 자질향상은 급여와 후생 및 교육훈련 등의 여러 투입요인들에 의해 복합적으로 영향을 받지만, 경찰인사의 첫 단계인 인적자원을 흡수하는 채용과정에서 유능한 경찰공무원을 모집하고 그 중에서 적절한 조건을 갖춘 적격자를 채용하지 못한다면 진정한 의미에서의 자질향상은 기대할 수 없는 것이다. 따라서 경찰공무원의 자

1) 이영남, "한국의 경찰인력 모집에 관한 연구," 「사회과학논총」, 제4집, 관동대 사회과학연구소, 1999. pp. 181~194; 신현기 · 이영남, 『경찰인사관리론』(서울: 법문사, 2006), p. 55.

질향상의 근간이 되는 채용과정의 개선이 무엇보다 중요하다고 하겠다. 최근 미국에서도 경찰공무원 채용과정이 경찰인사행정의 문제로 대두된 1970년대 이래, 법집행과 관계를 맺고 있는 많은 기관들이[2] 경찰공무원의 모집과 선발 및 임용을 위한 채용절차 그리고 실적평가에 관련된 다수의 연구계획들을 지원하여 왔다. 특히 최근 미국의 대부분의 도시에서는 순경모집시에 전문대 졸업자를 원칙으로 하는 경우가 많다고 한다.

(2) 적극적 모집의 미약: 경찰공무원의 자질향상문제의 중요성을 심각하게 인식하고 그것에 대하여 각국이 적극적인 모집으로 대처하는 현실에 비해, 현재 우리나라의 경찰조직은 경찰공무원의 자질향상에서 최우선적으로 고려해야 할 사항이 우수한 경찰인력을 유치하기 위한 적극적 모집에 있다는 사실조차 인지하지 못하고 있는 실정이다.

I. 경찰공무원 모집의 영향요인

경찰공무원의 모집은 많은 요소들에 의해서 영향을 받는다. 우선 조직 내적인 요인과 조직 외적인 환경적 요인으로 구분할 수 있다. 조직 내적인 요인으로는 경찰조직이 국가 정부기관인 만큼, 국가공무원의 채용에 관한 규정에 영향을 받는다. 또한 범죄와 위험으로부터 국민을 안전하게 보호해야 하는 경찰조직의 특수한 업무와 연관된 타당한 모집규정에도 영향을 받으며, 국가가 지향하는 경찰조직의 서비스방향에 따른 모집정책적인 요인에 의해서도 영향을 받을 수 있다. 이러한 기본적인 조직의 내적인 요인들 이외에도 노동시장의 변화, 범죄환경, 교육환경, 국민의 경찰직에 대한 의식구조 등의 환경적인 요인에도 영향을 받을 수 있다. 여기서는 환경적인 요인, 모집정책적인 요인, 경찰채용구조적인 요인 등으로 구분하여 살펴본다.

---

2) 이러한 기관으로는 미국의 법집행기관(L.E.A.A.: Law Enforcement Assistance Administration)과 국제경찰장협회(I.A.C.P.: International Association of Chiefs of Police) 및 경찰재단(Police Foundation) 등을 들 수 있다.

1. 환경적 요인

(1) 노동시장의 변화

경찰공무원의 모집은 노동시장의 변화에 영향을 받는다. 노동시장이 완전고용에 가까우면 사기업체에서 우수한 인력유치경쟁이 치열해지기 때문에 그만큼 우수 인력을 모집한다는 것은 어려워진다. 또한 노동시장이 불완전하면 공직을 지원하는 경우가 많아 우수 인력을 확보하기가 보다 수월해진다. 따라서 이러한 노동시장의 변화에 따라 모집정책을 신축적으로 높이면서 운영하는 것이 바람직하다고 하겠다.

(2) 경찰직에 대한 사회적인 평가

경찰공무원의 모집은 경찰직에 대한 사회적인 평가에 따라 영향을 받는다. 즉 그 나라 국민들의 경찰에 대한 신뢰도는 직업으로서 경찰직을 선호하느냐 그렇지 않느냐에도 영향을 적지않게 미칠 수 있다.

(3) 범죄환경

범죄발생률과 범죄현상이 경찰공무원모집에 영향을 미친다. 인구가 지속적으로 증가함에 따라 범죄발생률이 대체로 증가하는 경향을 보이고 있고, 이에 능동적으로 대처하기 위해서는 경찰인력의 증가가 필연적이며 이러한 요인들이 모집에서 유인요인으로 작용할 수 있다. 반면에 오늘날 범죄현상은 날로 흉포화되어 가고, 이에 따라 경찰업무의 위험성은 날로 증가하는 경향이 있고, 이러한 범죄현상들도 경찰공무원의 모집에 영향을 미칠 수 있다.

2. 모집정책적 요인

(1) 인력자원계획

인력자원계획은 그 내용적인 측면에서 조직의 목표달성에 바람직한 방향으로 필요한 인적자원의 수요와 공급을 질적 · 양적인 측면에서 조정하는 것이므로 필요하고 적절한 인적자원을 확보하는 데 필수적 전제가 된다고 하겠다.[3] 또 인력자원계획의 과정적인 측면에서 미래에 필요한 인적자원의 수요를 과학적으로 예측하고, 인적자원의 공급계획을 작성하며, 실천적인 행동프로그램에 의하여 인력자원계획을 실행에 옮길 수 있다. 따라서 일반적으로 기업이나 일반행정공무원의 경우는 물론, 경찰공무원의 채용에서 인사행정상의 균형을 유지하기 위한 인력자원계획은 필수적인 전제가 되는 것으로서[4] 경찰인력의 모집에 영향을 줄 수 있다.

⑵ 적극적 모집활동

경찰행정발전의 관건은 장기적으로 우수인력의 확보와 유지라는 점에서 선진 각국은 경찰인력의 적극적 모집정책을 활발하게 추진하고 있다. 따라서 모집정책을 적극적인 방향에서 추진하느냐 아니냐에 따라 경찰인력의 모집에 영향을 줄 수 있다.

⑶ 급여 및 후생복지

경찰공무원의 업무는 돌발성, 시급성, 직접성, 위험성, 조직성 등의 특수한 요소를 지니고 있어[5] 신체적인 위험을 감수해야 하는 활동을 많이 포함

---

3) 인력자원계획(Human Resource Planning) 또는 인력계획(Manpower Planning)은 경찰조직의 통합된 계획을 수행하기 위하여 모든 경찰의 의사결정의 중심이 되는 것이며, 적정수의 인원을 적절한 시기에 그리고 적재적소에 배치하는 조직적이고 조화된 시도로서, 계속적 인원배치의 핵심이 된다고 정의하고 있다. 인력자원계획은 통합된 계획을 수행하기 위하여 인적 자원의 수요를 결정하는 과정이며, 그 수요를 충족하기 위한 수단을 포함하는 개념으로서, 현재의 인사기능을 근거로 미래의 채용수요를 추정하고 예측하는 미래지향적인 과정이라고 할 수 있다. 이러한 인력자원계획의 필요성이나 효율성에 대한 이념적인 측면에서 너무나 경제발전의 수단으로 간과된다는 점, 그리고 인력자원계획은 그 성격상 중장기성을 지니고 있다는 점 때문에 인적 자원에 관한 미래의 예측은 어려워 그 효과를 의심하기도 하나, 인력자원계획은 인사관리나 인사행정의 주요한 전제로 부각되고 있다; Andrew F. Sikula, *Personnel Administration & Human Resource Management*, N. Y.: John Wiley & Sons Inc., 1976, pp. 145～148; Peter Smith Ring & Fanle Dyson, "Human Resource Planning," in O. Glenn Stahl & Richard A. Staufenberger (eds.), *Police Personnel Administration*, Mass.: Duxbury Press, 1974, p. 46.

4) Paul B. Weston & Philip K. Fraley, *Police Personnel Management*, Englewood Cliffs, N. J.: Prentice-Hall, 1980, p. 15.

하는 것이기 때문에, 일반행정공무원과는 달리 건강한 신체조건과 강인한 정신력 등이 필수적인 조건으로 되어 있다. 경쟁력이 있는 급여와 후생복지 수준이 성공적인 모집을 보장하는 것은 아니지만 이러한 위험요소를 내포하고 있는 업무성격면에서 본다면, 경쟁력이 있는 봉급과 후생을 제공하지 못한다면 우수한 경찰인력을 효과적으로 유인하지 못할 것이다.[6)]

3. 경찰채용 구조적 요인

(1) 자격조건

경찰공무원의 모집에서 대상자의 자격요건은 일반행정공무원이나 기업체의 경우와는 달리 그 수행업무의 특수성 때문에 여러 가지의 특수한 자질을 포함해야 한다.[7)] 따라서 이러한 자질을 갖춘 경찰공무원을 모집하기

---

5) 이영남, "경찰조직의 효과성 제고를 위한 복지체제에 관한 연구," 박사학위 논문, 명지대학교 대학원, 1991, pp. 20~26; 서재근, 『경찰행정학』(서울: 삼중당, 1986), pp. 90~92.

6) Bruce R. Baker & William F. Danielson, "Recruitment," in O. Glenn Stahl & Richard A. Staufenberger(eds.), *Police Personnel Administration*, Mass.: Duxbury Press, 1974. pp. 59~64.

7) 경찰공무원의 자질로 Wilson은 정의에 대한 예리한 감각, 높은 수준의 정직성, 정력, 용기, 감정적 안정감, 지혜, 그리고 자신감을 들고 있고, Sterling은 18개월의 경험 있는 경찰공무원으로 하여금 40가지의 자질을 선별하도록 하고 그 중에서 상식, 민첩성, 직무에 대한 지식, 철저한 훈련, 정직성, 지능, 책임성, 본성, 신뢰성, 용모의 10가지를 경찰공무원이 되기 위한 필수적인 자질이라고 제시하고 있다. 실제로 Berkerley 경찰국은 경찰공무원에게 요구되는 자질을 창의성, 많은 업무를 수행하고 어려운 긴급상황을 혼자서 처리할 수 있는 능력, 다양한 문화적·경제적·인종적 배경을 지닌 사람들과 효과적으로 의사소통할 수 있는 능력과 사회적 숙련성, 신속하고 정확하며 광범위하고 다양한 주제들을 학습할 수 있는 정신적 역량, 과학기술과 사회문제의 변화에 그들의 사고를 적응시킬 수 있는 욕망과 능력, 어려운 경우에 인간을 이해하며 협조할 수 있는 욕구, 감정적으로 비난할 상황에서 침착하고 객관성을 지니며 리더십을 발휘할 수 있는 정서적 성숙성, 이러한 힘든 일을 하기 위한 신체적 강건성과 인내심이라고 열거하고 있다. 최근의 동향은 가치관을 강조하여 모집대상자의 자격요건에 가치관을 일반적인 자격요건에 추가하기도 한다; 박동서, 전게서, pp. 162~168; O. W. Wilson & Roy C. McLaren, *Police Administration*, N. Y.: McGraw-Hill, 1977, pp. 245~259; George M. Pugh, "The Good Police Officers: Qualities, Roles and Concepts," *Journal of Police Science and Administration*, Vol. 14, 1986, p. 1; 서규하, "경찰공무원의 모집에 관한 연구," 「한국공안행정학회보」 제2호, 1993, pp. 81~84.

위하여 각국에서는 경찰공무원 모집대상자의 신체조건, 연령, 국적, 교육여건, 성별, 기타의 자격요건 등을 공통적으로 규정하고 있는데 이 또한 경찰공무원의 모집에 영향을 미치는 요인이라고 할 수 있다.

(2) 입직경로

대부분의 국가들은 경찰조직의 입직창구의 단일화를 기본으로 하고, 간부층의 별도 입직을 예외적으로 운용하는 형태를 취하고 있다. 물론 공무원의 신규채용에 있어서 개방형이나 폐쇄형의 채용방법은 각기 장단점이 있을 수 있지만 철저한 계급사회인 경찰조직에서 경찰공무원의 모집은 입직경로를 어떤 유형을 쓰는가, 또는 경찰인사체계상 입직경로가 합리성이 있느냐의 여부에 따라 영향을 받을 수 있다.

(3) 시 험

선발을 위한 시험제도가 우수한 인력의 확보를 위한 과정으로서 신뢰성과 타당성을 가지고 있느냐에 따라 경찰공무원의 모집에 영향을 미친다고 본다.

Ⅱ. 경찰공무원의 모집현황 및 문제점

경찰공무원의 모집에 영향을 주는 요인은 환경적인 요인과 모집정책적인 요인, 경찰채용의 구조적인 요인으로 구분할 수 있다.

1. 환경적 요인

환경적인 요인에서는 우선적으로 노동시장의 변화를 들 수 있다. 우리나라는 1997년 11월 IMF라는 구제금융시대를 혹독하게 경험하고[8] 각 분

---

8) 한국정부는 김영삼 대통령 시절인 1997년 11월에 IMF를 맞아 경제위기를 겪었다.

야에서는 구조조정의 진통을 앓았다. 나아가서 2008년에도 국제금융위가가 와서 우리나라는 또 한번 경제적 어려움을 겪은 바 있다. 이러한 상황들은 구조조정을 선도하고 있는 정부 또한 작은 정부화를 지향해야 한다는 국가적 절체절명의 과제를 낳게 되었다.[9]

경찰모집의 높은 지원율은 노동시장의 변화뿐만 아니라 경찰직에 대한 사회적 평가가 서서히 달라지고 있음을 잘 보여주고 있다. 각종 경찰직의 모집시험에서 높은 경쟁률을 나타내고 있는 현상이라든지, 각대학의 경찰행정학과의 설치붐에 따라 우수한 학생들이 대거 경찰행정학과에 지원하는 현상은 경찰직이 젊은 구직자들에게 매력적인 직업으로 받아들여지고 있는 것이라고 해석할 수 있고, 나아가 경찰에 대한 사회적인 평가가 달라지고 있음을 반증한다고 하겠다.

2018년 현재 전국에는 130여개 이상의 4년제 대학교와 2년제 대학에 경찰행정학 관련 학과가 설치·운영되고 있는데, 이러한 숫자는 그동안 급속도로 증가해 왔고 현재도 활발하게 증가·진행 중이다.

또한 어려운 경제여건은 IMF형 범죄들을 양산하는 계기가 되었고, 경제적 어려움들은 범죄의 질이 날로 흉포화되는 원인도 되었다. 경찰부문의 인력은 오히려 상당한 정도로 부족한 현상을 보이고 있어 앞으로 경찰공무원의 모집은 정부의 작은 정부화의 노력에도 불구하고 향후 상당 기간까지 현재의 모집수준을 유지할 개연성이 높다고 하겠다.

그러나 우리 경찰은 이러한 사회·경제적인 변화에 대응하는 신축적인 모집방향을 설정하지 못하고 기존의 모집방법을 그대로 사용함으로써 정부의 작은 정부화에도 부응하지 못하며 경찰직에 매력을 가지고 있는 많은 우수한 인력을 유치하는 데 소극적으로 대처하고 있다. 즉 예를 들어 여러 가지 측면에서 우수한 인력자원의 확보가 곤란했던 고도 경제성장기에 설립했던 경찰대학은 존립목적이나 가치가 오늘날에는 상당히 희석되고 심지어 폐지논란에 직면해 경찰청은 2020년까지 100명 중 50명만 선발하고 나머지 25명은 현직경찰관을 나머지 25명은 타대학 편입생 선발, 군필자 경

9) 신현기·이영남 외, 『경찰학개론』(파주: 법문사, 2006), p. 192.

표 2-1 4년제 대학교의 경찰행정학과(전공) 설치현황(2018년 7월 현재)

대 학 교	지 역	모 집 단 위	설치년도	모집인원(명)
가 야 대	경남 김해	경찰복지행정학부	2001	50
가 천 대	경기 성남	경찰안보학과	2013	50
건 국 대	충북 충주	경찰학 전공	2013	40
건 양 대	충남 논산	경찰행정학과	2000	55(2008)
경 기 대	경기 수원	사회과학부	2000	120
경 남 대	경남 마산	행정경찰학부	2000	150(2007)
경 동 대	강원 속초	경찰경호학부	2005	190
경 일 대	경북	경찰학과	2006	40
경 운 대	경북 구미	경찰행정학부	1998	300
경 주 대	경북 경주	경찰법학부	1996	145
경 찰 대	경기 용인	법학과/행정학과	1981	120
계 명 대	대구광역시	경찰학부	1996	80
김 천 대	경북 구미	경찰행정학과	2001	55
국립 군산대	전북 군산	해양경찰행정학과	2010	35
극 동 대	충북	경찰행정학과	2002	60
관 동 대	강원 강릉	경찰행정학과	1992	300
광 주 대	광주광역시	사이버보안경찰학과	1999	90
광주여대	광주광역시	경찰법학과	2003	80
나사렛대	충남 천안	경찰행정학	2005	59
남 부 대	광주광역시	경찰행정대학	2003	130
대 구 대	경북 경산	경찰행정학과	1998	50
대구가톨릭대	대구광역시	경찰행정학	2009	120
대구한의대	경북 경산	경찰행정학부	2005	50
세한대(대불대)	충남 당진	경찰학부	1998	220
대 전 대	대전광역시	경찰행정학과	2003	128
동 국 대	서울특별시	경찰행정학과	1963	90
동 신 대	전남 나주	경찰행정학과	2001	100
동 양 대	경북 영주	행정경찰복지학부	2000	130
동 의 대	부산광역시	경찰학부	2001	40
명 신 대	전남 순천	경찰학과	2001	40
목포해양대	전남 목포	해양경찰학과	1999	40
목 원 대	충남 대전	경찰법학과	2005	90
부 경 대	부산	해양경찰학 전공	2006	60
백 석 대	충남 천안	경찰행정전공	2001	200

대 학 교	지 역	모 집 단 위	설치년도	모집인원(명)
서 원 대	충북 청주	법경찰학과	2009	60
선 문 대	충남 아산	경찰행정법학과	2004	40
세 명 대	충북 제천	경찰행정학과	2001	80
순천향대	충남 아산	경찰행정학과	1999	45
신 경 대	경기 화성	경찰행정학과	2006	44
신 라 대	부산광역시	경찰행정학과	2005	70
영 동 대	충북 영동	경찰행정학과	2003	82
영 남 대	경북 경산	경찰법무학부(경찰법무전공)	2002	200
영 산 대	부산광역시	경찰행정학과	2002	80
용 인 대	경기 용인	경찰행정학과	1997	39
우 석 대	전북 완주	경찰행정학과	2000	80
울 산 대	울산광역시	경찰학 전공	2004	57
원 광 대	전북 익산	경찰행정학과	1995	40
위 덕 대	경북 포항	경찰행정전공	2005	40
전 주 대	전북 전주	경찰행정학과	1999	40
국립 전남대	전남 여수	해양경찰학과	2003	38
조 선 대	전남 광주	경찰행정학과	2004	40
중 부 대	충남 금산	경찰행정학과	1996	75
		경찰법학과		80
		경찰경호학과		80
중원대	충북 괴산	경찰행정학과	2013	40
한국국제대	경남진주	경찰복지행정학부	2003	60
초 당 대	전남 무안	경찰행정학과	1999	70
탐 라 대	제주 서귀포	경찰행정학과	1998	30
한국해양대	부산광역시	해양경찰행정학과	1994	80
한 민 대	충남 부여	경찰행정학과	2004	50
한 남 대	대전광역시	경찰행정학과	2001	60
한 라 대	강원 원주	경찰행정	2005	50
한 려 대	전남 광양	경찰행정학과	1996	50
한 세 대	경기 군포	경찰행정학 전공	1998	20
호 남 대	전남 광주	경찰행정학과	2005	80
호 원 대	전북 군산	법경찰학부	2000	70
합 계: 64개				

※ 2018년 7월 현재 전화로 각 대학의 입학관리과에 연락하여 확인한 자료임(현재 각 대학들이 계속 인원조정을 시도 중이라 대학별로 입학생 숫자가 일부 차이가 있을 수 있음).

표 2-2 4년제 사이버대의 경찰행정학과(전공) 설치현황(2018년 7월 현재)

대 학	지 역	모집단위	설치연도	모집인원(명)
한국사이버대	서울 서대문	경찰교정학과	2010	74명
서울디지털대	서울 마포	경찰학과	2000	40명
한국열린사이버대	서울 종로	법무행정경찰학과		
원광디지털대	전북 익산/서울구로	경찰학과	2005	150

표 2-3 2년제 사이버대의 경찰행정학과(전공) 설치현황(2018년 현재)

대 학	지 역	모집단위	설치연도	모집인원(명)
한국복지사이버대	경북 경산	경찰행정학과	2011	80

표 2-4 2년제 대학의 경찰행정 관련학과(전공) 설치현황(2018년 7월 현재)

대 학	지 역	모 집 단 위	설치년도	모집인원(명)
가톨릭상지대	경북 안동	사회실무계열 경찰경호행정과	2000	100
강원도립대	강원 강릉	해양경찰과		50
경동정보대	경북 경산	예체능계열 경찰경호무도학부	2001	120
강동대	충북 음성	경찰행정과	2002	150
경북과학대	경북 칠곡	사회실무계열 경찰경호행정과	2001	75
경북외국어테크노대	경북 경산	예체능계열 경찰경호행정과	2001	150
경북전문대	경북 영주	사회실무계열 경찰경호행정과	2001	180
경남정보대	부산 사상	경찰경호행정과	2006	80
계명문화대	대구 달서	경찰행정과	2006	110
공주영상대	충남 공주	인문사회계열 경찰행정과	1999	100
극동정보대	충북 음성	인문사회계열 경찰행정과	2002	80
군 장 대	전북 군산	경찰행정복지과	2005	40
전남도립대	전남 담양	경찰행정경호과	2001	80
담양대(전남도립)	전남 담양	인문사회계열 경찰행정전공	2001	80
동 주 대	부산 사하	사이버경찰학과	2008	30
동 우 대	강원 속초	경찰경호학부	2004	80
동의과학대	부산 진구	경찰행정 전공	2003	130
동 강 대	광주광역시	법률경찰경호계열	2001	110
대구과학대	대구광역시	예체능계열 경찰행정과	1999	120
대구미래대	경북 경산	인문사회계열 경찰행정과	2000	300
대구산업정보대	대구 수성	경찰행정과	2006	80
대 덕 대	대전광역시	경찰복지계열 경찰행정과	1999	250

대 학	지 역	모 집 단 위	설치년도	모집인원(명)
대 경 대	경북 경산	경찰행정학부	1998	180
부산경상대	부산광역시	경찰경호행정과	2003	40
부산정보대	부산	경찰교정 전공	2004	80
백석문화대	충남 천안	경찰행정학과	2002	100
서라벌대	경북 경주	사회실무계열 경찰복지행정과	2000	80
서 해 대	전북	경찰경호과	2002	80
선 린 대	경북 포항	경찰행정과	2001	100
성 덕 대	경북 영천	인문사회계열 경찰경호행정과	2002	80
성 화 대	전남 강진	사회실무계열 경찰법률전공	1999	40
세 경 대	강원 영월	경찰경호과	2011	40
송 원 대	광주광역시	사회실무계열 경찰과	2001	80
수원여대	경기 수원	경찰행정과	2010	40
신안산대	경기 안산	경찰경호학과	2010	75
안동과학대	경북 안동	사회실무계열 경호경찰과	2000	100
여수공업대	전남 여수	경찰행정과	2000	80
영남이공대	대구	경찰경호전공	2006	40
영남외국어대		경찰경호행정과	2000	40
여 주 대	경기 여주	경찰경호과	2006	90
우송정보대	대전광역시	사회실무계열 경찰행정법무	2001	180
오산대	경기 오산	경찰행정과	2008	80
전남과학대	전남 곡성	경호의전과	2001	40
전남도립대	전남	경찰행정경호학과	2001	40
전북과학대	전북	경찰경호행정과	2001	40
전주기전대	전북 전주	경찰경호과	2006	20
정 인 대	전북 정읍	사회계열 경찰행정	2003	90
주 성 대	충북 청원	사회실무계열 경찰행정과	2002	100
진주전문대	경남 진주	인문사회학부 경찰행정과	1999	120
전주비전대	전북 전주	경찰행정과		
창 신 대	경남 창원	경찰행정과	2003	80
충남도립청양대	충남 청양	경찰행정학과	2006	40
충 청 대	충북 청원	경찰행정학과	2010	60
청 암 대	전남 순천	경찰경호과	2003	35
포항 1대	경북 포항	경찰경호행정과	2002	40
한 영 대	전남 여수	경찰행정과	2004	50
혜 천 대	대전	경찰경호과	2002	100
합 계: 57개				

위 임용 등의 개편안을 국회에 보고했다.

2. 모집정책적 요인

모집정책적인 요인으로서 경찰공무원의 채용과 관련하여 합리적인 근거가 될 경찰인력자원계획과 적극적인 모집활동을 위한 제도적인 장치, 경찰조직 업무의 특수성으로 인한 급여 및 후생복지의 차별화가 중요하다.

우리나라 경찰공무원의 모집에 있어서 적정 인력규모의 산출지표로 사용하고 있는 것은 '경찰관 1인당 담당인구'이다.[10] 2016년 기준의 1인당 담당인구를 놓고 보면 미국 427명, 영국 422명, 프랑스 322명, 한국 451명으로 일본과 비슷하며 선진제국보다는 높다. 그러나 경찰관 1인당 담당인구의 세계 비교를 통해 적정인력규모인지 아닌지를 구분하는 것은 국가마다 상이한 치안업무와 범죄환경으로 단순한 인구수에 근거한 비교는 사실상 문제가 있다. 철저한 직무분석에 의한 인력자원계획의 부재로 인적자원의 수요를 과학적으로 예측하는 데 실패함으로써 모집정원의 결정이 자연감소율이나 경찰관서의 확장계획에 따라서 임시방편적으로 이루어지고 있는 실정이다.

2002년도 경찰행정학과 출신 졸업자에 대한 특채는 경장이나 경사로 모집하지 않고 순경으로 하향시켜 총 27명을 최종 선발했다. 2002년도 경찰행정학과 졸업자에 대한 특채는 지역구분 없이 전국을 대상으로 30명을 모집 공고했으나 최종적으로 27명의 합격자가 나왔다. 2013년도부터 2015년에도까지 매년 560명을 특별채용했다. 그러나 2016년에는 265명과 2017년

표 2-5 경찰관 1인당 주민담당 수(2016년 12월 현재)

독일	프랑스	미국	영국	일본	한국
258	279	299	284	494 (2014 기준)	429

출처: 경찰청, 『2018 경찰백서』, 2018, p. 398.

10) 경찰청, 『경찰백서』(서울: 경찰청, 2011), p. 352.

120명 등 축소해 선발했다. 이들은 중앙경찰학교에서 8개월(34주)간 교육 후 전국 일선 경찰서에 배치되는데 중앙경찰학교에서 신임(순경)경찰관들은 2011년 3월부터 34주로 교육훈련 기간을 늘렸다.[11)]

표 2-6 법학사 또는 4년제 경찰행정학과 졸업자에 대한 조사경장 모집 현황

1999. 5. 4 (1차)	1999. 9. 4 (2차)	1999. 10. 23 (3차)	2000. 8. 26	계
300명	200명	200명	130명	830명

표 2-7 최근 3년간 순경공채 경찰행정학과 관련 졸업생의 입직 현황

연 도	경찰행정학과 졸업생의 수		
	계	공채	특채
2003	111	81	30
2004	167	117	50
2005	85	55	30
2006			30
2007			60
2008			100(남 70/여 30)
2009			100(남 70/여 30)
2010			80(남 60/여 20)
2011			80(남 56/여 24)
2012			60(남 42/여 8)
2013			560(남여 구분 없음)
2014			560(남여 구분 없음)
2015			560(남여 구분 없음)
2016			265(남여 구분 없음)
2017			120(남여 구분 없음)

11) 2015년에는 8,000여명의 순경을 모집하였고 강의실 부족으로 인해 4개월간 교육 후 나머지 4개월은 지구대에 나가서 실습으로 대체했다. 4개월 만에 순경계급장을 달고 지구대에 나가서 정식 순경봉급을 지급받았다. 4개월 실습 후 중앙경찰학교에 돌아가 졸업식만 진행하고 있다.

연 도	경찰행정학과 졸업생의 수		
	계	공채	특채
2018			150(남여 구분 없음)

출처: 신현기, 『경찰조직관리론(제6판)』(파주: 법문사, 2018), p. 79 및 기타자료 참조하여 재작성.

2018년도에는 3,599명의 경찰관을 모집하는데 경력경쟁채용으로 594명을 모집하는 것이 큰 변화이다. 중요시되고 있는 사이버 수사분야에는 무려 117명이나 모집한다.

표 2-8 순경채용 시험(2018년)

❑ 경력경쟁채용(594명)

분 야	인원(명)	계 급	채용공고	최종합격
항공	10	경위 5, 순경 5	2. 2(금)	6. 8(금)
노무사	2	경장		
안보범죄분석	21	경장		
피해자심리	40	경장		
경찰특공대	35	경장 1, 순경 34		
정보화장비	27	경장 17, 순경 10		
안보수사외국어	18	순경		
외사	30	순경 중국어 9, 영어 5, 일본어 1, 베트남어 2, 인도네시아어 1, 우즈베크어 2, 우크라이나이 1, 네팔어 2, 크메르어 5, 버마어 1, 말레이시아어 1		
화약전문	10	순경		
무도(형사)	20	순경		
변호사	20	경감	7. 20(금)	11. 23(금)
사이버수사	117	경장		
정보주사연구	2	경장		
보안사이버수사	18	경장		
테러수사	5	경장		
안전사고	20	순경		

분 야	인원(명)	계 급	채용공고	최종합격
의료분야	15	순경	7. 20(금)	11. 23(금)
회계부정	28	순경		
법학	60	순경		
경찰청장기 검도대회	1	순경		
콘텐츠기획제작	4	순경		
교통	40	순경		
면허소송	19	순경		
경찰오토바이	12	순경		
과학수사	20	순경		

3. 경찰채용 구조적 요인

경찰공무원의 모집에 구조적인 영향요인으로서 자격조건, 입직경로, 시험 등을 들었다. 우선적으로 자격조건을 보면, 신체적 적합성 검사로 종래에는 신장, 체중 등 신체조건을 중요시하여 선발하였으나[12] 오늘날에 는 기민성 검사가 신체적 소질과 능력을 평가하는 데 유효한 변수가 되고 있다.[13]

표 2-9 여성경찰간부 후보생 모집현황(매년 3월 졸업)

1기~12기	2000~2014	매년 5명	졸업

12) 우리나라 경찰공무원 채용의 신체조건은 경찰공무원 임용령 시행규칙에서 규정하고 있는데, 신장 167cm 이상(여경 157cm 이상), 체중 57kg 이상(여경은 47kg 이상), 흉위는 신장의 1/2 이상, 시력은 양쪽 눈이 0.8 이상이며 교정시력인 자는 나안이 0.2 이상이어야 했으나 최근 상당히 완화되었다.

13) Leonard Territo, C. R. Swanson & Neil C. Chamelin, *The Police Personnel Selection Process*, Indianapolis: Bobbs-Merrill Educational Publishing, 1977, pp. 57~58; 이황우, 『경찰행정학(제3판)』(서울: 법문사, 2002), p. 239.

표 2-10 경찰대학의 여학생 모집현황

기 수	연 도	입학 인원
1기~23기	1989. 3~2014	매년 12명(2016년부터는 10명 모집)

다행히 경찰대학의 문호가 1989년부터 여성에게 개방되어 120명 정원 중 10% 이내에서 여성에게 배당되었다. 여성학사경장제도는 1999년에 개방되고, 여성경찰간부 후보생은 2000년에 처음으로 5%(5명)를 개방하여 오늘에 이르고 있다. 경찰대의 경우는 2016년부터 100명 모집으로 20명이 줄어 들고 이 인원을 로스쿨 출신 20명 선발로 대체했다. 그리고 여학생 비율은 정원이 100명인데 기존대로 12명을 선발하고 있고, 2016년부터 경찰간부후보생의 경우 특수직 5명은 남녀구분 모집을 없앴다. 2019년부터는 경찰대학과 경찰후보생 모집에서 남녀비율을 폐지하기로 했다.

입직경로를 보면 대부분의 국가들이 입직창구의 단일화를 기본으로 하고, 간부층의 별도 입직을 예외적으로 운용하는 형태를 취하고 있다. 또한 양질의 경찰행정서비스의 관건은 기본적으로 순경급채용에 있어서 우수인력의 확보에 있으며, 이러한 시각은 외국의 많은 경찰조직운용방침에서도 쉽게 찾아볼 수 있다. 그러나 우리나라 경찰인력의 채용은 경정 이하 전 계급에 걸쳐 실시되고 있고, 여러 가지 경로의 특채입직과정으로 인하여 조직 전체의 단결력과 사기저하를 가져와서 경찰조직관리상 어려움을 낳게 하고 있다.

Ⅲ. 바람직한 경찰공무원 모집의 방향

우수한 자질을 갖춘 경찰공무원의 모집은 경찰행정발전에 근간이 된다는 점에서 무엇보다 중요하다고 할 수 있다. 앞에서 경찰공무원의 모집현황과 문제점을 영향요인별로 간략히 분석한 결과 다음과 같은 바람직한 경찰공무원의 모집방향을 제시할 수 있다.

1. 경찰조직의 환경친화적인 노력제고

경찰공무원의 모집에서 우수한 인적자원을 유인하기 위한 현재의 환경적 요인은 매우 긍정적으로 작용할 수 있다. 젊은이들에게 경찰이미지 쇄신과 청소년들의 경찰직에 대한 관심과 선호도의 제고를 위해 청소년을 대상으로 프로그램을 개발하는 것이 필요하다고 하겠다. 예를 든다면 청소년경찰단, 보이스카우트 등 청소년단체와의 연계강화 등의 방안을 고려할 수 있고,[14] 이와 아울러 청소년 범죄예방의 효과를 제고하기 위하여 지역 내 각급학교에 교통사고 및 범죄예방 등에 관한 강의개설 등의 방안을 검토해 볼 필요가 있다.

홍콩의 경우에는 청소년경찰단(junior police corps)을 운영하여 현재 약 17만명의 회원을 확보하고 있으며, 이들의 주요 활동은 스포츠대회, 대민봉사활동, 연예활동 등 청소년의 관심을 불러일으키는 다양한 행사를 주최함으로써 지역주민의 광범위한 참여가 이루어지고 있다. 이러한 활동을 통하여 청소년들의 경찰에 대한 이미지를 쇄신할 수 있고, 우수인력확보에도 큰 기여를 하는 것으로 알려져 있다.

2. 적극적 모집정책의 수립

인력자원계획의 측면에서 우리나라 경찰공무원의 모집은 이제까지 합리적인 인력수급계획에 의하여 체계적으로 이루어지지 않고 있다. 과학적인 직무분석과 치안환경의 변화에 따른 치안수요의 정확한 예측을 통하여 인력의 재배치와 모집정원의 결정이 이루어져야 한다. 독일 등 유럽국가들의 경우 유니폼을 입은 정복경찰관들은 대부분 현장으로 나가고 국가공무원들이 경찰청이나 경찰서에서 사무를 담당하는 인력재배치가 오래전부터 정착되어 있다. 또한 적극적 모집정책을 수립하여야 한다. 이를 위하여 우선적

14) 한국개발연구원, 『2000년대 경찰행정발전방안』(서울: 한국개발연구원, 1992), pp. 159~164.

으로 경찰서 등에 경찰 지원문의 창구를 상설화하고, 경찰서 및 지・파출소에 각종 경찰 홍보자료 배부를 확대하여야 할 것이다. 순경채용에 있어 우수인력확보를 위하여 대졸자 및 전문대졸자의 우대조치를 통해 이들에 대한 유인가능성을 제고시키는 방안과 경찰행정 관련학과의 설치가 확대됨으로 인한 관련학과 졸업생들의 경찰유입을 확대하는 방안도 필요하다. 향후 지방경찰시대를 대비하여 지역단위 대학에서 경찰관련학과를 운영하여 지역적인 연계를 조성토록 하는 것 또한 바람직하다.[15)]

미국의 경우 경찰관련학과 설치가 1960년대부터 크게 확대되어 현재 1,350여개 대학에서 경찰관련학과가 운영되고 있으며, 이들이 경찰행정 관련기관에서 경찰인력의 충원을 위한 가장 중요한 공급원이 되고 있다.

그리고 경찰업무의 특수성이 인정된 급여 및 후생복지제도의 개선이 필요하다.

3. 경찰채용 구조적 요인의 개선

구조적인 요인의 개선방향은 우선적으로 자격조건을 형식적・외형적인 신체조건에 의할 것이 아니라 다양한 방법에 의한 기민성과 경찰직무를 성공적으로 수행할 수 있는 능력을 평가할 수 있는 기준으로 바꾸어야 한다. 즉 경찰업무의 다양성과 전문화에 따라 신체적 기준을 달리 정할 수 있음에도 불구하고 일괄적인 기준의 적용은 신체적 결함과 기준미달자를 원천적으로 경찰인력 모집대상에서 배제하는 결과를 가져옴으로 인하여 국가정치이념인 민주주의의 이념에도 맞지 않을 뿐만 아니라 공직의 기회균등 측면에서도 문제가 있다고 하겠다. 또한 여경(女警)의 활용폭을 크게 확대할 필요가 있다. 남녀고용평등에 의거하여 볼 때 간부직모집시에 여성을 모집대상에서 10%로 하고 있는 현재의 모집제도도 함께 개선되어야 할 점이다. 2018년 현재 여자경찰관이 간부직으로 들어가 경위(警衛)로 출발할 수 있는 기회는 매년 간부후보생 모집에서 5명(10%)과 경찰대학에서 12명

15) 상게서. pp.159～164.

(10%)에 그치고 있다. 2019년부터 개선될 예정이다.

둘째로 입직경로(入職經路)를 단순화시켜야 한다. 즉 순경계급에 입직창구를 일원화하고 전문화나 특수분야에 한하여 특정계급에 특채를 허용해야 한다. 순경계급에 우수한 인력을 유치하기 위한 것은 대민서비스를 위하여 필수적인데, 이것은 국민과 가장 접촉이 많기 때문이다.

그러나 그동안 경찰 내부에서 꾸준하게 검토되었던 경찰의 '구속영장청구권'과 '수사종결권'은 문제와 자치경찰제 시행 논의는 2017년 5월 10일 출범한 문재인 정부에서 활발하게 논의되고 있다.

외국의 사례에서 프랑스와 독일은 검찰이 우위에 있다. 그러나 영・미의 경우는 경찰에 수사권이 주어져 있다. 프랑스의 경우 국가를 대표하는 검사(檢事)가 수사와 공소의 주체로 범죄수사권 및 경찰에 대한 수사지휘권을 가지고 있다. 경찰에 대한 자격부여・취소・정지권, 명령불복종・직무태만 경찰관에 대한 징계요구권, 직무능력평가권 등 통제권한까지 검찰(檢察)이 가지고 있다. 독일은 경찰이 수사의 주재자인 검사의 보조자로 검사의 직무상 명령에 복종할 의무를 지고 있다. 독일의 경우는 우리보다 먼저 1970~80년대 경찰의 수사권독립논쟁이 있었다. 그러나 오히려 검사의 경찰정보에 대한 접근권 보장 등 검찰의 권한이 강화되게 되었다.

영국은 경찰이 유일한 수사주재자로서 우위에 있다. 수사개시권, 체포・구속영장청구권, 수사종결권까지도 경찰이 소유하고 있다.

미국은 검찰이 수사자문역할을 하는 것으로 그 권한이 제한되어 있다. 즉 경찰은 독자적으로 수사개시, 무혐의사건 등에 대한 수사종료권, 체포・구속영장 청구권을 가지고 있다. 그러나 미국 연방수사국(FBI), 마약청(DEA) 등 강력한 경찰조직을 법무부가 거느리고 있다. 대부분의 주(州)에서 수사단계의 경찰기록을 검사가 검토, 수시로 지도하고 경찰이 업무수행을 검사에게 보고하도록 하고 있다.

일본은 1945년 패전 후 미군정의 압력으로 영・미식 형사소송절차제도를 도입해서 검사와 경찰이 대등한 입장이 되었다. 경찰은 독자적인 수사개시권, 체포・압수수색・검증영장청구권을, 그리고 검찰은 구류(구속)영장청구권과 수사종결권을 가지고 있다. 경찰에 대한 일반 준칙을 제정해 시달하

는 일반지시권, 직접 수사시 수사보조를 요구하는 수사지휘권 및 징계권도 검사에게 주어져 있다.[16]

셋째로 시험제도 등의 개선을 통하여 경찰직의 전문화를 통한 우수한 인력자원을 경찰로 유인할 수 있을 것이다. 오늘날 각 분야별 공직의 채용시험에는 전문화가 강조되고 있는 추세를 볼 수 있다. 이에 따라 경찰공무원의 채용시험과목에도 전문성을 반영시킨다면, 일반적인 공무원의 지원자격기준에 저촉되지 않으면서 전문성을 살릴 수 있을 것이다. 적어도 입직경로가 순경으로 단일화된다면 순경계급의 채용시험과목은 검찰사무직 9급 수준은 되어야 할 것이다. 또한 여기에 경찰행정학과 교과목내용과도 연계한 시험과목으로 변경될 수 있다면 보다 전문성 확보를 위하여 진일보할 수 있을 것이다.

제 2 절 경찰채용시험

Ⅰ. 의 의

경찰관으로서 필요한 자격요건을 심사하기 위하여 지원자에게 여러 가지 시험을 실시하고 있다. 경찰채용시험은 실적제도를 확립하는 기초가 됨은 물론 직업공무원제도의 확립에도 공헌한다. 따라서 시험이란 경찰의 역할과 요구조건을 실현하는 데 필요한 높은 수준의 기술·지식·능력 그리고 직무행태를 소유한 지원자를 선발하는 것이다.[17]

우리나라에서는 신체검사, 체력검사, 필기시험, 종합적성검사, 면접시험 또는 실기시험과 서류전형의 방법을 채택하고 있는데, 이는 경찰직무의 특

---

16) 조선일보, 2003. 1. 17, p. 29.

17) William J. Bopp & Paul M. Whisenand, *Police Personnel Administration*, Boston: Allyn and Bacon, Inc., 1980, p. 82.

수성 때문이다.

Ⅱ. 외국경찰 신규임용[18]

1. 영 국

영국의 일반공무원의 채용은 속진임용제(FS)라는 방식으로 전문적이고 현장감 있는 인재를 공직에 충원한다. FS선발시험은 1차 교양시험과 두 차례 면접으로 진행된다. 당락은 교양시험보다는 면접에서 좌우되는 데 이틀간 진행되는 1차 공무원인사위원회(CSSB)의 면접에서 교양시험을 통과한 사람 중 30%만 남는다. 다시 최종심사위원회(FSB)의 면접에서 평균 3~4명 가운데 1명꼴로 탈락한다. 면접에서는 응시자의 상황대처능력, 공직에 대한 정열, 침착성, 응용력, 의사전달능력 등 개인의 인성을 집중파악한다.

최종합격자는 보통 2년간 견습을 거쳐야 하며, 이 기간에 조기승진이나 고위공무원단에 진입할 가능성이 없는 것으로 판단되면 고급공무원으로 임용되지 못한다. 대신 자신의 적성에 맞는 다른 직급, 또는 하위직급으로의 임용을 제의받게 된다. 이 제도를 통해 영국은 공직의 적성에 맞는 인재를 뽑아 적재적소에 배치하고 있다.[19]

이러한 일반공무원의 채용방법에 대하여 경찰공무원의 신규임용을 보면 다음과 같다.

(1) 모집방법

영국에서의 경찰관 신규임용은 국가경찰 및 자치단체가 관리하는 각경찰국별로 이뤄진다. 경찰관이 되고자 하는 자는 일반적 조건에 적합하여야 함과 동시에 결격사유가 있어서는 안된다.

---

18) 이영남, “경찰공무원의 신규임용 시험의 개선방안,” 「사회과학논총」, 제7집, 관동대학교 사회과학연구소, 2002, pp. 180~189.

19) 중앙일보, 2002. 1. 28.

일반적 조건에는 첫째, 본인의 품성이 경찰관으로서 적격임을 증명하는 신원증명서를 제출하여야 하고, 둘째, 연령을 남자 18.5세에서 30세 이하, 여자는 20세에서 35세 이하, 경찰장의 경우에는 40세 이하여야 한다. 셋째, 경찰관리자가 승인한 등록의사의 신체검사를 받아 신체 및 정신상, 그리고 경찰직무수행에 적당하다고 인정되어야 한다. 넷째, 기타 경력에 대하여 요구가 있을 때에는 필요한 자료를 제출하여야 하며 이에 허위사실을 기재하여 채용된 경우에는 법률위반으로 처벌된다. 경찰관이 되기 위해서는 신체 · 교육 · 인물 등에 필요한 조건이 있는 이외에 직무의 성질에 비추어 결격사유가 있으면 임명하지 아니한다. 즉 첫째, 다른 직종에 종사하고 있거나 보수 또는 이익을 받는 다른 직업에 고용되어 있는 경우, 둘째, 가족 중의 한 사람이 상업 또는 그에 유사한 영업을 하고 있는 가옥 내에 거주하고 있는 경우, 셋째, 그 경찰관의 관할지역 내에 본인 또는 동거하는 가족 중의 한 사람이 주류의 판매 및 공중오락장의 면허를 받고 있는 경우 또는 이러한 종류의 면허에 특별한 이해관계를 가지고 있는 경우, 넷째, 배우자가 그 경찰관의 관할지역 내에서 상점 또는 유사한 영업을 하고 있는 경우, 다섯째, 경찰관에 임명된 후에 경찰장의 동의를 얻지 아니하고 위의 각항에 해당하게 되는 경우에는 면직된다.

영국경찰은 모두 순경에서 출발하는 것을 원칙으로 하는데 우수인력의 확보방안으로서 학위소지자를 위한 특별모집을 하기도 한다. 또한 경찰장(警察長)은 공모에 의해 지원자를 모집하여 일정한 절차를 거쳐 임명한다. 일반 순경모집, 학위소지자 특별모집 및 경찰장의 임용요건은 다음과 같다.

영국의 순경모집을 보면 첫째, 지원자격은 고졸 이상의 학력소지자로서 신장은 남자 172cm 이상인 자, 여자 162cm 이상인 자, 둘째, 선발절차는 신체검사와 영어, 수학, 상식의 필기시험 및 면접시험에 합격해야 한다. 셋째, 임용은 필기시험, 면접시험에 합격하면 순경으로 임용되어 품성에 대한 철저한 조사를 거쳐 치안판사 앞에서 선서한 후 경찰관으로 입문하게 된다. 학위소지자의 특별모집은 학사학위 소지자 및 대학졸업 예정자로서 30세 이하인 자를 특별모집한다.[20)]

그러나 이들도 경찰계에 투신한 이상은 모두 순경으로부터 출발한다.

그 대신 2년간의 성적우수자는 초급간부 양성과정에 입교하여 1년간 교육을 받고 나면 경위까지의 승진이 보장된다.

경찰장의 임용은 공모에 의해 지원자를 모집하며 이들 중에서 경찰관리자가 서면심사 및 인물전형에 의하여 후보자를 정하여 임명한다. 그 임용에 있어서는 첫째, 40세 이하라는 연령제한 이외에 학위 및 기타 조건은 없으나 경찰에 종사한 경력을 필요로 하고 또한 임명에 있어서 내무성장관의 승인을 필요로 한다. 다만 경찰의 경력에 있어서는 경찰경력이 있는 자 중에서 적당한 후보자가 없는 경우에는 그 제한은 해제되기도 한다.

(2) 견 습

순경은 임명 후 2년간 견습의 신분으로 근무하여야 한다. 순경의 견습기간은 경찰장의 재량에 의하여 본인이 이미 어떤 경찰에서 1년 이상 근무한 때에는 1년 이내의 기간을 단축할 수 있으며, 다른 경찰국에서 견습기간을 종료한 자가 해당 경찰국장의 정식승인을 얻어 부임해 온 경우에는 견습기간을 면제할 수 있다. 2년 이상 경찰의 보조업무에서 근무한 자도 또한 상황에 따라 면제할 수 있다.

견습생은 먼저 경찰청 및 각 경찰국 훈련센터에서 인간성 및 대인관계에 중점을 둔 경찰기본교육을 14주간(경찰청에서는 16주간) 이수한 후 이들은 시보기간 동안 순찰업무에 배치되어 선임경찰관과 함께 근무한다. 근무 중 단기간 훈련센터에 입교하여 형사, 감식, 교통, 운전 등 제반 경찰업무를 교육받으며 이때 각자의 특기나 적성이 면밀히 파악되어 시보 종료 후의 보직 결정에 기초자료로 활용된다. 견습기간일지라도 직무 및 권한에 있어서는 순경과 차이가 없으나 신분은 보장되지 아니하는바, 본인의 신체 및 정신상 경찰관으로서 부적당하다고 인정되거나 장래 훌륭한 경찰관이 될 가능성이 없는 경우에는 1월간의 예고 또는 1월간의 봉급을 지급하고 임의로 면직시킬 수 있다.

견습제도(見習制度)는 영국경찰에서는 오래 전부터 행하였으며, 신분보

20) 각 대학을 방문하거나 대학의 직업보도소와 협조하는 등 우수한 인재확보를 위해 적극적인 모집활동을 벌인다.

장의 전제로서 필요하고 유익한 제도이다.[21] 채용시에는 충분한 주의를 하였을지라도 경찰과 같은 특수직무에 종사하는 자는 실제로 업무에 임해 본 결과 본인의 건강이나 품성에 비추어 경찰관으로서 부적당하다고 인정되는 경우가 있어서 이를 무시하고 그대로 근무시킨다는 것은 여러 가지 면에서 경찰조직의 불이익으로 되돌아 올 수 있어 신분보장과의 조화를 위하여 임용 후 일정기간 동안 견습으로 하여 수시로 면직시킬 수 있는 권한을 임명권자에게 인정하고 있는 것이다. 이 제도는 표면상의 이유 이외에 임명 후 일정기간 동안 특히 근무·행동·수양 등의 면에서, 그리고 자성·자계시킨다는 점에서 중요한 의의가 있다고 할 수 있겠다.[22]

2. 미 국

미국은 일반공무원의 채용제도로서 '대통령 공공관리 인턴제(PMI)'를 운영한다. 이 제도로 매년 2백여 명의 대학원 졸업자들을 뽑아 2년 동안 연방정부에서 인턴 자격으로 일을 시켜본 뒤 정식 공무원으로 임용할지의 여부를 결정한다. 이에 비해 미국 경찰공무원은 미국의 경찰제도상의 분권주의에서 비롯되는 다양성이라는 특징[23] 외에도 '경찰직'에 대한 직업관 그리고 고용기회의 균등문제라는 두 가지 특이한 현실상황을 이해할 필요가 있다.

첫째, 미국의 경찰직에 대한 직업관은 다른 직업에 비하여 조금도 다를 바 없는 평범한 시민이 갖는 직종 중에 하나라는 점이다. 다시 말하면 많은 국가에서 공무원, 특히 경찰공무원에게 요구하는 국가에 대한 충성심이나, 사명감 또는 봉사정신 같은 특수자격요건이 존재하지 않는다. 다만, 어느 직종에서나 필요로 하는 상식적이며 공통적인 학력·신체·품성 등을 요구하며 또 사회적 인식에 있어서도 경찰직을 특수한 직업으로 여기지 않으며,

---

21) 또한 순경 또는 경사에서 경사 및 경위에 승진 임명된 자도 1년간은 그 계급을 견습으로 근무해야 하며 감독자로서의 성적이 양호하지 아니한 경우에는 임명권자의 의견에 의하여 본래의 계급으로 복귀될 수도 있다.

22) 정진환, 『비교경찰제도』(서울: 도서출판 대정, 1991), pp. 75~78.

23) U. S. Dept. of Justice, *Justice Agencies in the United States: Summary Report 1980*, Washington D. C.: U. S. government Printing Office, 1980, p. 7.

존경할 만한 직업으로는 더욱 생각하지 않는다. 따라서 경찰직을 원하는 취업동기에 있어서도 다른 직종과 마찬가지로 고정적 봉급액과 직업의 안정성이라는 두 가지 요인이 주로 작용한다. '법집행과 사법행정에 관한 대통령위원회'(President's commission on Law-Enforcement and Administration of Justice)의 한 조사에서 경찰의 취업동기를 보면, 경찰직에 대한 흥미가 30%, 직업의 안정성이 29%, 경찰관인 친지 또는 가족의 영향이 11%, 그리고 타인과 함께 일하는 것이 좋아서, 업무의 다양성, 경제적 매력의 3개 항목이 각기 7%, 설명하기 어렵다가 5%, 그리고 경찰직에 대한 명성이나 존경심은 최하위인 4%로 나타나 있다. '경찰직에 대한 흥미'란 경찰업무가 활동적이며 때로는 자극적일 수도 있고, 또 일정한 근무시간 외의 시간은 자기가 마음대로 부업이나 취미생활을 할 수 있는 매력을 포함한다.[24)]

미국의 경찰인사관리에 있어서 두 번째 특징은 고용기회의 균등문제이다. 미국의 경찰직은 평범한 시민적 직업의 하나이고 따라서 그 고용기회는 누구에게나 개방된 균등한 기회가 주어져야 함이 당연한 논리이다. 현재 미국에서 동등한 고용기회는 여러 법률에서 보장하고 있다. 미국 제14차 수정헌법은 '모든 주 시민에 대한 법의 동등한 보호'를 보장하고 있으며, 가장 중요한 법률상의 보장은 「1964년 인권법 표제 Ⅶ」(Title Ⅶ of the 1964, civil Right Act)인바, 동법은 인종, 피부색, 성, 민족적 기준에 따른 여하한 차별도 금하고 있다. 동법은 또한 고용상의 실제, 즉 채용, 승진, 보상, 해고 및 고용기간 또는 고용조건 등 모든 것을 포괄하고 있다. 1964년의 동법은 1972년 「동등고용기회에관한법」(Equal Employment Opportunity Act)으로 수정입법되었으며, 이 외에도 이와 관련된 법규로서는 「1964년의 인권법 표제 Ⅵ」(Title Ⅵ of the 1964 Civil Right Act), 「1972년의 주 및 지방재정지원법」(State and Local Fiscal Assistance Act), 그리고 1973년의 LEAA의 '동

24) President's Commission on Law Enforcement and Administration of Justice Field Survey's Ⅲ, *Studies in Crime and Law Enforcement in Major Metropolitan Areas,* Vol. 2. Sec., "Career Orientations, Job Satisfaction, and the Assessment of Law Enforcement Problems by Police Officers," Washington, D. C.: U. S. Government Printing Office, n. d., p. 18; Samuel Walker, *The Police in America - An Introduction*, N. Y.: McGraw-Hill Co., 1983), p. 257.

등고용기회에 관한 지침' 등 다수가 있다.[25)]

고용기회에 있어서의 차별이유는 무엇인가, 소수집단, 특히 흑인집단에 대한 차별은 미국 사회구조의 전통적 잔재로 설명될 수 있으며, 여성에 대한 차별은 경찰직이 육체적 '힘'을 필요로 하는 남성 고유의 직업이라는 전통적 인식에 기인한 것이었다. 이러한 차별적 대우들이 흑인의 인권운동, 여성의 평등권운동 등과 맞물려 20세기에 들어와서는 현저하게 개선되고는 있으나 아직도 미흡하다.[26)]

(1) 응시자격

각 도시마다 별개의 응시자격 및 채용기준 등을 설정하고 있으나 일반적으로 신체상의 조건을 구체적으로 열거하고 그것을 강력히 요구하고 있는 곳이 많으며[27)] 그외에 일정기간 그 지역에 거주하고 있을 것, 운전면허

---

25) U.S. Equal Employment Opportunity Commission, *Affirmative Action and Equal Employment: A Guidebook for Employer*, Vol. 1, Washington, D. C.: U. S. Government Printing Office, 1974.

26) FBI, *Uniform Crime Reports 1978*, Washington D. C.: Government Printing Office, 1979; Police Executive Research Forum, *Police Practices: The General Administrative Survey*, Washington, D. C.: Police Foundation, 1978.

27) 연령은 21세 이상 30세 이하가 대부분이나 18세까지 낮추어 고등학교 졸업 직후 응시하기 쉽게 하거나, 또는 병역의무를 필한 자에게는 35세까지 연장하고 있는 경우도 있다. 신체조건 신장에 대해서는 5피트 8인치(172cm) 정도로 정하고 있는 경우가 많으나, 최고신장을 정해 놓은 곳도 있는바, 이 경우 6피트 5인치(195cm) 정도로 하고 있다. "신장의 최저기준을 정하는 것은 여성과 스페인계나 동양계의 지원자에게 문호를 차별한다"고 하는 논란 때문에 철폐하는 곳도 있으며, 신장의 폭을 넓혀 162cm부터 198cm까지로 하는 곳도 있다. 또한 채용기준을 체중만으로 정하는 경우는 최근에 이르러 점차 줄어들고 있고 신장과 체중의 균형을 보다 중시하고 있다. 이는 미국에 비만형의 사람이 많기 때문에 특히 엄격하여서 채용 후에 있어서도 그 조건을 넘을 경우에는 감량체조를 의무로 하고 승진시험의 응시자격을 박탈하거나 근무 그 자체에 제한을 가하는 경우도 있다. 이것은 비만형이 격심한 경찰근무의 과정에서 고혈압, 심장질환과 같은 직업병의 원인이 되는 경우도 있기 때문이다. 이러한 이유에서 각 도시 경찰국의 체육관에는 반드시 감량체조의 기구가 준비되어 있고 또한 승진시험을 위하여 매일 조깅을 하고 있는 경찰관이 많다. 지원자의 건강상태에 대하여는 상당히 엄격한 조건을 두고 있는 경우가 많다. 일반적으로 신체가 건전하고 사지의 장애가 없을 것, 정신적·정서적으로 안정되어 있고 장기간의 긴장을 이겨낼 수 있을 것, 용모 단정하여 시민에게 불쾌한 인상을 주지 않을 것 등이 정해져 있다. 구체적 조건으로는 심장·혈관계통·혈압·폐·흉부·호흡기·뇌·신경계통에 장애가 있는 자, 골격·

증을 소지하고 있을 것, 일정한 학력을 보유하고 있을 것, 정신적·신체적으로 안정되어 있을 것, 그리고 선량한 성격을 지니고 있을 것 등을 요구하고 있는 것이 보통이다.

대부분 전문대학졸업 또는 동등 이상의 학력을 기준으로 하고 있으나, 최근에는 연방정부의 강력한 장려에 따라 대학졸업생을 우대조치하는 경우가 늘어나고 있다. 또한 공민권 운동의 정착과 더불어 흑인을 중심으로 하는 소수민족을 일정비율 이상 채용할 것을 의무화 하고 있기 때문에 대도시나 그 주변경찰국의 경우 실질적으로 신규채용자의 대부분이 대졸자들이다. 이제는 많은 도시의 경우 전문대학 졸업자들로 학력을 높였고, 채용 후 일정한 기간 내에 대학에서 소요학점을 취득하도록 한다. 이 경우 근무상 우대조치를 부여하며 장학금, 학자금대부 등을 지원한다.

(2) 채용시험

원서를 제출한 후 단답식의 제1차 시험을 치른 후 필기논문, 면접시험, 신체검사(건강진단),[28] 체력테스트, 민첩성 테스트,[29] 배경조사 등을 실시한다.

첫째, 필기시험에는 독해력, 언어구사력, 논리적 추리능력, 문제에 관한 판단 및 해결능력 등을 시험한다. 단, 대학졸업자 또는 학생경찰로 고용되어 3개월이 된 자 및 기타 법집행기관에서 1년 이상 근무하고 있는 자는

비뇨기·성기·사지에 직무상 지장을 주는 장애가 있는 자 등은 채용거부대상이 된다. 기타 경찰관의 직업병으로 인정되는 각종 질환자 및 그 징후가 있는 자, 그러한 병에 걸리기 쉬운 자 등도 모두 채용거부의 대상이 되고 있는 곳도 있다. 현재 경찰관의 직업병으로서 인정되고 있는 것은 심장질환, 고혈압, 폐결핵, 폐렴, 한초병(외근경찰관과 관련된 병으로 민들레꽃의 가루로 인하여 고열 등이 일어나는 미국의 풍토병) 등이 있고 근무중에 그러한 질병에 걸린 경우 즉시 공무질병으로 인정되어 연금수급자격이 생기므로 그러한 질병에 걸릴 가능성이 있는 자는 처음부터 배제한다는 방침인 것이다(정진환, 전게서, pp. 155~160).

28) 신체검사는 직업병에 걸리기 쉬운 자를 배제하기 위하여 다양한 정밀검사를 행하며 1주간 입원시켜 면밀하게 건강진단을 실시한다.

29) 완력의 강약을 테스트하지는 않으며 팔굽혀펴기, 물구나무서기, 높이뛰기, 넓이뛰기 등의 테스트를 복합적으로 구성하여 각각의 자치체에서 고안한 방법을 사용하고 있다. 이 테스트는 어디까지나 인내력과 민첩성을 테스트하기 위한 목적에서 남녀에게 똑같이 실시하고 있는바, 테스트과정에서 여성지원자의 대부분이 배제되므로 남녀불평등이라는 여성의 불만의 소리가 높다

필기시험을 면제하기도 한다.

둘째, 미국의 경우 CR 활동이 중시되므로 경찰관의 사회성이나 지역사회에서의 지도력, 설득력 등이 요구되어 면접시험의 일환으로 스피치(speech)를 실시하는 곳도 있다. 보통 70점 이상인 자만 합격시키고 면접시험성적을 임용순위로 하고 있기도 한다.

셋째, 배경조사는 경찰기록, 개인 사생활, 군 및 직장경력 그리고 응시자의 친지 등과의 상담을 통해 지원자의 전력을 조사하고 전직 및 학생시대의 평판이나 소행을 조사한다. 명목상으로는 이 부분에 상당한 비중을 두고 있으나 현실적으로 범죄전과조사 이상의 깊은 조사가 이루어지지 않고 있는 것이 현실이다.

넷째, 여러 가지 경찰관의 적성심리테스트가 실시된다. 이 테스트에 의하여 반사회적 성격, 변태자, 정신병질환자(분열성 우울증, 조포증의 이상 성격자), 각종의 공포증 질환자, 그리고 각종 신경질환자 등의 배제가 가능하다. 그러나 이러한 심리 또는 정신테스트는 수행한 전문가도 적고 또 모든 경찰에 도입되고 있는 것도 아니다.

3. 일 본

우리 고시제의 모형이 됐던 일본의 일반공무원 채용도 1980년대초부터 직무별로 기술을 측정하는 전문시험과 종합적 판단·사고력을 측정하는 종합시험을 도입해 고급공무원의 전문성과 자질을 높여가고 있다.[30)]

일본 경찰공무원의 신규임용시험은 채용단계부터 학력별 모집을 하고 있는데 국가공무원은 인사원, 지방공무원은 인사위원회가 채용시험을 주관하고 합격자를 결정하는데 경찰공무원은 인사위원회의 위탁에 의해 경시청·도부현경찰본부가 단독 또는 인사위와 공동으로 실시하기도 한다.

채용방법은 세 종류로서 국가공무원채용 I 종 시험(고시에 해당)에 합격한 자를 경찰청의 경부보(경위)로 채용하고 있다. I 종 시험에 합격한 자는

30) 중앙일보, 2002. 1. 28, p. 5.

경부보에서 출발하여 연수가 차면 경시감(치안감)까지 자동승진, 경시총감, 장관까지 승진이 가능하다. 국가공무원채용 Ⅱ종 시험(7급)에 합격한 자를 경찰청의 순사부장(경사)으로 채용하고 있다. Ⅱ종 시험에 합격한 자는 순사부장에서 출발하여 시험으로 경부(경감)까지 승진한 다음에는 통상 경시장(경무관)까지 승진하며 경시감(치안감)까지도 승진이 가능하다.

지방공무원인 도도부현 경찰관은 경시청·도부현 경찰본부가 주관하는 경쟁시험을 통하여 순사(순경)로 채용된다.[31] 도도부현 경찰의 순경채용은 학력별로 실시하며 또한 학력별로 급여·승진소요연수·교육기간 등이 상이하다.

채용시험은 동경 경시청인 경우는 Ⅰ류(대졸), Ⅱ류(전문대졸), Ⅲ류(고졸)로 여타의 도부현의 경우에는 A(대졸), B(전문대·고졸)로 나누어 실시하며, 각 도도부현이 단독 또는 공동으로 실시하고 있다. 이는 1968년부터 대학졸업자 우대조치의 일환으로서 실시된 것으로 신임교육기간·승진시험 최저소요년수는 학력이 높을수록 낮고 급여는 학력이 높을수록 높다.

채용시험과목은 제1차·제2차 및 신원조사로 구분되어 실시되는데 제1차 시험은 교양시험,[32] 국어시험,[33] 논문(작문)시험,[34] 제1차 신체검사[35]를

31) 이외에도 지능범·외국인·외국인범죄·화학물질을 악용한 범죄 등에 대처하기 위하여 중도채용제를 채택, 이에 관한 전문적 지식을 가진 자를 채용하고 있는데 97년 4월 1일 현재 21개의 도도부현(都道府縣)경찰에서 재무수사관(공인회계사) 23명, 국제수사관(외국어 특기자) 33명, 컴퓨터 범죄수사관 11명이 근무하고 있다; 치안연구소 제도개선기획단, 보충자료편: 일본경찰연구자료집(Ⅲ-2), 1998, p. 151.

32) Ⅰ류의 교양시험은 경찰관으로서 필요한 지식과 지능(5지택일, 50문제 또는 60문제)을 테스트하기 위하여 공통과목으로는 정치(2), 경제(3), 지리(2), 수학(1), 물리(1), 화학(1), 생물(1), 수적추리(6), 공간파악(3), 판단추리(6), 자료해석(4), 문장이해(현대문, 고문, 영문 8), 유사과목으로는 사회·노동(2) 일본사(2), 세계사(2), 별개과목으로 법률(3), 철학·사상(2), 문학·미술(1)을 포함한다. Ⅱ류와 Ⅲ류의 교양시험은 각 전문대졸과 고졸정도의 수준으로 출제되며 공통과목으로는 정치(2-3), 경제(2-3), 지리(2-3), 수학(1), 물리(1), 화학(1), 생물(1), 수적추리(6), 공간파악(3), 판단추리(6), 자료해석(4), 문장이해(현대문, 고문, 영문 8), 유사과목으로는 윤리·사회(2) 역사(2-3), 별개과목으로 국어(2-3), 지학(1)을 포함한다; 전게서, pp. 162~163.

33) 각류가 공통으로 국어시험은 한자의 읽기·쓰기(상용한자 1,945자 수준)를 위주로 출제되며, 도도부현에 따라서는 국어시험을 교양시험과 함께 실시하는 경우도 있다.

34) 각류가 공통으로 논문시험은 판단력, 이해력, 표현력, 문장구성력 등을 검정하는 데

실시하며, 제1차 시험 합격자에 한하여 실시되는 제2차 시험은[36] 각류가 공히 면접, 2차 신체검사, 사지검사, 적성검사를 하며, 3차 시험으로 수험자격의 유무, 신청서 기재사항의 진부에 관하여 상세하게 조사를 실시하는 신원조사가 있다.

4. 독　　일

(1) 일반직 경찰관

독일에서 일반경찰관의 신규임용은 독일의 국적을 소지한 실업계 고등학교 졸업 이상의 학력소지자에게 허용된다. 특히 졸업성적은 노테(Note) 3 이상을 요구하고 있다. 독일의 경우 학교성적은 1~6개 단계로 구분하고 1은 아주 우수, 2는 우수, 3은 만족한 등으로 성적을 나타낸다. 독일에서 경찰관에 지원할 수 있는 연령은 16~25세 이하로 정하고 있다. 신장은 남녀 모두 160cm 이상이어야 한다. 특히 경찰관에 지원하는 후보자는 수영실력 증명서가 있어야 한다. 그 조건으로는 200m를 남자는 6분 이내에 도달한다는 실력을, 여자는 6분 40초 이내에 도달할 수 있다는 증명을 요구하고 있는 점이 특이하다. 그리고 이력서, 졸업증명서, 출생증명서 등이 필요하다. 1차 시험에서는 받아쓰기, 지능, 사고력, 창조력 테스트와 시험관과의 면접으로 이루어진다. 2차시험의 경우는 신체검사 및 체력검정이다. 멀리뛰기, 제자리멀리뛰기, 투포환 던지기, 2,000m 달리기, 1,000m 달리기 등이다.[37]

역점을 둔다.

35) 각류가 공통으로 1차 신체검사는 신장, 시력, 색맹, 청력의 검사를 한다.

36) 2차 시험은 각류공통으로 인물, 인품판단을 위하여 개별면접 및 집단면접을 병행하며 체중측정, 흉부질환, 전염병질환, 기타에 관하여 의사의 진찰, 뢴트겐검사 등을 행하는 제2차 신체검사를 실시하고, 사지 관절 등 제기능의 검사를 실시하고 경찰관으로서 직무수행상 필요한 소질 및 적성을 검사하기 위한 적성검사를 실시한다.

37) 독일의 경찰선발에 관한 자세한 내용은 임준태 · 김형만 · 신현기 외 6인 『비교경찰제도론』(파주: 법문사, 2007), pp. 397~398을 참조바람.

(2) 간부급(경위급) 경찰관 선발

독일에서 간부급 경찰관은 인문계고등학교인 김나지움(Gymnasium) 졸업자이어야 한다. 김나지움을 졸업하면 아비투어(Abitur)라는 대학입학자격시험을 치르게 된다. 또는 전문대학(Fachhochschule) 졸업 이상의 학력을 소지한 자가 간부시험에 응시할 수 있다. 이들의 졸업성적은 역시 노테(Note) 3 이상이어야 한다. 응시연령은 최고 31세까지이며 신장은 160cm 이상을 요구하고 있다. 지원서류는 일반직경찰공무원과 같고 여기에다가 추가로 운전면허증 소지자이어야 함을 요구하고 있다. 그리고 선발시에 테스트 내용은 역시 일반직 경찰관의 경우와 동일하다.[38]

Ⅲ. 한국경찰의 신규임용

1. 현 황

경찰공무원의 채용시험은 계급별로 실시하며, 다만 결원보충을 원활히 하기 위하여 필요하다고 인정할 때에는 직무분야별, 근무예정지역 또는 근무예정기관별로 구분하여 실시할 수 있다.[39]

경찰채용에는 공개채용과 특별채용이 있는데, 공개채용에는 순경공채(일반순경, 101경비단, 여경)와 간부후보생채용 그리고 경찰특공대요원(순경)이 있으며, 특별채용은 임용예정직에 상응한 전문지식, 연구실적, 학위 등 자격요건을 갖춘 사람을 대상으로 선발하는 것을 말하는데 고시출신자인 경정특채, 학사경장(조사ㆍ외사요원), 경찰행정학과 출신의 순경특채, 사이버범죄수사전문요원, 대테러 여경특공대원(20세 이상 35세 미만으로 경사로 채용) 등이 있다. 또한 국립경찰대학 졸업자의 경위임용제도가 있다. 한편 그동안 외사경장으로 선발하던 제도는 2012년부터 순경으로 하향 선발하고

38) 상게서, p. 398.
39) 경찰공무원임용령 제32조.

있다.

경찰공무원법 제8조(신규채용)에 따르면 경정 및 순경의 신규채용은 공개경쟁시험에 의하여 행한다. 경위의 신규채용은 경찰대학을 졸업한 자 및 대통령령이 정하는 자격을 갖추고 공개경쟁시험에 의하여 선발된 자(이하 '경찰간부후보생'이라 한다)로서 교육훈련을 마치고 소정의 시험에 합격한 자 중에서 행한다. 그러나 다음 각 호의 1에 해당하는 경우에는 특별채용시험에 의하여 경찰공무원을 신규채용(이하 '특별채용'이라 한다)할 수 있다.

1) 퇴직한 경찰공무원을 퇴직한 날로부터 2년 이내에 퇴직시 재직한 계급의 경찰공무원으로 재임용하는 경우

2) 공개경쟁시험에 의하여 임용하는 것이 부적당한 경우에 임용예정직무에 관련된 자격증소지자를 임용하는 경우

3) 임용예정직에 상응한 근무실적 또는 연구실적이 있거나 전문지식을 가진 자를 임용하는 경우

4) 국가공무원법에 의한 5급공무원의 공개경쟁채용시험이나 사법시험령에 의한 사법시험에 합격한 자를 경정 이하의 경찰공무원으로 임용하는 경우

5) 국가공무원법 제85조의 규정에 의하여 재학중 장학금을 받고 졸업한 자를 임용하는 경우

6) 도서·벽지 등 특수지역에 근무할 자를 임용하는 경우

7) 외국어에 능통한 자를 임용하는 경우 등이다.

2. 일반순경, 101경비단, 경찰특공대, 경찰행정학과 특채

일반순경의 경우는 병역을 필한 자로 만18세 이상 40세 이하여야 한다. 남녀 공히 1종보통 운전면허를 소지한 자로 한다.

101경비단 순경은 연령이나 학력은 일반순경과 동일하지만 신체조건은 더욱 까다롭고 강한 편이다.

경찰특공대 순경의 경우는 전술요원, 폭발물처리요원, 방사선안전관리요원으로 선발하고 있다.

첫째, 전술요원(무도 2단 이상자)은 군특수부대요원으로 2년 이상 근무경력자이다.

둘째, 폭발물처리요원은 폭발물 주특기교육을 이수한 자 또는 당해 분야에서 2년 이상 근무경력자여야 한다.

셋째, 방사선안전관리요원은 군필자 혹은 면제자로 방사성등위원소취급자 일반 및 특수면허 이상 소지자이다.

그리고 경찰행정학과 출신 특채는 40세 이하여야 하는데 반드시 경찰행정학 관련학과에서 경찰청이 요구하는 45학점 이상 취득한 자이어야 한다. 2018년 이 제도는 특혜시비를 받아 폐지될 가능성이 커졌다.

외국어 특기생 순경선발제도는 초창기에 경찰행정학과나 법학과 출신으로 학사학위 소지자이며 조사요원으로 특별채용 하는 제도였다. 동시에 어학 특기자도 경장으로 모집하다가 순경계급을 선발하고 있는데 자격은 중국어, 러시아어, 불어, 베트남어, 인니어, 필리핀어, 몽골어 등이다.

3. 경장과 경사

사이버범죄수사전문요원은 경장으로 모집한다. 경우에 따라 여경 경사 모집도 있었다. 특히 대테러 여경특공대원은 경사로 모집하기도 했다.[40]

항공요원은 헬기조종사의 경우는 경위계급으로 채용한다. 그러나 항공전자정비사는 순경을 모집한다.

4. 경　　위

경찰간부후보생은 군필자를 선발한다. 일반, 세무, 회계, 외사, 전산 및 통신으로 나누어 선발하고 경찰인재개발원(2009년 말 이후부터 아산 소재)에서 1년간 교육 후 경위로 임용한다.

경찰대학 졸업자의 경우도 경위로 임용하는데 고졸자를 선발해 4년간

---

40) 최종술, 『경찰인사관리론』(서울: 대왕사, 2004), p. 62.

표 2-11 경찰간부후보생 모집(2018)

분야	일반(남)	일반(여)	세무회계(남여구분 없음)	사이버(남여구분 없음)	소계
인원	35	5	5	5	50

교육 후 법학사 혹은 행정학사를 수여한다. 군대는 안 가는 대신 경위임용 후 기동대에서 2년 근무하는 것으로 군대병역을 인정해 주고 있다. 특히 경찰대학생과 경찰간부후보생은 2019년부터 남녀구분을 없애고 공개 모집하는 것으로 결정되어 시행에 들어간다.

5. 경　감

경찰공무원임용령 제39조(응시연령 및 신체조건 등)에 따르면 경찰공무원의 채용시험에 응시하고자 하는 자는 최종시험예정일이 속한 연도에 〈표 2-13〉의 응시연령에 해당하여야 한다. 경감으로 임용될 수 있는 제도가 법적으로는 아직까지 살아있다. 과거 우리나라 군사정부시절에는 장교가 경찰간부인 경감으로 임명되는 예들이 있었다. 이 관련 규정이 여전히 오늘날 살아있는 것이다. 한편 경찰청에서는 2014년부터 매년 로스쿨 출신 변호사 20명을 경감으로 특별채용하여 수사과(수사계장)에 배치하고 있다.

6. 경　정

외무고시나 행정고시 출신의 변호사나 사무관을 경정으로 채용하는 제도를 매년 시행하고 있다. 2014년 2명, 2015년 2명, 2016년 2명 모집공고가 있었지만 지원자가 없었고 2018년 현재는 유명무실한 상태다.[41]

---

41) 고시출신 경정급에서 경찰청장까지 올라갔던 인물은 최기문, 허준영, 이택순, 강희락, 조현오, 김기용 등이다.

7. 경찰공무원의 특별채용

한편, 경찰공무원법 제8조 제3항에 따라 특별채용은 서류전형 및 면접시험의 방법에 따라 행하되, 실기시험이나 필기시험을 병과할 수 있도록 한다. 신체검사는 경찰청장 또는 해양경찰청장이 지정하는 기관에서 발부하는 신체검사서에 따라 행하며 필기시험은 선택형을 원칙으로 하되, 경우에 따라서는 기입형 및 논문형을 병행하고 있다. 해양경찰청의 경우도 약간명의 경정 고시출신을 비정규적으로 모집했다. 특히 특별채용시험은 신체검사 및 체력검사와 서류전형 및 시험을 실시하는 방법에 따르고 있다. 하지만 경무관 이상의 경찰공무원을 특별채용하는 경우는 서류전형의 방법으로 행하고 있다. 하지만 경무관 모집제도는 실제 행하여지지 않고 있다. 그리고 총경 이하의 경찰공무원을 특별채용하는 경우 시험실시권자는 업무내용의 특수성과 기타 사유로 인해 필요하다고 인정하는 경우에는 체력검사를 생략할 수도 있다.[42)]

경찰공무원을 특별채용 하는 경우는 동일한 사유에 해당하는 다수인을 제한경쟁의 방법에 의하여 채용할 수 있다. 특히 특별채용할 수 있는 경찰공무원의 계급·임용예정직에 관련된 자격증의 구분, 근무실적 또는 연구실적, 전보제한 등에 관하여 필요한 사항은 대통령령으로 정하도록 규정되어 있다.[43)]

8. 채용시험 절차

우리나라 경찰의 채용절차는 다음과 같다. 즉 채용공고 ▶ 응시원서접수 ▶ 자격검증 ▶ 합격자 발표 ▶ 채용후보자 등록 ▶ 임용 추천 배치 ▶ 최종 임용 순으로 이루어진다.

한편 경찰청장은 경찰공무원법 제15조 제1항의 규정에 의하여 순경(항

---

42) 이황우·조병인·최응렬, 전게서, p. 164.
43) 경찰공무원법 제8조(신규채용) 참조.

공경찰분야 제외)의 공개경쟁채용시험의 실시권과 경찰간부후보생의 공개경쟁선발시험의 실시권을 지방경찰청장과 경찰인재개발원장 및 경찰대학장에게 각각 위임한다. 다만, 경찰청장은 시험출제수준의 균형을 유지하기 위하여 특히 필요하다고 인정하는 경우에는 시험출제업무를 행할 수 있다.[44)]

경찰공무원의 채용시험은 필기시험, 신체검사, 체력검사, 종합적성검사, 면접시험 또는 실기시험과 서류전형에 의한다. 다만 시험실시권자는 업무내용의 특수성 기타 사유로 필요하다고 인정하는 경우에는 체력검사를 실시하지 아니할 수 있다.[45)]

우리나라 경찰공무원의 채용시험은 계급별로 실시함을 원칙으로 한다. 단, 결원보충을 원활하게 하기 위해 필요한 경우는 직무분야별·근무예정지역·근무예정기관별로 구분하여 실시하도록 규정하고 있다.

경찰공무원임용령 제33조의 규정이나 경찰청장에 따라 시험실시권을 위임받은 자(시험실시권자)는 공개경쟁채용시험을 실시할 경우에 임용예정계급, 응시자격, 선발예정인원, 시험의 방법·시기·장소, 시험과목 및 배점에 관한 사항을 시험실시 20일 전까지 공고함을 원칙으로 하고 있다. 또한 공고내용을 부득이한 사유로 변경하고자 할 때에는 시험실시 7일 전까지 그 변경내용을 공고하도록 하고 있다.

경찰공무원임용령 제33조(시험실시권)에 따라 경찰청장 또는 해양경찰청장은 법 제15조제1항에 따라 순경(항공경찰분야에 종사할 사람은 제외한다)의 공개경쟁채용시험의 실시권과 의무경찰로 임용되어 정해진 복무를 마친 사람에 대한 순경으로의 경력경쟁채용시험등의 실시권을 소속기관등의 장에게 위임하고, 경찰간부후보생의 공개경쟁선발시험의 실시권을 경찰인재개발원의 장에게 위임한다. 다만, 경찰청장 또는 해양경찰청장은 시험출제수준의 균형을 유지하기 위하여 특히 필요하다고 인정하는 경우에는 시험출제업무를 할 수 있다.[46)]

---

44) 경찰공무원임용령 제33조.

45) 동 임용령 제35조.

46) 개정 1991.7.30, 1993.8.23, 1996.8.8, 2009.11.23 제21842호(경찰청과 그 소속기관 직제), 2014.11.19 제25751호(행정자치부와 그 소속기관 직제), 2015.11.4, 2015.11.20 제26659호(의

경찰공무원임용령 제35조(시험의 방법)에 따라서 경찰공무원의 채용시험은 다음 각 호의 방법에 따른 신체검사・체력검사・필기시험・종합적성검사・면접시험 또는 실기시험과 서류전형으로 실시한다. 다만, 시험실시권자는 업무내용의 특수성이나 그 밖의 사유로 필요하다고 인정하는 경우에는 체력검사를 실시하지 아니할 수 있다(개정 1993.8.23, 2016.12.30.).

① 신체검사는 직무수행에 필요한 신체조건 및 건강상태를 검정하는 것으로 한다. ② 체력검사는 직무수행에 필요한 민첩성・지구력 등 체력을 검정하는 것으로 한다. ③ 필기시험은 교양부문과 전문부문으로 구분하되, 교양부문은 일반교양정도를, 전문부문은 직무수행에 필요한 지식과 그 응용능력을 검정하는 것으로 한다. ④ 종합적성검사는 직무수행에 필요한 적성과 자질을 종합검정하는 것으로 한다. ⑤ 면접시험은 직무수행에 필요한 능력, 발전성 및 적격성을 검정하는 것으로 한다. ⑥ 실기시험은 직무수행에 필요한 지식 및 기술을 실습 또는 실기의 방법에 의하여 검정하는 것으로 한다. ⑦ 서류전형은 직무수행에 관련되는 자격 및 경력 등을 서면에 의하여 심사하는 것으로 한다.

경찰공무원임용령 제36조(시험의 구분)에 따라서 ① 경정 및 순경의 공개경쟁채용시험은 다음 각 호의 단계에 따라 순차적으로 실시한다. 다만, 시험실시권자는 업무내용의 특수성이나 그 밖의 사유로 필요하다고 인정될 때에는 그 순서를 변경하여 실시할 수 있다(개정 1993.8.23, 2016. 12.30.).

가. 제1차시험 : 신체검사

나. 제2차시험 : 체력검사

다. 제3차시험 : 선택형 필기시험. 다만, 기입형을 가미할 수 있다.

라. 제4차시험 : 논문형 필기시험. 다만, 과목별로 기입형을 가미할 수 있다.

마. 제5차시험 : 종합적성검사

바. 제6차시험 : 면접시험. 다만, 실기시험을 병과할 수 있다.

② 제1항에도 불구하고 순경 공개경쟁채용시험은 제1항제4호의 시험

무경찰대 설치 및 운영에 관한 법률 시행령), 2016.12.30, 2017.7.26 제28215호(경찰청과 그 소속기관 직제), 2018.3.30 제28760호(경찰청과 그 소속기관 직제)]

표 2-12 경찰공무원의 채용시험 절차

제1차 시험	필기시험 ·
제2차 시험	신체검사
제3차 시험	체력검사
제4차 시험	적성검사
제5차 시험	면접시험

을 실시하지 아니한다(개정 1994.12.31, 2016.12.30.). ③ 제1항에 따른 시험을 치르는 사람은 전(前) 단계 시험에 합격하지 아니하면 다음 단계의 시험에 응시할 수 없다. 다만, 시험실시권자가 필요하다고 인정할 때에는 전 단계 시험의 합격 결정 전에 다음 단계의 시험을 실시할 수 있으며, 이 경우 전 단계 시험에 합격하지 아니한 사람의 다음 단계 시험은 무효로 한다(개정 2016.12.30.).

이어서 신원조사 및 면접시험을 거쳐 최종합격자를 결정하게 된다. 최종합격자의 결정은 필기(실기)성적 50%, 체력검사 25%, 적성검사는 면접자료로 활용하며, 면접 20%(1단계 10%, 2단계 10%), 자격증 가산점 5%의 점수를 합하여 100%를 만점으로 고득점자 순서에 의해 최종합격자를 결정하고 있다.

남자의 경우 제대군인지원에 관한 법률 제8조 제1항의 규정에 따라서 3세의 범위 안에서 응시상한 연령이 연장될 수 있도록 규정하고 있다.

가령 순경채용시험의 응시연령은 남자의 경우 18세 이상 30세 이하인데, 군대를 필한 자는 최고 33세까지 응시가 가능하다는 이야기가 된다.[47] 그리고 순경채용시험이나 경찰간부후보생 공개경쟁시험에 응시하고자 하는 사람은 반드시 도로교통법 제68조 제1항 제1호의 규정에 따른 운전면허 1종 중 대형면허 또는 보통면허증을 소지하고 있어야 한다.

그러나 예외로 해양경찰청 소속 경찰공무원의 채용시험에 있어서는 해

47) 전에는 제대군인에 대해 5% 내에서 가산점을 주었는데 이것이 위헌이라는 결정이 내려진 이후 2001년 1월 4일부터는 법률 제6340호에 따라 제대군인에 대한 채용시험의 응시상한 연령을 3세의 범위 안에서 연장한 것이다.

양경찰청장이 정하는 바에 따라 그러하지 아니할 수 있도록 규정하고 있다. 경찰공무원인 순경채용이나 경찰간부후보생 시험에 응시하고자 하는 사람은 초·중등교육법에 따른 고등학교 졸업자이거나 이와 동등 이상(검정고시 포함)의 학력을 가진 자를 원칙으로 한다. 그러나 1980년 해직공무원의 보상등에 관한 특별조치법 제4조의 규정에 의하여 경찰공무원으로 특별채용하는 경우에는 예외로 한다.[48)]

표 2-13 경찰공무원의 응시연령 기준[49)]

계급별	공개경쟁채용시험	특별채용시험
경정이상	25~40세 이하	27~40세 이하
경감·경위		23세~40세 이하(통신·항공분야는 23세~45세 이하)
경사·경장		20세~40세 이하
계급별	공개경쟁 채용시험	특별채용시험
순경	남녀 공히 18세~40세 이하	20세~40세 이하(함정요원은 18세 이상 40세 이하, 전투경찰순경으로 임용되어 소정의 복무를 마친 것을 요건으로 특별채용 하는 경우에는 21세 이상 30세 이하)
경찰간부후보생	21세~40세 이하	

경찰시험에서 배점비율은 다음과 같다.

48) 이는 1980년 전두환 정권의 계엄령하에서 강제해직된 공무원들을 의미한다. 전두환 대통령은 정규 육군사관학교 제11기생으로 1979년 10월 26일 박정희 대통령이 김재규 중앙정보부장의 권총에 의해 시해되던 당시 48세로 국군보안사령관(육군소장)이었다. 불과 1년 만인 1980년 중장과 대장으로 진급하고 예편해 민주정의당(민정당)을 창당하고 체육관 선거를 통해 대통령에 당선되었다. 그는 1980년 계엄령하에서 수많은 해직공직자를 양산해 국민의 원성도 샀다(문화일보, 2003. 3. 28).

49) 이전에 경찰공무원 순경 공개채용시험 응시연령을 남자는 21세 이상 30세 이하, 여자는 18세 이상 27세 이하로 각각 다르게 규정하여 응시하게 했었으나 남녀간의 응시기회의 균등을 보장하고, 발전가능성을 갖춘 젊은 혁신적인 경찰관을 유치하기 위하여 2005년 5월 이후부터 응시연령을 남녀 동일하게 18세 이상 30세 이하로 경찰공무원임용령 중 응시연령을 개정하였다. 이러한 응시연령은 2011년에 18세부터 40세까지로 대폭 늘렸다.

표 2-14 각 시험별 배점비율 변동현황

구분	'69년	'93년	'01년	'04년(현재)	'11년(개정안)
필기	100%	75%	75%	65%	50%
체력		5%	5%	10%	25%
적성				10%	면접자료로 활용
면접	당락결정	20%	15%	10%	20%(1단계 10%, 2단계 10%)
가산점			5%	5%	5%

신임순경면접은 1단계 면접에서는 5~6명씩 집단면접방식으로 10점인데 <의사발표의 정확성과 논리성 및 전문지식>을 집중 테스트한다. 그리고 2단계 면접에서는 개별면접으로써 <예의, 품행, 봉사, 정직, 성실, 발전가능성>을 집중 테스트하여 10점이 부여된다. 물론 적성검사는 미리 테스트 하여 면접위원에게 면접시에 활용하도록 제공되고 있다. 마지막으로 가산점 5%는 전산, 통신, 무도, 운전, 기타 경찰업무 관련 자격증 가산점수로 합산된다. 이렇게 해서 최종 고득점자부터 필요 인원이 최종 선발된다.

또 하나 획기적인 내용 중 하나는 학력 제한을 개선하여 학력에 관계없이 누구나 시험에 합격하면 경찰관이 될 수 있도록 시험 응시기회를 공정하게 주기로 했다. 경찰청은 경찰공무원임용령 등 관련법령 개정(안)을 경찰위원회에 상정해 통과되는 결실을 거두고 관련법률과 규정 등을 개선했다.

경찰청은 경찰공무원시험에서 2011년 하반기 시험부터 순경공채, 경찰

표 2-15 해당과목과 시행시기

연번	해당과목	시행시기	비고
1	학력제한 폐지	2011 상반기	법령개정공포 즉시
2	체력검사강화(종목확대, 비중상향) 적성검사 등급별 점수제폐지 채용심사관 및 채용심사위원회 도입	2011 하반기	
3	필기시험과목개선	2012 상반기	순경영어는 2014년

간부후보, 고시출신 경정채용에 대해 학력을 전격 폐지한다고 밝혔다.

특히 채용시험에서 학력 제한 규제를 개선하는 것이 학력지상주의 극복 및 공정사회 구현에 부합된다고 보고, 학력에 상관없이 누구나 경찰 채용시험에 응시할 수 있도록 현재 간부후보생(경위), 순경공채, 고시특채(경정급) 등에서 '고등학교 졸업 및 이와 동등 이상의 학력'을 요구하던 학력 조건을 폐지하고 경찰행정학과・정보통신・감식・항공 등 전문 특기분야 지식 보유자에 대한 특별채용시험에서의 학력제한은 '학사학위 이상'에서 '전문학사 학위' 이상 또는 '전공 45학점 이상 취득자'로 완화해 2011년 2월 26일 시험부터 적용하였다.[50)]

(1) 필기시험

필기시험은 공무원의 채용과정에서 가장 오래되고 널리 쓰이는 시험방법이다. 경찰공무원의 채용을 위한 필기시험은 교양부문과 전문부문으로 구분하되, 교양부문은 일반교양정도를, 전문부문은 직무수행에 필요한 지식과 그 응용능력을 검정하는 것으로 하고 있다.

표 2-16 2014년 순경 과목 변경 개편

현행		2014년
필수 5과목 (한국사, 영어, 형법, 형사소송법, 경찰학개론)	⇒	필수 2과목(한국사, 영어)
		선택 3과목 (형법, 형사소송법, 경찰학개론, 국어, 사회, 수학, 과학 중)

50) 신현기, "경찰시험제도의 개편에 대한 고찰 – 일반 순경과 경찰간부후보생 채용을 중심으로 –,"「한국치안행정논집」, 제8권 제1호, 한국치안행정학회, 2011, p. 34.

표 2-17 선택과목 출제범위

가. 국어 : 한문 포함
나. 수학 : 수학(고교 1학년 과정), 수학Ⅰ, 미적분과 통계기본
다. 사회 : 법과 정치, 경제, 사회·문화
라. 과학 : 물리Ⅰ, 화학Ⅰ, 생명과학Ⅰ, 지구과학Ⅰ

* 전·의경 특채, 경찰행정학과 특채 시험 과목은 변경되지 않습니다.
전·의경 특채: 한국사, 영어, 형법, 형사소송법, 경찰학개론
경찰행정학과 특채: 경찰학개론, 수사Ⅰ, 행정법, 형법, 형사소송법
출처: 경찰공무원임용령, 제41조, 별표 2 참조.

2010년 10월 25일 경찰청은 경찰공무원임용령을 개정했는데 수사 I을 삭제하고 한국사를 새로이 추가한다는 내용이었다.

우리나라 순경의 경우 필기시험 과목이 1999년도에는 국어, 국사, 사회, 윤리, 영어를 시험과목으로 하다가 2000년도에는 국어, 국사, 형법, 형사소송법, 영어로 변경되었다. 그후 2001년도부터는 경찰학개론, 수사 I, 형법, 형사소송법, 영어로 변경되어 오늘에 이르고 있다. 하지만 2013년 4월 17일 경찰청장 공고에 따르면 경찰청에서는 고졸자 채용확대 및 능력위주의 우수한 인재를 선발하기 위해 2014년부터 순경공채 시험과목에 고교과목인 국어, 사회, 수학, 과학을 선택과목으로 도입하게 되었다.

표 2-18 순경 경찰공무원의 시험과목 변경과정

연 도	필기시험과목		비 고
	2차	3차	
1969. 01. 09	국어, 국사, 일반상식	법제대의, 경찰법규, 경제대의	
1972 .10. 30	국사, 일반상식	법제대의	
1976. 06. 11	국사, 법제대의	논문	
1981. 07. 18	국어(한문포함)	정치경제 및 국민윤리	
1987. 12. 31	국어 Ⅰ·Ⅱ(한문포함), 국사, 영어	국민윤리, 사회 Ⅰ·Ⅱ	

연 도	필기시험과목		비 고
	2차	3차	
1993. 08. 23		국어, 국사, 영어, 전자계산일반 4차 - 국민윤리, 사회	
1994. 12. 31		국어, 국사, 영어, 국민윤리, 사회	
1998. 12. 31		국어, 국사, 영어, 형법, 형사소송법	
2000. 05. 25		경찰학개론, 수사 I, 영어, 형법, 형사소송법	
2010. 10. 25 개편안		한국사, 영어,	경찰학개론, 형법, 형사소송법, 수학, 사회, 과학 등에서 3개 선택

출처: 석청호. "경찰채용시험의 개선방안". 「한국경찰학회보」, 12(1), pp. 71~115; 신현기, "경찰시험제도의 개편에 대한 고찰," 「한국치안행정논집」, 제8권 제1호, 한국치안행정학회, 2011, pp. 35~46.

그동안 경찰공무원의 선발시험 출제는 현직경찰관들이 갑자기 선발되어 출제하고 있다. 필기시험 1주일 전에 모여 문제를 출제하는 방식을 취하고 있다. 이는 문제은행방식에 의해 충분한 시간 없이 기존문제를 반복하거나 응용하는 수준에 머물고 있다는 지적을 받아 왔다. 그동안 문제는 과거에 순경공채의 경우에는 경찰학개론, 수사 I, 영어, 형법, 형사소송법 등 5개 과목(과목당 20문항)을 평가해 왔다. 그러나 순경 시험과목에서 수사 I 과목은 2012년 2월부터 폐지되고 한국사 과목으로 대체되었다. 그러나 경찰청에서 직접 주관하는 경찰행정학과 대상 경행 특채의 경우는 한국사와 영어가 아니고 수사 I과 행정법 과목과 그 외 선택 3과목으로 시험과목으로 유지하고 있다.

한편 경찰학 전공 이수자를 특별채용하는 제도가 운영 중이다. 2년제 대학졸업자나 4년제 대학의 경찰행정학과 학생 중 경찰행정학 전공 관련 과목으로 45학점을 이수하고 병역을 필한자는 특별채용하고 있다. 인정받을 수 있는 과목은 다음과 같다.

> 체포술(무도 사격 포함), 헌법, 행정법, 형법, 형사소송법, 행정학, 범죄학, 경찰학, 비교경찰론, 한국경찰사, 경찰윤리, 경찰경무론, 경찰생활안전론, 경찰수사론, 경찰경비론, 경찰교통론, 경찰정보론, 경찰보안론, 경찰외사론, 범죄심리학, 피해자학, 과학수사론, 법의학, 형사정책론, 경찰연구방법론, 테러정책론, 민간경비론, 경찰기획(정책)론, 소년범죄론, 자치경찰론, 국가정보학, 사회병리학, 범죄통계학, 범죄예방론, 또는 이와 유사한 과목으로서 경찰청장이 인정하는 과목 등이다.

경찰간부후보생의 경우 시험과목 변경의 개편도 그동안 여러 차례 있어 왔다. 경찰간부후보생의 경우 경찰공무원임용령 제35조와 제36조에 따라 진행되는데 그동안 수많은 법률적 개정이 있었다.[51)]

표 2-19 순경 경정 공개경쟁채용시험의 필기시험과목(제41조 관련)

<table>
<tr><th colspan="3" rowspan="2">경과별 / 분야별 / 시험별</th><th>일반</th><th>항공</th><th>정보통신</th></tr>
<tr><th>일반(보안)</th><th>항공</th><th>전산 · 정보통신</th></tr>
<tr><td rowspan="3">경정공개경쟁채용시험</td><td colspan="2">제3차</td><td>한국사,
영어,
민법개론</td><td>한국사,
영어,
행정법,
항공법규</td><td>한국사,
영어,
전기통론</td></tr>
<tr><td rowspan="2">제4차</td><td>필수</td><td>행정법,
형법,
형사소송법</td><td>비행이론,
관제이론</td><td>행정법,
형법,
형사소송법</td></tr>
<tr><td>선택</td><td>범죄학, 국제법,
민사소송법 중
1과목</td><td>항공역학, 기관학,
형법 중 1과목</td><td>전자공학, 통신이론,
프로그래밍언어론 중
1과목</td></tr>
</table>

51) 최응렬 · 김순석, "경찰간부후보생 선발을 위한 평가도구의 개선에 관한 연구," 「한국경찰학회보」, 13호, 한국경찰학회, 2007, pp. 251-281; 신현기, "경찰시험제도의 개편에 대한 고찰 − 일반 순경과 경찰간부후보생 채용을 중심으로 −," 「한국치안행정논집」, 제8권 제1호, 한국치안행정학회, 2011, p. 41.

경과별			일반	항공	정보통신
분야별 시험별			일반(보안)	항공	전산 · 정보통신
순경공개경쟁채용시험	제3차	필수	한국사, 영어	한국사, 항공영어, 항공법규, 비행이론	한국사, 영어, 컴퓨터일반
		선택	형법, 형사소송법, 경찰학개론, 국어, 수학, 사회, 과학 중 3과목		통신이론, 정보관리론 중 1과목

비고
1. 항공분야 공개경쟁채용시험의 제3차시험 중 항공법규과목은 「항공법」과 같은 법 시행령 및 시행규칙을 말한다.
2. 경정 공개경쟁채용시험 중 제3차시험의 영어과목은 경찰청장이 지정하는 국내외 외국어 시험전문기관에서 실시하는 영어시험 또는 별표 5에 따른 영어능력 검정시험으로 대체할 수 있다.
3. 순경 공개경쟁채용시험 제3차시험의 선택과목 중 국어, 수학, 사회 및 과학의 세부과목 및 출제범위는 다음 각 목과 같다.
   가. 국어: 한문 포함
   나. 수학: 수학(고교 1학년 과정), 수학 I, 미적분과 통계 기본
   다. 사회: 법과 정치, 경제, 사회 · 문화
   라. 과학: 물리 I, 화학 I, 생명과학 I, 지구과학 I

한편 경찰간부후보생의 경우에는 2018년 현재 필수 7과목인데, 객관식 5과목(한국사, 영어, 형법, 형사소송법, 행정학)과 주관식 2과목(필수: 행정법, 국제법)을 평가하고 있다.

표 2-20 경찰간부후보생 공개경쟁선발시험의 필기시험과목(제41조 관련)

경과별		일반		
분야별 시험별		일반(보안)	세무 · 회계	사이버
제3차 시험	필수	한국사, 영어, 형법, 행정학, 경찰학개론	한국사, 영어, 형법, 형사소송법, 세법개론	한국사, 영어, 형법, 형사소송법, 정보보호론

시험별 \ 분야별 \ 경과별		일반		
		일반(보안)	세무 · 회계	사이버
제4차 시험	필수	형사소송법	회계학	시스템 · 네트워크 보안
	선택	행정법, 경제학, 민법총칙, 형사정책 중 1과목	상법총칙, 경제학, 통계학, 재정학 중 1과목	데이터베이스론, 통신이론, 소프트웨어공학 중 1과목

비고: 모든 분야별 제3차시험 필수과목인 영어는 별표 5의 기준 점수 이상인 경우 합격한 것으로 보되, 필기시험 성적 산정에는 반영하지 않는다.

표 2-21 영어 과목을 대체하는 영어능력 검정시험의 종류 및 기준 점수(제41조 관련)

시험의 종류		기준 점수	
		총경 · 경정	경감 · 경위 (간부후보생)
토플 (TOFEL)	미국 교육평가원(E.T.S: Education Testing Service)에서 시행하는 시험(Test of English as a Foreign Language)으로서 그 실시 방식에 따라 피.비.티(PBT: Paper Based Test), 씨.비.티(CBT: Computer Based Test) 및 아이.비.티(IBT: Internet Based Test)로 구분한다.	PBT 530점 이상	PBT 490점 이상
		CBT 197점 이상	CBT 165점 이상
		IBT 71점 이상	IBT 58점 이상
토익 (TOEIC)	미국 교육평가원(E.T.S: Education Testing Service)에서 시행하는 시험(Test of English for International Communication)을 말한다.	700점 이상	625점 이상
텝스 (TEPS)	서울대학교 영어능력검정시험(Test of English Proficiency developed by Seoul National University)을 말한다.	625점 이상	520점 이상
지텔프 (G-TELP)	미국 국제테스트연구원(International Testing Services Center)에서 주관하는 시험(General Test of English Language Proficiency)을 말한다.	Level 2의 65점 이상	Level 2의 50점 이상
플렉스 (FLEX)	한국외국어대학교 어학능력검정시험(Foreign Language Examination)을 말한다.	625점 이상	520점 이상

시험의 종류		기준 점수	
		총경·경정	경감·경위 (간부후보생)
펠트 (PELT)	한국외국어평가원에서 시행하는 시험(Practical English Language Test)을 말한다.	PEL Main 303점 이상	PEL Main 254점 이상
토셀 (TOSEL)	한국교육방송공사에서 주관하는 시험(Test of the Skills in the English Language)을 말한다.	Advanced 690점 이상	Advanced 550점 이상
토익 (TOEIC)	미국 교육평가원(E.T.S: Education Testing Service)에서 시행하는 시험(Test of English for International Communication)을 말한다.	700점 이상	625점 이상
텝스 (TEPS)	서울대학교 영어능력검정시험(Test of English Proficiency developed by Seoul National University)을 말한다.	625점 이상	520점 이상
지텔프 (G-TELP)	미국 국제테스트연구원(International Testing Services Center)에서 주관하는 시험(General Test of English Language Proficiency)을 말한다.	Level 2의 65점 이상	Level 2의 50점 이상
플렉스 (FLEX)	한국외국어대학교 어학능력검정시험(Foreign Language Examination)을 말한다.	625점 이상	520점 이상
펠트 (PELT)	한국외국어평가원에서 시행하는 시험(Practical English Language Test)을 말한다.	PEL Main 303점 이상	PEL Main 254점 이상

비고: 기준 점수를 충족하지 못한 경우에는 해당 시험의 영어 과목을 불합격으로 하며, 합격한 경우에도 필기시험 성적 산정에는 반영하지 않는다.

필기시험 합격자는 공채의 경우 매과목 40점 이상, 특채의 경우 전 과목 총점의 60점 이상의 득점자 중에서 선발예정인원의 300% 범위 내에서 결정하고 있다.

(2) 신체검사

신체검사는 직무수행에 필요한 신체조건 및 건강상태를 검정하는 것으로서 경찰공무원 모집시에 미리 공고한 신체조건을 갖춘 사람이 지원했는지 여부를 확인하는 것이다. 이와 같은 신체검사에는 의학적 검사(일반내과, X-Ray, 혈압

표 2-22 경찰공무원 채용시험 신체조건표

항목	내용 및 기준	
체격	국·공립병원 또는 종합병원에서 실시한 경찰공무원 채용 신체검사 및 약물검사 결과 건강상태가 양호하고 사지가 완전하며 가슴, 배, 입, 구강, 내장의 질환이 없어야 한다.	남여동일
시력	시력(교정시력을 포함한다)은 양쪽 눈이 각각 0.8 이상이어야 한다.	남여동일
색신(色神)	색신이상(약도 색신이상을 제외한다)이 아니어야 한다.	남여동일
청력	청력이 정상이어야 한다.	남여동일
혈압	고혈압(수축기혈압이 145㎜Hg를 초과하거나 확장기혈압이 90㎜Hg를 초과하는 경우를 말한다) 또는 저혈압(수축기혈압이 90㎜Hg 미만이거나 확장기혈압이 60㎜Hg 미만인 경우를 말한다)이 아니어야 한다.	남여동일
사시(斜視)	검안기 측정 결과수평사위 20프리즘 이상이거나 수직사위 10프리즘 이상이어야 한다. 다만 안과 전문의의정상 판단을 받은 경우에는 그러하지 아니하다.	남여동일
문신	시술동기, 의미 및 크기가 경찰공무원의 명예를 훼손할 수 있다고 판단되는 문신이 없어야 한다.	남여동일

출처: 경찰청 홈페이지 참조(검색일: 2018. 7).

등), 형태적 검사(신장, 체중 등), 기능적 검사(시력, 청력 등)가 포함된다.

경찰공무원의 직무가 신체적 조건과 건강을 전제로 하고 있기 때문에 일정한 수준의 신체와 건강기준에 미달되는 지원자는 필기시험과 기타 시험의 성적 여하를 막론하고 채용할 수 없게 된다. 그러나 신체검사 규정이 2008년 7월 1일 개정된 이후 〈표 2-22〉와 같이 개편되었다.

(3) 체력검사

체력검사는 경찰관이 직무수행에 필요한 민첩성·지구력 등 체력을 평가하는 것이다. 범죄자와 맞부딪쳐야 하는 경찰관에게는 고도의 민첩성과 지구력이 요구된다.

체력검사는 직무수행에 필요한 민첩성·지구력 등 체력을 검정하는 것이다. 경찰의 직무는 범죄와의 투쟁과 같은 업무를 수행하기 때문에 신체적

표 2-23 경찰공무원의 체력검사 평가 기준표(경찰공무원임용령 시행규칙 제34조의 2 관련)

구 분		10점	9점	8점	7점	6점	5점	4점	3점	2점	1점
남자	100m달리기(초)	13 이내	13.1~13.5	13.6~14.0	14.1~14.5	14.6~15.0	15.1~15.5	15.6~16.0	16.1~16.5	16.6~16.9	17.0 이후
	1,000m 달리기	230 이내	231~236	237~2425	243~248	249~254	255~260	261~266	267~272	273~279	280 이후
	윗몸일으키기(회/60초)	58 이상	57~55	54~51	50~46	45~40	39~36	35~31	30~25	24~22	21 이하
	좌우악력(kg)	61이상	60~59	58~56	55~54	53~51	50~48	47~45	44~42	41~38	37 이하
	팔굽혀펴기(회/분)	58이상	57~52	51~46	45~40	39~34	33~28	27~23	22~18	17~13	12 이하
여자	100m달리기(초)	15.5 이내	15.6~16.3	16.4~17.1	17.2~17.9	18.0~18.7	18.8~19.4	19.5~20.1	20.2~20.8	20.9~21.5	21.6 이후
	1,000m 달리기(초)	290 이내	291~297	298~304	305~311	312~318	319~325	326~332	333~339	340~347	348 이후
	윗몸일으키기(회/1분)	55이상	54~50	49~45	44~40	39~35	34~30	29~25	24~19	18~13	12 이하
	좌우악력(kg)	40이상	39~38	37~36	35~34	33~31	30~29	28~27	26~25	24~22	21 이하
	팔굽혀펴기(회/분)	50 이상	49~45	44~40	39~35	34~30	29~26	25~21	20~16	15~11	10 이하

※ 비고: 1. 체력검사의 평가종목 중 한 종목 이상 1점을 받은 경우에는 불합격으로 한다.
2. 체력검사의 평가종목에 대한 구체적인 측정방법은 경찰청장이 정한다.
3. 100m 달리기의 경우에는 측정된 수치 중 소수점 둘째자리 이하는 버리고, 1000미터 달리기의 경우에는 소수점 첫째자리 이하는 버리고 좌우 악력의 경우에는 소수점 첫째자리에서 반올림한다.

민첩성과 인내력이 요구된다. 경찰관을 선발하는 과정에서 종래에는 신장과 체중이 강인성의 최저수준의 척도로 사용되어 왔으나 오늘날에는에는 기민성검사가 이에 대신하게 되었으며, 이 검사는 신체적 소질과 능력을 평가하는 유효한 변수가 되고 있다. 담당업무내용의 특수성 기타 사유로 체력검사가 필요 없다고 인정되는 경우에는 체력검사를 실시하지 않을 수도 있다. 기존에 체력검사의 종목은 100m 달리기, 윗몸일으키기, 제자리멀리뛰기의 세 가지 종목을 실시하였다.

체력검사의 종목은 좌우악력, 윗몸일으키기, 제자리멀리뛰기, 100m 달리기로 이루어져 있는 체력검사 종목을 경찰 재직자 체력검정 종목과 동일하게 변경하였으며 4개 종목에서 5개 종목으로 전격 확대하여 실시 중이다. 이에 따라서 지구력을 측정할 수 있는 1,000m 달리기가 도입되었고 제자리멀리뛰기는 전격 폐지되고 이른바 팔굽혀펴기 종목을 새로이 신설하여 시행중이다.[52]

한편 담당업무내용의 특수성 기타 사유로 체력검사가 필요 없다고 인정되는 경우에는 체력검사를 실시하지 않을 수도 있다.[53]

태권도 · 유도 · 검도 · 합기도 등 4개 종목에 한하여 인정하던 무도분야 자격증 가산점을 특공무술, 공수도, 킥복싱 등 다른 무도종목도 인정될 수 있도록 자격증 가산점 제도를 정비하였으며 중앙경찰학교 등 신임경찰관 교육기관에서는「겨루기」위주의 무도훈련을 실시하고 전체 교육 프로그램 중 무도훈련 시간을 현행보다 대폭 확대하기로 하였다(현행 39시간 → 70시간).

(4) 종합적성검사

종합적성검사는 앞으로 적합한 훈련을 받고 경험을 쌓으면 일정한 직무를 잘 수행할 수 있는 소질 또는 잠재적 능력을 측정하려는 시험이다.

경찰관의 직무가 심리적 긴장상태와 사람과의 접촉은 물론 직권남용과 유혹의 기회를 많이 가지기 때문에 심리적 부적응자나 유혹에 약한 자를 선별하기 위해서 심리검사를 하는 것은 무엇보다 중요하다.

더구나 앞으로는 소질 또는 잠재적 능력을 측정하는 적성검사, 사람의 가치관 및 태도와 흥미 등의 측정, 사람의 성격 특히 기질적인 또는 정서적인 특성을 측정하려는 성격검사, 그리고 다른 시험에서 알아내지 못한 기질 · 성품 · 업적의 질적 수준을 알아보거나 지원자가 제출한 서류의 진부를 확인하기 위한 신원조회 등으로 구분하여 실시하여야 할 것이다.

---

52) 경찰청,「2011 경찰백서」, 2011, p. 382.
53) 신현기, "경찰시험제도의 개편에 대한 고찰,"「한국치안행정논집」, 제8권 제1호, 한국치안행정학회, 2011, pp. 35~46.

우리나라 경찰에서는 종합적성검사를 인성검사와 정밀신원조회로 구분하여 실시하는데 직무수행에 필요한 적성과 자질을 종합적으로 검정하고 있다.

종합적성검사의 경우는 5단계로 이루어지는데 일반능력검사, U-K(Uchida—Kraepein)정신작업검사, 간이흥미검사, 전기적 자료검사, 간이성격검사 등 5개 분야이며,[54] 적성과 자질분야를 심층적으로 검사하기 위해 인성검사와 정밀신원조회로 구분해 실시하고 있다.[55] 우리나라 경찰에서 종합적성검사는 1976년 2월 다면성 인성검사 프로그램을 개발해 활용하였지만 1982년 4월 경남 의령경찰서 우범곤 순경의 총기난동사건 이후 검사문항을 개정해 면접시험 반영을 대폭 강화했다.[56] 1983년 4월 경찰공무원임용령 제35조 제1항 제4호에 종합적성검사의 법적 근거를 마련하고 1992년 3월에서 12월 사이 한국심리학회 특별연구팀이 한국경찰 직무분석을 통한 경찰전용 적성검사프로그램을 개발하여 1993년 1월부터 지금까지 경찰전용 적성검사 프로그램에 의해 적성검사를 실시하고 있다. 그리고 1993년 8월부터 지금까지 적성검사 결과를 경찰면접시험에 반영하고 있다.

경찰공무원의 임용시 적성검사란 인성검사와 정밀신원 조회로 나누어 실시하는데 이는 직무수행에 필요한 적성과 자질을 종합 검정하는 것이다. 적성검사에서 매우 중요한 영역은 U-K정신작업검사임을 주의해야 한다. 본 적성검사에서 주요유형은 6개가 있는데 ① 언어검사, ② 추리검사, ③ 수리력 검사, ④ 공간추리력 검사, ⑤ 지각력 검사, ⑥ 상황판단력 검사 등이 있다.

---

54) 조철옥, 『경찰행정학』(서울: 대영문화사, 2000), p. 371.

55) 이황우 · 조병인 · 최응렬, 전게서, p. 166.

56) 1982년 우범곤 순경은 청와대를 경비하는 101경비단에 근무하다가 경남 의령경찰서로 전근되어 근무 중이었다. 내연의 처와의 말다툼으로 음주 후 극도의 스트레스로 인한 과잉반응으로 자기가 소속되어 있던 지서 무기고에서 CAR 2정과 실탄 144발, 수류탄 8발을 꺼내 궁유면 주민 55명을 살해하고 35명을 부상시키고 자신도 폭사함으로써 우리나라 경찰사에 큰 오점을 남겼다.

표 2-24 경찰채용시험 적성검사 내용

연번	구분	검사방법	문항수	검사시간
1	간이성격검사	- 허구성, 정서성, 충동성, 사회성 검사 - 정신건강(신체화, 강박증, 공포불안, 편집증, 정신증) 검사	261	50분
2	U-K 정신작업검사	일정시간 동안 연속적인 숫자 가산작업 결과 얻어지는 작업량, 작업곡선, 작업특성을 토대로 수검자의 성격 및 적응 경향을 진단		50분
3	일반능력검사	언어능력, 추리능력, 수리능력 및 지각능력 측정	220	110분
4	간이흥미검사	직업, 학교교육과목, 직업활동, 여가활동, 사람유형, 두 활동사이의 선호도 등 검사	64	30분
5	전기적자료검사	과거의 경험과 활동에 대한 응답을 바탕으로 개인의 특성을 측정	114	30분

출처: 경찰청 인사교육과 내부자료.

(5) 면접시험

경찰채용 면접시험 현장을 가다.

갈수록 치열해지는 경찰공무원 채용시험. 그 인기를 반영하듯 지원자는 해마다 늘어가고 있다. 경찰 채용시험에서는 면접시험 점수의 비중이(필기 50% + 체력시험 25% + 면접 20% + 가산점 5%) 20%나 되기 때문에 그 중요도가 다른 공무원에 비해 높다.

개별면접에서는 지원 동기, 지원하고 싶은 부서, 전공, 가족관계 등 개인신상에 관한 질문이 많았다고 한다. 또 스트레스를 푸는 방법, 조직의 리더나 장이 되어본 경험, 봉사활동 경험, 상사와의 의견충돌, 자기희생 경험 등을 물어 공직적합성과 인성을 검증하고 있다. 이에 반해 단체면접에서는 "내부비리자에 대한 고발은 어떻게 할 것인가", "다문화가정 내 가정폭력에 대해 어떻게 생각하는가?", "스마트폰 연령규제에 대한 찬성·반대 의견은?", "일반인의 입장에서 바라본 경찰 이미지는?", "강도 피의자가 도망가는데 피해자가 피를 흘리고 있을 때 대처방법은?" 등이 있었다. 단체 면접이든 개별면접이든 자기 자신을 잘 보여주는 것이 중요하다고 볼 수 있는데, 즉 경찰이 되고 싶은 의지와 포부, 그리고 개성이 잘 드러날 수 있도록 준비하는 것이 무엇보다 중요하다.

2013년, 2014년, 2015년에 경험했던 순경면접진행요령은 다음과 같다.

- 1단계(집단면접) - 수험생 5~6명 1개조로 편성, 30~40분간 면접진행
- 2단계(개별면접) - 개인별로 7분~10분 실시, 심층면접 대상자는 15분~20분까지 시간을 확대 등이다.

경찰관 채용시험 절차는

- 채용시험 절차(4개월 이상 소요)
- 필기시험 - 신체/체력검사-인성/적성검사-면접시험-최종발표 순으로 함
- 최종 합격자 결정방법 - 필기시험 50%, 체력검사 25%, 면접시험 20%, 자격증 가산점 5% 합산하여 고득점자 순으로 최종합격
- 2011년 2차 채용시험부터 면접 반영비율을 10%에서 20%로 대폭 상향하였음.

면접위원 구성을 보면 다음과 같다.

- 면접시험 중요성을 감안 2013년부터 경무관급 면접위원장 도입, 총경 포함 면접위원 편성, 1일면접조 확대(2개조에서 3개조)
- 1단계 면접(집단면접) - 경정 혹은 1명, 경위 1명, 외부 면접전문가 1명
- 2단계 면접(개별면접) - 총경 혹은 경정 1명, 경감 1명, 외부 면접전문가 1명

경찰면접시험 평가항목은 〈표 2-25〉와 같다.

표 2-25 경찰면접시험 평가항목

구분	평가항목
1단계(집단면접)	○ 신원조사, 범죄경력 등 수험생의 기본사항 자료제공 ○ 평가항목 : 의사발표의 정확성과 논리성 및 전문지식 1. 경찰에 대한 기본 인식 2. 상황판단 및 문제해결 능력 3. 의사소통능력 4. 정보수집 분석능력 5. 조정 및 통합능력
2단계(개별면접)	○ 신원조사, 범죄경력 등 수험생 전반적인 사항 자료제공 ○ 평가항목 : 예의, 품행, 봉사, 정직, 성실, 발전가능성 1. 경찰관으로서 윤리의식(도덕성, 청렴성, 준법성) 2. 국민의 경찰로서 봉사정신과 사명감 3. 조직구성원으로서 협동심과 공동체 의식 4. 자기통제 및 적응력 5. 자신감과 적극성

• 면접 평가방법 및 합격자 결정은
- 면접위원은 평가항목별 1~10점 사이의 점수로 점수부여
- 단계별 면접위원은 평정점수를 합산, 총점 4할 이상의 득점자를 합격자로 함
- 단계별 면접시험위원의 과반수가 2점 이하로 평정한 경우 불합격으로 결정함 등이다.

한편 면접평가 배분방식의 도입은 다음과 같다.

표 2-26 각 면접위원별 배점 분포비율 준수(2:3:4:1)

점수	10~9	8~7	6~5	4점 이하
분포비율	20%	30%	40%	10%

면접강화 방안으로는

• 경찰공무원으로 임용하기에 부적절한 수험생에 대한 심층면접을 통하

여 부적격한 입직 원천 차단
- 면접관의 엄격한 판단에 따른 점수부여와 관대화 경향 차단
- 심층면접대상자와 부적격 징후자에 대해서는 면접시간을 10분 이상 확대, 부적격징후의 사항에 대하여 정밀면접 실시

표 2-27 심층면접 대상자

항목	대상자
신원조사	세평 불량 등 특이 동향자, 신원조사서상의 부적격자
학생기록부	무단 장기 결석자(10일 이상), 품행불량자(교사의견)
적성검사	적성검사 5등급 및 특이성향자
채무관계	신용정보조회상 신용불량 또는 과다채무자(1,000만원)
전과관계	• 강도, 절도, 성범죄, 방화, 체포/감금, 사기 등 고비난성 범법행위자 • 교특법, 도교법(음주, 무면허, 뺑소니), 사행업소운영, 성매매 알선, 공무집행방해 등 경찰관으로서 근무가 부적절한 자 • 유해화학물질관리법(환각물질흡입), 도박 등 상습성이 큰 범죄 • 기간에 상관없이 범법행위 사실이 2회 이상 상습성이 있는 자
인성검사	PAI검사 결과 < 반사회성/공격성/우울/불안/자살관념/정신분열/알콜척도 > 분야에서 위험판정 및 특이성향자

끝으로 면접시험은 필기시험이나 배경조사를 통하여 평가할 수 없는 지원자의 직무수행에 필요한 능력·발전성 및 적격성을 검정하는 것이다. 우리나라 경찰에서 실시하고 있는 면접시험의 평정요소로는 ① 경찰공무원으로서의 적성 ② 의사발표의 정확성과 논리성 및 전문지식 ③ 용모, 품행, 예의, 봉사성, 정직성, 성실성, 발전가능성 ④ 무도·운전 기타 경찰업무관련 특수기술능력 등이 있으며, 각 평정요소마다 1점부터 5점까지 점수로 평정한다. 경찰공무원 채용 면접에서는 현재 개별면접과 집단면접을 병행하고 있다.

면접시험의 합격자 결정은 각 시험위원이 평정한 점수를 합산하여 총점의 4할 이상의 득점자로 한다. 다만, 시험위원의 과반수가 어느 하나의 평정요소(위에서 ①과 ④는 제외)에 대하여 1점으로 평정한 경우에는 불합격으

로 한다.

이러한 면접시험은 아직도 형식적인 절차로 취급하는 경향이 있으며 면접시험의 내용도 대개는 필기시험에서 평가했던 지식이나 기술에 관하여 되풀이 하여 물어보는 경향이 있다. 이와 같은 문제점을 개선하기 위하여 복수 면접관제도를 채택하고 있지만 표준적 질문의 사전준비,[57] 면접기법의 개발, 면접관의 훈련 등을 통하여 가능한 한 효용도를 높여야 할 것이다.

현재 경찰공무원 채용시 집단면접(集團面接)과 개별면접(個別面接)을 병행하고 있는데, 1단계 면접은 동료면접으로서 5~6인을 동시에 면접하는 집단면접방식을 채택하여 응시자들의 일반적인 업무수행능력, 현장감각, 돌발상황에서의 판단 및 대처능력을 비교평가하고 있다. 2단계 면접은 개별면접으로서 경찰간부진들이 응시자들의 인성과 장래 발전가능성 등을 평가한다.

물론 동료들과 함께 하는 이른바 동료면접도 실시하고 있다. 국가경찰공무원으로 최종 선발되기 위해서는 어느 분야 하나만 잘해서 합격되는 것이 아니라 전 분야에서 고르게 득점해야 합격할 수 있다. 2004년 12월 18일 이전에는 경찰공무원의 지적능력을 채용의 가장 중요한 판단기준으로 삼았다. 따라서 체력과 인성은 매우 낮게 평가되었다. 그러나 2004년 12월 18일 「경찰공무원임용령및동시시행규칙」의 개정을 통해 경찰관 채용의 목표를 지성 및 체력과 인성의 검증으로 변경하였다. 즉 체력과 면접시험의 배점비율을 상향조정하였다.[58]

경찰공무원 모집에서 면접시험의 평정요소는 경찰공무원으로서의 적성, 전문지식과 그 응용능력, 의사발표의 정확성과 논리성, 용모·예의·폼행 및 성실성, 창의력·의지력 기타 발전가능성을 집중적으로 평가하고 있다.

위에서 보는 적성검사 10%는 매우 중요한 위치를 점유하고 있다. 경찰

---

57) Steve Falkenberg, Larry K. Gaines & Terry C. Cox, “The Oral Interview Board: What Does It Measure?,” *Journal of Police Science and Administration*, Vol. 17, No. 1, March 1990, pp. 32~39; John L. Sullivan, *Introduction to Police Science*, N. Y.: McGraw-Hill, 1977, pp. 66~67.

58) 경찰청, 「경찰백서」, 2005, p. 394.

공무원 응시자는 적성검사 테스트에서 일관성 있게 대답하는 일이 상당히 중요하다. 적성검사시에 필기시험에 합격한 응시자가 검퓨터 등을 활용하여 시험을 치르는데 예를 들어 문제를 통한 질문에서 '나는 리더십이 있다'는 질문에 대해 만일 '예'라고 대답했다면 차후에 연계하여 '나는 다른 사람들 앞에 나서기를 좋아한다'는 질문이 나온다. 이 경우에 '예'가 아니고 '아니요'에 답하게 되는 경우에는 앞에서 대답한 것과 일관성이 없고 거짓에 해당되어 낮은 점수를 받게 된다. 따라서 높은 점수를 받으려면 앞의 질문과 뒤에 나오는 질문들을 잘 기억하여 일관성 있게 대답하는 것이 매우 중요한 요령이 된다.

표 2-28 경찰공무원채용 면접시험 채점표

<table>
<tr><td>응 시 분 야</td><td colspan="2">응 시 지 구</td><td>응 시 번 호</td><td colspan="2">성 명</td></tr>
<tr><td></td><td colspan="2"></td><td></td><td colspan="2"></td></tr>
<tr><td colspan="6"></td></tr>
<tr><td colspan="4">평 점 항 목</td><td>배 점</td><td>득 점</td></tr>
<tr><td colspan="4">1. 의사발표의 정확성과 논리성 및 전문지식 - 1단계</td><td>10</td><td></td></tr>
<tr><td colspan="4">2. 예의, 품행, 봉사, 정직, 성실, 발전가능성 - 2단계</td><td>10</td><td></td></tr>
<tr><td colspan="4">3. 무도・운전 그 밖의 경찰업무관련 특수기술 능력</td><td>5</td><td></td></tr>
<tr><td colspan="4">득 점 계</td><td>25</td><td></td></tr>
<tr><td rowspan="2">(　　　)위 원</td><td colspan="2">계 급</td><td colspan="3">성 명</td></tr>
<tr><td colspan="2"></td><td colspan="3">㉧</td></tr>
</table>

표 2-29 최근 경찰공무원 채용 현황 (단위: 명)

연 도	계	공채(여경포함)		특 채		여 경	
		모집인원	경쟁률	모집인원	경쟁률	모집인원	경쟁률
2012	2,393	1,782	47.3:1	611	24.6:1	334	60.3:1
2011	3,464	3,005	25.1:1	459	17.3:1	652	24.1:1
2010	2,865	2,320	35.7:1	423	21.5:1	380	45.1:1
2009	2,865	2,200	33.9:1	665	27.4:1	87	182.2:1

출처: 경찰청, 『경찰백서』, 2013, p. 332.

2016년에는 경찰대학생 120명, 경찰간부후보생 50명, 일반순경 3,126명을 공개경쟁채용하였다. 그리고 경찰행정학과 265명 등 총 812명을 경력경쟁채용하였다.

표 2-30 최근 5년간 경찰공무원 채용현황

구 분		2013	2014	2015	2016	2017
공개경쟁채용	순경	4,455(891)	5,372(1,070)	6,456(800)	2,886(306)	3,522(352)
	101단	240	240	240	240	240
경력경쟁채용		1,215(323)	1,356(501)1,478(556)	1,478(556)	811(366)	525(235)
경찰대학생		120(12)	120(12)	100(12)	100(12)	100(12)
간부후보생		50(5)	50(5)	50(5)	50(6)	50(7)
총계		6,080(1,231)	7,138(1,588)	8,324(1,373)	4,087(750)	4,437(606)

출처: 경찰청, 「2018 경찰백서」, 2018, p. 411.

특히 101경비단 경찰은 신장이 170cm 이상, 체중 60kg 이상, 시력 1.0 이상자(교정시력 불가)이어야 한다.

2002년도 이후 경찰청에서는 2단계 면접방식을 취하고 있다.

① 제1단계 집단(동료)면접: 이는 수험생의 일반능력과 전문지식 및 상황대처능력을 알아보는 것으로 면접위원이 순경, 경장, 경사급 3인 1조로 진행한다. 집단면접으로 주제발표 등으로 진행된다.

② 제2단계 인성면접: 상관입장에서 부하직원의 가치관, 발전가능성, 조

직적응 가능성 등 기본인성을 테스트하는 것이다. 위원으로 경감, 경정, 총경급 3인 1조로 구성한다. 면접대상자 1인을 놓고 문답식으로 진행된다. 이 과정에서는 신원조사, 범죄경력을 보는 동시에 자기소개, 입직 후 희망근무부서, 포부 등 가치관과 적응성을 평가하고 성장환경이나 개인경력등을 본다. 평가항목으로는 인성, 성실성, 윤리의식, 발전성, 직무적응성으로 나타나 있다.[59)]

면접시험이 부적격자를 선별하는 최종 시험단계임에도 불구하고 그동안 면접시간이 짧아 정확한 적격성 검증이 어려웠던 점을 감안하여 면접위원이 적격성 검증을 효과적으로 수행하여 부적격자를 선별·배제할 수 있도록 이들을 지원할 「채용심사관 및 채용심사위원회」를 도입하는 등 적격성 심사시스템을 강화하기로 하였다.

「채용심사관」은 응시자에 대한 필기·체력·적성검사 결과 등 시험자료 및 응시자 제출서류를 심사·평가하여 그 결과를 채용심사위원회에 제출하고, 「채용심사위원회」는 채용심사관이 제출한 응시자별 평가서를 심사하고 응시자별 종합의견서를 작성하여 면접위원에게 제출한다. 그리고 면접위원은 채용심사위원회의 제출자료를 바탕으로 응시자별 면접질문지를 구성하고 외부전문가들과 응시자의 적격성여부를 정밀하게 면접심사하게 된다.

「채용심사관 및 채용심사위원회」 도입으로 부적격자를 사전에 선별·차단할 수 있는 시스템을 갖추게 되었으며, 앞으로 채용심사관 전문성 강화 등 준비기간을 거쳐 2011년 하반기부터 시행하게 됐다.

⑹ 실기시험

실기시험은 직무수행에 필요한 지식 및 기술을 실습 또는 실기의 방법에 의하여 검정하는 것이다. 도구나 장비를 써서 일을 해보게 하거나 기계조립을 시켜 보거나 또는 작업에 쓰는 설비의 모형을 놓고 일을 해보게 하는 방법 등이 여기에 해당한다. 이것은 상황적 검사절차의 하나로서 임상적 성향을 지닌 시험방법으로 모의연습식 시험에 속하는 것이다. 이는 의제된

59) 최종술, 『경찰인사관리론』(서울: 대왕사, 2004), pp. 54~60.

직무상황에 대응하는 지원자의 능력을 현실감 있게 평가하는 데 사용되며 며칠간의 시험기간을 통해서 소속감검사, 조립연습, 감정면접, 사회자 없는 집단연습 등의 복수기법이 동원된다.

실기시험은 이와 같이 다른 어떤 시험보다 직무수행과 밀착되는 시험이므로 높은 타당성을 기대할 수 있으며 우리나라에서는 통신·운전·전산 등의 분야에 종사할 사람들을 선발할 때 흔히 쓰인다.[60]

(7) 가산점 부여

자격증을 소지한 경우에 가산점이 부여되는데 평가점수는 5점을 만점으로 하고 있다. 다음과 같은 자격증을 소지한 자는 각기 3점, 2점, 그리고 1점의 가산점을 인정받아 총 5점까지의 가산 혜택을 받을 수 있었다. 그러나 면접응시자에게 누구나 1점이 공동으로 주어지다가 최근에 폐지되었다. 따라서 다음의 표에서 보는 바와 같이 가산점 혜택 사항 3개 정도 준비해야만 5점 만점을 받을 수 있게 되었다.

표 2-31 각 시험별 배점비율 조정

구분	현 행		개편안
필기	65%		50%
체력	10%		25%
적성	10%	⇒	면접자료로 활용
면접	10%		20% (1단계 10%, 2단계 10%)
가산점	5%		5%

60) 이황우, "경찰공무원의 선발모형에 관한 연구,"「행정논집」제15집, 동국대학교 행정대학원, 1986, pp. 80~81.

1) 필기 비중을 줄이고, 체력 비중을 늘려 「필기 · 체력」간 비중을 동등하게 조정하고 체력검사 종목을 확대

먼저 경찰채용 체력검사 종목을 현행 '100m 달리기', '제자리 멀리뛰기', '윗몸 일으키기', '좌우악력'의 4개 종목에서 '제자리 멀리뛰기' 종목을 폐지하고, 경찰직무 수행시 필요한 근력과 지구력을 평가할 수 있는 '팔굽혀 펴기'와 '1,000m 달리기'를 신규로 도입하여 5개 종목으로 확대하기로 했다. 또한 경찰지원자들의 체력관심도를 높여 강한 체력과 지적능력을 두루 갖춘 경찰관을 선발하기 위해서 필기시험 반영비율 50%, 체력검사 반영비율 25%로 조정하였다.

2) 면접시험 배점 상향 등 인성면접 강화

현재 적성검사는 검사 결과에 따라 1등급은 10점, 5등급은 2점을 배점하는 등급별 점수제를 실시하고 있으나, '등급별 점수제'를 폐지하는 대신, 2012년부터는 적성검사 결과를 면접시험 자료로 활용하고 적성검사 반영비율 감소분 10%를 면접시험 반영비율에 포함시켜 현재 1차 · 2차 면접 각 5점씩 배점되던 것을 각 10점으로 상향하고 도덕성 · 준법성에 관한 면접 평정을 강화하여 인성이 보다 반듯한 사람을 선발하기로 하였다.

경찰청은 경찰의 입직시 체력검사를 더 한층 강화하기로 한 것이다. 이는 범죄를 일으키는 연령층이 점차 낮아지고 있고 흉악범을 체포하는 데 있어 형사의 평균연령이 49.5세임을 볼 때 강인한 체력이 어느 때보다 요구된다.

표 2-32 경찰공무원의 임용시 가산점 부여 기준표(2018년 1월 현재)

분 야	관련 자격증 및 가산점		
	5점	4점	2점
학 위	-박사학위	-석사학위	
정보처리	-정보관리기술사 -전자계산기조직응용기술사	-정보처리기사 -전자계산기조직응용기사	-정보처리산업기사 -전자계산기산업기사 -사무자동화산업기사 -컴퓨터활용능력 1 · 2급 -워드프로세서 1급

분 야		관련 자격증 및 가산점		
		5점	4점	2점
전자통신		-정보통신기술사 -전자계산기기술사	-무선설비 · 전파통신 · 전파전자 · 정보통신 · 전자 · 전자계산기기사 -통신설비기능장	-무선설비 · 전파통신 · 전파전자 · 정보통신 · 통신선로 · 전자 · 전자계산기산업기사
국 어		-한국실용글쓰기검정 750점 이상 -한국어능력시험 770점 이상 -국어능력인증시험 162점 이상	-한국실용글쓰기검정 630점 이상 -한국어능력시험 670점 이상 -국어능력인증시험 147점 이상	-한국실용글쓰기검정 550점 이상 -한국어능력시험 570점 이상 -국어능력인증시험 130점 이상
외국어	영 어	-TOEIC 900 이상 -TEPS 850 이상 -IBT 102 이상 -PBT 608 이상 -TOSEL(advanced) 880 이상 -FLEX 790 이상 -PELT(main)446 이상	-TOEIC 800 이상 -TEPS 720 이상 -IBT 88 이상 -PBT 570 이상 -TOSEL(advanced) 780 이상 -FLEX 714 이상 -PELT(main) 304 이상	-TOEIC 600 이상 -TEPS 500 이상 -IBT 57 이상 -PBT 489 이상 -TOSEL(advanced) 580 이상 -FLEX 480 이상 -PELT(main) 242 이상
	일 어	-JLPT 1급(N1) -JPT 850 이상	-JLPT 2급(N2) -JPT 650 이상	-JLPT 3급(N3, N4) -JPT 550 이상
	중국어	-HSK 9급	-HSK 8급	-HSK 7급(新 HSK 4급 -195점 이상)
노 동		-공인노무사		
무 도			-무도 4단 이상(태권도, 유도, 검도, 합기도)	-무도 2 · 3단(태권도, 유도, 검도, 합기도)
부동산		-감정평가사		-공인중개사
교 육		-청소년상담사 1급	-정교사 2급 이상 -청소년지도사 1급 -청소년상담사 2급	-청소년지도사 2 · 3급 -청소년상담사 3급

분 야	관련 자격증 및 가산점		
	5점	4점	2점
재난·안전관리	-건설안전·전기안전·소방·가스기술사	-건설안전·산업안전·소방설비·가스·원자력기사 -위험물기능장 -핵연료물질취급감독자면허 -방사선취급감독자면허 -경비지도사	-산업안전·건설안전·소방설비·가스·위험물산업기사 -1종 대형면허 -특수면허(트레일러,레커) -조종면허(기중기,불도우저) -응급구조사 -핵연료물질취급자면허 -방사성동위원소취급자면허
화 약	-화약류관리기술사	-화약류제조기사 -화약류관리기사	-화약류제조산업기사 -화약류관리산업기사
교 통	-교통기술사 -도시계획기술사	-교통기사 -도시계획기사 -교통사고분석사 -도로교통사고감정사	-교통산업기사
토 목	-토목시공기술사 -토목구조기술사 -토목품질시험기술사	-토목기사	-토목산업기사
법 무	-변호사	-법무사	
세무회계	-공인회계사	-세무사 -관세사	-전산세무 1·2급 -전산회계 1급
의 료	-의사 -상담심리사 1급	-약사 -정신보건임상심리사 1급 -임상심리사 1급 -상담심리사 2급	-임상병리사, 물리치료사, 방사선사, 간호사, 의무기록사, 치과기공사 -정신보건임상심리사 2급 -임상심리사 2급 -작업치료사
특 허	-변리사		
건 축	-건축구조·건축기계설비·건축시공·건축품질시험기술사	-건축, 건축설비기사	-건축·건축설비·건축일반시공산업기사

분 야	관련 자격증 및 가산점		
	5점	4점	2점
건 축	-건축구조·건축기계설비·건축시공·건축품질시험기술사	-건축, 건축설비기사	-건축·건축설비·건축일반시공산업기사
전 기	-건축전기설비·전기응용기술사	-전기·전기공사기사	-전기·전기기기·전기공사산업기사
식품위생	-식품기술사	-식품기사	-식품산업기사
환 경	-폐기물처리기술사 -화공기술사 -수질관리기술사 -농화학기술사 -대기관리기술사	-폐기물처리기사 -화공기사 -수질환경기사 -농화학기사 -대기환경기사	-폐기물처리산업기사 -화공산업기사 -수질환경산업기사 -대기환경산업기사

※ 무도분야 자격증은 유도·검도·태권도의 경우 대한체육회에 가맹한 경기단체가 인정하는 것, 합기도의 경우 법인으로서 중앙본부 포함 8개 이상 광역지방자치단체에 지부(지부당 소속도장 10개 이상)를 등록하고 3년 이상 활동중인 단체에서 인정하는 것을 말함. 어학능력 자격증은 면접시험일 기준으로 2년 이내의 것만을 인정함. 자격증 제출기한은 당해 시험이 있는 적성검사 실시일까지로 한다.

(8) 서류전형

서류전형은 직무수행에 관련되는 자격 및 경력 등을 서면에 의하여 심사하는 것이다. 퇴직 경찰공무원의 복직 또는 자격증소지자와 대학이나 전문대학 재학생 중 장학금을 지급받은 자 등을 경찰공무원으로 채용하는 경우의 시험방법은 대개 서류심사의 방법에 의하는 경우가 많다. 이것은 다른 시험방법에 비하여 비용이 덜 들고 응시자들에 관한 상세한 정보를 얻어 평가할 수 있으나 평정과정의 표준화가 곤란하므로 평정자의 편견이 개입될 염려가 있다.

(9) 학력과 병역사항

우리나라 경찰의 학력은 1973년 이전까지는 순경의 경우 고졸자로, 그리고 간부후보생의 경우는 초대졸 이상자로 제한했다. 그러나 1973년부터 공무원 임용시험에서 학력이 철폐되었다. 따라서 3년 후인 1976년부터 경찰도 역시 학력을 폐지하였다. 하지만 어떠한 이유에서인지 7년 후인 1983년(전두환 정권)에 경찰관 임용시험에 고졸이나 이와 동등 이상의 학력을 가진 자로 한다고 명시함으로써 또다시 학력제한이 내려졌고 오늘에 이르고 있다. 2011년에는 이마저도 학력이 철폐되는 변화가 있었다.

경찰청에서 체력을 강화하다보니 경찰행정학과 학생들이 필기성적보다는 더 많은 시간을 체력분야에 투입해야 하는 것으로 해석할 가능성이 매우 커졌다고 본다. 한편 매년 2월에 시행되는 4년제 경찰행정학사 출신에게만 부여해 주던 자격도 변경되었다. 즉 2년제 대학 출신 12,000여명에게도 새로이 경행특채에 지원할 수 있도록 함으로써 그 경쟁률은 2011년 2월 시험에서부터 괄목할 정도로 높아졌다. 또한 순경공채의 경우 향후에 고등학교 미졸업자도 82,000여명 가량이 새로 응시하게 될 것으로 예측되어 경찰행정학과 출신들의 경찰직 진입을 위한 경쟁률은 향후 더욱 높아질 것으로 예상된다. 따라서 수험생들은 체력강화와 더불어 점차 높아질 필기시험의 커트라인에 대해 풀어야 할 두 가지 과제를 동시에 안게 되었다.[61]

(10) 특별채용

경찰공무원을 경우에 따라서는 특별채용해야 하는 경우가 있다. 경찰공무원임용령 제8조 제3항에 따라 특별채용하는 경우는 그 시험실시 당시의 임용예정직위 이외의 직위에 임용할 수 없다. 경찰공무원 특별채용요건 제1호에 따르면 다음의 경우는 특별채용할 수 없다.

〈제1호〉

첫째, 종전의 재직기관에서 감봉이상의 징계처분을 받은 자

둘째, 정년퇴직한 자

〈제2호〉

경찰공무원을 특별채용 하고자 하는 경우에는 국가기술자격법 기타 법령에 의한 자격증 소지자이어야 한다.

---

61) 신현기, "경찰시험제도의 개편에 대한 고찰 – 일반 순경과 경찰간부후보생 채용을 중심으로 –," 「한국치안행정논집」, 제8권 제1호, 한국치안행정학회, 2011, p. 45.

〈제3호〉

국가기관·지방자치단체·공공기관 기타 이에 준하는 기관의 임용예정계급에 상응하는 근무 또는 연구경력이 3년 이상이어야 한다. 다만, 전투경찰순경으로 임용되어 소정의 복무를 마친자로서 순경으로 특별채용되는 경우를 제외하고는 시험요구일 현재 종전의 재직기관에서 퇴직한 날로부터 3년이 경과된 자는 특별채용될 수 없다.

〈제4호〉

또한 경찰공무원의 특별채용에 있어서 다음의 경우에 해당하면 3년의 근무 또는 연구경력을 요하지 않는다.

첫째, 전투경찰순경으로 임용되어 소정의 복무를 마친 자를 순경으로 임용하는 경우

둘째, 4년제 대학의 경찰행정학과 또는 해양경찰행정학과를 졸업하고 현역 또는 보충력의 복무를 마친 자를 경사 이하의 경찰공무원으로 임용하는 경우

셋째, 군인으로서 2년 이상 복무한 경력이 있는 자 또는 전투경찰순경 중 특경으로 근무한 경력이 있는 자를 3년 이상 5년 이하의 범위 안에서 경찰청장이 정하는 기간은 전투경찰대 또는 행정자치부령 또는 국토해양부령이 정하는 특별경비부서에 근무할 조건으로 경정 이하의 경찰공무원으로 임용하는 경우

넷째, 보안공작업무와 관련 있는 자를 보안공작요원으로 근무하게 하기 위하여 경장 이하의 경찰공무원으로 임용하는 경우

다섯째, 임용예정직에 관련된 전문지식을 가진자를 경찰공무원으로 임용하는 경우

〈제5호〉

특별채용법 제5호의 규정에 의하여 특별채용을 하고자 하는 경우에는 본인의 규책사유로 장학금의 지급이 중단된 자가 아니어야 하며, 이 경우의 임용예정계급은 경위 이하로 한다.

〈제6호〉

특별채용법 제6호의 규정에 의한 특별채용을 하고자 할 경우에는 당

해기관이 관할 또는 소재하는 읍·면지역에서 본인·배우자 또는 직계존속이 5년 이상 거주하고 있거나 거주한 자이어야 하며, 이 경우의 임용예정계급은 순경으로 한다.

〈제7호〉

7호에 의해 특별채용하는 경우는 행정자치부령이 정하는 임용예정계급별 외국어 능력기준에 해당하여야 한다.

(11) 최종 합격자 결정

국가유공자와 5·18 민주유공자등의 취업지원 대상자는 10% 또는 5%를 각 단계별(필기, 체력, 면접)로 가산점을 인정받을 수 잇다. 하지만 가산점을 받아 취업지원 대상자가 합격하는 사람은 전체 선발인원의 30%를 초과하여서는 아니된다.

표 2-33 경찰시험 방법 및 평가

시험유형	평가(경찰공무원 임용령 제43조)
필기시험	과목별 40% 이상 득점자 중 고득점자 순
체력시험	전체 평가종목 총점의 40% 이상 득점자를 합격으로 결정(1종목이라도 1점 받은 경우 불합격 처리함)
적성검사	점수는 없지만 면접시험시 반영
서류전형	자격요건 구비여부 심사
면접시험	면접 총점의 40% 이상 득점자를 합격자로 결정(위원 중 과반수가 2점 이하로 평가한 경우 불합격처리함)
최종합격자 결정	필기 50%, 체력 25%, 면접 25%(가산점 자격증 5%)의 고득점자순으로 결정함

연습문제 >>>

1. 경찰공무원 모집의 영향요인을 설명하시오.
2. 경찰공무원의 모집현황과 문제점을 설명하시오.
3. 바람직한 경찰공무원의 모집방향에 대해 설명하시오.
4. 한국경찰의 신규임용에 대해 설명하시오.

제 3 장 경찰공무원의 선발과 임용

제 1 절 경찰공무원의 개념과 임용내용

Ⅰ. 경찰공무원의 개념

경찰공무원은 특정직 공무원이며 국가공무원법, 경찰법, 경찰공무원법 등의 적용을 동시에 받고 있다. 특정직공무원에는 법관, 검사, 외무공무원, 경찰공무원, 소방공무원, 군인 등이 해당된다. 경찰공무원은 공공의 안녕과 질서유지라는 소극적인 목적만을 주요 임무로 한다. 국민의 복리증진과 같은 목적은 임무에서 제외된다. 무엇보다 경찰공무원은 일반행정직공무원과는 달리 특수한 임무를 수행하는 관계로 경찰공무원법을 가지고 있는데 이 법에 따라서 임용, 교육, 훈련, 신분보장, 복무규율 등이 이루어지고 있다.[1)]

Ⅱ. 임용의 의의

경찰공무원의 임용(任用)이란 무엇인가? 이는 공무원임용령 제2조 제1

1) 김남현 · 김형훈, 『경찰행정법』(서울: 경찰공제회, 2005), p. 80.

호에서 그 근거를 찾을 수 있다. 본 조문에 따르면 임용이란 신규채용, 승진임용, 전직, 전보, 겸임, 강임, 파견, 휴직, 직위해제, 정직, 복직, 면직, 해임 및 파면 등을 포함한다고 정의하고 있다. 여기서 복직이란 경찰공무원으로 임용되었다가 휴직, 직위해제 또는 정직 중에 있는 경찰공무원을 직위에 복직시키는 것을 말한다. 그리고 강임이란 국가공무원법에서 공무원을 현 재직급보다 더 낮은 자리에 앉히는 것을 의미한다.

흔히 내부임용은 경찰조직 내에서 적합한 사람을 선발하는 것인데, 전직, 전보, 파견, 겸임 등과 같은 수평적 이동과 승진이나 강임 등의 수직적 이동, 그리고 직무와 신분부여의 여부와 연관된 휴직, 직위해제, 정직, 면직, 해임, 파면, 복직 등을 뜻한다.[2]

표 3-1 임용의 종류

신규채용	특정인을 신규로 경찰관에 임용하는 행위
승 진	경찰관을 상위계급으로 임용하는 것
전 보	동일계급에서 보직을 변경시키는 것 - 보직 후 1년 이내에는 전보되지 않음
파 견	경찰관이 다른 유관기관에 일시적으로 근무함
휴 직	경찰관 신분유지 - 담당직무 떠남 : 의원휴직과 직권휴직이 있음
정 직	경찰관의 신분유지 - 직무담당이 정지되는 징계처분 - 봉급의 2/3를 감함. 1개월 이상~3개월 이하
직위해제	경찰관에게 직위를 부여하지 않는 것 - 사유가 소멸되면 바로 직위를 부여함
복 직	휴직, 정직, 직위해제 중에 있는 경찰관을 직위에 복귀시키는 것
면 직	경찰관의 신분을 상실시키는 것 - 의원면직과 직권면직이 있음
해 임	경찰관의 신분을 박탈하는 징계처분 - 경찰관으로 임용불가함
파 면	경찰관의 신분을 박탈하는 징계처분 - 가장 중한 징계벌임 - 경찰관으로 임용불가함 - 퇴직금의 1/2을 감액함

2) 김충남, 전게서, pp. 271~272; 중앙경찰학교, 「경무」, 2011, p. 90.

1. 계 급 제

통상적으로 국가공무원 중 경력직공무원은 1급에서 9급까지 계층을 이루고 운영되는 데 반해 경찰공무원의 경우는 순경에서부터 치안총감까지 11개 계급으로 계층을 이루고 있다. 경찰법 제23조에 따른 경찰공무원의 계급체계를 살펴보면 다음과 같다.

1. 순경(巡警): Policeman
2. 경장(警長): Senior Policeman
3. 경사(警査): Assistent Inspector
4. 경위(警衛): Inspector
5. 경감(警監): Senior Inspector
6. 경정(警正): Superintendent
7. 총경(總警): Senior Superintendent
8. 경무관(警務官): Superintendent General
9. 치안감(治安監): Senior Superintendent General
10. 치안정감(治安正監): Chief Superintendent General
11. 치안총감(治安總監): Commissioner General

2. 경　　과

경찰공무원법 제3조와 경찰공무원임용령 및 경찰공무원임용령시행규칙에 따라 순경, 경장, 경사, 경위, 경감, 경정, 총경까지의 경찰공무원을 신규로 임용할 때에는 이른바 경과(警科)를 부여한다. 일반경과, 수사경과, 보안경과, 그리고 특수경과(해양경과<2016.12.31삭제>, 운전경과<2016.12. 31삭제>, 항공경과, 정보통신경과)가 바로 그것이다. 이 특수경과 중에서 해양경과와 운전경과는 2016년 12월 31일 삭제되었고 현재는 항공경과, 통신경과만 남아있다. 여기서 수사경과와 보안경과의 경우는 경정계급 이하에 국한하며, 운전경과는 경사 이하의 계급을 가진 경찰공무원으로 제한한다.[3]

3) 신현기 외, 『경찰행정학』(파주: 법문사, 2005), p. 217; 경찰공무원임용령, 제3조 제1항; 경찰공무원임용령시행규칙 제19조.

① 일반경과: 기획, 감사, 경무, 방범, 형사, 수사, 교통, 작전, 정보, 외사 등인데 보안경과와 특수경과에 속하지 않는 직무들이다.

② 수사경과: 범죄수사에 관한 업무[4)]

③ 보안경과: 보안경찰에 대한 업무(보안유지, 간첩체포 등), 보안경찰 해당자는 수사경과 이외에는 모든 경과에 원하는 대로 전보가 가능하다.

그리고 특수경과로서 다음의 3가지가 있다.

④ 항공경과: 경찰항공기의 운영 및 관리에 관한 사무

⑤ 통신경과: <2016.12.31. 삭제>

⑥ 운전경과: <2016.12.31. 삭제>

위의 경과에 대한 구분은 경찰공무원임용령 제3조 1항에 근거하고 있으며 경과의 구분에 관하여 필요한 사항은 대통령령으로 정한다.

3. 경과의 변경

경찰공무원은 한번 받은 경과에 대해 소위 전과(轉科)를 할 수 있다. 전과는 마음대로 변경이 허용되지 않고 다만 일반경과에서 특수경과로 움직이는 것만 가능하다. 통상적으로는 일반경과에서 수사경과, 보안경과, 특수경과로 전과하는 것에 한하여 인정하고 있다. 하지만 예외로 경찰의 정원이 감축되어야 하는 경우에는 수사경과, 보안경과, 통신경과, 운전경과에서 일반경과로 전과하는 것이 가능하기도 하다.

즉 현재의 경과분야보다는 기타의 경과분야에서 조직을 위해 공헌이 가능하다고 인정되는 경우, 경과분야에 대한 직무교육을 이수한 자, 경과분야에 관련하여 자격증을 소지하게 된 경우, 경과분류에서 국가시험에 합격한 경우에는 전과가 가능하다. 그러나 현재의 경과분야에서 1년을 경과하지 아니한 경우나 특수한 분야에서 근무할 것을 조건으로 채용된 후 1년이 경과하지 아니한 때나 특수한 분야에서 근무한다는 조건으로 채용되어 3년이

4) 수사경과제는 2005년 1월부터 시행되었고 수사경찰의 선발, 승진, 인사를 별도로 관리하며 수사부서에서 전문성을 살리는 제도로 정착되고 있다.

경과하지 아니한 경우는 그 허용이 불허된다.

4. 임명의 요건

경찰공무원법 제6조 제1항의 규정에 따르면 우리나라 경찰계급 중 총경 이상의 국가경찰공무원은 경찰청장의 추천에 따라 행정안전부 장관의 제청으로 국무총리를 거쳐 대통령이 임용하는 제도를 취하고 있다. 경정 이하의 경우는 경찰청장이 임용하고 있다. 하지만 신규채용, 승진임용, 면직의 경우는 다르다. 말하자면 경정으로 신규채용이나 승진임용 및 면직의 경우는 경찰청장의 제청으로 국무총리를 경유하여 대통령이 행하고 있다.[5)]

경찰공무원법 제7조(임용자격 및 결격사유)에 따르면 경찰공무원의 신체 및 사상이 건전하고 품행이 방정한 자 중에서 임용한다. 경찰공무원은 다음에 해당하는 경우 임용될 수 없도록 하고 있다. 다시 말해 다음의 사항에 해당하는 경우는 경찰공무원 임용시 결격사유에 해당한다.

i) 대한민국의 국적을 가지고 있지 아니한 자, ii) 금치산자나 한정치산자, iii) 파산자로서 복권되지 아니한 자, iv) 자격정지 이상의 형의 선고를 받은 자, v) 자격정지 이상의 형의 선고유예를 받고 그 선고유예기간중에 있는 자, vi) 징계에 의하여 파면 또는 해임의 처분을 받은 자 등이다.

일반적으로 순경에 대한 신규채용과 고시합격자를 경정에 신규임용하는 경우에는 반드시 공개경쟁시험에 의하여 이루어지고 있다. 경위로 신규채용되는 경우는 단지 두 가지인데 경찰대학을 졸업한 자이거나 또는 경찰간부후보생시험에 합격해 1년간의 교육과 훈련을 마치고 합격된 자이다. 이밖에도 항공경찰분야에서 소수의 경위 특별채용방식이 존재한다.[6)]

5. 경찰공무원의 임용

경찰공무원은 1년간의 시보기간이 성공적으로 마무리되면 정규경찰관

---

5) 신현기 외, 『경찰행정학』(파주: 법문사, 2005), p. 217.

6) 신현기 · 이영남 외, 『경찰학개론』(파주: 법문사, 2006), p. 207.

임 용 장

(소 속)

(계 급 · 성 명)

(임 용 사 항)

년 월 일

(임 용 권 자)

240mm×340mm
(백상지 150g/㎡)

그림 3-1 경찰공무원의 임용장 서식

으로 임용된다.

제 2 절 채용후보자명부

1. 서 설

시험이 끝나고 합격자가 결정되면 시험의 실시기관은 이들의 등록을 받아 채용후보자명부를 작성한다. 공개채용시험에서 합격한 자는 시험실시기관의 장(長)이 정하는 바에 따라 채용후보자 등록을 하여야 하며, 등록을 하지 아니하는 경우에는 임용될 의사가 없는 것으로 본다. 채용후보자명부는 직급별로 시험성적의 순서에 의하여 작성하되, 훈련 성적, 전공 분야 및 기타 사항을 기재하도록 되어 있다.

경찰공무원에 대한 채용후보자명부에 관해 정리해 보면 다음과 같다. 즉 경찰청장(제6조 제3항에 규정에 의하여 임용권의 위임을 받은 자를 포함)은 신규채용시험에 합격한 자(경찰대학을 졸업한 자 및 경찰간부후보생을 포함)를 대통령령이 정하는 바에 의하여 성적순위에 따라 채용후보자명부에 등재하여야 한다. 경찰공무원의 신규채용은 위에서 언급한 내용에 의한 채용후보자명부의 등재순위에 의한다. 다만, 채용후보자가 경찰교육기관에서 신임교육을 받은 때에는 그 교육성적의 순위에 의한다. 채용후보자명부의 유효기간은 2년의 범위 안에서 대통령령으로 정한다. 다만, 경찰청장은 필요에 따라 1년의 범위 안에서 그 기간을 연장할 수 있다. 경찰청장은 채용후보자명부의 유효기간을 연장하기로 결정한 때에는 이를 공고하여야 한다. 또한 채용후보자명부의 작성과 운영에 관하여 필요한 사항은 대통령령으로 정한다.[7]

7) 경찰공무원법 제9조 참조.

표 3-2 경찰공무원 채용후보자 명부

[별지 제19호서식]

채용후보자명부

등록번호	성명	현주소	최종학교명	병역관계		입교 여부	임명 연월일	임용 부서
				군별	전역구분			

2105-21비 268mm×190mm
83.5.27 승인 (인쇄용지(2급) 60g/㎡)

채용후보자명부의 유효기간은 일정하게 한정되어 있다. 유효기간이 너무 짧으면 시험을 자주 실시하여야 하기 때문에 많은 시간과 경비가 소요되고, 적시의 결원 보충이 이루어지기 어렵다. 그러나 유효기간이 너무 길어도 자진사퇴자의 수가 많아 낭비의 요인이 된다. 따라서 채용후보자명부의 유효기간은 학교 졸업제도와 일치시켜 1~2년을 원칙으로 하고 사정에 따라 연장하는 것이 바람직할 것이다.[8)]

2. 임용 추천

채용후보자명부가 작성되면, 시험 실시기관의 장은 각 기관의 결원 및 예상 결원 인원을 감안하여 채용후보자명부에 등재된 채용후보자를 시험성적, 훈련성적, 전공 분야, 경력, 적성 등을 참작하여 임용권자나 임용제청권자에 추천하여야 한다. 이때 추천은 성적순위에 따라서 하며, 복수로 추천하는 것이 일반적이다. 추천을 받은 기관은 면접 및 서류심사를 거쳐 임용여부를 결정하게 된다. 추천의 방법으로는 다음과 같은 방식이 있다.[9]

(1) 단순추천제

채용후보자명부에 등재된 성적순에 따라 결원된 인원의 숫자만큼 추천하는 방법이다. 채용시험이 절대적으로 타당성과 신뢰성을 지닌다는 전제에 입각하고 있는 이 방법은 임용권자의 재량권을 배제하기 위한 반엽관주의적 인사원칙에 근거를 두고 있다.

(2) 배수추천제

이 추천방법들은 결원된 직위의 정해진 배수(3~7배수)만큼 인원을 추천하는 방법들이다. 역사적으로 가장 많이 이용된 추천의 방법은 3배수 추천제이다. 이 제도들은 채용시험의 타당성이 완전하지 않다는 전제 위에 임용권자에게 어느 정도 재량권을 부여하기 위한 것이다. 이 방법들에 대해 반엽관주의자들은 성적우수자가 임용된다는 보장이 없기 때문에 실적제의 엄격한 적용을 방해한다고 비판하는가 하면, 능률성을 중시하는 사람들은 시험성적의 몇 점 차이가 직무수행능력의 차이를 그대로 나타내는 것이 아니라는 논거에서 임용권자에게 재량의 폭을 넓혀 주어야 한다고 주장한다. 오늘날의 추세는 임용권자에게 더 많은 재량권을 부여하기 위해 5~7배수를 뽑아 행하는 추천제로 바뀌고 있다.

---

8) 박동서, 『인사행정론』(서울: 법문사, 1984), pp. 213~214.
9) O. Glenn Stahl, *op. cit.*, pp. 130~132.

(3) 집단추천제

이 방법은 채용후보자를 성적순으로 몇 개의 집단으로 나눈 뒤, 우수집단부터 차례로 추천하는 방법이다. 즉 이 방법은 채용 후보자들을 '수', '우', '미', '양' 등의 몇 개 집단으로 나눈 뒤, 이들 집단 속에 소속된 후보자를 한꺼번에 추천하는 방법이다.

(4) 선택추천제

임용권자가 특정한 자격 등을 지닌 후보자를 추천해 줄 것을 요구하는 경우, 채용후보자명부에 등재된 성적순에 관계없이 추천하는 방법이다. 이 방법은 단일추천제 등의 단점을 보완하기 위하여 도입하는 제도이다. 우리나라의 공무원임용령에서는 이와 같이 '특별 추천'할 수 있는 경우를, 임용예정기관에 근무하고 있거나 6개월 이상의 근무경력이 있는 자, 임용예정기관의 장이 학력, 경력 및 특수자격요건을 정하여 추천을 요구하는 경우 등으로 한정하고 있다.[10)]

(5) 전체추천제

채용후보자 전체를 추천하여 임용권자가 자유롭게 선발하도록 하는 방법이다. 임용후보자의 숫자가 적고 단시일 내에 모두 임용될 가능성이 있는 직종의 경우에 해당한다.

우리나라의 경우 종전에 3배수 추천제도를 채택하여 왔으나, 1973년에 이를 폐지하고 단순추천제와 특별추천제(선택추천제)를 채택하고 있다. 미국의 경우에도 3배수 추천제가 1978년 7배수 추천제로 바뀌었다.

추천을 받은 채용 후보자가 임용제청에 불응하거나 교육훈련에 불응할 때는 채용 후보자로서의 자격을 상실한다.

10) 공무원임용령 제13조.

표 3-3 경찰공무원 채용후보자명부

등록번호	성명	현주소	최종학교명	병역관계		입교 여부	임명 연월일	임용 부서
				군별	전역 구분			

2105-21비 268mm×190mm
83.5.27 승인 (인쇄용지(2급) 60g/㎡)

3. 채용후보자의 자격상실

경찰공무원임용령 제19조(채용후보자의 자격상실)에 따르면 채용후보자가 다음 각 호의 어느 하나에 해당하는 경우에는 채용후보자로서의 자격을 상실한다고 되어 있다<개정 2016.12.30.>.

① 채용후보자가 임용 또는 임용제청에 응하지 아니한 경우, ② 채용후보자로서 받아야 할 교육훈련에 응하지 아니한 경우, ③ 채용후보자로서 받은 교육훈련성적이 수료점수에 미달되는 경우, ④ 채용후보자로서

교육훈련을 받는 중에 퇴학처분을 받은 경우. 다만, 질병 등 교육훈련을 계속할 수 없는 불가피한 사정으로 퇴학처분을 받은 경우는 제외한다.

4. 시보임용(Probation)

임용권자(任用權者)는 추천된 임용후보자 가운데 적격자를 선발하여 일정한 기간 동안 시보공무원으로 임명한다. 시보공무원(試補公務員)은 시보기간이 끝난 뒤 최종적격자로 판단되는 경우 정식공무원으로 임명된다. 시보기간은 후보자의 적격성 여부를 판정하는 선발과정의 일부를 이루며, 시보기간 중 부적격자로 판정받은 후보자는 정규공무원으로 임용되지 못한다. 시보제도는 또한 공무원을 선발하는 데 있어서 제반 채용시험이나 면접시험을 통해 공무원으로서의 적격성을 세세하게 검토하고 판단하는 것이 어렵기 때문에 선발수단상의 미비점을 보완하는 목적을 지니고 있으며, 나아가서 후보자에게 기초적응훈련을 시킨다는 부수적인 목적도 함께 지니고 있다.

시보(試補)는 주로 신규채용 공무원을 대상으로 하지만 경우에 따라서는 승진, 전보, 전직 등 내부임용의 경우에도 적용할 수 있다. 시보기간은 직급 및 업무 내용에 따라 다르다. 시보공무원이 될 자가 받은 교육훈련 기간은 시보기간으로 간주되며, 퇴직했던 사람이 퇴직 당시의 계급이나 그 이하의 계급으로 임용되는 경우 등에는 시보임용을 면제할 수 있다.[11)]

경찰공무원법 제10조에 따르면 ① 경정 이하의 경찰공무원을 신규채용할 때에는 1년간 시보(試補)로 임용하고, 그 기간이 만료된 다음 날에 정규경찰공무원으로 임용한다. ② 휴직기간, 직위해제기간 및 징계에 의한 정직처분 또는 감봉처분을 받은 기간은 제1항에 따른 시보임용기간에 산입하지 아니한다. ③ 시보임용기간 중에 있는 경찰공무원이 근무성적 또는 교육훈련성적이 불량할 때에는 「국가공무원법」 제68조 및 이 법 제22조에도 불구하고 면직시키거나 면직을 제청할 수 있다. ④ 다음 각 호의 어느 하나에 해

11) 신현기・이영남 외, 전게서, p. 210.

당하는 경우에는 시보임용을 거치지 아니한다라고 명시되어 있다. 하지만 다음의 각호에 해당하는 사람들은 시보임용을 면제받고 있다. 즉

① 경찰대학을 졸업한 사람 또는 경찰간부후보생으로서 정하여진 교육을 마친 사람을 경위로 임용하는 경우

② 경찰공무원으로서 대통령령으로 정하는 상위계급으로의 승진에 필요한 자격 요건을 갖추고 임용예정 계급에 상응하는 공개경쟁 채용시험에 합격한 사람을 해당 계급의 경찰공무원으로 임용하는 경우

③ 퇴직한 경찰공무원으로서 퇴직 시에 재직하였던 계급의 채용시험에 합격한 사람을 재임용하는 경우

③ 자치경찰공무원을 그 계급에 상응하는 경찰공무원으로 임용하는 경우(전문개정 2011.5.30.) 등이 바로 그 경우이다. 현재 위의 면제문제는 학계에서 점차 의문으로 제기되고 있는 상황이다.[12)]

시보공무원은 정규공무원과 같은 신분보장이 되지 않아 임명권자가 일방적으로 해임하더라도 소청 등의 구제수단이 없다. 즉 임용권자는 시보의 근무성적이 불량하거나 징계사유에 해당될 경우에는 면직, 면직 제청 또는 징계위원회의 의결을 거쳐 징계를 할 수 있다.

한편 경찰공무원임용령 제20조(시보임용경찰공무원) ① 임용권자 또는 임용제청권자는 시보임용 기간 중에 있는 경찰공무원(이하 "시보임용경찰공무원"이라 한다)의 근무사항을 항상 지도・감독하여야 한다(개정 2016.12.30.). ② 임용권자 또는 임용제청권자는 시보임용경찰공무원이 다음 각 호의 어느 하나에 해당하여 정규 경찰공무원으로 임용하는 것이 부적당하다고 인정되는 경우에는 제3항에 따른 정규임용심사위원회의 심사를 거쳐 해당 시보임용경찰공무원을 면직시키거나 면직을 제청할 수 있다(개정 1991. 7.30., 2005.5.13., 2016.12.30.). 즉 징계사유에 해당하는 경우, 제21조제1항에 따른 교육훈련성적이 만점의 60퍼센트 미만이거나 생활기록이 극히 불량한 경우, 「경찰공무원 승진임용 규정」 제7조제2항에 따른 제2 평정 요소의 평정점이 만점의 50퍼센트 미만인 경우 등이 그것이다. 그리고 ③ 시보임용경찰

12) 이영남・신현기, 『경찰조직관리론』(서울: 법문사, 2003), p. 557.

공무원을 정규 경찰공무원으로 임용하는 경우 그 적부(適否)를 심사하게 하기 위하여 임용권자 또는 임용제청권자 소속으로 정규임용심사위원회를 둔다(개정 2016.12.30.). ④ 정규임용심사위원회의 구성 및 운영에 필요한 사항은 행정안전부령 또는 해양수산부령으로 정한다(개정 1996. 8.8., 1998.12.31., 2008.2.29., 2013.3.23., 2014.11.19., 2017.7.26., 2017.10.17.).

영국에서 경찰관의 시보기간은 2년으로 팀장이 2년간 평가하여 적합하지 않은 경우는 임용하지 않는 것으로 알려져 있다. 이에 반해 우리나라의 경우 경찰공무원 시보제도는 선발과정으로서의 기능을 수행하지 못한 채 형식적으로 운용됨으로써, 기초적응훈련의 실시라는 부수적 기능만 소극적으로 수행하고 있는 셈이다.

5. 시보임용 대상자에 대한 지휘

경찰공무원임용령 제20조(시보임용경찰공무원)에 따르면 임용권자나 임용제청권자는 시보자를 위해 지도 감독해야 한다. 즉 ① 임용권자 또는 임용제청권자는 시보임용 기간 중에 있는 경찰공무원(이하 "시보임용경찰공무원"이라 한다)의 근무사항을 항상 지도・감독하여야 한다(개정 2016. 12.30.). ② 임용권자 또는 임용제청권자는 시보임용경찰공무원이 다음 각 호의 어느 하나에 해당하여 정규 경찰공무원으로 임용하는 것이 부적당하다고 인정되는 경우에는 제3항에 따른 정규임용심사위원회의 심사를 거쳐 해당 시보임용경찰공무원을 면직시키거나 면직을 제청할 수 있다(개정 1991.7.30., 2005. 5.13., 2016.12.30.).

가. 징계사유에 해당하는 경우, 나. 제21조제1항에 따른 교육훈련성적이 만점의 60퍼센트 미만이거나 생활기록이 극히 불량한 경우, 다. 「경찰공무원 승진임용 규정」 제7조제2항에 따른 제2 평정 요소의 평정점이 만점의 50퍼센트 미만인 경우 등이다. 그리고 ③ 시보임용경찰공무원을 정규 경찰공무원으로 임용하는 경우 그 적부(適否)를 심사하게 하기 위하여 임용권자 또는 임용제청권자 소속으로 정규임용심사위원회를 둔다(개정 2016.12.30.). ④정규임용심사위원회의 구성 및 운영에 필요한 사항은 행정안전부령 또는

해양수산부령으로 정한다 라고 명시하고 있다(개정 1996.8.8., 1998.12.31., 2008.2.29., 2013.3.23., 2014.11.19., 2017.7.26., 2017.10.17.). 그리고 경찰공무원임용령 제21조(시보임용경찰공무원 등에 대한 교육훈련)에 따르면 ① 임용권자 또는 임용제청권자는 시보임용경찰공무원 또는 시보임용예정자에게 일정기간 교육훈련을 시킬 수 있다. 이 경우 시보임용예정자에게 교육훈련을 받는 기간 동안 예산의 범위에서 임용예정계급의 1호봉에 해당하는 봉급의 80퍼센트에 해당하는 금액 등을 지급할 수 있다(개정 2003.3.25., 2011.1.10., 2016.12.30.). 그리고 ② 임용권자 또는 임용제청권자는 시보임용예정자가 제1항에 따른 교육훈련성적이 만점의 60퍼센트 미만이거나 생활기록이 극히 불량할 때에는 시보임용을 하지 아니할 수 있다(개정 2016.12.30.).

6. 시보임용 대상자의 면직

경찰시보임용자가 부적당할 경우 정규임용심사위원회의 심사를 거쳐 면직시키거나 면직을 제청할 수 있다. 시보임용 부적합자는 다음과 같다. 즉 경찰공무원임용령 제19조(채용후보자의 자격상실)에 따라 채용후보자가 다음 각 호의 어느 하나에 해당하는 경우에는 채용후보자로서의 자격을 상실한다(개정 2016.12.30.).

① 채용후보자가 임용 또는 임용제청에 응하지 아니한 경우, ② 채용후보자로서 받아야 할 교육훈련에 응하지 아니한 경우, ③ 채용후보자로서 받은 교육훈련성적이 수료점수에 미달되는 경우, ④ 채용후보자로서 교육훈련을 받는 중에 퇴학처분을 받은 경우. 다만, 질병 등 교육훈련을 계속할 수 없는 불가피한 사정으로 퇴학처분을 받은 경우는 제외한다 등이다.

7. 임명 및 보직

시보공무원은 시보기간이 끝난 뒤 정규 공무원으로 임명되고, 초임 보직을 부여받는다. 임명은 특정인에게 공무원의 신분을 부여하는 신분설정 행위이며, 보직은 공무원을 일정한 직위에 배치하는 행정행위이다. 즉 보직은 관(官)과 직(職)이 분리되어 있는 경우, 일정한 관에 임명된 자에게 구체적 직의 담당을 명하는 행정행위이다.

공무원을 보직할 때는 당해 공무원의 전공분야, 훈련, 근무경력, 전문성 및 적성 등을 고려하여 그 적격한 직위에 임용하여야 한다.[13)]

8. 경찰공무원 임용현황

익히 알려진 바와 같이 경찰공무원은 경력직 공무원 중에서도 '특정직 공무원'에 해당한다. 경찰공무원은 보직이나 상벌 및 승진에 이르기까지 철저하게 실적주의 원칙에 따라 인사관리가 이루어지고 있다. 이는 다시 말해 경찰관의 자격과 능력 및 실적에 따라 모든 인사가 관리된다는 것을 의미한다. 이런 의미에서 경찰청은 항상 경찰관의 사기와 자아실현의 측면에 초점을 두고 공정하고 투명한 인사관리가 이루어지도록 노력하고 있다. 통상적으로 경찰공무원이 되는 길은 공개채용과 특별채용을 통해 이루어지고 있는데 계급별로 그때마다 요건에 맞추어 순경부터 경감(로스쿨 출신 변호사), 경정(행시와 외시 출신 사무관)까지 유능한 인재를 다양하게 채용해오고 있다.[14)]

---

13) 신현기 · 이영남 외, 전게서, p. 210.
14) 상계서, p. 211.

9. 경찰공무원의 임용권자

(1) 대통령

우리나라 경찰공무원 중 총경 이상은 경찰청장이 추천하여 행정안전부 장관의 제청으로 국무총리를 거쳐 대통령이 임명한다. 다만 경정의 신규채용, 승진임용 및 면직은 경찰공무원법 제6조 1항에 따라 경찰청장의 제청으로 국무총리를 거쳐 대통령이 행하고 있다.

(2) 경찰청장

경찰공무원법 제6조 1항과 2항에 따라 경정 이하의 경찰공무원 임용과 총경의 전보, 휴직, 직위해제, 정직 및 복직은 경찰청장이 행하고 있다. 경찰공무원법 제6조 3항에 따라 경찰청장은 경찰대학, 경찰교육원, 중앙경찰학교, 지방경찰청의 장에게 그 소속 경찰공무원 중 경정의 전보, 파견, 직위해제, 그리고 복직에 관한 권한과 경감 이하의 임용권을 위임할 수 있다고 규정하고 있다. 실제로 경찰공무원 모집에서 그렇게 행해지고 있다.

(3) 지방경찰청장 및 소속기관장

이들은 경찰청장의 위임을 받아 소속경찰관인 경정의 전보, 파견, 휴직, 정직, 직위해제, 복직에 관한 권한을 유지하며 또한 경감 이하의 임용권을 가지고 있다. 그러나 경찰공무원임용령 제4조 1항, 3항, 4항에 따라 경찰청장의 임용권이 완전히 배제되지 않는다. 즉 완전한 위임은 아니라는 뜻이다.

(4) 경찰서장

경찰서장은 경찰공무원임용령 제4조 2항에 따라서 지방경찰청장의 위임하에 경감 이하의 소속 경찰공무원의 서내 전보, 승급과 소속 경찰공무원의 인사기록을 작성하고 보관하는 일을 행한다.

10. 경찰공무원의 정년퇴직과 명예퇴직

(1) 경찰관의 정년퇴직

경찰공무원의 퇴직에는 계급정년과 연령정년이 있다. 계급정년은 경정부터 적용되는데, 경정은 14년, 총경은 11년, 경무관은 6년, 치안감은 4년이다. 연령정년은 만60세이다. 한편 수사, 정보, 외사, 보안 등 특수분과 출신 경찰공무원 중 총경과 경정은 3년의 범위안에서 계급정년을 연장할 수 있다. 모든 경찰공무원 누구나 정년이 달한 달이 1~6월이며 6월달에, 그리고 7월부터 12월이 생일인 경우는 12월 말일날에 당연퇴직한다.

(2) 경찰관의 명예퇴직

경찰공무원의 명예퇴직은 20년 이상 근무하고 자진하여 퇴직하는 것을 말한다. 명예퇴직자는 물론 퇴직수당을 받을 수 있는데 20년 이상 근무하고 1년 이상 재직기간이 남아 있어야 가능하다. 명예퇴직은 1년에 6회나 실시하는데 홀수달 15일 까지 신청받아 다음 홀수달 말일날 이루어지며 1계급 특진하게 된다. 자기 소속 기관장에게 명예퇴직원를 제출한다(국가공무원 명예퇴직수당 등 지급 규정, 대통령령 제26877호(공무원보수규정/일부개정 2016. 01. 08).

표 3-4 경찰공무원 명예퇴직 서식

■ 국가공무원 명예퇴직수당 등 지급 규정 [별지 제2호서식] 〈개정 2015.9.25.〉

명 예 퇴 직 원

1. 소　　속:

2. 직　　위:

3. 직급 · 계급:

4. 성　　명:

○ 명예퇴직 사유:

※ 명예퇴직 사유를 구체적으로 적고, 재취업의 경우 대상기관, 직위, 시기(기간) 등을 명시합니다.

○ 명예퇴직 신청일:

○ 명예퇴직 희망일:

※ 명예퇴직 희망일은 「국가공무원 명예퇴직수당 등 지급 규정」 제6조제2항에 따른 수시 명예퇴직 신청자만 적습니다.

위 본인은 자유의사에 따라 위와 같이 ([　]정기 · [　]수시) 명예퇴직하려고 하니 허락해 주시기 바랍니다.

년　　월　　일

신청인　　　　　　(서명 또는 인)

중앙행정기관의 장 귀하

210mm×297mm[백상지(80g/㎡)]

표 3-5 경찰공무원 명예퇴직수당 지급신청서

■ 국가공무원 명예퇴직수당 등 지급 규정 [별지 제1호서식] 〈개정 2015.9.25.〉

명예퇴직수당 지급신청서

※ [ ]에는 해당하는 곳에 "✓"표를 합니다.

(앞쪽)

접수번호	접수일	처리기간	「국가공무원 명예퇴직수당 등 지급 규정」 제7조 · 제8조에 따름

신청인 기재란	① 소속		③ 공무원 구분	[ ] 일반직 [ ] 특정직(　　　)	④ 직급 · 계급 · 직무군 (호봉)
	② 전(前) 소속 (특수경력직공무원과 임기제공무원이 아닌 경력직공무원이 임기제공무원으로 신분 단절 없이 임용된 경우만 작성)				
	⑤ 성명	한글	⑥ 생년월일		
		한자	⑦ 주소	□□□-□□□	
	⑧ 전화번호(자택)		⑨ 근속기간	년　월	⑩ 정년일
	⑪ 비위 · 형벌 사항 [ ] 있음 [ ] 없음		[ ] 비위조사 중 [ ] 수사진행 중 [ ] 형사재판 계류 중 [ ] 「국가공무원법」 제83조제3항에 따라 수사 결과가 통보되어 징계의결 요구 필요 [ ] 징계처분 요구 중 [ ] 징계의결 요구 중 [ ] 징계처분으로 승진임용 제한 기간 중 [ ] 형(刑) 확정(확정일: . . , 형량:) [ ] 「형법」 제129조부터 제132조까지에 규정된 범죄 관련 형의 선고유예 (선고일: . . , 선고형:) [ ] 「형법」 제355조 또는 제356조에 규정된 범죄(직무 관련) 형 확정 (확정일: . . , 형량:) [ ] 「형법」 제355조 또는 제356조에 규정된 범죄(직무 관련) 형의 선고유예 (선고일: . . , 선고형:)			

소속기관 기재란	⑫ 정년 구분	[ ]연령정년 [ ]계급정년	⑬ 정년	세(년)	
	⑭ 경력직 퇴직 후 특수경력직 퇴직 시 또는 임기제 임용 후 퇴직 시까지의 경과기간	[ ] 임기제 년　월 [ ] 별정직	확인	인사담당관 (서명 또는 인)	
	⑮ 정년잔여기간 (수당지급대상 기간)	년　개월 (　년　개월)	⑯ 수당청구액 및 산출내용		
	⑰ 비위 · 형벌 사항 확인	[ ] 있음 [ ] 없음	[ ] 비위조사 중 [ ] 수사진행 중 [ ] 형사재판 계류 중 [ ] 「국가공무원법」 제83조제3항에 따라 수사 결과가 통보되어 징계의결 요구 필요 [ ] 징계처분 요구 중 [ ] 징계의결 요구 중 [ ] 징계처분으로 승진임용 제한 기간 중 [ ] 형(刑) 확정(확정일 : . . , 형량 :) [ ] 「형법」 제129조부터 제132조까지에 규정된 범죄 관련 형의 선고유예 (선고일: . . , 선고형:) [ ] 「형법」 제355조 또는 제356조에 규정된 범죄(직무 관련) 형 확정 (확정일: . . , 형량:) [ ] 「형법」 제355조 또는 제356조에 규정된 범죄(직무 관련) 형의 선고유예 (선고일: . . , 선고형:)		
		확인	인사담당관 (서명 또는 인)	연금담당관 (서명 또는 인)	감사담당관 (서명 또는 인)

「국가공무원 명예퇴직수당 등 지급 규정」 제6조에 따라 명예퇴직수당의 지급을 위와 같이 신청합니다.

년　월　일

신청인　(서명 또는 인)

첨부서류	1. 인사기록카드 사본 1부. 다만, 인사담당자가 전자적 시스템을 통하여 확인할 수 있는 경우에는 제출하지 않아도 됩니다. 2. 명예퇴직원(「국가공무원 명예퇴직수당 등 지급 규정」 별지 제2호서식) 1부 3. 경력증명서 1부(「국가공무원 명예퇴직수당 등 지급 규정」 제7조의2제1항에 따라 신청하는 경우에만 제출합니다)

위의 기재사항이 사실임을 확인하여 이송합니다.

년　월　일

소속기관의 장　**직인**

중앙행정기관의 장 귀하

비고 1. 신청인 기재란은 신청인 본인이 자필로 적고, 소속기관 기재란은 해당 인사 · 연금 · 감사담당자가 적습니다.

2. 「국가공무원법」 제74조의2제3항 각 호의 어느 하나의 사유에 해당하면 법령에서 정한 절차에 따라 받은 명예퇴직수당을 반납하여야 합니다. 다만, 같은 항 제1호의2 및 제1호의3은 2010년 3월 22일 이후 발생한 범죄행위로 인한 경우에만 적용합니다.

210mm×297mm[백상지(80g/㎡) 또는 중질지(80g/㎡)]

(뒤쪽)

작성방법

1. ②란은 경력직공무원에서 특수경력직공무원이 된 경우에는 경력직공무원 퇴직 당시의 소속기관을, 임기제공무원이 아닌 경력직공무원이 신분의 단절 없이 임기제공무원으로 임용된 경우에는 임기제공무원 임용 전의 소속기관을 적습니다.
2. ③란은 해당란([ ])에 "✔"표시를 하고, 특정직공무원(검사, 외무 · 경찰 · 소방 · 교육 공무원 등)의 경우에는 구체적인 공무원의 종류를 ( )에 적습니다.

* 경력직공무원에서 특수경력직공무원이 된 경우에는 경력직공무원 퇴직 당시의, 임기제공무원이 아닌 경력직공무원이 신분의 단절 없이 임기제공무원으로 임용된 경우에는 임기제공무원이 아닌 경력직공무원일 당시의 공무원 종류를 적습니다.

3. ④란을 적을 때에는, 고위공무원단 소속 공무원의 경우에는 고위공무원으로 적고, 경력직공무원에서 특수경력직공무원이 된 경우 또는 임기제공무원이 아닌 경력직공무원에서 신분 단절 없이 임기제공무원으로 임용된 경우에는 경력직공무원 퇴직 당시 또는 임기제공무원 임용 직전의 직급(계급) · 직무군(전문경력관의 경우) · 호봉을 적습니다.
4. ⑨란은 「공무원연금법」 제23조제1항의 재직기간을 적되, 퇴직 예정일을 기준으로 합니다.
5. ⑪란은 신청인이 해당란에 "✔"표시를 하고, 형이 확정된 경우에는 형 확정일과 형량을 적고, 형의 선고유예를 받은 경우에는 선고일과 선고형을 적습니다.
6. ⑫~⑰란은 해당 기관의 인사담당관 · 연금담당관 및 감사담당관이 직접 적습니다(⑭란은 특수경력직 또는 임기제 근무기관의 인사담당관이 적습니다).
7. ⑫란은 해당란에 "✔"표시를 합니다.
8. ⑬란은 연령정년 및 계급정년에 따라 해당 정년을 "세" 또는 "년"으로 적습니다.
9. ⑮란은 명예퇴직 예정일의 다음 달 1일부터 정년일까지의 기간을 월 단위로 계산하여 적습니다.
10. ⑰란은 명예퇴직수당 지급신청서의 기재사항을 직접 파악 · 확인할 수 있는 소속기관의 해당 공무원이 작성하되("✔" 표시), 직급과 성명을 적고 서명하거나 도장을 찍습니다.

처리절차

신청서 작성	➔	접 수	➔	지급결정 및 통보	➔	신청인 통지	➔	지 급
신청인		소 속 기 관		중 앙 행 정 기 관		소 속 기 관		중 앙 행 정 기 관

11. 경찰공무원의 명예퇴직의 실제

2017년도의 경우 명예퇴직자는 총561명이었다. 경위가 가장 많은 수치를 보여주었는데 451명에 달했고 경감이 63명이었다. 경찰청 기관에 근무하는 일반직공무원도 27명이 명예퇴직을 했다.

표 3-6 경찰 명예퇴직 현황(2017년)

구분	계	총경이상	경정	경감	경위	경사이하	일반직
인원	561	12	27	63	415	17	27

출처: 경찰청, 「2018 경찰백서」, p. 406.

연습문제 >>>

1. 경찰공무원의 경과(警科)에 대해 설명하시오.
2. 경찰 임용절차에 대해 설명하시오.
3. 경찰공무원의 특기에 대해 설명하시오.
4. 경찰공무원의 시보임용에 대해 설명하시오.
5. 경찰공무원의 임용권자에 대해 설명하시오.

제 4 장 경찰공무원의 교육훈련

제 1 절 개 관

Ⅰ. 의의 및 필요성

교육훈련이란 공무원의 능력을 향상시키려는 것으로 공무원의 능력발전을 위해 직무수행에 필요한 지식과 기술의 습득 및 가치관·태도의 발전적 변화를 기하고자 하는 인사기능을 의미한다. 이에 따른 교육훈련의 필요성으로는 ① 전문화 및 기술혁신에의 적응으로 행정환경의 급속한 변동과 유동성의 변화를 들 수 있다. ② 행정기능의 확대·강화 및 생산적 복지국가화의 경향을 들 수 있다. ③ 직무수행능력과 변화대처능력 습득, 공무원사회에의 적응능력의 요청에 의한 것이다. ④ 감독자가 관리자로 승진시에 요구되는 능력습득과 정보화시대의 요청에 대응하는 정보화훈련의 확대에 대한 관심사이다. 그 외 특수직책수행에 따른 기술능력습득의 필요, 새로운 가치관의 확립 등을 들 수 있다.[1)]

1) F. P. Kilpatrick, *et al., The Image of the Federal Service*, Washington, D. C.: The Brookings Institution, 1964, p. 254.

Ⅱ. 목 적

교육훈련의 목적은 공무원의 능력향상을 통해 조직의 통합성과 생산성을 높이는 것으로 훈련은 조직의 발전과 조직참여자의 발전을 함께 추구하는 활동이다. 이러한 교육훈련의 목적은 ① 공무원의 직무수행을 개선하고 조직의 문제해결을 통하여 생산성향상을 가져오게 하는 데 있다. ② 훈련을 잘 받은 공무원은 규범과 협동 그리고 조정의 능력을 가져와 통제와 조정의 필요성을 감소시켜 준다. ③ 공무원의 미래의 경력발전을 위한 기회를 제공해 준다. ④ 훈련으로 일에 대한 숙달은 사고나 과오를 방지할 수 있고 그로 인한 낭비를 줄일 수 있다. ⑤ 조직의 안전성과 융통성을 높일 수 있다. 안전성이란 주요 직원의 상실과 소모에도 불구하고 조직의 효율성을 유지할 수 있는 능력이고, 융통성이란 단기적인 업무변동에 적응할 수 있는 조직의 능력을 말한다. 그 외 결함의 시정, 공무원의 경력발전, 행정관리의 개선 및 발전, 능동적·적극적인 공무원의 양성, 행정개혁 촉진, 지식기술의 습득과 가치관의 변혁을 가져올 수 있다.

Ⅲ. 종 류

교육훈련은 어떤 기준을 쓰느냐에 따라 훈련의 종류는 여러 가지로 분류할 수 있다. 분류방법의 몇 가지 사례를 보면 다음과 같다.

첫째, 목적별 또는 성질별로 훈련을 분류하는 방법이 있다.

둘째, 조직의 기능별 또는 직무분야별로 훈련을 받는 계층에 따라 분류하는 방법이 있다.

셋째, 기간을 중심으로 단기, 중기, 장기의 훈련을 구분하는 경우도 있다.

넷째, 훈련장소를 기준으로 하여 직장 내에서의 훈련과 직장외에서의 훈련으로 구별할 수 있다.

다음에 제시한 목적별 훈련의 종류에는 신규채용자훈련, 재직자훈련, 감독자훈련, 관리자훈련 등이 있다. 즉 소속직장 전체의 성격과 업무상황을 알려주고 직무를 알려주는 신규채용자훈련은 신입직원훈련 또는 신규채용자훈련이라고도 한다. 재직자훈련은 직무훈련 또는 전공훈련으로 현재 담당하고 있는 직무자체에 관한 직무수행능력의 유지 또는 향상을 위한 훈련이다. 유용성확대이론으로서 감독자훈련은 감독능력의 향상을 위한 훈련이다. 관리능력향상훈련 또는 관리자훈련은 관리층공무원들의 관리능력, 즉 정책결정과 리더십발휘에 필요한 능력을 향상시키려는 훈련이다.

Ⅳ. 방 법

교육훈련의 방법은 현장훈련과 현장외 훈련으로 나눌 수 있다. 현장훈련에는 순환보직, 실무수습, 임시대역 등이 있으며, 현장외 훈련에는 강의, 토론, 사례연구, 감수성훈련, 역할연기, 모의실험, 분임연구 등이 있다.

또한 체험식 방법에는 OJT, 순환보직, 시찰, 견학이 있고, 참여식 방법에는 사례연구, 회의, 분임토의(Syndicate), 감수성훈련, 대집단토의, 역할연기 등이 있다.

대집단토론의 종류에는 패널(Panel-동일주제로 질문불허), 심포지엄(Symposium-다른 주제로 질문불허), 포럼(Forum-방청객의 질의·응답을 허용)이 있다. 위의 내용들을 하나씩 정리해 보면 다음과 같다.

표 4-1 교육훈련 종류

종 류	대 상	중 점	적용기법
(1) 신규채용자 훈련(기초훈련, 적응훈련)	신규임용자	· 조직목적과 구조기능 및 직무내용 파악 · 조직에의 적응과 심리적 안정감 부여	- 현장훈련(OJT) - 강의, 회의 등

종 류	대 상	중 점	적용기법
(2) 재직자훈련 (보수훈련, 직무훈련)	6급 이하 현 재직자	· 새로운 지식, 기술의 습득 · 변동대응능력 향상	- 실습, 전공훈련 - 현장훈련(OJT), 직무수행개선훈련
(3) 감독자훈련	일선리더	감독자로서의 리더십 향상, 인간관계, 사무관리, 인사행정 및 근무규율	- 직장 내 훈련 · 토론 · 세미나 - 강의, 사례연구, 회의, 시청각교육훈련
(4) 관리자훈련	고급관리층 또는 중간관리층	정책결정능력 및 지휘능력 향상	- 사례연구, 회의, 관리능력 향상훈련 - 토론, 감수성훈련, 고급관리자훈련
(5) 교관훈련	교 관	교수기법 향상	

1. 강의(Lecture)

훈련대상자를 한 곳에 모아놓고 일방적으로 정보를 전달하는 방법으로 지식을 전달하는 데는 경제적이다. 그러나 교육생이 배운 것을 실습하는 것이 불가능하다는 문제점이 있다. 일방적인 의사전달 방식을 취함으로써 교육의 환류가 불가능하다.

2. 현장훈련(On the Job Training; OJT)

이는 훈련대상자가 자기소속 기관 내에서 자기의 직무를 수행하면서 상관으로부터 지도 · 훈련을 받는 방법이다. 감독경찰관의 지도기술여하에 따라 그 효과성이 달라진다. 또한 상관의 시간이 많이 소요되며 상관의 지도기술이 필요하고 피훈련자의 수가 많을 경우에는 비능률적이라는 단점이 있다.

3. 순환보직

보직을 바꿔가면서 직무를 처리하도록 하는 훈련이다. 이는 시야와 경험을 확대할 수 있기 때문에 고급공무원의 훈련에 적합하다. 그리고 Generalist 양성에 적합하다. 그러나 전보가 자주 일어나면 업무의 계속성과 전문성 및 능률성이 저해될 수 있다는 단점을 내포하고 있다. 현재 우리나라의 경우 경위(警衛) 이상의 간부를 신규임용 하는 경우 2년간 3개 보직을 순환보직 하도록 하고 있다. 이는 간부후보생 출신과 경찰대학 졸업자 및 고시출신자(경정임용자)에 한한다.

4. 시찰 · 견학

이는 시야의 확대로 인해 효과가 매우 크다. 그러나 비용 · 시간이 과다하게 소요되는 단점이 있다.

5. 사례연구(Case Method)

감독자나 관리자의 인간관계에 관한 훈련에 활용되는 방법으로 실제의 구체적 사례를 가지고 토의하는 방식이다. 이는 분석적 사고와 문제해결능력 개발, 경험활용가능, 자유로운 토의가능, 독단회피가 가능하다는 장점이 있다.

실제 오늘날 중앙경찰학교에서도 지구대 실습을 마친 후 사례발표를 함으로써 강의식 교육훈련에서 오는 단점을 어느 정도 보완하고 있다. 순경의 실습은 일선 경찰서 지구대에서 1차로 4주 동안 그리고 2차로 2주 동안 실시하고 있다.

6. 분임토의(Syndicate)

이는 훈련대상자를 몇 개의 소집단으로 편성하여 각 집단별로 연구과제를 주어 훈련시키는 방법이다. 특히 훈련대상자들간에 접촉이 긴밀해지고 관리자의 관리기술과 태도향상에 효과적이라는 장점이 있다. 이에 반해 훈련기간이 너무 짧고 유능한 훈련관의 확보가 곤란하다는 단점이 있다.

7. 대집단토론

몇 사람의 연사로 하여금 주제를 발표하게 하고 피교육자들도 이에 참여시켜 토론하도록 하는 방법이다. 장점은 관심유발이 가능하다는 것인데 반해 소수자만이 참여할 수 있다는 단점이 있다.

8. 역할연기(Role-Playing)

이는 참가자 중 일부가 일정 사례를 그대로 보여주고 나머지는 관중이 되어 각 요소들을 비판적 안목에서 평가하는 방식이다.

9. FTO 프로그램

이는 경찰학교 교육생과 경찰실무가 사이의 공백을 메우고자 시도한 것이다. 1972년 캘리포니아 주(州)의 새너제이(San Jose) 경찰국에서 처음 시작했다.[2)]

통상적으로 교육훈련의 방법은 그 목적, 대상, 교육시설, 재정, 시기, 피교육자의 자질, 유능한 교관의 유무 등을 고려하여 선택한다. 교육훈련의 방법을 요약하면 다음과 같다.

---

2) 이황우・김진혁・임창호, 『경찰인사행정론』(서울: 법문사, 2003), p. 181.

표 4-2 교육훈련방법

훈련방법	구분	내 용
(1) 강 의 (Lecture)	의의	훈련대상자를 한 곳에 모아놓고 일방적으로 정보를 전달하는 방법
	장점	비용저렴, 조직적·체계적 전달가능, 훈련내용 조정가능, 일시에 많은 사람 훈련가능
	단점	피교육자의 흥미유발 곤란, 적극적 행동유발 곤란, 형식적, 유능한 강사확보 곤란
(2) 직장훈련 (On the Job Training ; OJT)	의의	훈련대상자가 자기소속 기관 내에서 자기의 직무를 수행하면서 상관으로부터 지도·훈련을 받는 방법
	장점	실용적, 경비절약, 원만한 인간관계 유지가능, 업무의 공백이 없다.
	단점	상관의 시간이 많이 소요, 상관의 지도기술이 필요, 피훈련자의 수가 많을 경우에는 비능률적
(3) 순환보직	의의	보직을 바꿔가면서 직무를 처리하도록 하는 훈련
	장점	시야와 경험확대, 고급공무원의 훈련에 적합, Generalist 양성에 적합
	단점	적응의 어려움
(4) 시찰·견학	장점	효과가 크다, 시야확대
	단점	비용·시간 과다 소요
(5) 사례연구	의의	감독자나 관리자의 인간관계에 관한 훈련에 활용되는 방법으로 실제의 구체적 사례를 가지고 토의하는 방법
	장점	분석적 사고와 문제해결능력 개발, 경험활용가능, 자유로운 토의가능, 독단회피가능
	단점	다수의 훈련대상자의 훈련에 부적합, 자료준비에 많은 노력필요, 시간소요가 많다.
(6) 분임토의 (Syndicate)	의의	훈련대상자를 몇 개의 소집단으로 편성하여 각집단별로 연구과제를 주어 훈련시키는 방법
	장점	훈련대상자들간에 접촉이 긴밀해지고, 관리자의 관리기술과 태도향상에 효과적
	단점	훈련기간이 너무 짧고, 유능한 훈련관의 확보가 곤란
(7) 대집단토론	의의	몇 사람의 연사로 하여금 주제를 발표하게 하고 피교육자들도 이에 참여시켜 토론하도록 하는 방법
	장점	관심유발 가능
	단점	소수만이 참여가능

훈련방법	구분	내 용
(8) 역할연기 (Role-Playing)	의의	이는 참가자 중 일부가 일정 사례를 그대로 보여주고 나머지는 관중이 되어 각 요소들을 비판적 안목에서 평가하는 방식
	장점	인간관계훈련, 감독능력 향상에 유용함
(9) FTO 프로그램	경찰학교 교육생과 경찰실무가 사이의 공백을 메우고자 시도한 것	
(10) 기 타	회의, 독서, 통신교육, 계획학습, 모의훈련(Simulation), 감수성훈련, 실무수습 등	

제2절 경찰의 교육훈련

Ⅰ. 종 류

경찰공무원법 제17조(교육훈련)에 따르면 ① 경찰청장 또는 해양경찰청장은 모든 경찰공무원에게 균등한 교육훈련의 기회가 주어지도록 교육훈련에 관한 종합적인 기획 및 조정을 하여야 한다(개정 2014.11.19., 2017.7.26.). ② 경찰청장 또는 해양경찰청장은 경찰공무원의 교육훈련을 위한 교육훈련기관을 설치·운영할 수 있다(개정 2014.11.19., 2017.7.26.). ③ 경찰청장 또는 해양경찰청장은 교육훈련을 위하여 필요하면 대통령령으로 정하는 바에 따라 경찰공무원을 국내외의 교육기관에 위탁하여 일정 기간 교육훈련을 받게 할 수 있다(개정 2014.11.19., 2017.7.26.). ④ 제2항에 따른 경찰공무원 교육훈련기관의 설치 및 운영에 필요한 사항과 제3항에 따라 교육훈련을 받은 경찰공무원의 복무에 관한 사항은 대통령령으로 정한다라고 명시하고 있다(전문개정 2011.5.30.).

그리고 경찰공무원법 제17조(교육훈련 구분)에 따르면 경찰공무원의 교육훈련은 학교교육·위탁교육·직장훈련 및 기타교육훈련으로 구분한다

(개정 2000.6.27., 2013.9.17.)라고 명시하고 있다.

그리고 경찰공무원 교육훈련규정 제8조(신임 · 기본 · 전문교육)는 ① 경찰공무원으로 신규채용된 자로서 제6조제2항의 규정에 의한 임용전 신임교육을 받지 아니한 자는 신규채용된 후 신임교육을 받아야 한다. 다만, 경사이상의 경찰공무원으로 신규채용된 자로서 제2항의 규정에 의한 해당교육을 받은 자는 그러하지 아니하다. ② 경정 · 경감 · 경위 및 경사(경찰공무원승진임용규정 제24조제1항 및 제36조제1항의 규정에 의하여 경정 · 경감 · 경위 및 경사 승진후보자명부에 등재된 자를 포함한다)는 해당 계급별 기본교육을 받아야 한다(개정 2003.3.25.). ③ 경찰청장 또는 해양경찰청장이 정하는 바에 의하여 교육훈련대상자로 선발된 총경(경찰공무원승진임용규정 제24조제1항의 규정에 의하여 총경승진후보자명부에 등재된 자를 포함한다)은 기본교육으로 치안정책교육을 받아야 한다(개정 2003.3.25., 2014.11.19., 2017.7.26.). ④ 경정 이하 경찰공무원은 직무와 관련된 전문교육을 받아야 한다 라고 명시하고 있다(신설 2001.2.3.).

Ⅱ. 경찰공무원의 상시학습제

1. 상시학습제의 의의

경찰공무원 상시학습제도 운영에 관한 규칙은 「경찰공무원 교육훈련규정」 제6조의2 및 제6조의3, 「경찰공무원 승진임용 규정」 제21조제4호 및 제29조제4호에 따른 교육훈련시간 승진반영제도(이하 '상시학습제도'라 한다)의 운영과 관련하여 필요한 사항을 규정함을 목적으로 한다(시행 2016. 10.1./경찰청훈령 제807호, 2016.9.29., 일부개정).

① "교육훈련"이란 「경찰공무원 교육훈련규정」 제2조 제3호부터 제6호까지에 따른 학교교육(신임교육은 제외한다) · 직장훈련(체력단련 및 사격훈련은 제외한다) · 위탁교육 · 기타교육훈련을 말한다. ② "지정학습" 이란 제1호의 교육훈련 중 국정철학 · 경찰핵심가치 등 공직관 · 전문 직무역량 함양

을 주요 내용으로 하는 것으로서 경찰청장이 지정하는 교육훈련을 말한다. ③ "사이버교육"이란 전체 교육시간의 60% 이상이 인터넷 등 정보통신기술에 의한 사이버 공간을 활용하여 학습자와 강사간 또는 학습자간 상호작용을 통해 이루어지는 교육 중에서, 학교교육·직장훈련·위탁교육에 포함되지 않는 교육을 말한다. ④ "필요교육훈련시간"이란 상위계급으로의 승진에 필요한 교육훈련시간을 말한다. ⑤ "교육훈련이수시간"이란 필요교육훈련시간의 충족여부를 확인하기 위해서 제10조 및 제11조 규정에 따라 상시학습 대상자가 받은 교육훈련 실적을 '시간'으로 환산하여 인정한 것을 말한다. ⑥ "경찰 사이버교육포털"이란 경찰공무원이 시간·공간의 제약없이 PC·스마트폰 등을 통해 사이버교육을 받을 수 있는 환경을 제공하고, 경찰공무원 교육훈련에 대한 행정업무를 통합 관리하는 전산시스템을 말한다(경찰공무원 상시학습제도 운영에 관한 규칙 제2조).

경찰공무원들 교육훈련시간은 승진임용에 반영하고 있다. 경찰공무원 상시학습제도 운영에 관한 규칙 제4조에 따르면 ①「경찰공무원 교육훈련규정」제6조의2에 따라, 총경 이하 경찰공무원이 제6조에 따라 계산된 승진에 필요한 교육훈련시간을 채우지 못한 경우에는 승진심사 위원회가 승진심사 대상에서 제외하거나 또는 승진시험 응시 대상에서 제외한다. ② 제1항에도 불구하고 다음 각 호의 어느 하나에 해당하는 경우에는 제1항의 규정을 적용하지 아니한다. 즉 가.「경찰공무원법」제14조에 따라 특별승진 임용하는 경우, 나. 주요 국정과제 수행, 업무수행을 위한 장기출장 등 직무수행상의 특별한 사유로 인해 승진임용에 필요한 교육훈련시간을 충족하지 못한 경우 등이다. ③ 제2항제2호에 해당하는 경찰공무원은 특별한 사유가 진행 중일 때나 특별한 사유가 해소된 날로부터 2개월 이내에 경찰청 교육정책담당관에게 예외인정 신청을 하여야 하고, 직무수행상 특별사유 여부는 업무특성, 업무량, 업무실적, 근무여건, 기타 환경 등을 종합적으로 고려하여 경찰청장이 결정한다(개정 2014.11.1.)고 명시하고 있다.

제8조(연간 교육훈련 기준시간) 연간 교육훈련 기준시간은 연차적으로 확대하여 경정 이하 경찰공무원은 상시학습 적용 첫 해(2013년 11월 1일

표 4-3 연간 교육훈련 기준시간

구 분	2013. 11. 1 ~2014. 10. 31	2014. 11. 1 ~2015. 10. 31	2015. 11. 1 ~2016. 10. 31	2016. 11. 1 ~2017. 10. 31	2017. 11. 1 ~2018. 10. 31	2018. 11. 1 이후
경정 이하	60시간	60시간	70시간	80시간	90시간	100시간
총 경	40시간	40시간	50시간	50시간	60시간	60시간

~2014년 10월 31일) 60시간을 시작으로 2018년 11월 1일 이후에는 100시간, 총경은 상시학습 적용 첫 해 40시간에서 2018년 11월 1일 이후 60시간으로 하며, 자세한 연간 교육훈련 기준시간은 〈표 4-3〉에 따른다.

2. 경찰공무원 필요훈련시간의 이수

경찰공무원 상시학습제도 운영에 관한 규칙 제8조(연간 교육훈련 기준시간)에 따르면 연간 교육훈련 기준시간은 연차적으로 확대하여 경정 이하 경찰공무원은 상시학습 적용 첫 해(2013년 11월 1일~2014년 10월 31일) 60시간을 시작으로 2018년 11월 1일 이후에는 100시간, 총경은 상시학습 적용 첫 해 40시간에서 2018년 11월 1일 이후 60시간으로 하며, 자세한 연간 교육훈련 기준시간은 〈표 4-4〉에 따른다.

표 4-4 연간 교육훈련이수시간 상한

구 분	2013. 11. 1 ~2014. 10. 31	2014. 11. 1 ~2015. 10. 31	2015. 11. 1 ~2016. 10. 31	2016. 11. 1 ~2017. 10. 31	2017. 11. 1 ~2018. 10. 31	2018. 11. 1 이후
총경이하	120시간	120시간	140시간	160시간	180시간	200시간

3. 경찰공무원의 지정학습의 필수 이수 관계

총경은 필요교육훈련시간 총량의 30% 이상, 경정 이하 경찰공무원은 필요교육훈련시간 총량의 70% 이상 지정학습을 받아야 한다. 이는 10월 31일을 기준으로 이수여부를 계산하고 있다(경찰공무원 상시학습제도 운영에 관한 규칙 제9조).

4. 경찰공무원의 상시학습 교육훈련 종류 및 인정시간

1) 지정학습

경찰공무원 지정학습의 인정기준은 다음과 같다(개정 2016.11.1.).

표 4-5 지정학습의 유형과 인정기준표

구분	학습종류	세부유형	연간최대인정시간	인정범위 (교육·학습내용)	인정시간(유형설명·예시)	등록방법(증빙자료)
학교교육	경찰교육기관교육	기본교육	100	경찰대학·경찰교육원·중앙경찰학교·경찰수사연수원·지방청 경찰교육센터 실시 교육	- 수료자에 한함 - 교육훈련계획 '과정개요'에 공지된 시간 인정 ※ 교육훈련계획에 포함되지 않은 과정을 개설할 경우 경찰청장 승인을 받은 과정에 한하여 경찰교육기관 교육으로 인정	교육기관이 직접 등록 ※ 승진후보자로서 이수한 기본 교육은, 승진임용 후 개인이 소속 교육담당부서에 등록 요청
		전문교육	100			
직장훈련	기관(부서)주관교육	직장교육	36	각 경찰기관(교육담당부서)이 주관하는 공직관·국정철학·경찰핵심가치·직무교육 등	- 교육시간 인정 - '연간 직장교육 운영계획'에 따른 직장교육	주관기관 교육담당부서 또는 경찰서 교육담당 일괄 등록
			12	각 부서장 주관 직무교육 등	- 교육시간 인정	주관부서가 교육담당부서로 상시학습 인정 일괄 요청
		직무연수워크숍	20	본청(국·관·과), 지방청(부·과) 및 경찰서 단위 이상 기관이 주관하는 직무연수·워크숍	- 참석시간 인정 ※ 본청·지방청이 주관하는 경우, 소속기관 직원이 참석하는 것에 한함(자체 직무연수·워크숍 제외) ※ 단순 간담회·토론회·회의 등 제외 ※ 사전협의를 통해 각 기관 교육담당부서가 상시학습으로 인정한 것에 한함	주관부서가 교육담당부서로 상시학습 인정 일괄 요청

구분	학습 종류	세부 유형	연간 최대 인정 시간	인정범위 (교육·학습내용)	인정시간(유형설명·예시)	등록방법(증빙자료)
위탁 교육	국내외 위탁 교육	학위 과정	80	위탁교육으로 학사·석사·박사학위과정 이수 및 학위 취득	- 교육훈련파견 없이 학위취득 과정을 이수한 경우, 이수학점당 2시간 인정(매학기 이수 후 등록) ※ 학점은행제에 따라 인정된 학점 포함 - 학위취득시 학사(전문학사) 40·석사 50·박사 60시간 가산	개인이 교육담당부서로 인정요청 후 교육담당부서 등록(학위증 사본)
		비 학위 과정	60	학위취득 이외 과정 수료(경찰교육훈련계획에 포함되어 지정학습으로 표시된 오프라인 과정에 한함)	- 교육훈련파견 없이 학위취득 이외 과정을 이수한 경우, 수료증·수료통보공문에 표시된 교육시간 인정	교육담당부서 등록 (수료증·수료통보 공문)
기타 교육 훈련	사이버 교육	사이 버 직무 교육	35	경찰사이버교육포털 제공 직무강좌 ※ 경찰교육훈련계획 위탁교육에 지정학습으로 표시된 온라인 과정 포함	- 직무교육은 수료자에 한하여 사이버교육 포털 '과정개요'에 공지된 시간 인정	경찰사이버교육포털 제공 강좌 자동 인정 ※ 경찰교육훈련계획 위탁교육에 지정학습으로 표시된 온라인과정은 수료증·수료통보 공문으로 교육담당부서 등록
	학습 모임	학습 모임	20	경찰사이버교육포털 현장학습모임(CoP)에 등록·개설된 학습모임의 연구·학습활동	- 실제 Off-Line 연구·학습 활동시간만 인정 1일 최대 3시간 인정	각 기관 교육담당부서 등록(Off-Line 연구·학습활동 결과보고서)

※ 교육훈련파견을 받고, 그 기간 중 이수한 교육 및 이에 따른 학위취득은 상시학습 불인정(교육훈련 파견 기간은 상시학습 면제됨)

구분	학습 종류	세부 유형	연간 최대 인정 시간	인정범위(교육·학습내용)	인정시간(유형설명·예시)	등록방법(증빙자료)
	학습 지원 활동	Off-Line 강의	60	4大 경찰교육기관, 지방청 경찰교육센터, 직장교육시 강의 ※ 지역경찰 현장교육 포함 /직무연수·워크숍 제외	- 동료강사 외 일반강사도 포함 - 실제 강의시간 × 3배 인정 - 기관장·부서장의 소속직원 교육 제외 - 교육기관 등의 전임 교수요원 강의 제외	사이버교육포털에 등록된 강사는, 상시학습 시간 자동 인정 ※ 비등록 강사는, 해당 교육을 주관한 기관에서 등록
		멘토 활동	24	중앙경찰학교 신임교육생(공채·경채), 경찰대학생, 경찰교육원 신임교육생(간부후보생·경채) 등 현장실습 멘토경찰로 지정되어 활동	- 주별 1시간으로 산정	멘토경찰 소속 기관 교육담당자가 실습종료시 등록(멘토선정위원회 등 멘토 선정·활동 관련 공문)

기타 교육 훈련		사이버강의	40	경찰 사이버교육포털 사이버교육 강사로 선정되어 강좌구성·원고작성·강의촬영 등 콘텐츠 제작 참여	- 1개 차시당 5시간 인정 - 사이버교육포털에 탑재되는 사이버 교육 콘텐츠 개발에 한함 ※ 교육기관 등의 전임 교수요원 참여 가능	본청 교육정책담당관실 일괄 등록
			15	사이버교육콘텐츠 내용감수	- 1개 차시당 1시간 인정 - 사이버교육포털에 탑재되는 사이버 교육 콘텐츠 개발에 한함 ※ 교육기관 등의 전임 교수요원 참여 가능	본청 교육정책담당관실 일괄 등록
		사이버 오픈 콘텐츠 제작	5	경찰 사이버교육포털에 직무 관련 교육성 콘텐츠를 자율적으로 제작·게시한 경우	- 실제 러닝타임 × 3배 인정 - 본청 교육담당관실이 내용·호응도 등을 감안, '분기별 추천 오픈 콘텐츠'로 선정한 것에 한함	본청 교육정책담당관실 일괄 등록
	기타	개인별 능력 개발 계획 수립	1	자율적으로 당해연도 학습계획을 수립한 경우	- 매년 1월 내 경찰 사이버교육포털에서 개인별 능력개발계획을 수립하여 부서장에게 제출한 경우, 1시간 인정	사이버교육포털 자동인정
		기타	10	경찰기관 주관 교육훈련 중 상기 인정범위에 포함되지 않는 것	- 각 기관 교육담당부서장이 인정하는 것에 한하여 상시학습 인정	각 기관 교육담당부서 등록

2) 비지정학습(직무관련성이 있는 학습에 한함)

경찰공무원 상시학습 중에서 비지정학습으로 분류되는 것은 다음의 것들인데 이는 직무관련성이 있는 경우에만 인정하고 있다.

표 4-6 비지정학습의 유형과 인정기준

구분	학습 종류	세부 유형	연간 최대 인정 시간	인정범위 (교육·학습내용)	인정시간(유형설명·예시)	등록방법 (증빙자료)
위탁 교육	국내외 위탁 교육	비 학위 과정	25	학위취득 이외 과정 수료 (경찰교육훈련계획에 포함되고 비지정학습으로 표시된 오프라인 과정)	- 교육훈련파견 없이 학위취득 이외 과정을 이수한 경우, 수료증·수료통보공문에 표시된 교육시간 인정	교육담당부서 등록 (수료증·수료통보공문)

구분	학습 종류	세부 유형	연간 최대 인정 시간	인정범위 (교육·학습내용)	인정시간(유형설명·예시)	등록방법 (증빙자료)
기타 교육	국내외 교육 기관 등 교육	학위 과정	80	개인주관으로 학사·석사·박사학위과정 이수 및 학위 취득	- 휴직 없이 학사(전문학사)·석사·박사학위 취득과정을 이수한 경우, 이수학점당 2시간 인정 (매학기 이수 후 등록) ※ 학점은행제에 따라 인정된 학점 포함 - 학위취득시 학사(전문학사) 40·석사 50·박사 60시간 가산	개인등록 (학기별 성적표, 학위증)
		비 학위 과정	30	개인주관으로 국내외 대학, 대학원, 행정기관 등에서 학위취득 이외 1개월이상 과정 수료	- 휴직 없이 학위취득 이외 과정을 이수한 경우, 수료증·수료통보공문에 표시된 교육 시간 인정	개인등록 (수료증 또는 수료통보 공문 등 교육시간 확인 가능한 것)

※ 교육훈련파견·휴직을 받고, 그 기간 중 이수한 교육은 상시학습 불인정(해당기간은 상시학습 면제됨)

구분	학습 종류	세부 유형	연간 최대 인정 시간	인정범위 (교육·학습내용)	인정시간(유형설명·예시)	등록방법(증빙자료)
기타 교육	자격증 취득		80	직무 관련 자격증 취득	- [별표 3]에서 지정한 자격증 취득시, 자격증 등급에 따라 80시간~15시간 부여 등급별: S등급 / A등급 / B등급 / C등급 인정시간: 80시간 / 50시간 / 30시간 / 15시간	개인등록 (자격증 사본) ※ 취득일을 기준으로 인정
	강의		20	지정학습 강의에 속하지 않는 경찰청 외부 민·관 대상 강의	- 실제 강의시간 인정 - 교육기관 등의 전임 교수요원의 강의 포함	개인등록 (초빙의뢰공문·강의확인서 등)
	사이버 교육	사이버 법학·인문 소양 강좌	35	경찰 사이버교육포털 제공 법학(행정학)·인문소양·기타강좌 ※ 외사국 제공 사이버외국어과정, 정보화장비정책관실 제공 사이버 정보화과정, 교육정책담당관실 제공 민간사이버우수콘텐츠 교육, 경찰교육훈련계획 위탁교육에 비지정학습으로 표시된 온라인과정 포함	- 수료자에 한하여 사이버교육포털 '과정개요' 및 '경찰교육훈련계획'에 공지된 시간 인정	경찰사이버교육포털 제공강좌 자동 인정 ※ 외사국 제공 사이버외국어과정, 정보화장비정책관실 제공 사이버정보화과정, 교육정책담당관실 민간사이버우수콘텐츠 교육은 해당부서의 요청으로 본청 교육정책담당관실에서 일괄 등록 ※ 경찰교육훈련계획 위탁교육에 비지정학습으로 표시된 온라인과정은 수료증·수료통보 공문으로 교육담당부서 등록

<table>
<tr><th>구분</th><th>학습
종류</th><th>세부
유형</th><th>연간
최대
인정
시간</th><th>인정범위
(교육 · 학습내용)</th><th>인정시간(유형설명 · 예시)</th><th>등록방법(증빙자료)</th></tr>
<tr><td rowspan="3"></td><td colspan="2">독 서</td><td>10</td><td>직무관련 전문서적 독서 후 사이버교육포털에 내용요약 또는 소감문 등록</td><td>- 1건당 5시간 인정
※ A4 5장 이상, 글자크기 13pt, 줄간격 160%</td><td>개인등록(내용 요약 또는 소감문)</td></tr>
<tr><td colspan="2">사회공헌 · 봉사활동</td><td>20</td><td>각종 사회공헌 · 봉사활동</td><td>- 참가시간(1일 최대 7시간) 인정
※ 참가시간 산정이 곤란한 경우, 부서장이 해당 활동에 소요되는 시간 감안, 결정
※ 헌혈은 1회 1시간 인정</td><td>개인등록(봉사활동 확인서 사본 등)</td></tr>
<tr><td colspan="2">사설학원 등 수강</td><td>20</td><td>직무 관련 교육(사설 사이버 교육 포함) 수강</td><td>- 수료증 · 수강확인증에 기재된 교육시간 인정
※ 바둑 · 서예 등 취미활동으로 볼 수 있는 사항 제외</td><td>개인등록(수료증 또는 수강확인증 등 교육시간 확인가능한 것)</td></tr>
<tr><td rowspan="4">기타
교육</td><td colspan="2">외부 교육 참가</td><td>20</td><td>경찰청 外 외부 (준)공공기관이 주관하는 세미나 · 학술대회 · 포럼 · 워크숍 등
※ 1개월 미만 개인주관 비학위과정 포함, 민간주관 교육 제외</td><td>- 참가시간 인정</td><td>개인등록(주관기관의 참가 확인서 · 수료증 · 수료통보 공문)</td></tr>
<tr><td colspan="2">연구 · 경진대회 등 참가</td><td>10</td><td>본청 · 4大 경찰교육기관 · 지방청 및 중앙행정기관 주관 연구 · 경진대회</td><td>- 참가시간 인정
※ 지방청-본청-중앙행정기관대회를 거칠 경우 각급 대회별 참가시간 인정
※ 참관을 위해 참석한 사람들도 시간 인정
※ 사전협의를 통해 각 기관 교육담당부서가 상시학습으로 인정한 것에 한함</td><td>주관부서가 교육담당부서로, 상시학습 인정 일괄 요청
※ 중앙행정기관 대회는 본청소관 부서가 교육담당관실로 상시학습 인정 일괄 요청</td></tr>
<tr><td colspan="2">언어능력 검정시험</td><td>15</td><td>「경찰공무원 승진임용규정 시행 규칙」 별표3(언어능력 가산점) 및 승진업무 처리지침 기준 준용</td><td><table><tr><th>구 분</th><th>인정시간</th></tr><tr><td>토익 870점 이상 및 이에 준하는 외국어 능력</td><td>15</td></tr><tr><td>국어능력 1급, 토익 790점 이상 및 이에 준하는 외국어 능력</td><td>10</td></tr><tr><td>국어능력 2급, 토익 730점 이상 및 이에 준하는 외국어 능력</td><td>7</td></tr><tr><td>국어능력 3급</td><td>5</td></tr></table>※ 상시학습으로 인정받은 후 성적표 유효기간 종료에따라 동일시험에 재응시하여 점수를 재취득한 경우에도 상시학습 인정</td><td>개인등록(성적표)
※ 성적표 발급일을 기준으로 인정</td></tr>
<tr><td colspan="2">기타</td><td>10</td><td>비지정학습 중 상기 인정범위에 속하지 않는 것</td><td>- 각 기관 교육담당부서가 인정하는 것에 한하여 교육시간 부여</td><td>각 기관 교육담당부서 등록</td></tr>
</table>

※ 교육훈련(학습) 인정기준 중 동일 건으로 2개 이상의 교육 · 학습 내용에 중복되어 해당하는 경우 본인에게 유리한 시간 하나를 인정

3) 경찰의 자격증 인정기준

경찰공무원이 다음의 자격증을 취득했을 때 승진시험에서 가산점으로 인정받을 수 있다.

표 4-7 자격증 인정기준표

등급별	S등급	A등급	B등급	C등급
인정 시간	80시간	50시간	30시간	15시간
상시 학습 인정 자격증	• 변호사 • 변리사 • 공인회계사 • 감정평가사 • 세무사 • 법무사 • 공인노무사 • 통신 · 전자 · 교통 · 환경 · 건축 · 토목 · 항공 · 조선 · 화공 · 위험물 · 정보처리 분야의 기술사(화약류 관리기술사 포함) 및 기능장 • 청소년 상담사 1급 • 응급구조사 1급	• 경비지도사 • 통신 · 전자 · 교통 · 환경 · 건축 · 토목 · 항공 · 조선 · 화공 · 위험물 · 정보처리 · 정보보안 분야의 기사(화약류 관리기사 포함) • 청소년 상담사 2급 • 임상심리사 1급 • 청소년 지도사 1급 • 도로교통사고 감정사 • 컴퓨터 활용능력 1급 • 응급구조사 2급	• 행정사 • 공인중개사 • 통신 · 전자 · 교통 · 환경 · 건축 · 토목 · 항공 · 조선 · 화공 · 위험물 · 정보처리 · 정보보안 분야의 산업기사(화약류 관리 산업기사 포함) • 청소년 상담사 3급 • 임상심리사 2급 • 청소년 지도사 2급 • 워드프로세서 • 컴퓨터활용능력 2급 • 국제 공인 디지털 포렌식 자격증	• 기타 국가 · 민간 자격증 ※ 민간자격증은 한국직업능력개발원(http://www.pqi. or.kr)에 등록된 것에 한함

※ 1. 매년 11. 1부터 다음연도 10. 31사이에 동일 종류의 자격증을 2개 이상 취득한 경우에는 본인에게 유리한 자격증 하나만 인정함(예시 : 청소년 상담사 2급 기보유자가 청소년 상담사 1급을 취득시 청소년 상담사 2급은 인정하지 아니함, 기 입력된 경우에는 인정시간을 0시간으로 처리)
2. 상위등급 자격증을 기 보유한 자가 동일 종류의 하위등급 자격증을 새로 취득한 경우에는 취득시기와 관계없이 그 하위등급 자격증은 인정하지 아니함

Ⅲ. 경찰공무원의 교육과정

1. 중앙경찰학교의 교육과정[3)]

우리나라 중앙경찰학교는 충북 충주시 수안보면 수회리에 설립되어 1987년 9월 개교하여 신임경찰관, 의경 대형운전교육을 담당한다. 특히 신임교육으로 일반, 여경 경력경쟁채용자와 101경비단, 사이버, 외사, 기동경찰, 경찰행정학과 특별채용자 등을 대상으로 34주간(약 8개월 2주) 실시한다. 목표는 경찰업무에 필요한 실무, 전문지식을 습득하게 하여 전문역량을 키우고 현장에 능한 프로경찰관을 양성하는 것이다. 지금까지 10만명이 넘는 신임경찰인력을 양성해 냈다.

그림 4-1 중앙경찰학교 조직도

3) 신현기·이영남, 『경찰인사관리론』(서울: 법문사, 2016), p. 177.

표 4-8 중앙경찰학교 교과편성 내용

구분	계	국가관 · 교양	인권 · 인성	법률	실무	기타 (공휴일 등)
시간(h)	1,190	28	32	75	984	71
비율(%)	100	2.3	2.7	6.3	87.7	6.0

출처: 중앙경찰학교 홈페이지: http://www.cpa.go.kr/

신임교육의 문제점은 다음과 같다. 프랑스 신임경찰관의 교육은 12개월이며 독일의 경우는 독특하게도 36개월간 신임경찰(순경)교육이 이루어진다. 일본의 경우는 15~21개월로 비교적 긴 편이다. 영국은 11개월, 미국은 9개월간, 그리고 캐나다는 역시 1년간(12개월)인데 한국은 8개월로 가장 짧은 교육기간을 유지하고 있는 셈이다. 박근혜 정부의 대선공약에 따라 2013년 하반기부터 2,955명의 순경을 모집하여 2019년까지 20,000명의 순경을 증원한다는 계획을 실천하고 있다. 경찰의 현장 대응 역량을 강화한다는 차원에서 이론 및 실무교육을 축소하고 현장 실습을 4주에서 8주로 확대하게 되었다.

2. 경찰인재개발원(구 경찰교육원)의 교육과정

경찰인재개발원은 2018년 4월을 기해 기존의 경찰교육원에서 개명하였다. 향후 경찰인재개발원은 경찰간부후보생 교육을 경찰대학으로 이관시키고 오직 현직 경찰관들의 직무교육만 담당할 예정이다.

경찰인재개발원에서는 경찰간부후보생 50여명을 전국단위의 공채를 통해 1년간 교육을 시킨 후 경위로 임용하고 있다. 1947년 제1기를 모집하여 수많은 경찰간부를 배출하였다.

경찰인재개발원에서는 이 밖에도 경위 · 경사에 대한 기본교육 및 일선 경찰공무원들이 현장에서 필요로 하는 교육을 담당해 주고 있다.

한국에서 경찰경위에의 임용은 세 가지 방식이 있다. 즉 2009년 9월 이후부터는 인천부평의 '경찰종합학교'에서 이루어지던 1년간의 교육이

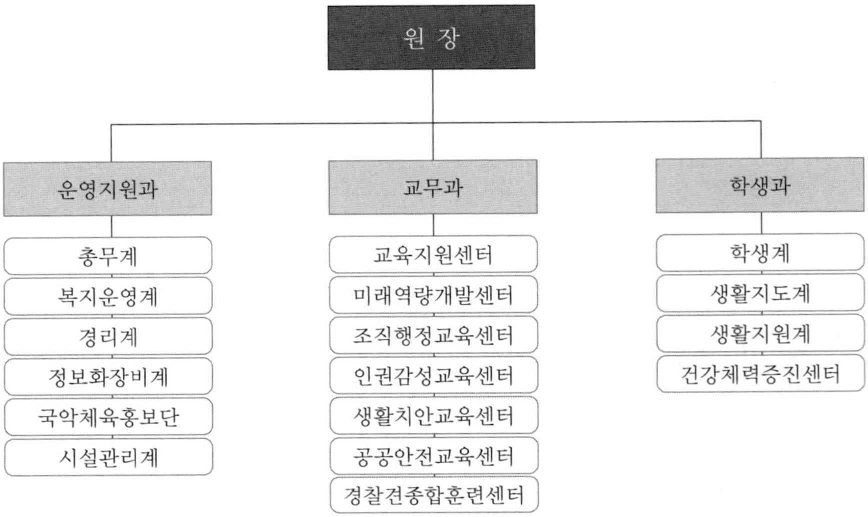

그림 4-2 경찰인재개발원

충남 아산 초사동에 마련된 50여만평의 '경찰교육원'으로 귀속되어 진행되고 있다.[4] 그리고 사법고시와 행정고시출신자 중에서 매년 8~10여명을 모집하여 12주 동안 교육 후 경정급으로 임용하는 제도가 오래전부터 시행되어 오고 있다. 그 밖에 1981년부터 고등학교 졸업자를 120명 모집하여 국립경찰대학에서 4년간 교육 후 경찰간부인 경위급으로 임용하는 경찰입직제도를 시행해 오고 있다.[5] 하지만 경찰대학은 20명을 줄여 2016년부터는 100명만 모집하게 되었다.

4) 우리나라 경찰간부교육훈련을 수십년간 담당하던 경찰종합학교의 교육기관은 2009년 9월에 폐교되고 새로운 경찰간부후보생 교육훈련 기관으로 경찰교육원이 새롭게 설립・개원하였다. 이곳에서는 고시출신(사법고시, 행정고시) 간부후보생의 교육훈련도 이루어지고 있다. 고시출신 경찰간부후보생은 경정으로 임용되어 일선경찰서의 과장급 경찰간부로 근무한다.

5) 국립경찰대학은 1981년부터 행정학과 60명과 법학과 60명을 모집하여 4년 후 경위로 임용하고 있다.

3. 경찰간부후보생의 교육

(1) 교육의 방향과 교과체계

경찰교육원은 매년 경찰간부후보생 50명을 선발해 교육을 진행하고 있다. 이뿐만 아니라 해양경찰청으로부터 의뢰해 온 약간의 해양경찰간부후보생(위탁교육생)도 받아 52주 동안 교육을 시키고 있다. 교육에 관한 자세한 내용은 다음의 도표에 잘 나타나 있다.[6] 경찰간부후보생의 교육을 위한 커리큘럼은 다음과 같다.

1) 교육목표[7]

• 경찰간부로서 갖추어야 할 기본자세 정립 및 지휘능력 배양
• 이론과 실무를 겸비한 전문적인 경찰간부 육성
• 실무 위주 교육환경 전환으로 현장 문제해결능력 향상

2) 중점교육방향

• 창의적이고 능동적인 경찰간부 육성을 위한 단계별 교육 진행
- 기본적응교육(기본자세정립 및 기초체력단련)
- 기초소양 및 기본실무교육(경찰 기본실무 및 문서작성 등)
- 실무전문화교육(실무심화 및 실무해결능력 배양)
- 지휘능력배양(리더십 교육 및 현장실습 등)
• 참여식 교육, 관서실습 등 체험교육을 통한 현장실무 대응능력 강화
• 교육진행 중 지속적인 평가관리 및 환류로 교육효과 제고
• 해양간부후보생의 업무특성에 맞는 일부교과목 분리, 교육효율성 제고

---

6) 경찰교육원은 충남 아산시 초사동 일원 1,983,480㎡에 세워졌으며 2009년 9월 말 총 사업비 1,754억원을 들여 준공되었다.

7) 본 자료는 경찰교육원에서 홈페이지를 통해 공개해 놓은 자료를 소개하고 있음을 밝혀둔다.

표 4-9 과정개요

구 분	신임교육과정	기 간	52주
대 상	간부후보생	시 간	1,820시간 (1일 7시간)
교과편성 기 준	직무교과 66 % 소양분야 24 % 기 타 10 %	교 육 방 법	합숙
입교요건	경찰간부후보생 채용시험에 합격한 자		

3) 수료기준

- 전체 수업시간의 90% 이상을 수강하고 교육성적이 평균 60점 이상인 자

표 4-10 2018년 교육일정표

과 정 별	대 상	기간	일 정	인원(명)
경찰간부후보생 과정	신 규	52	02. 26～<1년>	50
일반직신임과정	일반직 6급이하	2	04.02.～04.13. 04.23.～05.04. 06.18.～06.29. 07.09.～07.20. 08.20.～08.31. 10.29.～11.09. 11.19.～11.30.	30 30 30 30 30 30 30

출처: 경찰인재개발원; http://www.phrdi.go.kr/

- 사격성적 60점 이상, 무도 1단 이상, 체포술 60점 이상 취득한 자
- 졸업사정에 의해 교육성적 · 인성평가 기준에 적합하다고 결정된 자

이 밖에 경찰인재개발원에는 현직 경찰직원들의 직무교육 수백여개 프로그램이 마련되어 운영되고 있다.

표 4-11 경찰간부후보생 일과시간표

구 분	평 일	
	하계(3.1~10.31)	동계(11.1~2.29)
기 상	06 : 00	06 : 45
인 원 점 검	06 : 30 ~ 07 : 00	06 : 45 ~ 07 : 00
제 1교시	09 : 00 ~ 09 : 50	09 : 00 ~ 09 : 50
제 2교시	10 : 00 ~ 10 : 50	10 : 00 ~ 10 : 50
제 3교시	11 : 00 ~ 11 : 50	11 : 00 ~ 11 : 50
제 4교시	13 : 30 ~ 14 : 20	13 : 30 ~ 14 : 20
제 5교시	14 : 30 ~ 15 : 20	14 : 30 ~ 15 : 20
제 6교시	15 : 30 ~ 16 : 20	15 : 30 ~ 16 : 20
제 7교시	16 : 30 ~ 17 : 20	16 : 30 ~ 17 : 20
인 원 점 검	22 : 30 ~ 23 : 00	22 : 30 ~ 23 : 00
소 등	23 : 10	23 : 10

출처: 경찰인재개발원; http://www.phrdi.go.kr/

4. 경찰수사연수원

경찰수사연수원은 2007년 3월 30일 경찰대학 부설로 있던 경찰수사보안연수소를 경찰청 소속기관인 경찰수사연수원으로 확대 개원하여 오늘

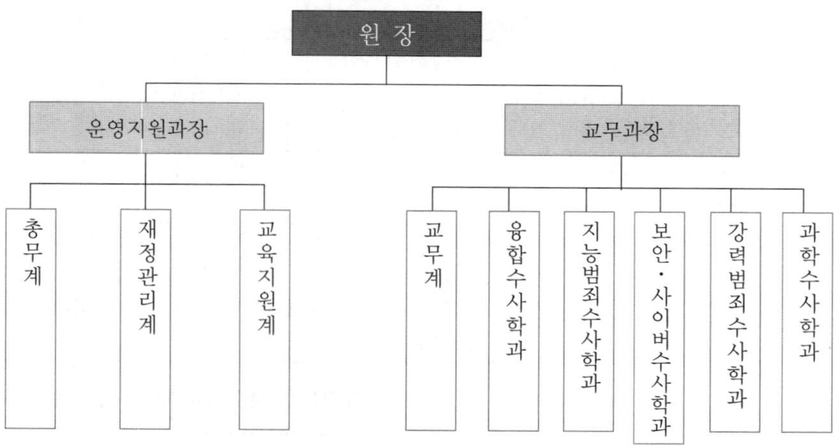

그림 4-3 경찰수사연수원 조직도

에 이르고 있다. 2013년 8월 아산 신청사로 이전하여 수사경찰의 직문전문교육을 운영하고 있다. 2016년의 경우 수사지휘과정, 변호사특채과정 등 45개 과정 등 총 123회에 걸쳐 4,134명의 수사관을 교육하였다.

5. 경찰대학의 교육과정

국립 경찰대학에서는 4년제 경찰대학생의 교육을 담당하고 있다. 그 밖에 경감이상 경무관까지 현직 경찰관에 대한 교육을 담당하고 있다.

경찰대학의 교과과정은 법학사·행정학사로서, 또한 경찰간부로서 필요한 전공, 전공기초 과목, 현대사회에서 교양인으로 필요한 다양한 기술을 모두 습득하도록 짜여져 있으며 4년 동안 총 172학점을 취득해야 한다. 이들은 4년간의 교육 후 경찰간부인 경위로 임용된다.

경찰대학은 4년제 국립대학으로 1981년 경기도 용인시 구성면 언남리 88번지에서 개교하여 2016년에 아산시로 이전하였다. 4년제 대학의 학부과정은 법학과 50명, 행정학과 50명을 모집하는데 남학생이 88명, 여학생

표 4-12 국립경찰대학 커리큘럼(4년간)

학과	법학과		행정학과	
전공 59학점	경찰법학	범죄수사학	경찰행정학	공공질서학
	필수(10학점) 선택(49학점)	필수(10학점) 선택(49학점)	필수(10학점) 선택(49학점)	필수(10학점) 선택(49학점)
전공기초 54학점	법학(24학점), 행정학(10학점), 경찰학(20학점)		법학(20학점), 행정학(14학점), 경찰학(20학점)	
교양 27학점	한국사, 공직윤리, 영어(영어와 문화, 영어회화) 커뮤니케이션 기법, 세계문화사, 한국경찰사, 정치학, 사회학, 통치구조론, 심리학, 경제학, 과학기술발전사, 기초통계학, 철학, 동양고전, 문화예술(무학, 음악, 미술, 언론의 이해), 제2외국어 회화, 사회체육 등			
기타 34학점	무도(8학점), 생활지도(16학점), 관서실습(8학점), 졸업논문(2학점)			
학점	총 174학점			

출처: http://www.police.ac.kr/information/open.jsp(검색일: 2018. 07. 05).

이 12명이다. 졸업후 경위로 임용되어 2년간 기동대 근무를 통해 병역의무를 이행한 다음 일선에 배치되고 있다. 1985년 1기 졸업생이 배출되기 시작해 2018년 4월까지 졸업 34기에 걸쳐서 약 4,055명 정도가 경위로 배출되었다. 여핵생 경위도 약242명 가량이 배출되었다.

2016년 05월 29일에는 경찰대학에 치안대학원 설립을 위한 개정에 따라 「경찰대학 설치법」이 공포되었으며, 2017년 05월 30일 개정에 따라 「경찰대학 설치법」, 「경찰대학의 학사운영에 관한 규정」이 시행됨으로써 2017년 05월 30일 치안대학원이 개원하여 석사와 박사를 배출하게 되었다.

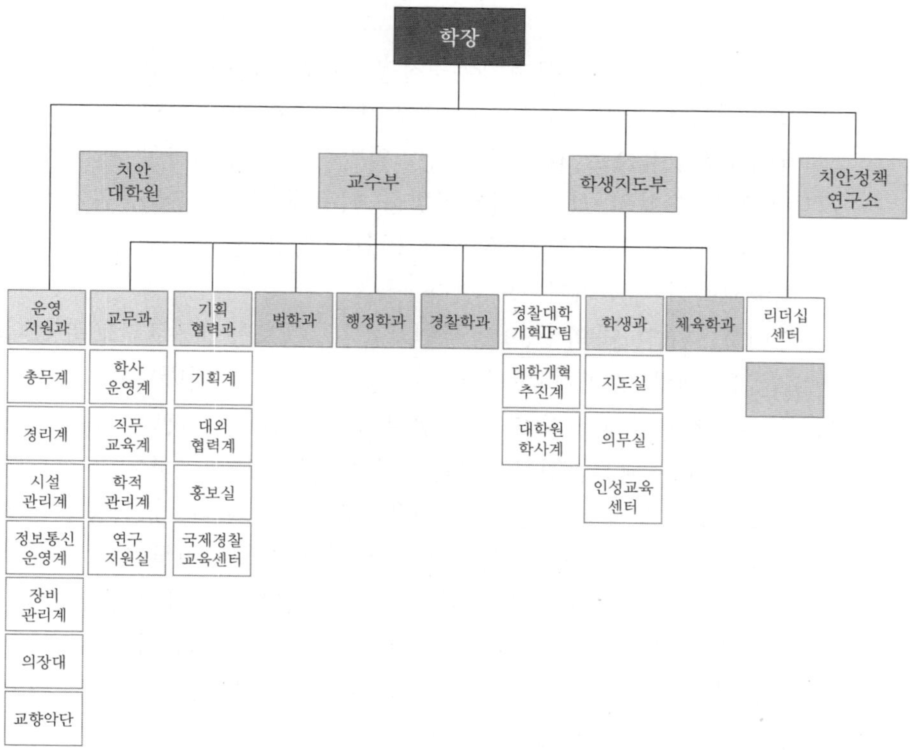

출처: 경찰대학, http://www.police.ac.kr/police/police/html/liv/pisinfo.do

그림 4-4 경찰대학 조직도

경찰대학의 치안대학원 인재상은 다음과 같다. 즉

- 현실문제 인식과 해결에 탁월한 전문 역량을 갖춘 실천형 인재
- 전공지식과 더불어 폭넓은 학문적 소양을 겸비한 융합형 인재
- 표층적 범죄현상으로부터 사회의 심층적 이면을 직시하는 통찰형 인재
- 글로벌 역량과 리더십으로 치안 환경 변화를 선도하는 미래형 인재

등이다.

Ⅳ. 경찰공무원의 위탁교육

위탁교육은 위에서 살펴 본 경찰공무원법 제17조(교육훈련)에 근거하여 실시되고 있다. 위탁교육은 교육훈련기관의 성격에 따라서 해외파견교육과 국내위탁교육으로 나누어진다.[8] 일반적으로 경찰공무원의 위탁교육은 국내·외의 대학원 석사·박사과정을 비롯해 국가기관, 공공기관, 연구기관, 민간기관 등을 통해서 실시되고 있다.[9] 또한 선진외국의 경찰기관에서 위탁교육이 이루어지기도 한다.

그리고 우리나라의 중앙공무원교육원, 정보통신공무원교육원, 외국어연수원 등 대략 60여개의 기관에서 경찰공무원의 위탁교육이 이루어지고 있다. 해양경찰청에 소속된 경찰공무원은 경찰교육기관에 위탁하여 실시되고, 이수자는 교육훈련보고서를 교육을 마치고 출근하는 날로부터 30일 이내에 경찰청장에게 제출해야 함을 원칙으로 한다. 경찰공무원에 대한 장기해외프로그램은 행정안전부에서 선발해 2년간 이루어지는데 이 기간에 외국에서 정식의 학위(學位)를 취득하는 공무원들이 종종 있다.

한편 경찰공무원 중 해외장기교육자 현황은 2016년의 경우 모두 21명으로 늘어났다. 2009년의 경우는 11명이었고 2008년의 경우는 12명이었다. 2007년도의 경우도 13명이었다.

---

8) 김충남, 전게서. p. 172.
9) 이황우·조병인·최응렬, 전게서, p. 175.

표 4-13 국외 장기위탁교육 계획 현황(2016년)

구분	국가별																계급별				
	일본	요르단	중국	캐나다	미국	칠레	뉴질랜드	호주	영국	러시아	프랑스	필리핀	독일	스페인	아르헨티나	멕시코	총경	경정	경감	경위	경사
2016	1	-	2	-	2	-	-	-	4	-	-	-	1	1					9		1

출처: 경찰청, 2016년 경찰통계연보, 2016, p. 50.

경찰공무원의 단기연수과정도 개설되어 있다. 한국 경찰공무원은 미국의 경우는 3개의 과정에 그리고 독일과 중국의 경우는 각각 2개의 과정에 단기과정으로 참여하고 있다. 아래의 도표에서 보는 바와 같이 최소 3개월에서 최고 6개월까지 연수가 이루어지고 있다.[10] 단기교육과정에서 가장 많이 방문하는 국가는 단연코 미국이다.

표 4-14 경찰공무원의 단기해외연수(2016년)

	국가별																계급별				
	일본	중국	캐나다	이집트	미국	칠레	뉴질랜드	호주	영국	오스트리아	프랑스	필리핀	독일	스페인	태국	이스라엘	총경	경정	경감	경위	경사
14	1	-	-	-	10	-	-	-	6	-	-	-	-	-	3	3	-	5	6	5	3
15	3	-	3	-	19	-	-	-	3	-	-	-	-	-	-	-	1	4	8	8	7
16	4	-	3	-	8	-	3	-	9	3	1	-	3	-	-	-	2	7	12	8	2

출처: 경찰청, 2016 경찰통계연보, p. 52.

이러한 수치는 우리나라가 OECD 회원국으로서 세계화 추세에 맞추어 볼때 너무 적은 수치라 아니할 수 없다. 향후 이를 지속적으로 늘려나가는 것이 바람직하다. 예산을 확보해 경찰관들이 해외 경찰현장을 방문하여 지식과 경험을 넓히는 기회를 늘릴 필요가 있다.

10) 김병준 · 이승현 · 이동규 · 장영길, "경찰전문인력 확보 및 운영대책," 치안연구소, 「연구보고서 2002-02」, p. 70에서 재인용.

연습문제 >>>

1. 경찰공무원 교육의 종류와 방법에 관해 설명하시오.
2. 경찰신임교육의 문제점에 대해 설명하시오.
3. 경찰공무원의 위탁교육에 대해 설명하시오.

제 5 장 경찰공무원의 근무성적평정

제 1 절 근무성적평정이란 무엇인가?

Ⅰ. 의　　의

근무성적 평정이란 무엇인가. 조직구성원의 근무성적 · 능력 · 근무수행태도, 발전가능성 등에 대해 체계적 · 객관적 · 정기적으로 평가하는 것을 의미한다. 즉 경찰공무원의 근무수행실적이나 근무수행능력 그리고 근무수행태도와 발전성 등을 상급자가 정기적으로 관찰하고 기록하며 평가하여 승진 등의 기초자료로 적극 활용하게 된다.

우리나라는 1961년 국가공무원법에 의거해 근무성적평정제도를 실시하였다. 이로부터 9년 후인 1969년 우리나라 경찰이 경찰공무원법을 가짐으로써 독자적인 근무평정제도를 실시하기에 이르렀다. 그러나 이러한 과정에서 성공적인 평가를 받지 못하였으며 결국에는 전두환 정부(1982)에서 경찰인사고과제로 변경하였다가 또다시 1989년에 이를 폐지하고 근무성적평정제도와 통합하여 실시해 오는 과정을 거치게 되었다. 특히 경찰은 1995년부터 근무성적평정을 승진, 전보, 특진 그리고 특별상여금의 지급 등에도

중요한 기준으로 삼고 있다.[1)]

Ⅱ. 목적 · 용도

근무성적평정은 공무원의 발전을 돕고 직무수행을 개선하여 행정발전에 기여할 수 있다. 근무성적평정의 과정에서 공무원이 일을 잘하는지 못하는지를 객관적으로 평가할 기회가 있으므로 평정대상인 공무원이나 그 감독자가 개선할 점이 무엇인가를 알게 된다. 그래서 공무원의 능력발전수단이나 약점을 극복할 수 있게 해준다. 따라서 근무성적평정은 인적자원계획, 경력발전계획, 훈련계획의 수립에 필요한 정보를 제공한다. 이러한 근무성적에서 얻어지는 정보는 직원의 권익보호, 채용시험의 타당도 측정, 상벌목적 및 인사관리의 기준, 승진심사의 기준, 개인능률의 향상, 인사의 적재적소 배치(인사행정의 합리화), 보수 및 내부임용결정 등에도 기준을 제시한다.

한편 평정의 기준으로는 객관성, 신뢰성 그리고 타당성이 매우 중요하다.

Ⅲ. 평정시기

총경이하의 경찰공무원을 대상으로 하는 경우의 시기는 전년도 11월 1일부터 당해 연도 10월 31일까지를 기준으로 한다. 그리고 매년 1회씩 평정일로부터 20일 이내에 평정표에 의거하여 진행된다. 평정은 1 · 2 · 3차 감독자에 의해 단계별로 실시된다.

Ⅳ. 평정방법

근무성적평정방법으로는 첫째, 사실기록법이 있는데 여기에는 산출기록

---

1) 이황우 · 김진혁 · 임창호, 『경찰인사행정론』(서울: 법문사, 2003), p. 271.

법, 정기적 시험법, 가점점수법이 포함된다. 둘째는 상호비교법이 있는데 여기에는 성적순위법, 대인비교법, 이인조비교법이 속한다. 그외 분포제한법, 평정척도법, 집무기준법, 체크리스트평정법, 도표식인 평정척도법 등이 있다. 평정방법의 내용을 요약하면 다음과 같다.

표 5-1 근무성적 평정방법

평정방법	구분	내 용
(1) 도표식 평정척도법	의의	한편엔 평정요소, 다른 편엔 우열의 등급을 표시하는 방법
	장점	한번에 많은 직원을 대상, 평정의 객관성 확보, 비용절약, 조정용이
	단점	평정요소의 선택이 곤란, 집중화·관대화·연쇄효과발생
(2) 강제배분법	의의	등급별로 인원을 강제배분하는 방법
	장점	집중화·관대화의 폐단방지가능
	단점	피평정자의 수가 적고, 탁월한 인물이 없을 경우에도 강제로 배분해야 하는 모순발생
(3) 대인비교법	의의	등급별(상·중·하)로 표준인물 설정 후 이와 비교하는 방법
	장점	평정용이
	단점	계량화 곤란
(4) 산출비교법	의의	일정시간 내에 달성한 일의 양을 기준으로 평정
	특징	업무의 성질이 반복적·기계적인 경우에만 적용가능
(5) 강제선택법	의의	4~5개의 체크리스트를 피평정자가 스스로 선택토록 하는 방법
	특징	피평정자가 스스로 선택한다는 점에서 check list법과 차이
(6) 업적보고법	의의	평정자의 업적을 입증하는 사실을 기록하는 방법
(7) Probst식 평정법 (=Check list법)	의의	평정점수를 산출하지 않고 객관적으로 태도와 성격을 관찰할 수 있는 100가지의 목록을 채택한 후 이로써 평정하는 방법
	장점	연쇄효과를 최소화할 수 있다.
	단점	평정항목이 너무 많아 평정업무 과중

V. 평정상 오차의 종류

1. 집중화 효과

무난하게 주로 중간등급을 주는 현상으로 평정자들은 매우 높거나 매우 낮은 평정을 피하려는 경향이 있다.

2. 관대화 효과

하급자와의 인간관계를 의식하거나 결과에 대한 해석 판단이 서로 상이한 경우에는 평정등급이 전반적으로 높아지는 현상이 있다.

3. 연쇄화(halo effect)

하나의 평정요소의 결과가 다른 평정요소에 영향을 미치는 현상으로 피평정자의 막연한 전체적인 인상 때문에 모든 분석적인 평정요소가 영향을 받게 되는 현상이다.

4. 규칙적 오차(systematical error)

평정자의 가치관 및 평정기준의 차이에 의한 오차이다.

5. 총합적 오차(total error)

동일한 피평정자에 대한 평점과 평균치 간의 차이의 합계에 의한 오차이다.

6. 논리적 오차(logical error)

평정요소간 논리적 상관관계가 있다는 관념에 의한 오차로 어느 한 요소가 우수하면 다른 요소도 우수하다고 쉽게 판단해 버리는 경향이다.

Ⅵ. 평정의 한계

1. 타당도, 객관도, 신뢰도가 낮다

평가하는 사람의 능력・경험・성격에 따라 평가에 영향을 미치므로 평가결과의 비교를 위한 공정한 평정자의 확보와 평가결과의 비교를 위한 표준화가 곤란하다. 따라서 평정의 타당성을 신뢰하기 어렵다.

2. 집중화, 관대화, 연쇄화의 경향

평가자의 잘못으로 인한 영향으로 착오와 고의적 왜곡현상을 가져온다.

3. 장래예측의 곤란

근무성적평정은 과거와 현재의 직무수행을 평가하는 것이며, 장래의 능력을 직접적으로 판단해 주는 것이 아니므로 장래의 인사조치에 기준이 될 수는 없다.

4. 포괄적인 평정의 곤란

근무성적평정이 승진・승급・감원순서결정 등 다양한 인사조치에 활용하려 하거나 모든 인사조치에 기준을 제시해 줄 만큼 완전할 수 없다는 것이다.

Ⅶ. 우리나라 근무성적 평정

우리의 경우 5급 이하는 근무성적평정이 도표식과 강제배분법이 혼용되고 있으며, 4급 이상은 인사평정, 즉 전문분야, 능력, 인품, 적성에 의하여 이루어지고 있다. 1991년도부터는 하위직 공무원에게 있어 자기평정제를 도입하여 시행중에 있다.

1. 평정방법

1) 도표식 평정척도법을 근간으로 하면서 강제배분법을 가미하고 있다.

2) 감독자평정법(복수평정방식)을 근간으로 하면서 자기평정법을 가미(근무실적만)하고 있다.

2. 등　　급

탁월·우수·보통·미흡의 네 등급을 두고 있다.

3. 강제배분의 비율

S·A·B·C 별로 2:4:3:1로 한다.

4. 평정자의 수

복수평정방식으로 2인이 한다.

5. 평정횟수

우리나라는 5급 이하 및 기능직 공무원의 경우 정기평정은 연 2회, 수시평정은 정기평정 이후 조정사유가 발생한 경우 실시한다.

6. 공개성 여부

한국의 경우는 미국이나 일본 등의 경우와는 달리 원칙적으로 비공개로 되어 있어 임상중심적 접근방법에로의 전제가 제도적으로 봉쇄되어 있다고 볼 수 있다.

7. 소청허용 여부

우리나라의 경우 소청불가의 입장이다.

8. 신뢰도 · 타당도 · 객관도

우리나라의 근무성적평정은 그 신뢰도 · 타당도 · 객관도가 낮아 객관적이고 공정한 인사관리의 기준으로 활용하는 것이 어려운 실정이다. 그 주된 원인은 역산제(逆算制)경향(연고 · 정실 등에 의하여 총점을 우선 부여하고 이에 따라 각 평정요소의 점수를 맞추어 가는 경향) 때문이라고 하며 그 외에 관대한 경향 · 집중화 경향을 든다.

제2절 경찰공무원 근무성적평정의 의의

Ⅰ. 서 설

일반적으로 근무성적평정(performance evaluation)은 경찰공무원 개개인의 근무실적, 직무수행능력 그리고 근무태도 등을 공식적이며 체계적으로 종합평가하는 것을 의미한다.[2] 근무성적평정제도가 시작될 당시에는 생산성과 능률성 등을 측정해 그 결과들을 인사관리의 표준화와 직무수행의 관리에 활용해 왔으나 최근에는 공무원과 행정조직의 공공발전에 기여하는 역할이 더 한층 강조되고 있는 실정이다.[3]

따라서 경찰공무원의 근무성적평정이라 함은 경찰공무원의 근무실적과 능력 및 적성이나 근무태도, 그리고 공직관(公職觀)이나 경찰관 개인의 인품을 평가하여 점수로 기록해 차후에 승진이나 보직, 그리고 상벌(賞罰)에 활용하는 일련의 제도를 의미한다.[4] 한국의 경찰은 1969년 경찰공무원법이 제정되어 1961년부터 적용해 오던 국가공무원법상의 근무성적평가방법을 더 이상 활용하지 않고 경찰의 독자적인 근무성적평정제도를 갖출 수 있게 되었다. 1982년 이 제도를 보완하기 위해 경찰인사고과제도가 실시되었으나 통합의 필요성이 차후에 다시 제기되어 결국에는 경찰인사고과제도가 다시 폐지되고 근무성적평정제도만을 활용하기로 하고 오늘에 이르고 있다.

경찰공무원의 근무성적평정의 목적은 경찰행정의 능률을 최대한 끌어올리며 경찰공무원의 능력과 실적 중심의 공정하고 공평한 민주적인 인사관리의 기본토대를 제공하자는 데 있다. 나아가서 경찰공무원의 이익과 권리도 동시에 보호하자는 데 초점이 맞추어져 있다. 종래에는 근무평정이 상

2) 김충남, 전게서, p. 284; 경찰공무원승진임용규정 제7조 참조.
3) 이황우, 전게서, p. 342.
4) 전용린・박영대, 전게서, p. 171.

급자로부터 부하에 대한 일종의 징벌적 접근방법으로 활용되기도 했으나 현재에는 일종의 조언자나 상담자적 역할을 하는 적극적·임상적 방법으로 발전되는 모습을 보여주고 있기도 한데,[5] 이는 매우 바람직한 현상이라고 할 수 있다.

1. 적용대상

적용대상은 총경이하 경찰공무원에게 해당된다.

2. 승진구분

경찰공무원의 경우 승진방식은 다음과 같이 4가지로 이루어져 있다. 특별승진은 경감이하만 해당된다.

표 5-2 승진구분의 내용

구분	심사승진	시험승진	특별승진	근속승진
대상	경무관 이하	경정 이하	경감 이하	경감 이하

3. 승진소요 최저근무연수

경찰공무원의 승진을 위해서는 최소 근무기간을 요한다. 소요연수는 다음과 같다.

표 5-3 경찰의 승진을 위한 최저근무연수

총경	경정·경감	경위·경사	경장·순경
4년	3년	2년	1년

※기준일: 총경·경정 11월 1일, 경감 이하 1월 1일.

5) 이황우·조병인·최응렬, 『경찰학개론』(서울: 한국형사정책연구원, 2001), p. 181.

4. 승진소요 최저근무연수 제외기간

(1) 휴직기간

단, ① 공무상 질병·부상으로 인한 휴직, ② 육아휴직(시간제 근무자 포함), ③ 병역휴직, ④ 법정 의무수행을 위한 휴직, ⑤ 고용휴직의 경우에는 全 휴직기간, ⑥ 유학휴직 기간 중 5할의 기간은 승진소요 최저근무연수에 포함한다.

표 5-4 육아휴직기간 승진소요최저근무연수 반영관련 법령개정연혁

2004. 8. 30 개정	2007. 10. 23 개정	2011. 10. 17 개정
국가공무원법 제71조 제2항 제4호의 규정에 의한 휴직은 그 휴직기간	국가공무원법 제71조 제2항 제4호에 따른 휴직의 경우에는 그 휴직기간. 다만, 자녀 1명에 대하여 총 휴직기간이 1년을 넘는 경우에는 최초의 1년에 한정한다.	국가공무원법 제71조 제2항 제4호에 따른 휴직의 경우에는 그 휴직기간. 다만, 자녀 1명에 대한 총 휴직기간이 1년을 넘는 경우에는 최초의 1년으로 하되, 셋째 자녀부터는 총 휴직기간이 1년을 넘는 경우에도 그 휴직기간 전부로 한다.
공포한 날부터 시행	2008년 1월 1일부터 시행	개정 규정은 이 영 시행 전에 임신·출산 또는 자녀양육을 위하여 휴직한 경찰공무원의 휴직기간에 대해서도 적용한다.

개정이유		
육아휴직 사용에 따른 승진시 불이익 등 방지	국가공무원법의 개정으로 2008년부터 여자공무원의 육아휴직 기간이 최대 3년으로 확대됨에 따라 다른 공무원과의 형평성을 고려하여 승진소요연수 산입기간을 조정	장기 육아휴직이 필요한 다자녀 공무원의 인사고충 해소

※ 시간제 근무자 재직기간 산정방식은 「경찰청 유연근무제 운영 지침(경무과-8993), 2012. 12. 31」 참조.

※ 육아휴직은 자녀 1명당 최초 1년에 한하여 인정(국가공무원법 개정, 2008

년 1월 1일 이후 휴직자부터 적용)하되 셋째 자녀부터는 총 휴직기간이 1년을 넘는 경우에도 그 휴직기간 전부를 인정(경찰공무원 승진임용 규정 개정, 2011년 10월 17일), 유학휴직은 2005년 10월 20일 이후 휴직자부터 적용한다.

(2) 징계처분에 따른 승진임용 제한 기간

경찰공무원이 징계를 받은 경우는 다음의 기간 동안 승진임용이 제한된다.

표 5-5 징계처분으로 늦어지는 승진제한 기간

구분	강등	정직	감봉	견책
제한기간	18개월	18개월	12개월	6개월

※ 금품 · 향응수수, 공금의 횡령 · 유용에 따른 징계처분의 경우에는 각각 3개월을 더한 기간(경찰공무원 승진임용 규정 제6조 제1항, 2010. 6. 15 개정 시행).

1. 적용 대상: 치안정감 이하 경찰공무원
2. 승진 구분

표 5-6 승진 구분

구분	정부인사	심사승진	시험승진	특별승진	근속승진
대상	치안정감 이상	경무관 이하	경정 이하	경감 이하	경감 이하

3. 승진소요 최저근무연수

표 5-7 최저근무연수

총경	경정 · 경감	경위 · 경사	경장 · 순경
4년	3년	2년	1년

※ 기준일: 총경 · 경정 11월 1일, 경감이하 1월 1일

4. 승진심사 시기
   가. 총경이상 승진: 제한 없음
   나. 경정이하 승진: 연 1회(1. 2~3. 31) 단, 부득이한 경우 기간연장 및 추가 승진심사 가능
5. 승진 임용 절차[근거: 경찰공무원법 6조, 11조]
   가. 경무관 이상의 승진·전보 등 임용과 관련하여 안전행정부장관과 협의를 거치도록 한다

표 5-8 승진 구분

승진심사 ⇨ 경찰청장추천 ⇨ 안행부장관 제청 ⇨ 국무총리 ⇨ 대통령임용 (재가)

   나. 총경이하의 승진에 대하여는 계급별로 승진 대상자 명부를 작성 대통령령으로 정하는 바에 따라 중앙·보통심사위원회를 구성하여 선발
   다. 승진후보자 승진임용은 경찰공무원 승진임용 규정 제25조 의거 승진후보자 명부순으로 결원이 있을 때마다 수시로 임용
6. 승진소요 최저근무연수 제외기간
   가. 휴직 기간

단, ① 공무상 질병·부상으로 인한 휴직, ② 육아휴직(시간제 근무자 포함), ③ 병역휴직, ④ 법정 의무수행을 위한 휴직, ⑤ 고용휴직의 경우에는 全 휴직기간, ⑥ 유학휴직 기간 중 5할의 기간은 승진소요 최저근무연수에 포함한다.

※ 육아휴직은 자녀 1명당 최초 1년에 한하여 인정(국가공무원법 개정, '08. 1. 1 이후 휴직자부터 적용)하되 셋째 자녀부터는 총 휴직기간이 1년을 넘는 경우에도 그 휴직기간 전부를 인정(경찰공무원 승진임용 규정 개정, '11. 10. 17), 유학휴직은 '05. 10. 20 이후 휴직자부터 적용한다.

▸ 육아휴직기간 승진소요최저근무연수 반영 관련 법령개정 연혁

표 5-9 승진 구분에 따른 개정현황

2004. 8. 30 개정	2007. 10. 23 개정	2011. 10. 17 개정
「국가공무원법」 제71조 제2항 제4호의 규정에 의한 휴직은 그 휴직기간	「국가공무원법」 제71조 제2항 제4호에 따른 휴직의 경우에는 그 휴직기간. 다만, 자녀 1명에 대하여 총 휴직기간이 1년을 넘는 경우에는 최초의 1년에 한정한다.	「국가공무원법」 제71조 제2항 제4호에 따른 휴직의 경우에는 그 휴직기간. 다만, 자녀 1명에 대한 총 휴직기간이 1년을 넘는 경우에는 최초의 1년으로 하되, 셋째 자녀부터는 총 휴직기간이 1년을 넘는 경우에도 그 휴직기간 전부로 한다.
공포한 날부터 시행	2008년 1월 1일부터 시행	개정 규정은 이 영 시행 전에 임신·출산 또는 자녀양육을 위하여 휴직한 경찰공무원의 휴직기간에 대해서도 적용한다.

개정이유		
육아휴직 사용에 따른 승진시 불이익 등 방지	국가공무원법의 개정으로 2008년부터 여자공무원의 육아휴직기간이 최대 3년으로 확대됨에 따라 다른 공무원과의 형평성을 고려하여 승진소요연수 산입기간을 조정	장기 육아휴직이 필요한 다자녀 공무원의 인사고충 해소

※ 시간제 근무자 재직기간 산정방식은 「경찰청 유연근무제 운영 지침(경무과-8998), '12.7.31」 참조

나. 직위해제기간

다. 징계처분기간

라. 징계처분에 따른 승진임용 제한기간

표 5-10 징계에 따른 승진제한기간

구분	강등	정직	감봉	견책
제한기간	18개월	18개월	12개월	6개월

※ 금품·향응수수, 공금의 횡령·유용에 따른 징계처분의 경우에는 각각 3개월을 더한 기간(경찰공무원 승진임용 규정 제6조 제1항, '10. 6. 15 개정 시행)

마. 경찰대학을 졸업한 후 경위로 임용된 자가 전투경찰대의 대원으로 복무한 기간

※ '09. 3. 2 임용된 경찰대 졸업생들부터 적용하되 여경은 해당사항 없음(경찰공무원 승진임용 규정 제5조 제3항, '09. 2. 19 개정 시행)

7. 승진심사대상에서의 제외

가. "경찰공무원 교육훈련 규정" 제8조 제1항부터 제3항까지의 규정에 의한 교육을 받지 아니하였거나, 해당 교육성적이 만점의 60퍼센트 미만인 자

나. 징계의결요구, 징계처분, 직위해제, 휴직 또는 시보임용 기간 중에 있는 자

다. 징계처분의 집행이 끝난 날부터 다음의 기간이 지나지 아니한 자 (강등·정직: 18개월, 감봉: 12개월, 견책: 6개월)

표 5-11 사례 1

○ '05. 3. 1 경감 임명 甲이 '06. 5. 1에 감봉 2월의 징계처분을 받은 경우
⇒ 우선, 감봉 2월 + 제한기간 12월 = 총 14개월은 소요연수 계산시 제외
경감의 승진소요연수는 3년이므로, 36개월 + 14개월 = 총 50개월이 甲의 승진소요 최저근무연수, 결국 甲은 '09. 5. 1이 되어야 승진소요 최저근무연수가 경과하므로 '10년도 시험 및 심사의 대상이 됨

○ '09. 7. 1 경정 임명 甲이 '10. 7. 1에 강등의 징계처분을 받은 경우
⇒ 우선, 강등에 따른 승진임용 제한기간 18개월과 3개월의 직무정지기간은 소요연수 계산시 제외 (국가공무원법 제80조 제1항)
경감의 승진소요연수는 3년이므로, 36개월 + 18개월 + 3개월 = 총 57개월이 甲의 승진소요 최저근무연수이나, 강등된 경우 강등되기 직전의 계급에서 재직한 기간(12개월)은 승진소요 최저근무연수에 합산되므로(경찰공무원승진임용규정 제5조 제7항, 제8항, '10.6.15 개정 시행) 결국 甲은 '14. 4. 1이 되어야 승진소요 최저근무연수가 경과하므로 '15년도 시험 및 심사의 대상이 됨

○ 유사 사례
1: 경사에서 6년 근무, 경위로 승진하여 4년 근무하다 경사로 강등된 경우
➡ 경사 근무경력 10년(경사 6년 + 경위 4년)으로 승진임용제한기간(21개월) 경과시 경위 근속·심사·시험 가능
2: 경사에서 3년 근무, 경위로 승진하여 1년 근무하다 경사로 강등된 경우
➡ 경사 근무경력 4년(경사 3년 + 경위 1년)으로 승진임용제한기간(21개월) 경

과시 심사 · 시험 가능
3: 경위에서 4년 근무, 경사 강등 후 경위로 승진하여 2년 근무한 경우
➡ 경위 근무경력 6년으로 심사 · 시험 가능
4: 경위에서 4년 근무, 경사 강등 후 경위로 승진하여 8년 근무한 경우
➡ 경위 근무경력 12년으로 경감 근속 · 심사 · 시험 가능

표 5-12 사례 2

① 정직 2월의 경우: 2개월 + 18개월 = 20개월 미경과
② 감봉 1월의 경우: 1개월 + 12개월 = 13개월 미경과
③ 감봉 3월 처분기간 중에 정직 2월을 받은 경우에는 감봉 처분 종료일 이후에 정직처분 기산: 3개월 + 12개월 + 2개월 + 18개월 = 총 35개월 미경과
④ 휴직기간 중에 감봉 3월의 처분을 받은 경우: 휴직 복직일 이후 3개월 + 12개월 = 15개월 미경과
⑤ 강등의 경우: 3개월(직무정지 기간) + 18개월 = 21개월 미경과

라. 승진시험에서 부정행위를 하여 승진시험에 응시할 수 없는 자(부정행위 적발 이후, 5년간 제한)

Ⅱ. 근무성적평정의 실시

우리나라 경찰공무원승진임용규정 제7조(근무성적평정)에 따르면 총경 이하의 경찰공무원에 대하여는 근무성적을 평정하여야 하며 그 평정의 결과는 승진 · 전보 · 특별승급 및 특별상여금지급 등 각종 인사관리에 반영한다고 규정하고 있다. 우리나라 경찰의 평정대상은 총경과 경정 이하의 경찰공무원들이다. 이 양자간의 근무성적평정표는 각기 다른 평정표를 사용하고 있다. 무엇보다 중요한 것은 근무평정에 있어서 객관성, 타당성, 그리고 신뢰성이 최대한 보장되어야 한다.

제1 평정요소는 경찰의 업무발전에 기여도 · 포상실적 그리고 기타 안전행정부령 또는 국토해양부령이 정하는 평정요소로 구분하여 행하고 있다.

제2 평정요소는 근무성적·직무수행능력 그리고 직무수행태도로 구분하고 있다. 여기서 총경의 근무성적은 제2 평정요소에 의해서만 평정한다.

한편 평정점수의 분포는 객관적 평가(30점)와 주관적 평가로 나누어진다. 전자인 객관적 평가에는 경찰업무발전기여도(15점), 포상(5점),[6] 직장훈련(5점), 첩보(3점), 근태(2점)로 이루어진다. 이에 반해 후자인 주관적 평가는 근무실적(6.5점), 직무수행능력(7점) 및 직무수행태도(6.5점) 등으로 구성된다.

표 5-13 경정 이하의 평정항목

구분	항목별 배점	평정분포 비율
제1평정요소 객관적 평가(30점)	· 경찰업무발전기여도 → 15 · 포상 → 5 · 직장훈련 → 5 · 첩보제출 → 3 · 징벌/근태 → 2	○ 수(19점 이상): 피평정자의 2할 ○ 우(16점 이상): 피평정자의 3할 ○ 양(10점 이상 16점 미만): 피평정자의 4할 ○ 가(10점 미만): 평정자의 1할
제2평정요소 주관적 평가(20점)	· 근무실적 → 6.5 · 근무수행능력 → 7.0 · 근무수행태도 → 6.5	

경찰업무발전기여도에 관한 점수는 15점인바, 주요범죄 등 검거실적의 경우 다음과 같은 점수가 부여된다.[7]

· 국가안전을 해하는 주모자급 검거시 1건당 10점이 부여된다.

· 살인, 강도, 소매치기 등 강력범 검거시 시소재지 이상 근무지는 1건당 3점, 군단위 이하 근무자는 1건당 5점이 부여된다.

· 절도범 기타 경비사범 검거시 시소재지 이상 근무자는 1건당 1점, 군단위 이하 근무자는 1건당 0.4점이 부여된다.

---

6) 포상평가는 상과 벌의 가감에 의해 평정된다. 군의 표창은 대간첩작전과 예비군, 방위병 및 공익근무요원 관리업무에 따른 공로로 받은 표창에 한한다. 기타 기관장의 표창은 경찰업무와 관련된 특수범죄수사 등의 공로로 받은 표창에 한한다. 적용기간은 당해 계급으로 한다.

7) 전용린·박영대, 전게서, p. 173.

· 방범사범단속의 경우에는 시소재지 이상 근무자는 1건당 0.2점, 군단위 이하 근무자는 1건당 0.4점이 부여된다고 규정하고 있다.

· 안전행정부에서 실시하는 제안제도 시행에서 장려상 이상의 수상자는 10점이 부여된다.

경찰공무원임용령 제29조(특수지근무경찰공무원의 인사교류)의 규정에서 명시하고 있는 해당 경찰공무원은 경찰교육기관의 교관인 경찰공무원, 경찰서 수사과에서 고소·고발 등 조사업무를 직접 처리하는 경위인 경찰공무원, 경찰서의 청문감사관(청문감사관을 보조하는 직근하급직원을 포함)인 경찰공무원 또는 경찰공무원승진임용규정 제11조(승진대상자명부의 작성) 제1항 단서의 규정에 해당하는 경찰공무원(행정고등고시 및 사법고시 합격자 등)을 근무평정할 경우에는 수·우·양·가에 따른 비율을 적용하지 않는다. 경찰공무원승진임용규정 제5조(승진소요최저근무년수)에 따라 경력평정의 대상은 승진소요최저근무년수가 경과된 총경 이하의 경찰공무원으로 한다. 하지만 제11조 제1항에 해당하는 경찰공무원은 제외한다. 특히 경력평정의 경우는 당해 경찰공무원의 인사기록에 의하여 실시하고 있는데 필요한 경우 정확성 여부를 조회하거나 확인할 수도 있다. 그리고 기본경력은 평정기준일로부터 최근 4년간으로 한다. 초과경력의 경우는 기본경력 전 6년으로 하고 있다. 단, 총경 및 경장·순경의 초과경력은 기본경력 전 3년간으로 하고 경정의 초과경력은 기본경력 전 5년간으로 한다. 한편 교육훈련성적의 평정은 제11조 제1항 단서의 규정에 의한 경찰공무원을 제외하고 총경 이하의 경찰공무원을 대상으로 하되 경찰공무원 교육훈련기관에서 실시하는 교육훈련성적에 의함을 원칙으로 한다.[8)]

그러나 교육훈련성적이 만점의 6% 미만인 자는 평정대상에서 제외됨을 원칙으로 한다. 위에서 살펴 본 바와 같이 한국에서는 총경과 경정 이하의 경찰관만을 대상으로 근무평정제도를 실시하고 있다. 근무성적평정은 매년 10월 말일을, 경력이나 교육훈련성적의 평정은 12월 말일을 기준으로 1년에 1회 실시됨을 원칙으로 한다. 구체적으로 살펴보면 근무성적의 평정자

8) 이황우·조병인·최응렬, 전게서, pp. 182~183에서 재인용.

표 5-14 근무성적평정점의 분포비율

등급/계급	총 경	경정 이하
수	47점 이상	19점 이상
우	40점 이상 47점 미만	16점 이상 19점 이하
양	25점 이상 40점 미만	10점 이상 16점 이하
가	25점 미만	10점 미만

출처: 경찰공무원승진임용규정시행규칙 제9조 참조.

표 5-15 근무성적평정 강제배분율 비고

부처명	강제배분 비율
경찰공무원	수 20%, 우 40%, 양 30%, 가 10%
일반직공무원	수 20%, 우 40%, 양 30%, 가 10%
교육공무원	수 30%, 우 40%, 양 20%, 가 10%
소방공무원	수 20%, 우 40%, 양 30%, 가 10%

는 3인으로 한다. 제1차 평정자는 피평정자의 직근상급감독자가 행한다. 제2차 평정자는 제1차 평정자의 직근상급감독자가 행하고 제3차 평정자는 제2차 평정자의 직근상급감독자가 시행한다. 물론 경우에 따라서 경찰청장은 평정자를 특정하기가 어려운 경우에 한해 별도로 평정자를 지정할 수 있다는 예외 규정도 인정되고 있다.[9)]

1. 총경의 경우

○ 총 평정점: 50점 만점
- 제1차 평정자: 20점
- 제2차 평정자: 15점
- 제3차 평정자: 15점

9) 경찰공무원승진임용규정시행규칙 제6조(근무성적평정자) 참조.

○ 평정 요소

표 5-16 평정요소

구분	1차 평정자(20점)			2차 평정자(15점)			3차 평정자(15점)		
평정 요소	근무 실적	직무수행 능력	직무수행 태도	근무 실적	직무수행 능력	직무수행 태도	근무 실적	직무수행 능력	직무수행 태도
배점	6점	8점	6점	3.5점	6.5점	5점	3.5점	6.5점	5점

○ 평정권자별 평정점 분포(등급간 점수차: 0.25점)

표 5-17 평정권자별 평정점 분포

구분	1차 평정점	2차·3차 평정점
수 (20%)	20.00, 19.75, 19.50, 19.25, 19.00 (5)	15.00, 14.75, 14.50, 14.25 (4)
우 (40%)	18.75, 18.50, 18.25, 18.00 17.75, 17.50, 17.25, 17.00 (8)	14.00, 13.75, 13.50, 13.25, 13.00, 12.75, 12.50, 12.25, 12.00, 11.75 (10)
양 (30%)	16.75, 16.50, 16.25, 16.00, 15.75, 15.50, 15.25, 15.00, 14.75, 14.50, 14.25, 14.00, 13.75, 13.50, 13.25, 13.00, 12.75, 12.50, 12.25, 12.00, 11.75, 11.50, 11.25, 11.00, 10.75, 10.50, 10.25, 10.00 (28)	11.50, 11.25, 11.00, 10.75, 10.50, 10.25, 10.00, 9.75, 9.50, 9.25, 9.00, 8.75 8.50, 8.25, 8.00, 7.75 (16)
가 (10%)	9.75 이하	7.50 이하

○ 등급별 분포비율(경찰공무원 승진임용 규정 제7조 제3항, '10. 6. 15 개정 시행)

표 5-18 등급별 분포비율

구분	수	우	양	가
분포비율	20%	40%	30%	10%

※ "가" 해당자가 없을 경우 "양" 평정 가능

❍ 평정 방법

- 각 1·2·3차 평정자는 평정 대상인원에 따라 등급별 분포비율을 준수하여 평정(별표부록 3 "평정인원별 분포비율표" 참조)

표 5-19 사례

서울청 소속 총경 30명(경찰서장 제외)중, 수사부 소속 총경이 2명일 경우
① 1차 평정권자는 수사부장이므로, 수사부 소속 총경은 「수」·「우」 각 1명으로 평정 가능
② 2차 평정권자는 서울청장이므로 대상자 30명을 수 6명, 우 12명, 양 9명, 가 3명으로 평정('가' 해당자가 없을 경우 '양' 평정 가능)

- 각 1·2·3차 평정점수의 합계점수 순에 따라 [별표부록 6]의 "총경 서열명부" 작성

※ 평정점수 동점자의 서열명부상 순위결정 기준(「경찰공무원 승진임용 규정」 제12조, '10. 1. 12 개정 시행)
  ① 근무성적이 우수한 사람 (3차 평정점 우수자)
  ② 해당 계급에서 장기간 근무한 사람
  ③ 바로 아래 계급에서 장기간 근무한 사람

- 서열명부 순위를 기준으로 [별표부록 4]의 "근무성적 평정분포 비율표"에 따라 개인별 최종 평정점 부여

표 5-20 사례

총경 甲, 乙, 丙, 丁의 1 · 2 · 3차 평정점수 합계가
甲: 50.00점, 乙: 49.50점, 丙: 43.75점, 丁: 38.25점이라고 가정할 때,
① 서열명부상 순위는 甲 1위, 乙 2위, 丙 3위, 丁 4위에 해당하고
② '근무성적 평정분포 비율표'에 의할 경우, 수 1명, 우 2명, 양 1명으로 평정하여야 하므로 甲은 수 1번, 乙은 우 1번, 丙은 우 2번, 丁은 양 1번에 해당함
⇨ 따라서 위 4명의 최종 근무성적평정점은 甲 50.00점, 乙 46.75점, 丙 46.50점, 丁 39.75점이 됨

경찰공무원승진임용규정 제7조에 따라 총경에 대한 근무성적평정자는 3인으로 한다. 여기서 제1차평정자와 제2차평정자는 각각 15점을, 그리고 제3차 평정자는 20점을 최고점수로 하여 총평정점은 50점을 만점으로 한다.[10]

표 5-21 평정요소

구분	1차 평정자(15점)			2차 평정자(15점)			3차 평정자(20점)		
평정요소	근무실적	직무수행능력	직무수행태도	근무실적	직무수행능력	직무수행태도	근무실적	직무수행능력	직무수행태도
배점	3.5점	6.5점	5점	3.5점	6.5점	5점	6점	8점	6점

물론 분포비율은 수 20%, 우 40%, 양 30%, 가 10%를 원칙으로 하되, 만일 가 10%에 해당하는 경찰공무원이 없는 경우는 양에 가산하는 것으로 평가가 이루어지게 된다. 특히 경찰의 경우 기존에 우가 30%이고 양이 40%였으므로 매우 불리했는데 최근 이를 개정하여 우를 40%로 정정했고 경찰공무원의 사기앙양에 기여하게 됐다.

경찰공무원승진임용규정시행규칙 제9조에 따라 수는 47점 이상으로, 우는 40점 이상 47점 미만으로 하고, 양은 25점 이상 40점 미만, 가는 25점 미만으로 점수분포가 정해져 있다.

2. 경정 이하의 경우

1. 총 평정점: 50점 만점
2. 제1평정요소(객관평가): 30점, 제2평정요소(주관평가): 20점

10) 경찰공무원승진임용규정시행규칙 제7조 참조.

표 5-22 제1평정요소

구분	계	경찰업무 발전 기여도	포상	직장훈련	견문 성적	근태
배점	30점	15점	5점	5점	3점	2점

3. 제2평정요소

- 평정자별 배점: 제1차 평정자: 7.5점
  제2차 평정자: 7.5점
  제3차 평정자: 5점

표 5-23 제2평정요소

구분	1차 평정자(7.5점)			2차 평정자(7.5점)			3차 평정자(5점)		
평정 요소	근무 실적	직무수행 능력	직무수행 태도	근무 실적	직무수행 능력	직무수행 태도	근무 실적	직무수행 능력	직무수행 태도
배점	2.5점	2.5점	2.5점	2.5점	2.5점	2.5점	1.5점	2점	1.5점

표 5-24 평정권자별 평정점 분포(등급간 점수차: 0.125점)

구분	1차·2차 평정점	3차 평정점
수 (20%)	7.500, 7.375, 7.125 (4)	5.000 (1)
우 (40%)	7.000, 6.875, 6.750, 6.625, 6.500, 6.375, 6.250, 6.125, 6.000, 5.875 (10)	4.874, 4.750, 4.625, 4.500 (4)
양 (30%)	5.750, 5.625, 5.500, 5.375, 5.250, 5.125, 5.000, 4.875, 4.750, 4.625, 4.500, 4.375, 4.250, 4.124, 4.000, 3.875 (16)	4.375, 4.250, 4.124, 4.000, 3.875, 3.750, 3.625, 3.500, 3.375, 3.250, 3.124, 3.000, 3.875, 2.750, 2.625, 2.500, (16)
가 (10%)	3.750 이하	2.375 이하

표 5-25 등급별 분포비율(경찰공무원 승진임용 규정 제7조 제3항, '10. 6. 15 개정 시행)

구분	수	우	양	가
분포비율	20%	40%	30%	10%

※ "가" 해당자가 없을 경우 "양" 평정 가능

- 평정 방법

・각 1・2・3차 평정자는 평정대상 인원에 따라 등급별 분포비율을 준수하여 평정(별표부록 3 "평정인원별 분포비율표" 참조)

4. 예 외 - 분포비율 미적용

1) 재직 중 고시에 합격한 경찰관

2) 경찰서 경제팀 警衛인 경찰공무원

- 적용 대상: ・ 경찰서 수사과에서 고소・고발 사건을 처리하는 다음의 팀・계 단위 부서 중,

► '경제팀'이 편성되어 있는 관서는 '경제팀'

► '경제팀'이 편성되어 있지 않은 관서는 그 명칭에 관계없이 사기・횡령 등 경제범죄 고소・고발사건을 처리하는 '팀' 또는 '계'

・ 1차 평정 대상에서 경위가 3명 이상인 경우에 한하여 적용

- 적용범위 및 분포비율: 1차 평정에 한하여 수우양가 인원을 4 : 6 : 0 : 0의 비율로 배분

표 5-26 분포비율 예외 평정인원별 분포비율표

인원	수(40%)	우(60%)
3	1	2
4	2	2
5	2	3
6	2	4
7	3	4

인원	수(40%)	우(60%)
8	3	5
9	4	5
10	4	6
11	4	7
12	5	7

5. 각 1·2·3차 평정점수 합계점수 순에 따라 [별표부록 7]의 경정 이하 계급별 "서열명부"상 제2평정요소 순위 작성
6. 제2평정요소 평정점수 동점자의 순위결정
   ① 근무성적이 우수한 사람(제1평정요소와 제2평정요소의 합산점 우수자)
   ② 해당 계급에서 장기간 근무한 사람
   ③ 바로 아래 계급에서 장기간 근무한 사람(경찰공무원 승진임용 규정 제12조, '13. 1. 9 개정 시행)
   * 제2평정요소 순위를 기준으로 [별표부록 5]의 "근무성적 평정분포 비율표"에 따라 개인별 평정점 부여
7. 서열명부 작성
   - 근무성적 총점(제1평정요소+제2평정요소의 합산) 순으로 서열명부 작성
8. 근무성적 평정의 예외
   가. 휴직·직위해제 등의 사유로 당해연도의 평정기관에서 6월 이상 근무하지 아니한 경우(규정 제8조 제1항)
   * 당해연도의 기간은 "전년도 11월 1일부터 평정연도 10월 31일까지"를 의미
   * 경대 졸업과 동시에 대학원으로 교육파견된 자는 근무성적평정 미실시
   나. 경찰공무원이 6월 이상 국외(교육)파견, 육아휴직, 그 밖의 교육훈련으로 인하여 평정을 실시할 수 없을 때에는 직위에 복귀한 후, 최초의 정기평정이 있을 때까지 전회의 근무성적평정 결과를 당해 연도의 평정점으로 봄.
   다. 근무성적 평정점이 없는 연도가 있을 경우, 전회 평정점 또는 전·후의 평정점의 평균 중 높은 점수를 그 단위 연도의 평정점으로 하되, 평정점이 없는 연도의 전 또는 후의 평정점이 없을 경우에는 그 전 또는 후의 평정점은 37.5점으로 함.(규칙 제17조 제4항)
   라. 전년도 정기평정 이후에 신규채용 또는 승진 임용된 경찰공무원에 대하여는 2월이 경과한 후에만 평정 실시(규정 제8조 제5항)
   ※ '13.9.2~'13.10.31 사이에 신규채용 되거나 승진임용된 경찰공무원에 대해서는 근무평정 미실시, 근평점수는 "0점"으로 처리

마. 경찰공무원이 2월 이상 교육훈련외의 사유로 국가기관, 지방자치단체 또는 행정안전부 장관이 지정하는 기관에 파견근무하게 된 경우에는 파견된 기관의 의견을 참작하여 평정하되,

10. 타부처 파견자 및 해외주재관

┌ 1차 평정: 원 소속부서에서 별도로 분포비율 적용 평정
└ 2·3차 평정: 원 소속부서에서 소속직원과 함께 평정

※ 별도의 분포비율: 파견자 또는 주재관만을 대상으로 2 : 4 : 3 : 1 분포비율 적용

11. 업무지원자

┌ 1차 평정: 업무지원부서에서 별도의 분포비율 적용 평정
└ 2·3차 평정: 원 소속부서에서 소속직원과 함께 평정

※ '13 9. 2부터 업무지원 근무를 한 자는 원 소속기관에서 3차까지 평정

경정 이하의 경우는 경찰업무발전 기여도 15점, 포상 5점, 직장훈련 5점, 첩보제출 3점, 근무태도 2점으로 하여 객관적 점수 30점과, 주관적 점수 20점을 더해 총 50점을 만점으로 평정하는데, 주관적 평정점의 분포 비율은 앞에서 살펴 본 총경(總警)의 경우와 동일하다. 즉 주관적 평정의 경우 각 등급에 따른 점수분포는 수가 19점 이상으로, 우는 16점에서 19점 미만을, 양은 10점에서 16점까지, 가는 10점 미만으로 하되, 1차와 2차 평정자는 각 7.5점을, 그리고 3차 평정자는 5점을 최고점으로 해서 평정이 행해지고 있다.[11)]

11) 전용린·박영대, 전게서, p.173을 참조.

표 5-27 경찰공무원 승진임용 규정 제8조(근무성적평정의 예외) 개정연혁

이전	2005. 10. 20 개정	2006. 12. 21 개정 (현행)
① 휴직·직위해제·파견 등의 사유로 당해연도의 평정기관에서 6월 이상 근무하지 아니한 경우에는 근무성적을 평정하지 아니한다. 다만, 당해 경찰공무원이 직위에 복귀하여 2월이 경과한 후에는 근무성적을 평정하여야 한다.	① 휴직(육아휴직을 제외한다)·직위해제 등의 사유로 당해연도 평정기관에서 6월 이상 근무하지 아니한 경우에는 근무성적을 평정하지 아니한다.	① 휴직·직위해제 등의 사유로 당해연도의 평정기관에서 6월 이상 근무하지 아니한 경우에는 근무성적을 평정하지 아니한다.
② 경찰공무원이 6월 이상의 육아휴직·국외파견 기타 교육훈련으로 인하여 평정을 실시할 수 없을 때는 당해 경찰공무원의 전회의 근무 성적평정결과를 당해 평정으로 갈음한다. 다만, 직위에 복귀하여 2월이 경과한 후에는 근무성적을 평정하여야 한다.	② 경찰공무원이 6월 이상의 육아휴직·국외파견 그 밖의 교육훈련으로 인하여 평정을 실시할 수 없는 때에는 직위에 복귀한 후 최초의 정기평정이 있을 때까지 전회의 근무성적평정 결과를 당해 결찰공무원의 평정으로 본다.	② 경찰공무원이 6월 이상의 육아휴직·국외파견 그 밖의 교육훈련으로 인하여 평정을 실시할 수 없는 때에는 직위에 복귀한 후 최초의 정기평정이 있을 때까지 전회의 근무 성적평정결과를 당해 경찰공무원의 평정으로 본다.
공포한 날부터 시행	시행 후 최초로 휴직·직위해제·국외파견 그 밖의 교육훈련의 명령을 받은 자부터 적용한다.	공포한 날부터 시행

표 5-28 평정절차의 현황

평정자	근무성적의 평정은 3인으로 진행한다 · 제1차평정자: 피 평정자의 직근 상급감독자 · 제2차평정자: 제1차 평정자의 직근 상급감독자 · 제3차 평정자: 제2차 평정자의 직근 상급감독자 그리고 평정자를 정하기 곤란할 경우는 경찰청장이 평정자를 지정함
평정의 채점	경정 이하에 대한 제2평정 요소의 근무성적 평정은 다음과 같음 · 제1평정자는 7.5점을 초과할 수 없음 · 제2평정자는 7.5점을 초과할 수 없음 · 제3평정자는 5.0을 초과할 수 없음

또한 휴직·정직 또는 직위해제나 파견 등으로 인해 당해 연도의 평정기관에서 6개월 이상 근무하지 아니한 때에는 근무성적을 평정하지 아니하며, 정기평정 후 신규채용이나 승진임용된 경찰공무원에 대하여는 2개월이 지난 후에 평정을 해야 함을 원칙으로 한다.

그러나 다음 각호의 기간은 당해계급의 경력평정대상기간에 이를 산입한다. 즉 ① 영 제5조 제2항 제1호의 규정에 의하여 승진소요최저근무연수에 산입되는 휴직기간, ② 영 제5조 제2항 제2호의 규정에 의한 직위해제기간, ③ 퇴직한 경찰공무원으로서 퇴직당시의 계급 또는 그 이하의 계급에 재임용된자의 전재직기간, ④ 시보임용기간, ⑤ 영 제5조 제3항 및 제4항의 규정에 의하여 승진소요연수에 산입되는 기간 등이다.[12)]

한편 경력평정대상기간은 경력월수를 단위로 하여 계산하되, 15일 이상은 1월로 하고 15일 미만은 경력에 산입하지 아니한다.

[경력평정(경찰공무원승진임용규정 제9조)]

1. 평정 대상: 승진소요 최저근무연수가 경과된 총경이하 경찰공무원
2. 평정자 및 확인자
   가. 평정자: 평정대상자 소속기관 등의 인사담당 경찰공무원
   나. 확인자: 평정자의 바로 위 감독자
3. 평정 횟수 및 시기
   가. 총경·경정: 매년 1회, 10월말 기준
   나. 경감이하: 매년 1회, 12월말 기준
4. 경력평정 대상기간
   당해 계급에서 휴직·강등·정직·직위해제 기간을 제외한 근속기간
   * 강등된 경우, 강등되기 전 계급에서 재직한 근속기간은 산입
5. 경력평정 기간 및 배점

12) 경찰공무원승진임용규정시행규칙 제10조 제2항(경력의 기간계산) 참조.

표 5-29 기본경력과 초과경력 관계

구분	총경	경정	경감·경위	경사	경장	순경
기본경력 (32점)	최근 4년간 (월 0.667점)				최근 3년간 (월 0.889점)	
초과경력 (3점)	기본경력전 3년 (월 0.084점)	기본경력전 5년 (월 0.05점)	기본경력전 6년 (월 0.042점)	기본경력전 2년 6월 (월 0.100점)	기본경력전 2년 (월 0.125점)	기본경력전 1년 (월 0.250점)

6. 경력평정점

기본경력 32점 + 초과경력 3점 = 35점 만점

7. 평가 방법

가. 기본경력 및 초과경력 근무월수에 각각 해당 평정점수를 곱하여 계산하고, 기본경력점수 총점 32점과 초과경력점수 총점 3점을 초과할 때에는 각각의 점수를 만점으로 처리

* [별표부록 8] "경력평정 조견표" 참조

나. 기본경력 기간 및 초과경력 기간에 휴직·직위해제·강등·정직이 있는 경우, 그 처분기간을 제외

표 5-30 경력점수의 사례

① '03. 1월 경감 임명된 甲이 '06. 4월의 징계처분을 받은 경우, 경력점수는? ('14년 승진대상자명부 작성 기준으로)
⇒ 우선 임용기간만으로는 12년이지만, 초과경력 기간 중에 징계처분기간이 있으므로 甲의 경력점수는 기본경력 32년 + 초과경력 2.940 = 총 34.940점

② '03. 1월 경감 임명된 乙이 '11. 4월에 정직 2월의 징계처분을 받은 경우, 경력점수는? ('14년 승진대상자명부 작성 기준으로)
⇒ 우선 임용기간만으로는 12년이지만, 기본경력 기간 중에 징계처분기간이 있으므로 乙의 경력점수는 기본경력 30.682 + 초과경력 3 = 총 33.682점

8. 경력평정기간 계산

가. 평정대상 기간은 월 단위로 산출하되, 15일 이상은 1월로 계산하고, 15일 미만은 산입하지 아니함(1개월은 30일로 계산)

표 5-31 경력월수의 사례

예) 2011. 2. 17 ~ 2013. 10. 31까지의 경력월수 계산
2013. 10. 31 - 2011. 2. 17 = 2년 8월 14일 + 1일(초일산입) ⇒ 33개월로 계산

나. 다음의 기간은 평정대상 기간에 산입
① 공무상 질병·부상으로 인한 휴직, ② 육아휴직(시간제 근무자 포함), ③ 병역휴직, ④ 법정 의무수행을 위한 휴직, ⑤ 고용휴직의 경우에는 全 휴직기간, ⑥ 유학휴직 기간 중 5할의 기간

* 육아휴직은 자녀 1명당 최초 1년에 한하여 인정(국가공무원법 개정, '08. 1. 1 이후 휴직자부터 적용)하되 셋째 자녀부터는 총 휴직기간이 1년을 넘는 경우에도 그 휴직기간 전부를 인정(경찰공무원 승진임용 규정 개정, '11. 10. 17), 유학휴직은 '05. 10. 20 이후 휴직자부터 적용

* 시간제 근무자 재직기간 산정방식은 「유연근무제 운영 개선지침(경무과-8998), '127.31」 참조

표 5-32 유의사항

'05. 10. 20 기준으로, 이전 국외유학 휴직자와 이후 국외유학 휴직자의 경력평정 방법이 다름 ('05. 10. 20 경찰공무원 승진임용 규정 및 동시행규칙 개정)

① '05. 10. 20 이전 국외 유학휴직자의 기본경력 평정은 그 휴직기간을 제외한 최근 4년간을 대상으로 실시

(사례 1) '03. 3. 1 경감 임명된 甲이 '05. 9. 1~'09. 9. 31까지 국외 유학 휴직을 한 경우, 甲의 경력점수는? ('14년 승진대상자명부 작성시)
⇒ 기본경력: '13. 12. 31~'10. 1. 1 만 4년, 대상자의 기본경력은 32점 만점
초과경력: 기본경력전 6년이므로, '09. 12. 31~'09. 9. 1, '05. 8. 31~'03. 3. 1이 초과경력 기간, 대상자의 초과경력은 1.386점(33개월 × 0.042)
결국, 甲의 경력점수는 33.386점

(사례 2) '01. 3. 1 경감 임명된 乙이 '05. 9. 1~'08. 8. 31까지 국외유학 휴직을 한 경우, 乙의 경력점수는? ('14년 승진대상자명부 작성시)
⇒ 기본경력: 기본경력은 위 甲의 경우와 동일, 대상자 기본경력은 32점 만점
초과경력: 기본경력전 6년이므로, 乙의 초과경력은'09. 12. 31~'09. 9. 1, '05. 8. 31~'01. 3. 1까지로 계산, 대상자의 초과경력은 2.394점(57개월 × 0.042)
결국, 乙의 경력점수는 34.394점

○ 국가공무원법 제73조의3 제1항 제3호 또는 제4호의 규정에 의해 직위해제 처분을 받은 자가 그 처분사유가 무효·취소 또는 무죄로 확정된 경우의 그 직위해제 기간 및 처분기간

○ 퇴직한 경찰공무원으로서 퇴직당시 계급 또는 그 이하의 계급에 재임용된 자의 前 재직기간

○ 시보 임용기간

○ 행정·외무고시 출신자로서 채용 전 5급 이상 공무원으로 5년 이상 근무한 경우, 그 기간의 2할에 해당하는 기간

○ 법원조직법 제72조의 규정에 의한 사법연수원의 연수생으로 수습한 기간

9. 경력평정시 유의사항

가. '80년 해직자로서 특별채용된 자의 경우 그 해직기간은 경력평정대상 기간에서 제외하고, 해직일 이전 경력은 70%만 인정

※ 1980년 해직공무원의 보상등에 관한 특별조치법시행령 제11조의 2('90. 8. 28 대통령령 제13090호)

나. '03. 2. 24 이전에 징계처분을 받았으나 특별사면된 자는 승진임용 제한사항에서 제외됨은 물론, 승진소요 최저근무연수 및 경력평정기간에 그 기간을 산입하여야 함

다. '08. 2. 24 이전에 징계처분을 받았으나 '08. 8. 15 특별사면된 자는 승진임용 제한사항에서 제외됨은 물론, 승진소요 최저근무연수 및 경력평정기간에 그 기간을 산입하여야 함

※ 나·다항과 관련하여('03·'08년 특별사면에 따른 인사처리지침 참조)

- 파면·해임된 자, 금품·향응수수 및 공금횡령·유용자, 불법집단행동으로 징계처분된 자는 제외되며, 국공법 제73조의3 제1항 제3호(징계의결요구)의 직위해제 기간을 승진소요 최저근무연수·경력평정기간에 산입, 이외의 직위해제 처분기간은 미산입

라. 강등·정직 또는 직위해제처분이 말소되었더라도 그 처분기간은 직무에 복귀하지 않은 것이므로 경력평정기간에 미산입

마. 임용결격 및 당연퇴직 사유로 퇴직하였다가 '00. 4. 29 특별채용된

표 5-33 특별채용의 경력인정

임용결격사유로 퇴직후 특별채용	당연퇴직사유로 퇴직후 특별채용
임용결격사유로 근무한 경력은 경력평정 대상기간에서 제외하고 '00. 4. 29 이후 경력만 인정	형의 선고를 받기 전 경력과 '00. 4. 29 이후 경력을 합산하여 경력평정대상기간에 포함

※ 임용결격공무원등에대한퇴직보상금지급등에관한특례법(1999. 8. 31 법률 6008호)

자의 경우

바. 경찰대학을 졸업한 후 경위로 임용된 자가 전투경찰대의 대원으로 복무한 기간은 경력평정에서 제외

※ '09. 3. 2 임용된 경찰대 졸업생들부터 적용하되 여경은 해당사항 없음(경찰공무원 승진임용 규정 제5조 제3항, '09. 2. 19 개정 시행)

사. 고시특채 경정의 경력평정

○ 사법시험 합격자

- 현계급 임명일로부터 평정일까지의 경찰경력이 기본경력 만점 4년을 넘었을 경우에는 연수원 경력을 초과경력에 산입하고,
- 기본경력이 4년 이내일 경우, 기본경력 기간내에 있는 연수원 기간은 기본경력에 산입하고, 4년이 넘었을 때의 나머지 연수원 기간은 초과경력에 산입

○ 행정·외무고시 합격자

- 경찰관으로 임용되기 전, 5급 공무원으로서 5년 이상 근무한 자에 대해서만 그 기간의 2할을 경력으로 인정

※ 경찰관 임용이전 5급 공무원으로서의 근무기간이 총 5년 미만인 경우에는 기본 및 초과경력 산입대상이 아님

- 기타 경력평정 방식은 사법시험 특채자와 동일

한편 교육훈련성적평정을 추가로 살펴보면 다음과 같다.

1. 평정 대상: 총경이하 경찰공무원
2. 평정자 및 확인자

가. 평정자: 평정대상자 소속기관 등의 인사담당 경찰공무원
나. 확인자: 평정자의 바로 위 감독자

3. 평정 내용
가. 총 경: 관리자 교육 또는 치안(고위)정책과정 이수 여부
나. 경정～경사: 신임교육과정 또는 당해 계급 기본교육과정 이수 여부
다. 경 장 · 순경: 신임교육과정 이수시, 기본 만점으로 점수 처리

4. 평정횟수 및 시기
가. 총경 · 경정: 매년 1회, 10월말 기준
나. 경감～경사: 매년 1회, 12월말 기준

5. 평정점
각 계급별 평정대상 과정 이수시 15점 만점으로 평정

6. 퇴직 후 재임용된 경우의 교육훈련성적 평정
임용결격 및 당연퇴직 사유로 퇴직하였다가 '00. 4. 29 특별채용된 자의 경우, 재임용전 수료한 기본교육도 당해 계급 기본교육과정을 이수한 것으로 인정

7. 승진후보자의 기본교육 이수
승진후보자 기간 중에 이수한 기본교육 훈련성적도 승진예정계급의 기본교육과정을 이수한 것으로 인정 등이다.

1) 경력평정의 의의

이는 경찰공무원이 자기가 속한 당해 계급에서 경찰직무에 대한 숙련도를 연공과 전문성에 따라 평정하는 것을 말한다. 일반적으로 경력평정은 1년에 1회 실시하며 12월 말일을 기준으로 한다. 이에 반해 예외로 총경의 경력평정은 10월 말일을 기준으로 한다.

2) 기본경력과 초과경력

경찰공무원의 경력은 기본경력과 초과경력으로 구분한다. 기본경력을 계산할 때는 평정기준일로부터 최근 4년으로 한다. 그리고 초과경력의 경우 경위와 경감은 기본경력 전 6년간으로, 그리고 경정은 기본경력 전 5년, 총경, 경사, 경장은 기본경력 전 3년, 순경은 기본경력 전 2년간으로 한다.[13]

표 5-34 기본경력

구분	총경	경정	경감 · 경위 · 경사	경장 · 순경
기본경력(32점)	월 0.667점(최근 4년간)			월 0.889점(최근 3년간)

표 5-35 초과경력

	1년	2년	3년	4년	5년	6년
경정	0.6	1.2	1.8	2.4	3	
경감 · 경위	0.504	1.008	1.512	2.016	2.52	3
총경 · 경사 · 경장	1.008	2.016	3			
순경	1.5	3				

3) 경찰관의 가점평점

1. 평정 대상: 총경이하 경찰공무원
2. 평정자 및 확인자
   가. 평정자: 평정대상자 소속기관 등의 인사담당 경찰공무원
   나. 확인자: 평정자의 바로 위 감독자
3. 평정횟수 및 시기
   가. 총경 · 경정: 매년 1회, 10월말 기준
   나. 경감이하: 매년 1회, 12월말 기준
4. 평정 기준
   가. 가점평정항목은 해당계급 승진후보자명부 등재 이후에 취득한 가점에 한함
   * 단, 특수지 등 근무경력 가점의 경우는 해당계급 임용이후만 인정
   * 승진후보자명부 등재시점
   - 심사: 승진심사위원회 의결일자
   - 시험: 합격자 발표일자

13) 중앙경찰학교, 『경무』(충주: 중앙경찰학교, 2005), p. 103.

나. 월 계산방법은 경력평정기간의 계산방법을 준용

5. 평정항목 및 배점

가. 총괄(총 2점 만점)

표 5-36 가산점 관련 배점

구분	계	특수지등 근무경력	언어능력		자격증 (전산포함)	전문지식	
			외국어	국어		학위취득	직무교육
배점	2점	0.5	0.5	0.3	0.5	0.5	0.3
배점상한	2점	0.5	0.5		0.5	0.5	

나. 특수지 등 근무경력 가점: 최고 0.5점

○ 특수지의 범위

- 경찰공무원 특수지근무수당 지급대상 지역·기관 등에 관한 규칙(경찰청 훈령 제562호)에 의함.

  단, 특수기관 중 유치장·호송출장소·검문소 및 초소는 제외

○ 대상기간: 승진대상자명부 작성기준일 전 10년 이내에 해당계급에서 근무한 경력

표 5-37 등급별 배점

근무경력	배점
특수지 "가" 또는 "나"지에서 근무한 경력	월 0.032점
특수지 "다"지에서 근무한 경력	월 0.02점
특수지 "라"지에서 근무한 경력	월 0.01점

○ 평정방법

- 특수지 가점: 근무 월수 × 등급별(가~라) 평정점
- 경감 이하 감찰실무요원 가점 평점: 근무월수 × 0.01('06. 4. 1~현재까지)

* 단, '97. 10. 16 ~ '06. 3. 31까지는 (근무월수 - 12월) × 0.01

- 승진을 조건부로 특수지역에 근무(해안전경대 복무)하거나 경찰대학

표 5-38 감찰실무요원 범위

감찰의 범위: 경감이하 감찰업무 실무자(감사・공직윤리 근무자, 민원실 제외)
실무요원의 범위: 경정 이상 및 경감관리자(경찰서 청문감사관) 제외
- 경찰서는 청문감사관실 근무자(청문감사관, 민원봉사실 근무자 제외)는 가점 인정
- 기동대 등 경비부서, 부속기관은 감찰실무 담당자 가점 인정
- 본청은 감찰담당관실 근무자(민원봉사실은 제외)만 가점 인정
- 기방청은 감사계가 분리된 서울・부산・대구・대전・경기・강원・충북・충남・전남 9개청은 감찰계 근무자만 해당, 감사계가 분리되지 않은 인천・광주・울산・전북・경북・경남・제주 7개청은 청문감사담당관실 근무자 해당

시행일 이전 가점 부여는 감사계 직제 분리여부를 기준으로 판단
* 감찰실무요원 가점 적용 例는 아래의 예시1 준용하여 처리

표 5-39 예시1-시행일 전후 각각 다른 특수지 근무 적용例

개정규칙 시행일('11.4.1) 이전 A경위가 특수지 "가"지에서 6개월간 근무하였고, 시행일 이후 특수지 "다"지에서 5개월 근무 중인 경우 '11년 근평 가점 계산은 (0.03×6)+(0.02×5)=0.28점이 됨
※ 시행 전 특수지 "가"지 가점은 월 0.1점 계산 → 시행 후는 월 0.03점으로 변경

표 5-40 시행일 전후 근무 중인 특수지의 급지가 변경된 경우 적용例

B경사가 개정규칙 시행일('11.4.1) 이전부터 4개월간 근무 중인 특수지 "가"지가 '11.6.1부터 "다"지로 변경되어 '11.7.31까지 총 8개월 근무한 경우, '11년 근평 가점 계산은 (0.03×6)+(0.02×2)=0.22점이 됨

표 5-41 시행일 전후 근무한 특수지의 급지가 폐지된 경우 적용例

개정규칙 시행일('11.4.1) 전후로 C경장이 특수지 "나"지에서 6개월간 근무하였으나 '11년 근평시점에서는 근무지가 특수지에서 제외된 경우 '11년 근평 가점 계산은 0.03×6=0.18점이 됨

졸업 후 전투경찰대 대원으로 특수지역에 복무한 경우는 가점 대상 경력에서 제외

- 축소된 특수지 및 경감이하의 감찰실무요원 가점은 개정규칙 시행일 ('11. 4. 1)부터는 시행일 전후의 경력을 불문하고 개정된 기준으로 계산

다. 언어능력 가점: 최고 0.5점

○ 평가 대상: 국어능력 및 외국어능력

- 국어능력: 국어기본법 제23조, 도시행령 제18조의 규정에 따른 문화체육관광부장관 인증시험

표 5-42 인증시험(성적표 발행일로부터 2년 유효) 및 시행기관

구분	KBS한국어능력시험	국어능력인증시험(ToKL)	한국실용글쓰기 검정
시행	KBS한국어진흥원	(재)한국언어문화연구원	한국국어능력평가협회

- 외국어능력: 영어(TOEIC, TOEFL, TEPS, FLEX), 프랑스어, 독일어, 스페인어, 일본어, 중국어, 러시아어(이상 제2외국어는 서울대 SNULT, 한국외대·부산외대 어학 검정만 인정)

* 외대 어학검정: 한국외대 FLEX(정기시험), 부산외대 FLAT(수시시험 포함)
* 점수 인정 유효기간은 검정 기준일로부터 2년 이내. 단, 강등된 경우에는 강등 이후 검정한 것만 인정
* 서울대·한국외대·부산외대 검정 시험 점수는 100점 만점 환산하여 반영

표 5-43 등급별 배점

<table>
<tr><th colspan="3">구분</th><th>세부기준</th><th>배점</th><th colspan="2">배점상환</th></tr>
<tr><td rowspan="6">언어능력</td><td rowspan="3">국어능력</td><td>1급</td><td>KBS한국어능력시험 715점 이상
국어능력인증시험(ToKL) 163점 이상
한국실용글쓰기 검정 660점 이상</td><td>0.3</td><td rowspan="3">0.3</td><td rowspan="6">0.5</td></tr>
<tr><td>2급</td><td>KBS한국어능력시험 650점 이상
국어능력인증시험(ToKL) 152점 이상
한국실용글쓰기 검정 620점 이상</td><td>0.2</td></tr>
<tr><td>3급</td><td>KBS한국어능력시험 610점 이상
국어능력인증시험(ToKL) 143점 이상
한국실용글쓰기 검정 590점 이상</td><td>0.1</td></tr>
<tr><td rowspan="3">외국어능력
(영어 및 제2외국어)</td><td colspan="2">· TOEIC 870점 이상 · TEPS 800점 이상
· TOEFL IBT 104점 이상
· 서울대(SNULT), 한국외대(FLEX), 부산외대(FLAT) 80점 이상</td><td>0.5</td><td rowspan="3">0.5</td></tr>
<tr><td colspan="2">· TOEIC 790점 이상 · TEPS 700점 이상
· TOEFL IBT 95점 이상
· 서울대(SNULT), 한국외대(FLEX), 부산외대(FLAT) 70점 이상</td><td>0.3</td></tr>
<tr><td colspan="2">· TOEIC 730점 이상 · TEPS 630점 이상
· TOEFL IBT 86점 이상
· 서울대 (SNULT), 한국외대 (FLEX), 부산외대 (FLAT) 60점 이상</td><td>0.2</td></tr>
</table>

라. 자격증: 최고 0.5점

표 5-44 평가 대상

자격증	발급기관
변호사, 변리사, 공인회계사, 공인노무사, 세무사, 경비지도사, 법무사, 행정사, 공인중개사	자격증 발급 인증기관
통신・전자・교통・환경・건축・토목・항공・조선・화공・정보처리 분야의 기술사・기능장・기사・산업기사	국가기술자격법, 동법 시행령 및 시행규칙에 규정된 자격증 중 대한상공회의소와 한국산업인력공단 발행 자격증에 한함
청소년상담사	청소년기본법 제21조, 청소년기본법 시행령 제22・23・24조에 근거해 발급된 자격증
청소년지도사	청소년기본법 제21조, 청소년기본법 시행령 제19・20・21조에 근거해 발급된 자격증
상담심리사	(사)한국심리학회에서 인정한 상담심리사 자격을 취득한 자
임상심리사	한국산업인력공단 발행 자격증
화약류관리기술사・기사・산업기사	한국산업인력공단 발행 자격증
도로교통사고감정사	도로교통공단 발행 자격증
워드프로세서・컴퓨터활용능력 1급, 2급	대한상공회의소 발행 자격증

* 자격증을 2개 이상 보유시는 유리한 자격증 하나만을 인정하되, 동종 상위급 자격증을 다시 획득한 경우에는 가점으로 인정
* 상위등급 자격증으로 가점을 받은 자가, 승진 후 동종의 하위등급자격증을 취득한 경우에는 가점 불인정 예) 컴활 1급(경사) → 컴활 2급(경위)

☞ 세부 자격증 현황은 [별표 10] 가점배점표 참조

마. 전문지식: 두 항목 합산 최고 0.5점

※ 전문지식: 학위 취득 및 직무 전문화교육 포함

- 학위취득 가점: 최고 0.5점

・ 학위는 국・내외 학사이상 학위 취득시 가점 부여, 단, 국외에서 취득한 학위는 당해 국가 대사관 등 공관에서 발행하는 한국어판 증명서 사본이나 한국어판 공증서를 첨부한 경우에만 인정

・ 학사의 범위는 재직 중에 고등교육법 제2조에 규정된 학교(교육대학,

전문대학, 기술대학, 각종학교는 제외)에서 수여한 학사 학위 이상(전문학사학위 제외) 취득한 자로 한정(단, 해당계급에서 취득 학위만 가점 인정)

※ 독학에 의한 학위취득에 관한 법률에 따른 독학사, 학점인정 등에 관한 법률에 따른 학사 학위, 고등교육법 제49조·제50조의2에 따른 전문대학 전공심화과정을 이수하여 취득한 학사학위는 인정함

- 직무전문화 교육 가점: 최고 0.3점

· 직무전문화 교육은 "경찰청장이 인정한" 직무전문교육(경찰사이버포털교육 포함) 및 국내·외 위탁교육(민간기관위탁교육 포함)에 한함

※ '13년도 경찰교육훈련계획의 "교육총괄표" 및 "경찰청 사이버 교육과정", "위탁교육훈련" 참조

※ 지방청 직무교육과정은 경찰청장이 승인한 교육에 한하여 인정

· 사이버외국어교육(윈글리쉬 닷컴 http://.police2013.winglish.com)은 '11년 5월 이후 수료강좌부터 수강 시간 합산하여 당해연도에 한해 교육시간 인정

※ 관련근거:「사이버 외국어 교육」자율적 참여 활성화 계획(외사기획과-3729(2011.5.12))

※ 수료 완료한 강좌의 총 차시가 70차시 이상일 경우 최대 1주(35시간) 인정

※ 당해연도 인정 교육이므로 인사기록카드 등재 불가 및 가점평정표 제출시 증빙자료는 수료증 또는 외사기획과 발송 수료자 통보 공문으로 갈음

· 교육훈련성적 평정대상이 되는 교육(기본교육) 및 승진·파견 등의 조건부 교육(경대생 전술지휘과정, 전경대 및 특공대요원 승진조건부 교육, 조사요원 특채 후 조사전문화과정 등)은 직무전문화 교육대상에서 제외

· 교육기간은 이수증서 등에 기재된 기간으로 함. 단, 1주 미만의 교육은 합산하되 5일 이상인 경우 1주로 계산(1일은 7시간)

· 동일한 교육과정은 2회 이상 수료한 경우는 1회만 인정

※ 단, 동일 과정이라도 연도가 다른 경우에는 각각 가점으로 인정

바. 기타 유의사항

○ 승진소요 최저근무연수 미경과자는 가점평정표를 작성하지 않도록 하고, 가점은 승진시험에는 반영되지 않음을 사전 설명할 것

○ 민원실·교수요원근무경력 및 신지식경찰공무원, 국외연수경력 등 폐지된 가점은 개정 규칙 시행일('11.4.1) 이후는 가점평정 대상에서 제외

※ 시행일 이전 취득한 경력 등 가점 인정하지 않음

○ "가점평정대상기술서"는 본인이 작성하고, 반드시 증빙서류 첨부

※ '14년 승진심사시 기존 제출서와 변동사항이 없는 경우에는 가점평정대상기술서는 제출하되, 증빙서류는 생략 가능. 단, 소속기관이 변경된 경우에는 변동사항이 없어도 추가 제출

한편 승진대상자명부작성은 다음과 같다.

1. 작성권자

가. 본청 소속 全 경찰관 및 전국 경정이상: 경찰청장

나. 경감이하: 소속기관장

※ 항공, 여경의 경정·경감은 경찰청장이 계급별 통합 작성

2. 작성 대상

가. 승진소요 최저근무연수 경과자를 대상으로 계급별·경과별·직무분야별로 작성

※ 경사이하의 승진대상자명부는 경찰서에서 작성토록 되어 있으나, 지방청에서 통합심사하는 경우에는 지방청에서 승진대상자명부를 통합하여 작성

나. 승진소요최저근무연수 미달자는 "미달자명부" 별도 작성

표 5-45 승진자명부 작성표

구분	명부작성 기준
총경	경과 및 성별 구분 없이 통합하여 하나의 명부로 작성
경정	① 일반경과(수사 · 보안. 정보통신 경과 포함) ② 항공경과로 구분하여 작성
경감 이하	① 일반경과(수사. 보안. 정보통신경과 포함) ② 항공경과로 구분하여 작성
경정 이하 여경	경과 구분 없이, 계급별로 별도의 명부 작성

3. 요소별 배점

근무성적평정점 50 ＋경력평정점 35＋교육성적 15＋가점 2

※ 근무성적은 3년도 분(당해연도 50%, 전년도 30%, 전전년도 20%)의 합으로 평가. 다만, 경장 · 순경은 2년도 분(당해연도 60%, 전년도 40%)의 합으로 평가 총점은 소수점 4자리에서 반올림, 소수점 3자리까지 평가

4. 작성 기준일

가. 총경 · 경정: 매년 11월 1일

나. 경감 이하: 매년 1월 1일

5. 작성 기한: 기준일로부터 20일 이내

6. 효력 발생일

가. 작성기준일 다음 날로부터 효력 발생

나. 승진대상자명부를 조정하거나 삭제한 경우에는 조정 또는 삭제일로부터 효력 발생

7. 승진대상자명부의 조정 및 삭제

가. 조정 및 삭제: 작성기준일 이후, 승진심사 착수일 전까지 조정사유가 확인된 경우에 한함

① 전출 · 전입자가 있는 경우

② 교육훈련(기본교육)을 받은 자가 있는 경우

③ 경력을 재평정한 경우

※ 조정후 난 외에 조정인 및 조정사유 기재

다. 삭제 사유

① 경찰공무원 승진임용 규정 제6조의 승진임용 제한사유에 해당하는 사람이 있는 경우

② 퇴직자가 있는 경우

※ 삭제 후 난 외에 붉은 글씨로 사유 및 발생 연월일을 기재

8. 승진대상자명부 5배수 포함 여부 개인별 공개

가. 12월말 계급별 승진 T/O확정, 승진대자명부 작성 후 개인별 공개

나. 개인별 공개 희망을 접수 5배수 포함 여부를 메일, 휴대폰 등을 통해 전송

※ 승진대상자 명부 5배수 전체 명단 공개는 금지

9. 승진대상자명부 작성시 유의사항

가. 동점자의 순위 결정

① 근무성적이 우수한 자

※ 3년 근무성적의 환산점수 우수자, 단 경장·순경은 2년 근무성적 환산점수 우수자

② 해당 계급에서 장기 근무한 자

③ 바로 하위계급에서 장기 근무한 자

※ 경찰공무원 승진임용 규정 제12조(2010.1.12 개정, 시행)

나. 승진대상자명부의 인원과 미달자명부의 인원을 합한 인원은 소속기관의 현원과 동일하여야 함

다. 명부작성일 현재 승진임용의 제한사유에 해당되는 자 또는 전년도 승진후보자명부에 등재되어 있는 자도 승진대상자 명부에 등재하되, 명부상 전체 성적순과 관계없이 최후 순위에 승진후보자 간의 성적순, 제한자 간의 성적순으로 등재

※ 승진대상자명부 난 외에 사유 및 사유발생 연월일을 붉은 글자로 기재

이어서 승진심사표를 살펴보면 다음과 같다.

표 5-46 승진심사표

승진대상자명부 작성	심사대상자 확정	심사승진위원회 개최
○ 대 상 - 승진소요 최저근무연수 경과자를 대상으로 계급별·경과별·직무분야별 작성 ○ 평가항목 및 배점 ┌ 근무성적평정 50점 ├ 경 력 평 정 35점 ├ 교 육 훈 련 15점 └ 가 점 평 정 2점 ○ 작성기준일 - 총경·경정: 매년 11월 1일 - 경감이하: 매년 1월 1일	승진대상자명부상 순위를 기준으로, 승진예정인원의 5배수 이내자를 승진심사위원회 심사대상자로 확정	○ 1단계 - 부적격자 배제 ○ 2단계: 7개 항목 평가 ① 경험한 직책 ② 승진기록 ③ 교육훈련 ④ 상벌 ⑤ 근무성적 ⑥ 지휘관추천 ⑦ 적성 (위원회) ⇨ 2배수 확정 ○ 3단계 - 심사위원 합의 또는 무기명 투표로 최종 선발

1. 승진심사위원회 구성

표 5-47 승진심사위원회 현황

구분	설치	구성	대상계급
중앙승진심사위원회	경찰청	심사대상자보다 상위계급으로서 위원장 포함 5~7인 (위원장은 위원 중 최상위계급 또는 위원 중 선임 경찰공무원으로 함)	총경 이상에의 승진
보통승진심사위원회	소속기관	소속기관별 경감 이상으로서 심사대상자보다 상위계급이어야 하며, 위원장 포함 5~7인 (위원장은 위원 중 최상위 계급 또는 위원 중 선임 경찰공무원으로 하며, 경감 이상 인원이 부족한 경우에는 경위 이상 위원으로 임명 가능)	경정 이하에의 승진

※ 경무관 승진심사시는 중앙승진심사위원회에 부의할 사항에 대한 사전심의를 위해 복수의 승진심의위원회를 둘 수 있음

2. 승진심사 방법

가. 제1단계 심사: 배제기준에 의거 부적격자 배제

나. 제2단계 심사 - 계급별 승진심사기준에 따라 등급별 평가
- 고득점자 순으로 2배수 확정, 3단계 심사 회부

다. 제3단계 심사

승진심사위원 전원 합의에 의하되, 합의에 이르지 못한 경우에는 무기명 투표로 최종 심사승진임용예정자를 선발

☞ 각 계급별 승진심사 기준은 별도 계획 수립·시행

한편 승진후보자명부의 작성은 다음과 같이 이루어진다.

1. 명부작성 방법

각 소속기관에서는 경과(여경 포함) 구분 없이 계급별로 작성하되, 각각 심사와 시험성적의 고득점 순으로 통합 승진후보자명부 작성

2. 승진 임용

승진임용은 심사 1위, 시험 1위, 심사 2위, 시험 2위 순으로 교차 임용

다음의 경우는 경찰공무원이 가점을 받을 수 있다.[14)]

○ 승진대상자 명부작성 기준일 전 10년 이내에 당해 계급에서 공무원 수당규정에 의한 특수지 근무수당을 받은 경력이 있는 경우

○ 경찰공무원 교육훈련기관에서의 교관으로 또는 각급 경찰기관의 민원실에서 6개월 이상 근무한 경력이 있는 경우

○ 경찰공무원의 외국어 능력 또는 국외연수경력이 있거나 자격증을 소지한 경우

○ 직무전문화 교육을 이수하거나 학위를 취득한 경우 등에 한한다.

또한 특수지 근무경력을 소지한 경찰관은 다음과 같이 가점을 받을 수 있도록 규정하고 있다.

14) 중앙경찰학교, 전게서, p. 103.

표 5-48 기본경력의 근무년수와 배점

근무년수	1년	2년	3년	4년
배 점	8.004	16.008	24.012	32

○ 특수지 『가』지 또는 『나』지에서 근무한 경력은 1개월마다 0.03점

○ 특수지 『다』지에서 근무한 경력은 1개월마다 0.02점

○ 특수지 『라』지에서 근무한 경력은 1개월마다 0.01점

○ 경찰공무원 교육훈련기관의 교관과 경찰기관의 민원실, 자체 감사담당 부서에서 근무한 경력은 1년을 초과한 경우 매 1개월마다 0.03점

○ 업무에 관한 전문성·창의성 등을 발휘하여 경찰행정의 발전에 기여하는 등으로 전국간 위 평가결과 그 실적이 특히 우수하다고 경찰청장이 인정하는 경찰공무원에 대하여는 0.5점을 가산점으로 평정하고 있다. 그리고 다음의 근무경력이 있는 경우의 경찰공무원은 1개월마다 0.03점을 가점으로 평정한다. 즉 ① 경찰공무원교육훈련기관의 교수요원으로 근무한 경력, ② 각급 경찰기관의 민원실에서 근무한 경력, ③ 자체감사담당부서에서 근무한 경력 등이다. 이 밖에 업무에 관한 전문성·창의성 등을 발휘하여 경찰행정의 발전에 기여하는 등으로 경찰행정의 발전에 기여하는 등으로 전국단위 평가결과 그 실적이 특히 우수하다고 경찰청장이 인정하는 경찰공무원에 대하여는 0.5점을 가점으로 평정한다. 하지만 위의 가산점은 모두 합하여 1.5점을 초과할 수 없다.[15] 그리고 특수지 경력 근무기간 중에서 휴직, 직위해제, 징계처분기간이 있을 때는 그 기간은 평정에서 제외한다.

4) 전산능력·외국어능력·전문교육이수 등에 따른 가점

외국어 능력은 영어(TOEIC, TOEFL, TEPS, LATT), 프랑스어, 독어, 스페인어, 일본어, 중국어, 러시아어 등이다(성적표 발행일로부터 2년 이내).

그러나 위의 경우에서 외국어 능력 가산점과 국외연수 가산점은 합산하여 0.5점을 초과하지 못한다. 또한 국외연수는 당해계급에서 국외연수, 외국대학 재외공관 및 국제기관 파견 경력 등을 의미한다.

15) 경찰공무원승진임용규정시행규칙 제15조 제1항 및 제2항 참조.

표 5-49 전산능력 소지자

국가자격 기술법에 따른 워드프로세서 자격증	Ⅰ급	Ⅱ급	Ⅲ급
평정점	0.5	0.3	0.2

표 5-50 외국어능력 소지자에 대한 가산점

구분	외국어 능력(0.5)			국외연수(0.5)			
	토익 600점 이상	토익 550점 이상	토익 500점 이상	2년 이상	1년 이상	6월 이상	3월 이상
평정점	0.5	0.3	0.2	0.5점	0.3	0.2	0.1

표 5-51 전문교육이수 등 따른 가산점

구분	자격증(0.5)			전문교육(0.5)					
				직무전문화교육				학위취득	
	변호사, 변리사, 공인회계사, 노무사, 세무사, 통신·전산·교통·환경·건축·토목·항공·선박·화공·보건·정보처리기술사	법무사, 행정사, 통신·전사·교통·환경·건축·토목·항공·선박·화공·보건·정보처리 산업기사	공인중개사, 통신·전산·교통·환경·건축·토목·항공·선박·화공·보건·정보처리 산업기사	4주 이상	3주 이상	2주 이상	1주 이상	박사	석사
평정점	0.5	0.3	0.2	0.2	0.15	0.1	0.05	0.5	0.3

하지만 이 경우에도 가산점과 전문교육 가산점을 합산하여 0.5점을 초과하지 못한다.

경찰의 신지식 경찰관에 대한 가산점도 부여하고 있다. 즉 신지식인으로 선발된 경찰관의 경우에 0.5점의 가산점이 부여된다.

그럼에도 불구하고 모든 가점은 증빙서류를 첨부하도록 규정하고 있을 뿐 아니라 차하위계급이나 경찰관의 신규임용시에 이미 사용한 가점은 2회 사용불가 원칙이 적용되고 있음에 유의해야 한다.

5) 경찰관의 직장훈련평정

우리나라 경찰청이 시행하고 있는 직장훈련은 다음과 같다. 즉 직무교육의 경우는 월 1회 이상 실시한다. 경정이하 경찰관에게 정서함양동호회나 연구모임활동을 월 2회 이상 적용하고 있다. 그리고 체력단련동호회 활동은 월 2회 이상, 사격훈련중 정례사격은 연 2회 이상, 외근요원 특별사격은 연 6회 이상으로 하는데 전반기와 후반기로 나누어 실시한다.

통상적으로 직장훈련에 대한 평가는 직장교육, 체력단련, 그리고 사격훈련으로 구분하여 평가되고 있다.[16)]

① 직장교육평가: 이 경우는 기관별, 부서별, 그룹별 직무교육 참석 또는 정서함양동호회나 연구모임 2회 이상 참석여부로 평가하고 있다.

② 체력단련평가: 체력단련의 경우는 무도훈련을 포함한 체력단련동호회에 소속되어 2회 이상 참석여부로 평가하고 있다.

③ 사격훈련평가: 이 경우는 경위이하 경찰관에 한하여 상하반기 정례사격 성적으로 평가하고 있다.

경찰공무원의 직장훈련평가 항목과 평가기준을 살펴보면 다음과 같다.

그러나 직장훈련평가에서 예외규정도 인정되고 있다. 즉 경찰공무원이 기타의 교육이나 파견 혹은 출장 등으로 인해 직장훈련에 참석하지 못하

는 경우 반기별로 실시하는 사격훈련의 점수는 전 회에서 받은 점수로 이를 갈음하고 있으며, 월별로 실시하는 체력단련과 직장교육에는 참석한 것으로 인정하고 있다.[17)] 그리고 적용기간에 있어서는 전년도 11월 1일 부터 당해 연도 10월 31일까지로 한다. 특히 위 기간 중에 대상자가 승진한 경우에는 승진한 날로부터 평정한다. 그리고 소수점 이하에 해당하는 경우는 소수점 4자리에서 반올림하여 3자리로 평정한다.

16) 중앙경찰학교, 전게서, p. 106.
17) 중앙경찰학교, 전게서, p. 107.

표 5-52 직장훈련 평가기준

구분	배점		평가내용
사격훈련	6점	○ 전반기: 3점 ○ 후반기: 3점 ○ 권총마스터로 지정된 자: 6점 ※ 경정 및 경감은 제외한다.	○ 연 2회(전·후반기) 사격훈련 시 기록사격의 득점만 평가 (전반기 속사+완사)/100+ (후반기 속사+완사)/100
체력단련	5점	○ 무도훈련: 2.5점 무도훈련점수 =2.5×무도훈련참석 횟수/24	○ 무도훈련(호신체포술훈련 포함)은 소속기관의 장이 인정한 훈련만 해당한다. ○ 월별 인정되는 참석 횟수는 최대 2회까지로 한다.
		○ 체력검정: 2.5점 체력검정점수는 체력검정 평가등급에 대하여 다음과 같이 배점한다. - 1등급(2.5점) - 2등급(2점) - 3등급(1.5점) - 4등급(1점) - 불참자(0점)	○ 체력검정 자율실시자 중 불참자 및 검정제외자는 해당 연도를 포함하여 3년 내에 실제 검정기록 중 최근 성적을 부여하되, 3년 내에 실제 검정 기록이 없는 경우에는 경찰청장이 정하는 바에 따른다.
직장교육	10점~4점	○ 경정 및 경감 10점 × 참석 횟수/24 ○ 경위 이하 4점 × 참석 횟수/24	○ 직장교육은 소속기관의 장이 인정한 훈련에 한정한다. ○ 월별 인정되는 참석 횟수는 기관별 소집교육 1회를 포함하여 최대 2회까지로 한다.

※ 경찰공무원 승진임용 규정 시행규칙 개정('10. 6. 29부터 시행, '11. 5. 6 일부개정)

〈비고〉

1. 교육, 파견, 출장, 기타 부득이한 사유로 직장훈련에 참석할 수 없을 때에는 반기별로 실시하는 사격훈련의 평정의 경우 전회의 성적으로 갈음하고, 월별로 실시하는 직장교육 및 체력단련(무도훈련만 해당)의 경우 참석한 것으로 본다.
2. 부정행위자(대리참석, 허위기재, 부정평가, 대리사격 등)는 해당 훈련 불참 및 0점 처리한다.
3. 체력검정 평가등급의 기준, 체력검정 자율실시자 및 검정제외자의 선정기준은 경찰청장이 정하는 바에 따른다.
4. 적용기간: 전년도 11월 1일부터 당해 연도 10월 31일까지
5. 평정점은 피평정자가 받은 점수 합계의 3분의 1로 한다.
6. 평정기간 중 승진임용이 된 경우에도 총 평정대상기간(12월)으로 나누어 계산한다.
   예) '13. 4. 1 승진임용자는 4월~10월간 7개월 동안의 실적을 12월(24회 참석)로 나눈 점수로 평정한다.
   ※ 7월(14회 참석)로 나눈 점수로 평정하는 것이 아님
7. 육아휴직자는 휴직기간 동안 직장훈련을 실시한 것으로 갈음

(※ 04. 11. 17 교육과-5280 육아휴직기간 중 직장훈련성적 평정지침 통보)

제 3 절 경찰공무원의 근무성적평정제도 개선

Ⅰ. 근무성적평정 기본틀 재구성

경찰청은 2001년 6월 「21C 한국경찰의 비전」이라는 연구서를 통해 근무성적평정제도의 기본틀을 업무실적 중심으로 재구성하여 「기본요소」·「업무타당도」·「주관요소」로 구분해 평가의 객관성과 신뢰성을 제고함으로써 공정하고 투명한 평정제도를 확립하겠다고 밝혔다. 특히 목표관리제를 도입하여 개인별 업무목표를 조직의 정책과 중점추진과제에 맞추어 설정하고 각자의 목표달성도를 객관적으로 협의평가해 피평가자가 수긍할 수 있는 평가제도를 확립하겠다는 것이다. 또한 직책과 계급에 따라 요구되는 능력이 다르기 때문에 계급별로 기본적 평정요소의 항목과 배점차등화를

표 5-53 근무성적평정요소 조정(案)

<table>
<tr><th colspan="2">현 행</th><th></th><th colspan="2">개 선</th></tr>
<tr><td rowspan="5">객관적
평정요소
(30점)</td><td>· 포상(5)</td><td rowspan="4">⇒</td><td rowspan="4">기본적
평정요소
(10점)</td><td rowspan="4">포상, 무도, 사격, 첩보, 직원관리 등 당해 계급 직무수행에 필요한 기본요소
※ 계급별로 항목과 배점 차등화</td></tr>
<tr><td>· 직장훈련(5)</td></tr>
<tr><td>· 첩보제출(3)</td></tr>
<tr><td>· 근태(2)</td></tr>
<tr><td>· 경찰업무발전 기여도(15)</td><td rowspan="2">⇒</td><td rowspan="2">업무달성도
(30점)</td><td rowspan="2">목표관리에 의한 실적평가(MBO)</td></tr>
<tr><td rowspan="3">주관적
평정요소
(20점)</td><td>· 근무실적(6.5)</td></tr>
<tr><td>· 직무수행능력(7)</td><td rowspan="2">⇒</td><td rowspan="2">주관적
평정요소
(10점)</td><td rowspan="2">수행능력 · 태도 · 경찰혼 · 봉사정신 · 청렴도 · 친절도 등
※ 전체 항목을 고려 서열평가</td></tr>
<tr><td>· 직무수행태도(6.5)</td></tr>
</table>

를 적극 검토한다는 계획을 추진해 나가고 있다. 새로이 추진해 나갈 근무성적평정요소는 다음과 같다.[18]

Ⅱ. 합리적인 관리자(총경) 평가제도 확립

경찰청은 다음과 같이 평가제도를 수정·확립한다는 계획을 가지고 있다. 즉 관리자평가에 앞서가는 관서평가·민생치안 활동평가 등 기관평가 실적을 반영하는 객관적 실적에 근거한 평가제도를 확립할 예정이다.

그리고 지역단위 치안책임자인 경찰서장 또한 기획부서 과장으로서 리더십이나 관리능력에 대해 직접 고객인 지역주민 또는 부하직원 등에 의한 다면평가결과를 반영하여 공정하게 평가한다는 계획을 가지고 있다. 경찰청이 새로이 상정하고 있는 관리자 평정요소의 조정에 관한 내용을 도표를 통해 살펴보면 〈표 5-54〉와 같다.[19]

표 5-54 관리자평정요소 조정(案)

<table>
<tr><th colspan="2">현 행</th><th></th><th colspan="2">개 선</th></tr>
<tr><td rowspan="4">평정요소
(50점)</td><td>·근무실적(13)</td><td>⇒</td><td>업무달성도
(20점)</td><td>목표관리에 의한 실적평가(MBO)</td></tr>
<tr><td>·직무수행능력
(21)</td><td>⇒</td><td>주관적 평정요소
(10점)</td><td>경찰혼·위기관리·정책개발·대민관계·지휘통솔 등
※ 전체 항목을 고려 서열평가</td></tr>
<tr><td rowspan="2">·직무수행태도
(16)</td><td rowspan="2"></td><td>고객만족도
(10점)</td><td>·서장 – 주민여론 조사
·과장 – 하급기관의 해당기능 직원평가</td></tr>
<tr><td>부하평가
(10점)</td><td>·서장 – 경찰서 직원 평가
·과장 – 소속과 직원 평가</td></tr>
</table>

18) 경찰청, 『21C 한국경찰의 비전』(서울: 경찰청, 2001), p. 130.
19) 상게서, p. 131.

연습문제 >>>

1. 경찰공무원의 근무성적평정의 의의를 설명하시오.
2. 근무성적평정 오차의 종류를 설명하시오.
3. 경정 이하의 근무성적평정의 대해 설명하시오.
4. 합리적인 관리자(총경) 평가제도의 확립에 관해 설명하시오.

제 6 장 경찰공무원의 승진

제 1 절 승진의 의의

승진 후에는 책임성이 높아지는 동시에 보다 높은 위신이 생기고 동시에 높아진 지위도 향유할 수 있는 위치도 지니게 된다.[1] 통상적으로 경찰공무원에 대한 승진은 「경찰공무원승진임용규정 제3조」에 따라 3가지 방법으로 이루어지고 있는데 심사승진(審査昇進), 시험승진(試驗昇進), 특별승진(特別昇進)이 바로 그것이다. 주목할 것으로 승진심사에 의해 이루어지는 것은 경무관계급까지이다. 바꾸어 말하면 치안감, 치안정감, 치안총감[2]의 경우는 심사승진에 의하지 않고 지명인사승진의 방법으로 이루어진다. 인사권자는 당연히 대통령이 된다. 치안감부터는 경찰청에 중앙승진심사위원회가 구성되지 않고 지명인사승진의 방법을 통해 이루어지는 것이다. 예를 들어 치안감을 뽑는 경우는 모든 경무관들이 지명심사대상자가 되어 대통령에게 대상명부가 올라가고 그 중에서 대통령이 필요한 대상자를 지명하게 된다. 또한 치안정감을 뽑을 때에는 모든 치안감들이 대통령으로부터 지명승진(指名昇進)할 수 있는 대상자가 된다. 그리고 경정 이하 계급에서의

1) 신현기 · 이영남, 전게서, p. 125.
2) 우리나라 치안총감은 경찰청장 한 사람뿐이다. 경찰청장은 차관급 대우를 받는다.

승진은 심사승진 이외에 시험승진도 병행할 수 있다. 이렇게 병행하는 경우는 임용비율에 있어서 계급별로 하되 승진임용 예정인원수의 5할로 하고 있다. 그리고 경찰공무원의 승진에 있어서 승진소요최저근무년수는 다음의 〈표 6-1〉에 잘 나타나 있다. 무엇보다 승진을 위해서는 각계급으로 아래에 나와 있는 기간 이상을 당해 계급에 재직하여야 한다. 순경부터 경위는 1년이며 경감과 경정은 3년이고 총경은 4년을 근무한 경우에 승진기회가 주어진다.[3)]

그러나 경찰관이 최저근무년수에 달했다고 해서 승진의 기회가 주어지는 것은 아니다. 즉 다음의 경우에는 결격사유가 된다.

「경찰공무원승진임용규정 제6조」에 따라 ① 징계의결요구, 징계처분, 직위해제, 휴직 또는 시보임용기간 중에 있는자, ② 징계처분의 집행이 종료된 날로부터 일정기간이 경과하지 않은자(정직 18월, 감봉 12월, 견책 6월), ③ 징계에 관하여 경찰공무원과 다른 법령의 적용을 받는 공무원이 경찰공무원으로 임용된 경우, 종전의 신분에서 강등의 징계처분을 받고 그 처분 종료일로부터 24개월이 경과되지 아니한 자와 근신, 영창 기타 이와 비슷한 징계처분을 받고 그 처분 종료일로부터 6월이 경과되지 아니한 자, ④ 정년의 연장을 받은 자 등은 승진임용을 할 수 없도록 되어 있다.[4)]

우리나라 경찰승진은「경찰공무원 승진임용규정 제3조」에 따라 시험승진, 심사승진, 특별승진, 근속승진(자동승진) 중에서 특별한 유공에 따른 특별승진과 근속승진을 최대한 고려하는 근속승진의 경우를 제외하고 순경과 경정까지는 시험승진과 심사승진을 각각 50%의 비율로 기준해서 승진자를 최종적으로 결정하는 방식을 취하고 있다.[5)]

그러나 다음의 〈표 6-1〉에서 보는 바와 같이 비간부의 경우는 향후 승진소요년수가 2년에서 1년으로 단축되어야 한다는 연구가 학계와 경찰청 일각에서 활발히 논의되어 왔는데 2005년 6월 28일 경찰공무원승진임용규정 일부개정령이 국무회의를 통과하여 7월초에 공포되었다. 이 개정령은

3) 신현기 외, 전게서, p. 222.
4) 김남현 · 김형훈, 전게서, p. 93.
5) 신현기 외, 전게서, p. 223.

경장・순경이 상위계급으로 승진할 때 요구되는 최소 근무기간인 승진소요최저연수를 각 2년에서 1년으로 단축하고 경찰공무원이 살인・강도・조직폭력 등 중요범인 검거유공, 인명・재산구호유공 등으로 특별승진하는 경우에 이전과는 달리 승진소요최저연수경과나 기본교육이수 등의 조건을 충족하지 않아도 승진임용이 가능하도록 개선하는 내용을 담고 있다.

Ⅰ. 경찰승진위원회

1. 중앙승진심사위원회

경찰청에 설치된 중앙승진심사위원회에서 총경과 경무관으로의 승진심사를 진행한다. 위원은 경찰청장이 승진심사대상자보다 상위계급인 경찰공무원 중에서 소집전에 임명하며 위원장은 위원 중 최상위계급 또는 선임인 경찰공무원이 되는데 주로 경찰청 인사경무기획관(치안감)이 맡는다.

2. 보통승진심사위원회

경찰청과 그 부속기관, 17개 지방경찰청, 경찰서 등에 보통승진심사위원회를 둔다. 위원회는 위원장을 포함해 5~7명이하로 구성된다. 해당 경찰기관의 장은 승진심사대상자보다 상위계급인 경감 이상 소속 경찰공무원 중에서 임명한다. 위원장은 위원 중 가장 최상위계급 혹은 선임인 경찰공무원이 된다. 경감이 부족한 경우는 경위 이상 경찰공무원 중에서도 임용될 수 있다.

3. 승진위원회의 관할 범위

경찰청장은 경위이하 계급으로의 승진심사를 지방경찰청장에게 소속된 보통승진심사위원회에서 하도록 할 수 있다.

가. 경찰청의 중앙승진심사위원회: 총경 이상 계급으로의 승진심사

나. 경찰청 및 그 부속기관, 지방경찰청의 보통승진심사위원회: 경정 이하 계급으로의 승진심사

다. 경찰서 보통승진심사위원회: 경위 이하 계급으로의 승진심사

4. 경찰승진의 제한

경찰공무원승진임용규정 제6조(승진임용의 제한)에 따르면 다음의 결여 여건을 가진 경찰공무원은 승진이 제한되는데 그 내용은 다음과 같다. 즉 ① 다음 각 호의 어느 하나에 해당하는 경찰공무원은 승진임용될 수 없다(개정 2015.9.22.).

□ 징계의결 요구, 징계처분, 직위해제, 휴직(「공무원연금법」에 따른 공무상 질병 또는 부상으로 인하여 「국가공무원법」 제71조제1항제1호에 따라 휴직한 사람을 제37조제1항제4호 또는 같은 조 제2항에 따라 특별승진임용하는 경우는 제외한다) 또는 시보임용 기간 중에 있는 사람

□ 징계처분의 집행이 끝난 날부터 다음 각 목의 구분에 따른 기간(금품 및 향응 수수, 공금의 횡령·유용에 따른 징계처분의 경우에는 각각 3개월을 더한 기간)이 지나지 아니한 사람

가. 강등·정직: 18개월

나. 감봉: 12개월

다. 견책: 6개월

□ 징계에 관하여 경찰공무원과 다른 법령을 적용받는 공무원으로 재직하다가 경찰공무원으로 임용된 사람으로서, 종전의 신분에서 징계처분을 받고 그 징계처분의 집행이 끝난 날부터 다음 각 목의 구분에 따른 기간이 지나지 아니한 사람

가. 강등: 18개월

나. 근신·영창 또는 그 밖에 이와 유사한 징계처분: 6개월

□ 법 제24조제3항에 따라 계급정년이 연장된 사람 등이다.

② 제1항에 따라 승진임용 제한기간 중에 있는 사람이 다시 징계처분을 받은 경우 승진임용 제한기간은 전(前) 처분에 대한 승진임용 제한기간이 끝난 날부터 계산하고, 징계처분으로 승진임용 제한기간 중에 있는 사람이 휴직하는 경우 징계처분에 따른 남은 승진임용 제한기간은 복직일부터 계산한다. ③ 경찰공무원이 징계처분을 받은 후 해당 계급에서 다음 각 호의 포상을 받은 경우에는 제1항제2호 및 제3호에 따른 승진임용 제한기간의 2분의 1을 단축할 수 있다(개정 2018.6.12.). 포상의 해당사항은 훈장, 포장, 모범공무원 포상, 대통령표창 또는 국무총리표창, 제안이 채택·시행되어 받은 포상(전문개정 2013.1.9.) 등이다.

5. 승진대상자명부

1) 명부작성권자

경찰공무원 승진임용 규정 제11조~14조에 따르면 명부작성권은 다음과 같이 명시하고 있다. 즉 ① 총경 이하 경찰공무원에 대한 승진대상자 명부는 다음 각 호의 구분에 따른 경찰기관의 장(이하 "승진대상자명부작성자"라 한다)이 계급별로 작성한다(개정 2018.3.30.).

가. 경정 이상 경찰공무원과 경찰청 소속 경위 이상 경찰공무원: 경찰청장

나. 경감 이하 경찰공무원(제4호에 해당하는 사람은 제외한다): 경찰대학·경찰인재개발원·중앙경찰학교·경찰수사연수원·경찰병원 및 지방경찰청(이하 "소속기관등"이라 한다)의 장

다. 경찰청 소속 경사 이하 경찰공무원: 경찰청의 각 국(局) 단위급 부서별 국장급 부서장

라. 경찰서 소속 경사 이하 경찰공무원: 경찰서장 등이다. 그리고 ② 승진대상자 명부는 제7조부터 제9조까지의 규정에 따라 산정된 평정점(評定點)을 다음 각 호의 구분에 따른 비율로 반영하여 작성한다. 다만, 법 제8조제3항제2호 또는 제4호에 따라 경정 이하의 경찰공무원으로 신규채용할 수 있는 사람으로서 「경찰공무원 임용령」 제39조제1항의 응시연령에 이르지 아니한 경감 이하 경찰공무원에 대해서는 그가 경정으로 승진할 때까지 근

무성적 평정만으로 승진대상자 명부를 작성할 수 있다(개정 2014.12.9., 2016.10.31., 2016.12.30.).

가. 근무성적 평정점: 65퍼센트

나 경력 평정점: 35퍼센트

다. 삭제 <2014.12.9.> 등이다. ③ 승진대상자 명부를 작성할 때에는 다음 각 호의 어느 하나에 해당하는 사람에게 행정안전부령 또는 해양수산부령으로 정하는 바에 따라 가산점을 줄 수 있다(개정 2013.3.23., 2014.11.19., 2017.7.26.).

가. 섬, 외딴곳 등 경찰공무원 특수지근무수당 지급대상 지역에서 근무한 사람

나 감찰 담당 부서에서 근무한 사람

다. 자격증 소지자

라. 국어 또는 외국어 능력이 우수한 사람

마. 재직 중 학사·석사 또는 박사 학위를 취득한 사람

바. 삭제 <2016.10.31.> 등이다. 그리고 ④ 제1항에도 불구하고 경찰청장은 제1호의 각 승진대상자 명부를, 지방경찰청장은 제2호의 각 승진대상자 명부를 계급별로 통합하여 작성하되, 통합된 명부에 기록하는 순서는 각 명부의 총평정점 순위에 따른다(개정 2016.10.31.).

가. 경찰청 소속 경위 이하 계급으로의 승진: 경찰청 국장급 부서장이 작성한 각 승진대상자 명부

나. 제17조제1항 단서에 따른 경위 이하 계급으로의 승진: 지방경찰청장 또는 경찰서장이 작성한 각 승진대상자 명부 등이다. ⑤ 승진대상자명부작성자는 필요한 경우 승진대상자 명부를 경과별 또는 특수분야별로 작성할 수 있다(개정 2016.10.31.). ⑥ 승진대상자 명부는 매년 1월 1일을 기준으로 작성한다. 다만, 경무관 및 총경으로의 승진대상자 명부는 매년 11월 1일을 기준으로 작성한다. ⑦ 해양경찰청 소속 경찰공무원에 대한 가산점 부여 및 승진대상자 명부의 작성권자는 따로 대통령령으로 정한다(개정 2014.11.19., 2017.7.26.). ⑧ 이 영에서 규정한 사항 외에 승진대상자 명부 작성에 필요한 세부사항은 행정안전부령으로 정한다(신설 2016.10.31., 2017.7.26.).

2) 경찰승진대상자명부 작성방법

경찰공무원승진임용규정 제7조(근무성적 평정)에 따르면 ① 총경 이하의 경찰공무원에 대해서는 매년 근무성적을 평정하여야 하며, 근무성적 평정의 결과는 승진 등 인사관리에 반영하여야 한다(개정 2016.10.31.). ② 근무성적은 다음 각 호의 평정 요소에 따라 평정한다. 다만, 총경의 근무성적은 제2 평정 요소로만 평정한다(개정 2017.7.26.).

1. 제1평정 요소
   가. 경찰업무 발전에 대한 기여도
   나. 포상 실적
   다. 그 밖에 행정안전부령 또는 해양수산부령으로 정하는 평정 요소
2. 제2평정 요소
   가. 근무실적
   나. 직무수행능력
   다. 직무수행태도 등이다. 그리고 ③ 제2 평정 요소에 따른 근무성적 평정은 평정대상자의 계급별로 평정 결과가 다음 각 호의 분포비율에 맞도록 하여야 한다. 다만, 평정 결과 제4호에 해당하는 사람이 없는 경우에는 제4호의 비율을 제3호의 비율에 가산하여 적용한다(개정 2016.10.31.).

   1. 수: 20퍼센트
   2. 우: 40퍼센트
   3. 양: 30퍼센트
   4. 가: 10퍼센트 등이다. ④ 제11조제2항 단서에 해당하는 경찰공무원과 경찰서 수사과에서 고소·고발 등에 대한 조사업무를 직접 처리하는 경위 계급의 경찰공무원을 평정할 때에는 제3항의 비율을 적용하지 아니할 수 있다. ⑤ 근무성적 평정 결과는 공개하지 아니한다. 그리고 ⑥ 근무성적 평정의 기준, 시기, 방법, 그 밖에 필요한 사항은 행정안전부령 또는 해양수산부령으로 정한다(개정 2017.7.26.).

6. 경찰공무원의 경력평정

한편 경찰공무원승진임용규정 제9조(경력 평정)에 따르면 ① 경찰공무원의 경력 평정은 제5조에 따른 승진소요 최저근무연수가 지난 총경 이하의 경찰공무원(제11조제2항 단서에 해당하는 경찰공무원은 제외한다)이 해당 계급에서 근무한 연수(年數)에 대하여 실시하며, 경력 평정 결과는 승진대상자 명부 작성에 반영한다. ② 경력 평정은 해당 경찰공무원의 인사기록을 기준으로 하여 실시하며, 필요하다고 인정될 때에는 인사기록이 정확한지를 조회·확인할 수 있다(개정 2018.6.12.). ③ 경력 평정은 기본경력과 초과경력으로 구분하여 실시하되, 계급별로 기본경력과 초과경력에 포함되는 기간은 다음 각 호와 같다(개정 2015.9.22.).

1. 기본경력
   가. 총경·경정·경감: 평정기준일부터 최근 4년간
   나. 경위·경사: 평정기준일부터 최근 3년간
   다. 경장·순경: 평정기준일부터 최근 2년간
2. 초과경력
   가. 총경: 기본경력 전 3년간
   나. 경정·경감: 기본경력 전 5년간
   다. 경위: 기본경력 전 4년간
   라. 경사: 기본경력 전 2년 6개월간
   마. 경장: 기본경력 전 1년 6개월간
   바. 순경: 기본경력 전 1년간이다. 그리고 ④ 경력 평정의 시기, 방법, 기간 계산, 그 밖에 필요한 사항은 행정안전부령 또는 해양수산부령으로 정한다(개정 2017.7.26.).

7. 승진심사의 기준

경찰공무원승진임용규정 제22조(승진심사의 기준 등)에 따르면 ① 승진심사위원회는 승진심사대상자가 승진될 계급에서 직무를 수행할 능력이 있는

지를 평가하기 위하여 다음 각 호의 사항을 심사한다(개정 2016.10.31.).

가. 경험한 직책, 나. 승진기록, 다. 현 계급에서의 연도별 근무성적, 라. 상벌, 마. 소속 경찰기관의 장의 평가·추천, 바. 적성 등이다. 그리고 ② 승진심사의 절차와 그 밖에 필요한 사항은 행정안전부령 또는 해양수산부령으로 정한다(개정 2017.7.26.).

Ⅱ. 승진소요년수

경찰공무원승진임용규정 제5조(승진소요 최저근무연수)에 따르면 ① 경찰공무원이 승진하려는 경우 다음 각 호의 구분에 따른 기간 동안 해당 계급에 재직하여야 한다.

1. 총경: 4년 이상
2. 경정 및 경감: 3년 이상
3. 경위 및 경사: 2년 이상
4. 경장 및 순경: 1년 이상의 시간이 지나야 한다.

표 6-1 시험승진소요 최저근무년수[6)]

계 급	총 경	경 정	경감	경 위	경 사	경장	순 경
최저소요 연수	4년 이상	3년 이상		2년 이상		1년 이상	

이해를 돕기 위해 경찰공무원의 승진제도와 승진방법을 표를 통해 살펴보면 다음과 같다.

위의 도표에서 보는 바와 같이 심사승진은 순경에서 경무관까지 모두에게 해당한다. 시험승진은 경정까지만 해당하고 특별승진의 경우는 경감까

6) 경찰공무원승진임용규정 제5조 참조: ① 경찰공무원이 승진하려면 다음 각 호의 구분에 따른 기간 동안 해당 계급에 재직하여야 한다. 1. 총경: 4년 이상, 2. 경정 및 경감: 3년 이상, 3. 경위 및 경사: 2년 이상, 4. 경장 및 순경: 1년 이상 근무했어야 한다.

지만 유효하다. 그리고 근속승진은 경장과 경위 계급에 있는 자에게만 해당되는 제도이다.[7] 즉 2006년 4월부터 경위계급에까지 근속승진제가 시행되었다. 이 제도는 더 확대되어 2012년부터 경감까지 확대 시행되었다. 누구나 경위에서 10년이 지나면 경감으로 근속승진할 수 있는 자격이 주어진다.

그리고 우리나라 경찰은 전세계 어느나라에서도 찾아보기 힘든 4가지 경찰승진방법을 가지고 시행 중에 있다.

표 6-2 경찰공무원의 승진방법 현황

구 분	승진 최저소요년수	경찰공무원 승진제도 현황			
		심사승진	시험승진	특별승진	근속승진
경무관	4년	○			
총경	3년	○			
경정		○	○		
경감		○	○	○	○ (2013년 부터)
경위	2년	○	○	○	○
경사 · 경장	경사 2년, 경장 1년	○	○	○	○

출처: 경찰청, 전게서, p. 327.

Ⅲ. 승진의 기회

승진의 기회는 조직 내의 승진률과 승진속도를 결정한다. 정부조직 내에서 발생하는 승진의 기회는 무수한 요인의 영향을 받는다. 그러한 요인의 중요한 예를 보면 ① 조직의 규모와 복잡성, ② 승진단계의 수를 포함한 직업구조의 성격, ③ 인적자원의 유동률, ④ 승진과 신규채용의 배합에 관한 정책(임용구조의 폐쇄성 또는 개방성), ⑤ 기관별 및 직업분야별 승진경쟁허용

7) 경찰청, 전게서, p. 327.

의 범위, ⑥ 조직의 기능변화(현상유지 · 축소 · 확장), ⑦ 상위직 점유자들의 연령구조, ⑧ 정치적 임명직의 범위 등이다.[8)]

이러한 요인들은 다시 인사행정체제 전반의 성격과 필요, 그리고 다양한 환경적 세력에 의하여 제약된다. 승진을 원하는 개인의 차원에서 보면 위의 요인 이외에 개인적 특성 · 실적 등이 또한 그의 승진기회에 영향을 미친다.

승진의 기준과 절차를 정하는 정책을 수립할 때에는 거기에 순환적으로 관련된 여러 요인과 세력을 충분히 감안하여야 한다.

Ⅳ. 승진의 관리

승진관리를 제대로 하려면 여러 가지 조건이 구비되어야 한다. 무엇보다 직위마다 자격요건이 현실적으로 명확하게 규정되어 있어야 한다. 승진후보자를 선발할 때 필요한 기록이 잘 갖추어져 있어야 하며, 사람들의 능력과 잠재력을 정확히 측정할 수 있는 측정도구가 마련되어 있어야 한다. 유능한 인재들이 승진에 대비하여 능력을 향상시킬 수 있도록 하는 훈련계획이 잘 조직화되어 있어야 한다. 그리고 승진의 계통과 기관적 범위에 대한 지나친 제약이 없어야 한다. 승진기준의 타당한 설정이 필요한 것은 물론이다.[9)]

승진관리정책에서 결정해야 할 일 가운데 중요한 것은 승진과 신규채용의 관계를 규정하는 것, 기관별 및 업무분야별 경쟁허용의 범위를 정하는 것, 그리고 승진후보자선발의 방법 또는 기준을 정하는 것 등이다.

8) O. Glenn Stahl, *op cit.*, p. 143.
9) *Ibid.*, p. 142.

V. 승진과 신규채용

정부관료제의 최하계층에는 주로 신규채용에 의하여 임용하지만, 그 위의 계층에는 신규채용과 내부임용을 병행하는 것이 보통이다. 나라마다 인사제도의 여건과 전통이 다르므로 내부임용에 치중하거나 외부임용에 치중하는 경우가 생긴다. 그러나 어느 한쪽을 전혀 배제할 수 있는 것은 물론 아니고 여건에 따라 적당한 비례의 균형을 유지해야 한다. 승진관리정책을 수립할 때에는 승진과 신규채용의 일반적 유용성을 대비시켜 검토하고, 구체적인 인사제도의 여건을 참작하여 양자의 배합비율을 결정해야 할 것이다.

VI. 승진제도활용의 득실

승진제도를 활용함으로써 얻을 수 있는 일반적인 이점으로는 다음과 같은 것을 생각할 수 있다.[10)]

첫째, 효율적으로 근무해 온 사람을 승진시켜 그 노력을 보상하면 공무원들은 열심히 일해야겠다는 자극을 받을 것이며, 승진에 필요한 자격을 구비하려고 자기발전에 힘쓰게 될 것이다.

둘째, 재직 중 승진의 기회가 있다는 것은 하급직의 신규채용에 지원하는 사람들에게 유인을 주게 된다. 즉 공직에 들어간 다음 승진해 가면서 오래 근무할 수 있다는 것을 기대하여 하급직의 신규채용에 보다 유능한 사람들이 모여들게 된다.

셋째, 유능한 공무원들이 발전의 기회가 없기 때문에 퇴직하는 것을 막을 수 있다.

넷째, 승진에는 신규채용에서보다 임용비용이 적게 든다. 승진에 의하여 결원을 보충하면 신규채용자의 적응훈련에 드는 경비를 절감할 수 있다.

---

10) F. O. Everett, *Promotion Principles and Practices*, Technical Bulletin, No. 2, Chicago, Civil Service Assembly, 1929, p. 2; Walter D. Scott *et al., Personnel management: Principles, Practices, and Point of View,* N. Y.: McGraw-Hill, 1961, p. 179.

다섯째, 이미 공무원 생활에 익숙한 사람을 임용하기 때문에 하급직에서 쌓은 경험을 승진된 자리에서 활용할 수 있게 한다.

여섯째, 능력과 적성이 잘 알려진 재직자 중에서 임용하기 때문에 신규채용에서보다는 선발의 과오를 줄일 수 있다.

일곱째, 승진기회의 확대는 전반적으로 재직자들의 사기를 높이고 안정된 인사체제를 형성하는 경향이 있다.

승진에는 위와 같은 여러 가지 이점이 따르는 것이지만, 그에 수반되는 결점도 있는 것이다. 승진에만 치중하면 조직의 침체를 가져온다. 공무원 특히 고급직공무원들의 질을 저하시킬 가능성이 크다. 그리고 파벌인사, 승진경쟁과열, 승진탈락자들의 사기저하 등도 우려된다.

Ⅶ. 신규채용제도 활용의 득실

승진보다 신규채용에 의해 결원을 보충하는 경우 외부에서 참신한 인재를 영입하여 공직의 침체를 해소할 수 있다. 조직 내 인적자원의 질을 높일 수 있다. 잘 훈련된 외부전문가를 채용하면 재직자를 승진시켜 훈련하는 것보다 경제적일 수 있다.

그러나 적임자를 제대로 고르지 못하는 과오의 위험이 크다. 신규채용자가 조직의 업무환경에 적응하는 기간이 길고 따라서 적응훈련에 드는 비용도 많아진다. 채용절차에 드는 비용은 승진의 경우보다 많다. 공직의 중간 및 상위계층에 대한 신규채용의 증가는 재직자들의 사기를 저하시킬 염려가 있다.

Ⅷ. 승진과 신규채용의 배합기준

승진과 신규채용의 개괄적인 인원비율을 정할 때에는 양 제도의 일반적

이점과 결함을 비교하여 구체적인 여건에 맞는 결정을 하도록 해야 한다. 이때에 아울러 고려해야 하는 요인에는 다음과 같은 것들이 있다. 즉 ① 임용구조의 전반적인 성격, ② 조직 내외에 걸친 경쟁의 수준과 공직에 대한 시장기제 도입요청의 수준, ③ 승진의 직무분야별 및 기관별 범위와 승진경쟁의 수준, ④ 재직훈련의 상태, ⑤ 인사체제의 안정 또는 변동에 관한 필요, ⑥ 직원의 사기에 미칠 영향 등이 포함된다. 승진과 신규채용의 배합비율을 결정한다는 것은 임용구조개방의 수준을 결정하는 것이다. 오늘날 어느 나라에서나 임용구조개방화의 요청은 자꾸만 커지고 있다. 우리나라도 그러한 압력을 받고 있다. 공직의 모든 계층에 걸친 신규채용의 기회는 앞으로 늘어날 수밖에 없을 것이다.

Ⅸ. 승진의 기준

대개 승진의 기준은 객관적 성격을 가진 경력과 주관적인 성격을 가진 실적으로 구분할 수 있다. 객관적 성격을 지닌 근무연한, 학력, 경력 등을 들 수 있다. 학교교육을 통해서 얻는 학력과 직무능력사이에 상관관계가 인정되는 범위 내에서는 학력에 비추어 직무수행능력을 예측하는 데 무리가 없을 것이나 직무수행능력과 관련하여 타당성 있는 학력요건을 결정하기가 기술적으로 매우 어렵다. 경력 또한 마찬가지이다. 이와 같은 객관적 기준의 장점은 고도의 객관성을 유지할 수 있고, 정실이나 불공정을 방지하거나 행정의 안정성을 유지할 수 있으며 직업공무원제 확립을 들 수 있다. 단점으로는 유능한 자의 등용곤란을 초래하고, 기관장의 부하통솔곤란이라든지 행정의 침체화, 관료주의화로 공무원의 질의 저하 등을 지적할 수 있다.

주관적 성격을 지닌 시험성적, 훈련성적, 근무성적 평정결과 등은 공무원을 승진예정직에서 실제로 일해보게 하여 그 실적에 따라 승진여부를 결정하는 방법이다. 그러나 이 방법은 시간이 많이 걸리고 절차상 매우 복잡하며 승진이 되지 못할 경우 사기가 저하되는 단점이 있다. 이와 같은 실적에 대한 장점으로는 인사권자의 정실에 의한 개입을 방지할 수 있고, 타당성의 확보라든지, 부하의 통솔과 새로운 지식의 습득이 용이하나 반면에 단점으로는 근무보다 시험준비에 열중하게 되는 점과 장기근속자의 사기저하 등을 들 수 있다.

승진후보자를 선발하는 방법 또는 기준에는 근무성적, 선임순위, 시험, 학력과 경력, 훈련성적, 승진예정직에서의 시험적인 근무, 상벌의 기록 등이 있다.[11] 임용권자의 자의적인 재량을 승진기준의 하나로 꼽는 사람들도 있다.

1. 근무성적

하위직에서의 근무성적을 승진의 기준으로 삼아 근무성적이 우수한 사람을 승진시킬 수 있다. 근무성적은 주로 현직위의 업무수행상황을 평가한 것이다. 평정요소에는 공무원의 발전가능성이 포함될 수도 있으나 그것은 중심적인 평가대상이 아니며, 그에 대한 평정결과가 상위직에서의 성공여부를 확증해 줄 수 있는 것은 아니다. 그러므로 근무성적을 기초로 하여 승진을 결정하는 것은 원칙적으로 현직위에서의 성공 여부를 기준으로 하는 것이라고 말할 수 있다. 여기서는 전통적인 평정표에 의한 감독자평정방식을 준거로 삼고 있다. 그러나 승진결정을 위한 근무성적평정의 새로운 방법들이 많이 개발되고 있다. 승진가능성에 관한 요소들을 중심으로 감독자와 동료들이 공동으로 평정하는 방법이 그 한 예이다. 이와 같은 변형방법들이 쓰일 때 근무성적기준에 대한 논의는 약간 달라질 것이다.[12]

(1) 장 점

현직위에서의 성공이 상위직에서의 성공과 전혀 무관한 것이라고 할 수

---

11) Cf., *ibid.,* pp. 148~152; Charles N. Halaby, "Bureaucratic Promotion Criteria," *Administrative Science Quarterly,* Vol. 23, No. 3, Sept. 1978, pp. 466~484; Werther, Jr. & Davis, *op. cit.,* pp. 285~286; Wendell L. French, *op. cit.,* pp. 255~257.

12) Douglas Cederblom, "Promotability Ratings: An Underused Promotion Method for Public Safety Organizations," *Public Personnel Management,* Vol. 20, No. 1, Spring 1991, pp. 27~34.

는 없다. 현직위에서 성공적인 사람은 상위직에서도 성공하리라는 대강의 짐작을 할 수 있는 경우에는 근무성적을 승진의 기준으로 하는 것이 정당화될 수 있다. 그리고 열심히 일한 사람을 근무성적에 따라 승진시키면 성공적인 업무수행을 보상하는 것이므로, 형평의 관념에도 부합되고 공무원의 직무수행동기를 높이는 효과도 거둘 수 있을 것이다. 근무성적평정은 승진후보자의 선발에 인사운영자들의 의견을 반영할 수 있는 수단을 제공하는 것이기도 하다.

(2) 단 점

그러나 하위직에서 성공적인 사람이 책임을 달리하는 상위직에서도 반드시 성공적일 것이라는 보장은 없다. 예컨대 단순한 서기적 업무에 적임자로 인정받은 사람이 감독과 지휘의 능력을 필요로 하는 상위직에는 적합치 못한 경우가 있다.

현직위에서 성공적이거나 적어도 일을 제대로 수행하는 사람들을 계속 승진시키는 경우, 결국은 조직의 모든 계층에 무능한 사람만 남게 되는 위험을 지적하는 사람들도 있다. 실적에 따른 승진이 되풀이되면 현직위의 일을 제대로 감당하지 못하는 사람들만 조직의 각 계층에 남게 된다는 주장을 '피터의 법칙'이라 한다.[13)]

그리고 후보자선발을 근무성적평정에만 의존하는 경우 객관성이 흐려질 염려가 있으며, 더구나 근무성적평정기술이 서툴러 근무성적을 정확히 평정하지 못할 때에는 선발과정이 자의적인 것으로 전락하게 된다. 객관적 평가의 어려움이 실천방법론상의 핵심적인 애로이다.

2. 선임순위

선임순위는 공무원이 승진후보자가 될 수 있는 자리에서 근무한 기간을 기초로 한 순위이다. 선임순위라는 용어는 경력과 같은 뜻으로 쓰일 때도

---

13) Lawrence J. Peter & Raymond Hull, *The Peter Principle*, Bantam Books, 1969, p. 8.

있으나, 여기서 말하는 선임순위는 승진예정직의 바로 하위직에 누가 먼저 임용되었는가에 관한 기준을 의미하는 것이다.

(1) 장 점

선임순위에 따라 공무원을 승진시키면 그것이 타당하건 말건 가장 객관적으로 승진후보자를 선발할 수 있고, 그 절차도 간단하다. 선임순위가 인정되는 승진대상직위의 범위가 명확히 규정되어 있으면 승진대상직위에 누가 더 오래 근무했는가를 알아내는 것은 쉬운 일이며, 그런 간단한 사실을 판단하는 데 편견이 개입될 여지는 비교적 적은 것이다. 선임순위에 의한 승진은 또한 조직의 안정성유지에 기여한다. 직무의 성격에 따라서는 오래 근속한 사람들이 상위직에서 일을 더 잘 할 가능성이 있으므로 선임순위에 의한 승진이 실적주의에 반드시 배치되는 것이라고 단정할 수 없다는 생각을 하는 사람들도 있다.

(2) 단 점

그러나 어떤 자리에서 오래 근무했다고 해서 반드시 우수한 사람이라고 할 수 없으며, 더구나 하위직에 오래 근무한 사람이 상위직에도 가장 적합하다고 할 수는 없다. 그리고 선임순위만을 강조하면 직무수행의 침체를 가져오고, 우수한 단기근무자들의 진출을 막아 그들의 사기를 떨어뜨리고, 경우에 따라서는 그들이 퇴직하는 사태를 빚게 될 것이다.

일반적으로 실적보다 근무기간이 중시되면 정부업무의 능률을 저하시키게 된다.

3. 시험성적

실적주의제도하에서는 승진후보자의 선발기준으로 시험성적이 널리 쓰인다. 여기서 말하는 시험은 좁은 의미의 시험이며, 서류심사·전력조사 등은 여기에 포함되지 않는다. 승진후보자의 선발에 쓰이는 시험의 종류와 성격이 다름에 따라 그 효과도 크게 달라질 수 있는 것이지만, 시험을 활용하는 경우의 일반적인 득실을 대강 생각해 볼 수 있다.

(1) 장 점

시험에 의한 승진은 실적주의적 요청에 부합되는 것이다. 타당한 시험을 실시할 수만 있다면 공평하고 객관적인 승진관리를 할 수 있고, 결과적으로 공무원들의 사기진작에 기여할 수 있다. 특히 승진예정직에 필요한 지식과 기술의 유무를 객관적으로 평가하여 승진후보자를 선발하려 할 때에는 시험에 의하는 것이 가장 효과적이다. 공무원들은 시험에 대비하기 위해 공부하게 될 것이며, 이를 계기로 자기발전의 동기를 얻게 될 수도 있다.

(2) 단 점

그러나 상위직에 대한 적격성이 시험만으로 충분히 판정될 수는 없다. 말하자면 시험에서 포착하지 못하는 요인도 많은 것이다. 시험성적을 기준으로 하여 승진후보자를 결정하면 공무원들이 근무를 소홀히 하고 시험공부에만 몰두하게 될 염려가 있다. 특히 현재의 직무와 직결되지 않는 학력고사를 실시하는 경우, 몇 가지 학과목을 공부하는 데만 급급하게 될 것이다. 그리고 시험에 불합격된 사람의 사기를 크게 저하시킬 염려가 있다.

4. 학 력

학력은 학교교육을 받은 경험을 말한다. 학력을 기준으로 쓸 때에는 대개 종류별 및 기간별로 차등을 두어 학력의 가치를 점수화하는 방법을 쓴다.

(1) 장 점

학교제도가 인적자원양성체제의 중핵을 이루고 있는 사회에서는 학교교육과 직업활동을 격리시킬 수 없는 것이므로 정부기관에서도 학력요건을 전혀 외면할 수 없다. 그리고 학교교육을 통해서 얻은 학력과 직무수행능력 사이에 상관관계가 인정되는 범위 내에서는 학력에 비추어 직무수행능력을 예측하는 데 무리는 없다. 학력을 승진에서 고려하면 공무원의 자기발전의 욕을 자극하는 효과가 있을 것이다. 승진결정에 있어서 학력을 기준으로 쓸 때에는 학력의 종류와 기간만 심사하는 것이 보통이므로 심사절차가 객관적으로 간단히 끝날 수 있다.

(2) 단 점

그러나 학력이 직무수행능력을 보장해 주는 절대적인 또는 유일한 조건은 아닌 것이다. 승진에 있어서 학력을 절대적인 요건으로 치면 실무경험이나 기타의 경로를 통해 대등한 자격을 구비한 사람들의 기회를 박탈하게 된다.

그리고 직무수행능력과 관련하여 타당성 있는 학력요건을 결정하기가 기술적으로 매우 어렵다. 학력의 질을 비교하는 것은 대단히 힘들기 때문에 이를 회피하고 학력의 계통과 기간만을 심사하는 것이 보통이다. 학력의 실질은 보지 않고 졸업장의 유무에 따라서 승진을 결정하면, 학력은 실적을 증명하는 것이 아니라 귀속적 신분인 것처럼 될 가능성이 있다. 동종학력의 질적 차이가 없는 것을 가정할 수 있는 경우에도 학력의 계통별(종류별) 비중을 결정하는 문제가 남는다. 타당성을 확신시킬 수 있을 만큼 학력의 계통별 비중을 산정하는 것도 또한 대단히 어려운 일이다.

5. 경 력

경력은 실천적인 경험 또는 직업상의 경험을 말한다. 학력의 경우에서와 같이 경력도 승진예정직에서의 직무수행능력과 관계가 있다는 전제하에 승진의 기준으로 채택되는 경우가 많다. 경력을 승진의 기준으로 쓸 때에는 경력의 종류별 및 기간별 비중을 정하고, 이를 수량화하여 평정하는 것이 보통이다. 경력의 상대적인 가치를 정하는 까닭은 경력이 다르면 직무수행능력에 대한 상관도 또한 달라질 것으로 보기 때문이다.

(1) 장 점

사람의 성장은 단절적인 것이 아니라 과거로부터 현재를 거쳐 미래에 연결되는 것이다. 그러므로 어떤 사람의 지난날 경력을 보아 승진예정직에서 성공할 것인가를 예측하려는 시도가 결코 무의미한 것은 아니다. 경력과 직무수행능력이 상관되는 한 경력을 승진기준으로 쓰는 것은 타당하다. 그리고 설령 타당성이 낮더라도 경력을 승진기준으로 하면 선임순위를 승진기준으로 쓰는 경우와 비슷한 이점을 기대할 수 있다.

(2) 단 점

그러나 어떤 직위와 관련된 경력을 가진 사람은 그 직위에 대한 적격성도 가지고 있다고 단정하는 데는 위험이 따른다. 그렇지 않을 수도 있기 때문이다. 직무수행능력과 경력의 상관성이 입증된 경우에만 그러한 관계가 성립하는 것이다.

경력을 승진기준으로 쓰려 할 때 봉착하게 되는 중심적인 문제는 타당성 있는 경력평정기준을 어떻게 만드느냐 하는 것이다. 승진예정직에 관련된 경력과 관련이 없는 경력을 구별하는 것부터가 힘든 일이다. 경력의 질을 심사하는 일, 그리고 관련 있는 경력들의 상대적인 비중을 결정하는 일이 어려운 것은 더 말할 필요도 없다.

기술적인 어려움을 극복하지 못하고 경력의 실질을 심사하지 않거나 경력의 상대적인 가치에 대한 배점을 자의로 하면 불공평한 결과를 낳고 실적주의적 요청과는 거리가 멀어지게 된다.

6. 훈 련

승진예정직에서의 직무수행능력을 판단하는 자료로 일정한 재직훈련을 받은 사실 또는 훈련이수의 성적을 사용하는 때가 있다. 일반적으로 훈련은 공무원의 능력발전을 도모하는 것이며, 훈련의 종류에는 승진준비를 위한 훈련도 있는 것이므로 훈련을 승진결정에서 고려하는 것은 바람직한 일이라 하겠다. 다만 이때에도 타당한 기준을 발전시켜야 하는 문제가 있다.

7. 승진 예정직에서의 근무성적

승진예정직에서의 근무성적을 기준으로 쓰는 것은 공무원을 승진예정직에서 실제로 일해 보게 하여 그 실적에 따라 승진여부를 결정하는 방법이다. 공무원을 승진시킬 상위직에 시험적으로 배치하고, 그 근무성적을 기준으로 하여 승진을 결정하는 것이다. 다시 말하면 승진의 경우에도 시보기간을 활용하는 것이다.

이러한 방법이 제대로 적용될 수 있다면 다른 어떤 방법보다 타당한 결과를 얻을 수 있을 것이다. 실제로 일을 시켜 보는 것보다 더 정확한 선발방법은 없을 것이기 때문이다.

그러나 이 방법은 시간이 많이 걸리고 절차상 매우 복잡한 것이다. 승진예정직에 시험적으로 임용되는 경우 해당 공무원은 승진될 것을 기대하게 되는데, 승진되지 못할 때에는 사기가 저하될 것이다.

8. 상벌의 기록

위에서 열거한 여러 기준에 포함되지 않는 기타의 인사기록이 승진결정에 자료를 제공하는 경우가 있다. 그러한 인사기록의 대표적인 예가 공무원에 대한 상훈 및 징계의 기록이다. 상벌의 사실을 승진결정에서 고려하는 것은 상벌의 효과를 승진에까지 연장시키는 것이다. 어떤 의미에서는 승진이 상과 벌의 수단으로 활용되는 것이라고 할 수도 있다.

상위직에서의 직무수행능력을 예측하는 데 상벌의 사실을 참고자료로 쓸 수 있는 것은 물론이지만, 상벌의 종류에 따라 직무수행능력에 대해 가지는 긍정적 또는 부정적 가치를 차별적으로 점수화하기는 어렵다.

제 2 절 경찰공무원의 승진규정

Ⅰ. 서 설

경찰공무원법 제11조(승진)에 따라 경찰공무원의 승진은 바로 하위계급에 있는 경찰공무원 중에서 근무성적/경력평정 기타 능력의 실증에 의한다. 경찰공무원법 제11조(승진)와 제14조(특별유공자등의 특별승진)[14] 및 경찰공무원승진임용규정 제3조(승진임용의 구분)의 규정에 따라 경찰공무원의 승진은 4가지로 구분되는데 심사승진, 시험승진, 특별승진, 그리고 근속승진(자동승진)이 있다.

경장에서 경정계급까지는 심사승진 60%와 시험승진 40%의 비율(50%)로 선발하고 있다.

표 6-3 경찰승진의 구분

구 분	심사승진	시험승진	특별승진	근속승진
대 상	경무관 이하	경정 이하	경감 이하	경감 이하

2012년부터 경찰청은 경위에서 12년 이상 근무자를 경감으로 근속승진시키는 제도를 만들었고 이를 개정하여 다시 10년으로 단축해 시행 중이다.

---

14) 경찰공무원으로서 다음 각호의 1에 해당하는 자에 대하여는 제11조의 규정에도 불구하고 1계급 특별승진시킬 수 있다. 다만, 경위 이상의 경찰공무원으로서 모든 경찰공무원의 귀감이 되는 공을 세우고 전사하거나 순직한 자에 대해서는 2계급 특별승진 시킬 수 있다. 즉 경찰공무원법 제40조의4 제1항 제1호 내지 제4호의 1에 해당하는 자, 전사하거나 순직한 자, 직무수행 중 현저한 공적을 세운 자 등이다. 특별승진의 요건 기타 필요한 사항은 대통령령으로 정한다.

Ⅱ. 심사승진

1. 심사승진대상자의 명부

심사승진의 절차개요를 보면 승진대상자 명부작성 ➡ 5배수 선발 ➡ 객관 5개항목 주관 2개항목 ➡ 2배수 선발 ➡ 최종승진자 선발 등으로 이루어진다.

(1) 승진대상자 명부

경찰공무원법 제12조 제2항은 다음과 같이 규정하고 있다. 즉 제1항의 규정에 의하여 설치된 승진심사위원회는 제11조 제4항의 규정에 의하여 작성된 승진대상자명부의 선순위자(제11조 제2항 단서의 규정에 의한 승진시험에 합격된 승진후보자를 제외)순으로 승진시키고자 하는 결원수의 5배수의 범위 안에 있는 자 중에서 승진후보자를 심사·선발한다.

(2) 명부작성자

경찰청장은 경정 이상의 경찰관 및 경찰청 소속 경찰공무원에 대해서그리고 지방경찰청장, 경찰대학장, 경찰교육원장, 중앙경찰학교장은 경감 이하의 경찰공무원에 대해서 명부를 작성한다. 다만 경찰청에 소속된 경사 이하는 경찰청의 각 국단위급 부서별로 국장급 부서장이 작성한다. 또한 경찰서장은 경찰서의 경장 이하의 경찰관에 대해 심사대상자 명부를 작성한다.

(3) 배점비율

그리고 승진에 필요한 요건을 갖춘 총경 이하의 경찰공무원은 경찰공무원 승진 임용규정 제11조(승진대상자명부의 작성)에 근거해 이른바 근무성적평정점 65점과 경력평정점 35점의 비율에 맞추어 계급별로 승진대상자명부를 작성하는 것을 원칙으로 하고 있다.[15] 그러나 여기에는 예외규정을 두

15) 제11조(승진대상자 명부의 작성) ① 총경 이하 경찰공무원에 대한 승진대상자 명부는

고 있다. 예를 들어 5급행정고시에 합격하여 경정 이하의 경찰공무원으로 특별채용할 수 있는 자로서 경찰공무원임용령 제39조(응시연령 및 신체조건) 제1항의 연령에 달하지 아니한 경감 이하 경찰공무원에 대하여는 그가 경정으로 승진할 때까지 근무성적평정만으로 승진대상자명부를 작성함을 원칙으로 하고 있다.16)

⑷ 승진기준일

특히 승진심사위원회는 승진심사대상자가 승진될 계급에서 직무의 수행능력을 평가하기 위하여 경력, 근무성과, 적성 등을 심사함을 원칙으로 한다. 여기서 경력이란 경험한 직책, 승진기록, 경찰직무와 관련된 교육경력을 의미하며 근무성과란 현재 계급에서의 연도별 근무성적, 상벌, 소속경찰기관장의 평가 및 추천을 의미한다. 그리고 적성이란 국가기관, 청렴도, 적격성 및 발전성, 인품 등을 말한다.

⑸ 명부의 제출

경찰서장은 경장 이하에 대한 승진대상자 명부를 작성 기준일로부터 25일 이내에 소속기관 등의 장에게 제출해야 하고 소속기관 등의 장은 경감에 대한 승진 대상자 명부를 30일 이내에 경찰청장에게 제출해야 한다.

다음 각 호의 구분에 따른 경찰기관의 장(이하 "승진대상자명부작성자"라 한다)이 계급별로 작성한다. [개정 2018.3.30 제28760호(경찰청과 그 소속기관 직제)], 1. 경정 이상 경찰공무원과 경찰청 소속 경위 이상 경찰공무원: 경찰청장, 2. 경감 이하 경찰공무원(제4호에 해당하는 사람은 제외한다): 경찰대학ㆍ경찰인재개발원ㆍ중앙경찰학교ㆍ경찰수사연수원ㆍ경찰병원 및 지방경찰청(이하 "소속기관등"이라 한다)의 장, 3. 경찰청 소속 경사 이하 경찰공무원: 경찰청의 각 국(局) 단위급 부서별 국장급 부서장, 4. 경찰서 소속 경사 이하 경찰공무원: 경찰서장, ② 승진대상자 명부는 제7조 부터 제9조까지의 규정에 따라 산정된 평정점(評定點)을 다음 각 호의 구분에 따른 비율로 반영하여 작성한다. 다만, 법 제8조제3항제2호 또는 제4호에 따라 경정 이하의 경찰공무원으로 신규채용할 수 있는 사람으로서 「경찰공무원 임용령」 제39조제1항의 응시연령에 이르지 아니한 경감 이하 경찰공무원에 대해서는 그가 경정으로 승진할 때까지 근무성적 평정만으로 승진대상자 명부를 작성할 수 있다. [개정 2014.12.9, 2016.10.31, 2016.12.30 제27703호(경찰공무원 임용령)], 1. 근무성적 평정점: 65퍼센트, 2. 경력 평정점: 35퍼센트, 3. 삭제 [2014.12.9.].

16) 상게면.

2. 경찰관의 심사승진 방법

(1) 승진심사 시기

한편 경찰공무원의 승진심사는 경찰공무원승진임용규정 제14조(승진심사)에 따라 계급별로 실시하고 있으며 총경 이하에의 승진심사는 1년에 1회를 행하고 있는바, 매년 1월 1일부터 3월 31일 사이에 이루어지고 있다.

(2) 승진심사위원회

심사승진은 경찰공무원법 제12조(승진심사위원회)의 규정에 근거하고 있다.[17] 본 규정에 따르면 경찰공무원법 제11조 제2항의 규정[18]에 의한 승진심사를 하기 위하여 경찰청에 중앙승진심사위원회를 두고, 경찰청・지방경찰청과 대통령령으로 정하는 경찰기관에 보통승진심사위원회를 둔다. 총경 이상의 승진심사는 중앙승진심사위원회에서 행한다. 그리고 보통승진심사위원회는 경정 이하에의 승진심사를 담당한다.[19]

(3) 승진심사 단계

승진의 심사단계는 다음의 표에서 보는 바와 같다.

---

17) 경찰공무원법 제12조(승진심사위원회): ① 제11조제2항에 따른 승진심사를 위하여 경찰청과 해양경찰청에 중앙승진심사위원회를 두고, 경찰청・해양경찰청・지방경찰청과 대통령령으로 정하는 경찰기관 및 지방해양경찰관서에 보통승진심사위원회를 둔다[개정 2017.7.26 제14839호(정부조직법)]. ② 제1항에 따라 설치된 승진심사위원회는 제11조제4항에 따라 작성된 승진대상자 명부의 선순위자(제11조제2항 단서에 따른 승진시험에 합격된 승진후보자는 제외한다) 순으로 승진시키려는 결원의 5배수의 범위에 있는 사람 중에서 승진후보자를 심사・선발한다. ③ 승진심사위원회의 구성・관할 및 운영에 필요한 사항은 대통령령으로 정한다[전문개정 2011.5.30.].

18) 경찰공무원법 제11조 제2항은 경무관 이하 계급에의 승진은 승진심사에 의한다. 다만, 경정 이하 계급에의 승진에 있어서는 대통령령이 정하는 비율에 따라 승진시험을 병행할 수 있다고 규정하고 있다.

19) 경찰공무원법 제12조(승진심사위원회).

표 6-4 승진심사의 단계

구 분	내 용
제1단계 심사	명부에 따른 성적순에 의하여 승진예정인원의 5배수를 대상으로 심사실시 함.
제2단계 심사	1단계에서 선발된 경찰관 중에 승진예정인원의 2배수를 선발함. 객관 5개 항목 및 주관 2개 항목을 평가함. 5배수로 선발된 자를 대상으로 5개 항목 및 주관 2개 항목을 평가함. 객관 5개 항목은 경험한 직책, 승진기록, 근무성적평정, 기본교육상벌 등이며, 주관 2개 항목은 지휘관 추천 및 작성임.
제3단계 심사	2배수를 대상으로 승진심사위원의 전원합의에 의하되, 여유치 않으면 무기명 투표로 합격자를 결정함.

(4) 동점자의 경우

만일 선발시에 동점자가 나오는 경우에는 다음과 같은 선순위의 기준에 따르도록 하고 있다. 즉 ① 당해 계급에서 근무성적이 우수한 사람, ② 해당 계급에서 장기근무한 사람, ③ 하위계급에서 장기근무한 사람 등이다.

(5) 연도별 근무성적의 배점비율

이 경우는 당해연도를 50%, 전년도를 30%, 그리고 전전년도를 20%로 정하고 있다.

(6) 심사승진후보자명부의 작성(경찰공무원승진임용규정 제24조)

승진임용예정자로 선발된 자에 대해 임용권자나 임용제청권자는 심사승진후보자명부를 작성하여야 한다.

Ⅲ. 시험승진

1. 의 의

시험승진은 역시 매년 1회에 한해 이루어지며 1차, 2차, 3차에 걸쳐 치루어진다. 제1차 시험은 선택형으로 하되 때로는 기입형도 가미할 수 있다. 제2차 시험은 논문형을 원칙으로 하되 과목별로 주관식 단답형을 통해 행해진다. 제3차 시험은 면접으로 응용능력이나 적격성을 테스트하는 것으로 한다. 이와 같이 이루어진 시험승진임용은 시험승진후보자명부의 등재순위에 따르는 것을 원칙으로 하고 있다.

필수 및 선택시험에 있어서는 과목별 4할 이상의 득점자 중에서 선발예정 인원을 고려하여 3배수를 결정한다. 제3차 시험은 합격 혹은 불합격 여부만을 결정한다.

한편 우리나라 경찰공무원의 심사승진은 중앙승진심사위원회가 경찰청에 설치된다. 본 위원회는 위원장을 포함해 5~7인으로 구성된다. 물론 위원의 계급은 승진심사 대상자보다 상위자이어야 하며 위원은 동일계급의 심사위원으로 연임될 수 없도록 했다. 보통승진심사위원회는 경찰청, 지방경찰청 등에 설치된다. 중앙승진심사위원회에서는 총경 이상을 담당하고 후자인 보통승진심사위원회의 경우는 경정 이하의 승진심사를 담당한다. 보통승진심사위원회는 위원장을 포함하여 5~7인으로 구성되고 위원은 소속기관의 경정 이상으로 함을 원칙으로 한다. 경감 이상이 수적으로 모자라는 경우는 경위도 위원으로 가능하다.

경찰공무원 승진임용규정 제31조(시험의 방법 및 절차)를 보면 ① 시험은 제1차시험, 제2차시험 및 제3차시험으로 구분하여 다음 각 호의 방법으로 실시한다[개정 2014.11.19 제25751호(행정자치부와 그 소속기관 직제), 2015. 10.30, 2016.10.31.]. 1. 제1차시험은 선택형으로 하는 것을 원칙으로 하되, 과목별로 기입형을 포함할 수 있다. 다만, 경과별 또는 특수분야별로 구분하여 실시하는 경우에는 실기시험으로 하거나 실기시험을 병행할 수 있다. 2. 제2차시험은 논문형으로 하는 것을 원칙으로 하되, 과목별로 주관식 단답형을 포함할 수 있다. 다만, 경과별 또는 특수분야별로 구분하여 실시하는 경우에는 실기시험으로 하거나 실기시험을 병행할 수 있다. 3. 제3차시험은 면접시험으로 하며, 직무수행에 필요한 응용능력과 적격성을 검정한다. ② 제1항에도 불구하고 경찰청장 또는 해양경찰청장이 필요하다고 인정할 때에는 제3차시험을 생략할 수 있으며, 제1차시험과 제2차시험을 동시에 실시할 수 있다[개정 2014.11.19 제25751호(행정자치부와 그 소속기관 직제), 2017.7.26 제28215호(경찰청과 그 소속기관 직제)]. ③ 제1차시험에 합격하지 아니하면 제2차시험에 응시할 수 없고, 제2차시험에 합격하지 아니하면 제3차시험에 응시할 수 없다. 다만, 제2항에 따라 제1차시험과 제2차시험을 동시에 실시하는 경우에는 그러하지 아니하다. ④ 제2항에 따라 제1차시험과 제2차시험을 동시에 실시하는 경우 제1차시험에 불합격한 사람의 제2차시험은 무효로 한다[전문개정 2013.1.9].

시험승진은 경찰공무원승진임용규정 제27조(시험실시의 원칙)에 따라서 심사승진과 마찬가지로 계급별로 실시하고 있다. 승진시험에 응시하고자 하는 경찰공무원은 시험을 실시하는 해의 1월 1일을 기준으로 할 때 승진소요최저근무년수에 충족되어야 한다. 또한 경찰공무원교육훈련규정 제8조 제1항 및 제2항의 규정에 따라 교육을 받은 자이어야 하는데 본 교육의 성적 중 만점의 6할을 넘어야 한다. 또 하나의 기준은 경찰공무원승진임용규정 제6조(승진임용의 제한) 제1항의 규정에 따라 승진임용의 제한을 받은 적이 없는 경찰공무원이어야 한다.

한편 경찰공무원승진임용규정 제33조(시험의 합격결정)에 근거해 임용권자나 임용제청권자는 고득점자순으로 각계급별 시험승진후보자명부를 작성하는 의무를 지며 이 명부에 따라 고득점자 순으로 승진하게 된다. 즉 ① 제1차시험 및 제2차시험에서는 각 과목 만점의 40퍼센트 이상 득점한 사람 중에서 선발예정 인원을 고려하여 고득점자순으로 합격자를 결정한다[개정 2016.10.31.]. ② 제3차시험에서는 합격・불합격만을 결정한다. ③ 최종합격자는 제3차시험에 합격한 사람(제3차시험을 실시하지 아니하는 경우에는 제2차시험에 합격한 사람을 말한다) 중에서 다음 각 호의 비율로 합산한 성적의 고득점자순으로 결정한다[개정 2014.12.9, 2016.10.31.], 1. 제1차시험성적 36

퍼센트(경비경찰의 경우에는 30퍼센트), 2. 제2차시험성적 24퍼센트(경비경찰의 경우에는 30퍼센트), 3. 해당 계급에서의 근무성적 40퍼센트, 4. 삭제 [2014. 12.9.]. ④ 제3항제3호에 따른 해당 계급에서의 근무성적은 경장 이하 경찰공무원의 경우에는 시험 실시연도 기준일부터 최근 1년 이내에 그 계급에서 평정한 평정점에 의하여 산정하며, 경사 이상 경찰공무원의 경우에는 시험 실시연도 기준일부터 최근 2년 이내에 그 계급에서 평정한 평정점에 의하여 다음의 계산방식으로 산정한다. (최근 1년 이내에 평정한 평정점 × 60/100)+(최근 1년 전 2년 이내에 평정한 평정점 × 40/100)[전문개정 2013. 1.9.].

2. 승진시험 과목

경찰청은 수험생들의 부담을 완화해주고 상위직 업무수행에 필요한 능력과 자질을 효과적으로 검증할 수 있는 승진시험제도를 정착시키기 위해 경정·경감 및 경위 이하 승진시험과목을 2005년 7월 29일 개정하여 2006년도 승진시험부터 적용했다.[20] 변경된 승진시험과목을 2016년 기준으로 살펴보면 다음과 같다.

20) 경찰청, 『2015 경찰백서』, 2015, p. 370.

표 6-5 경찰공무원 승진시험 과목표〈제28조 관련 개정 2015.10.30.〉

(단위: 퍼센트)

	분야	일반경찰 (수사 경과 및 보안 경과 포함)		정보통신경찰		항공경찰		일반경찰 (교수요원)		경비경찰 (전투경찰, 기동경찰)	
계급	시험	과목	배점 비율	과목	배점 비율	과목	배점 비율	과목	배점 비율	과목	배점 비율
경정	제1차 시험	헌법 경찰행정학	30 30	헌법 경찰행정학	30 30	형사소송법 경찰행정학	30 30	경찰실무(종합) 경찰행정학	30 30	경찰실무(종합) 경찰행정학 형사소송법	30 30 40
	제2차 시험	형사소송법	40	정보체계론	40	항공법	40	형사소송법	40	체력검정 사격	70 30
경감	제1차 시험	경찰실무 (종합) 형법	30 30	경찰실무 (종합) 형법	30 30	경찰실무 (종합) 형법	30 30	경찰실무 (종합) 형법	30 30	경찰실무(종합) 형법 경찰행정법	30 30 40
	제2차 시험	경찰행정법	40	정보통신 시스템	40	항공법	40	경찰행정법	40	체력검정 사격	70 30
경위	제1차 시험							필수: 형법 형사소송법	35 35	형법 형사소송법 경찰실무(종합)	35 35 30
	제2차 시험							선택: 경찰실무(1) 경찰실무(2) 경찰실무(3) 중 택1	30	체력검정 사격	70 30
경사	제1차 시험									형법 형사소송법 경찰실무(1)	35 35 30
	제2차 시험									체력검정 사격	70 30
경장	제1차 시험									형법 형사소송법 경찰실무(1)	35 35 30
	제2차 시험									체력검정 사격	70 30

※ 비고: 1. 경찰실무(1)은 경무(윤리 포함)와 경비·교통을 포함하고, 경찰실무(2)는 생활안전·수사를 포함하며, 경찰실무(3)은 정보·보안·외사를 포함한다. 2. 경찰행정법의 출제 범위는 행정법총론(행정법Ⅰ)과 행정법각론(행정법Ⅱ) 중 경찰행정법 분야로 한정한다.

Ⅳ. 특별승진

1. 의 의

특별승진의 대상자는 경찰공무원으로서 전사하거나 순직한 자, 그리고 직무수행 중 현저한 공적을 세운 자에게 심사와 면접을 거쳐 1계급 특별승진하는 제도가 있다. 그리고 경위 이하의 경찰공무원으로서 큰 공적을 세우고 전사하거나 순직한 자는 2계급까지 특별승진하는 제도를 실시하고 있다. 특별승진은 경찰청장이 필요하다고 인정하는 경우는 그때마다 수시로도 이루어진다.

경찰공무원의 특별승진에 관하여는 경찰공무원법 제14조(특별유공자 등의 특별승진) 제1항에 규정되어 있다. 본 조항에 따르면 경찰공무원으로서 다음 각호의 1에 해당하는 자에 대하여는 경찰공무원법 제11조의 규정에도

표 6-6 경찰공무원 특별승진의 대상

특진계급	공적 내용	법적 근거
치안정감 이하	대간첩작전 또는 이에 준하는 공무 수행 중 전사 및 순직한 자	경찰공무원 승진임용규정 제37조 및 38조
	명예퇴직자	
경정 이하	청백리 포상 수상자	
경감 이하	간첩 또는 무장공비를 사살하거나 검거한 자	
	능률향상, 예산절감 등 경찰행정발전 공적이 현저한 자	
경위 이하	국가안전을 해하는 범죄의 주모자 검거자	
	전시, 사변, 비상사태하에서 진압유공자	
	살인, 강도, 조직폭력 등 중요범인 검거자	
	천재지변 등 재난의 발생시 인명, 재산 구조자	
	특별경비부서에서 직무수행능력 우수자(제101경비단, 제22경호대, 총리공관경비대)	
	창안상 수상자(동상 이상)	
	※ 조선일보의 청룡봉사상 수상자(충, 신, 용상부문)	경찰청장 지침

불구하고 1계급 특별승진시킬 수 있다.[21] 다만, 경위 이하의 경찰공무원으로서 모든 경찰공무원의 귀감이 되는 공을 세우고 전사하거나 순직한 자에 대하여는 2계급을 특별승진시킬 수 있다(개정 1994.12.12). 즉 국가공무원법 제40조의4 제1항 제1호 내지 제4호의 1에 해당하는 자, 전사하거나 순직한 자, 직무수행 중 현저한 공적을 세운자 등이 특별승진의 대상자들이다.

유공자 등의 특별승진에 대해서는 경찰공무원승진임용규정 제37조에 잘 명시되어 있다. 즉 ① 청백리포상에 관한 규정에 의하여 포상을 받은 자(경정 이하에의 승진), ② 소속기관 등의 장이 직무수행능력이 탁월하여 경찰행정발전에 지대한 공헌실적이 있다고 인정하는 자(경감 이하에의 승진), 창안등급 동상 이상을 받은 자로서 경찰행정 발전에 기여한 실적이 뚜렷한 자(경위 이하에의 승진), 20년 이상 근속하고 정년 10년 전에서 1년까지의 기간 중 자진하여 퇴직하는 자로서 재직 중 특별한 공적이 있다고 인정되는 자(치안정감 이하에의 승진), 전투나 대간첩작전 기타 이에 준하는 업무수행 중 현저한 공을 세우고 사망하였거나 부상을 입어 사망한 자 또는 직무수행 중 다른 사람의 모범이 되는 공을 세우고 사망하였거나 부상을 입어 사망한 자(치안정감에의 승진) 등을 특별유공자등의 특별승진대상자라고 명시하고 있다.

그리고 경찰공무원 승진임용규정 제37조 특별유공자 등의 특별승진은 다음과 같이 규정하고 있다. 여기서 말하는 직무수행 중 현저한 공을 세운 자란 다음의 경찰공무원들을 의미한다.

---

21) 제11조에는 「경찰공무원의 승진은 바로 하위계급에 있는 경찰공무원 중에서 근무성적, 경력평정 기타 능력의 실증에 의한다. 경무관 이하 계급에의 승진은 승진심사에 의한다」라고 규정하고 있다.

1. 헌신적인 노력으로 간첩 또는 무장공비를 사살하거나 검거한 사람 2. 국가안전을 해치는 중한 범죄의 주모자를 검거한 사람 3. 전시 · 사변 또는 이에 준하는 비상사태에서 위험을 무릅쓰고 헌신 · 분투하여 사태 진압에 특별한 공을 세운 사람 4. 살인 · 강도 · 조직폭력 등 중한 범죄의 범인 검거에 헌신 · 분투하여 그 공이 특별히 현저한 사람 5. 천재지변이나 그 밖의 재난 발생 시 위험을 무릅쓰고 인명을 구조하거나 재산을 보호한 공이 특별히 현저한 사람 6. 행정안전부령 또는 해양수산부령으로 정하는 특별경비부서에서 헌신적으로 직무를 수행한 공이 있고, 상위직의 직무수행능력이 있다고 인정되는 사람[전문개정 2013.1.9.].

그리고 특별승진은 경찰공무원승진임용규정 제38조(특별승진의 계급범위)에 따라서 경감 이하 순경 계급에만 해당한다. 즉 경정 이상 치안총감까지는 특별승진의 대상에서 제외된다. 특별승진은 정기적으로 1년에 통상 1-2회에 걸쳐 이루어지는데 매년 다를 수 있다.[22]

그러나 별도로 전투, 대간첩작전 유공자 등의 특별승진 기타 경찰청장이 필요하다고 인정하는 경우에는 1년에 1-2회라는 규정과 별도로 시행할 수도 있다. 그러나 임용권자나 임용제청권자가 해당 경찰공무원을 특별승진시키고자 할 경우, 중앙승진심사위원회의 심사를 거쳐야 함을 원칙으로 하고 있다.[23]

한편 승진소요최저근무연수 등의 적용배제는 경찰공무원승진임용규정 제40조에 따라 다음의 내용을 담고 있다. 즉 ① 명예퇴직자로 특별승진하는 자는 승진최저근무연수의 적용을 받지 않는다. ② 전사나 순직으로 특별승진하는 자는 위 규정의 적용을 받지 않는다. ③ 헌신적인 노력으로 간첩

22) 경찰청, 『2015 경찰백서』, 2015, p. 180.

23) 신현기 외, 전게서, p. 228; 제39조(특별승진의 실시) 경찰공무원의 특별승진은 경찰청장 또는 해양경찰청장이 특히 필요하다고 인정하는 경우에 수시로 실시할 수 있다. 다만, 제37조제1항제2호에 해당하는 경찰공무원의 특별승진은 경찰청장 또는 해양경찰청장이 정하는 바에 따라 연 1회 또는 2회 실시한다. [개정 2014.11.19 제25751호(행정자치부와 그 소속기관 직제), 2016.10.31, 2017.7.26 제28215호(경찰청과 그 소속기관 직제)]
[전문개정 2013.1.9].

또는 무장공비를 사살 또는 검거한 자를 특별승진하는 경우 정년연장자라도 특별승진할 수 있다. ④ 국가안전을 해하는 중대한 범죄의 주모자를 검거하는 경우, ⑤ 전시 및 사변 또는 이에 준하는 비상사태하의 사태진압 유공자인 경우, ⑥ 살인, 강도, 조직폭력 등 중요범인의 검거, 그리고 천재지변 등 재난의 발생시 인명을 구조, 재산을 보호한 자 등이 역시 이에 해당한다.[24]

2. 특별승진의 절차

제33조 특별승진심사 절차는 다음과 같이 이루어진다. 즉 ① 임용권자나 임용제청권자는 영 제41조에 따라 소속 경찰공무원을 특별승진시키기 위하여 승진심사위원회의 심사를 받게 하려는 경우에는 해당 경찰공무원의 공적조서(功績調書)와 인사기록카드를 관할 승진심사위원회가 설치되는 경찰기관의 장에게 제출하여야 한다. 이 경우 승진심사위원회를 관할하는 경찰기관의 장은 해당 경찰공무원이 소속된 부서의 장에게 승진심사에 필요하다고 인정되는 공적의 내용을 현지 확인하게 하거나 그 공적을 증명할 수 있는 자료를 제출하게 할 수 있다. ② 특별승진심사에서는 찬반 투표 결과 과반수의 찬성을 얻은 사람을 승진임용예정자로 결정한다. ③ 승진심사위원회는 제2항에 따른 특별승진심사를 마쳤을 때에는 다음 각 호의 서류를 첨부하여 그 결과를 승진심사위원회를 관할하는 경찰기관의 장(보통승진심사위원회의 경우 경찰청장을 포함한다)에게 보고하여야 한다. 1. 승진심사 의결서, 2. 별지 제12호서식의 특별승진임용예정자 명부 및 특별승진심사 탈락자 명부[전문개정 2013.3.18.] 등이다.

3. 특별승진의 실제

특별승진의 인원은 경찰공무원 승진임용 규정에 의하여 당해 연도 계급

---

24) 중앙경찰학교, 『경무』(충주: 중앙경찰학교, 2005), p. 101.

표 6-7 특별승진 현황(2017년)

구분	경감	경위	경사	경장	계
인원	92	76	111	263	542

출처: 경찰청, 『2018 경찰백서』, 2018, p. 404.

별 승진예정인원의 일정비율로 책정한다. 경감은 0.5% 이내, 경위는 1.5% 이내, 경사 이하는 2.0% 이내에서 정한다. 하지만 2005년도의 경우 경찰공무원이 중요범인 검거, 인명・재산 구호 등의 공적을 올린 경우 승진소요년수에 관계없이 특별승진할 수 있도록 했다. 이는 젊은 인재가 순경에 입직하여 상위직으로 승진하는 데 걸리는 기간을 단축시킬 수 있는 장점을 가지게 됐다. 이는 또한 우수인력을 경찰에 투신시키는 데 기여할 것으로 본다. 그러나 이러한 기회가 주어질 수 없는 부서에서 묵묵히 국가를 위해 일하는 경찰공무원들에게 과연 이러한 방식이 장점으로만 작용할 것인가?

다른 한편에서는 경찰의 사기를 떨어뜨리는 요인으로도 크게 작용할 소지가 있다. 특별승진이 남발되어서는 안 된다. 왜냐하면 그 특별승진의 T.O만큼 심사승진이나 시험승진자의 숫자는 줄어들게 되기 때문이다. 따라서 그에 상응하는 포상이나 상금으로 보상하는 방법도 강구할 필요가 있다.

V. 근속승진(자동승진)

1. 현 황

이는 행정기관의 조직과 정원에 관한 통칙 제26조에 근거해서 이루어진다. 근속승진은 순경부터 경감까지 1계급을 승진임용하는 제도로서 2006년부터 시행되었다.

경찰공무원승진임용규정 제26조(근속승진)에 따르면 ① 법 제11조의2에 따른 근속승진(이하 "근속승진"이라 한다) 기간은 제5조제2항부터 제8항까지의 규정에 따른 승진소요 최저근무연수의 계산 방법에 따라 계산한다(개정

2016.10.31.). ② 삭제(2013.1.28.). ③ 임용권자는 경감으로의 근속승진임용을 위한 심사를 연 1회 실시할 수 있다. 이 경우 해당 기관의 근속승진 대상자의 100분의 30에 해당하는 인원수(소수점 이하가 있는 경우에는 1명을 가산한다)를 초과하여 근속승진임용할 수 없다(개정 2016.6.24., 2018.6.12.). ④ 임용권자는 인사의 원활한 운영을 위하여 필요하다고 인정되는 경우에는 경위 재직기간별로 승진대상자 명부를 구분하여 작성할 수 있다(개정 2018.6.12.). ⑤ 제1항부터 제4항까지에서 규정한 사항 외에 근속승진 방법, 그 밖에 인사운영에 필요한 사항은 경찰청장 또는 해양경찰청장이 정한다(개정 2018.6.12.).

2. 근속승진 소요근무연수

근속승진 소요근무연수는 자기 해당계급에서 일정기간 동안 재직한 경우 경장, 경사, 경위, 경감으로 각각 승진시키는 제도이다.

경찰공무원법 제11조의2(근속승진) 규정에 따라 근속승진은 다음과 같이 이루어진다. ① 경찰청장 또는 해양경찰청장은 제11조제2항에도 불구하고 해당 계급에서 다음 각 호의 기간 동안 재직한 사람을 경장, 경사, 경위, 경감으로 각각 근속승진임용 할 수 있다(개정 2014.11.19 제12844호(정부조직법), 2017.7.26 제14839호(정부조직법), 2017.9.19.).

가. 순경을 경장으로 근속승진임용하려는 경우: 해당 계급에서 4년 이상 근속자

나. 경장을 경사로 근속승진임용하려는 경우: 해당 계급에서 5년 이상 근속자

다. 경사를 경위로 근속승진임용하려는 경우: 해당 계급에서 6년 6개월 이상 근속자

라. 경위를 경감으로 근속승진임용하려는 경우: 해당 계급에서 10년 이상 근속자

② 제1항에 따라 근속승진한 경찰공무원이 근무하는 기간에는 그에 해당하는 직급의 정원이 따로 있는 것으로 보고, 종전 직급의 정원은 감축된

것으로 본다.

③ 제1항에 따른 근속승진임용의 기준, 절차 등에 관하여 필요한 사항은 대통령령으로 정한다(시행일 2012.2.5.). 다만 경찰공무원 근속승진 기간을 총 5년 단축하는 내용의 「경찰공무원법 일부개정법률」이 2017. 9. 19. 공포 시행됨에 따라 다음과 같이 조정되었다.

가. 경감 근속승진 임용일을 매년 7월 1일에서 1월 1일로 변경(제2조, 제5조, 제6조)

나. 경감 근속승진 대상자명부의 경력평정점 비율을 현행 40%에서 50%로 확대(제5조)

다. 경위 이하 근속승진 임용대상자의 근무성적평정점 요건을 최근 2~3년 각각 37.5점 이상인 사람에서 최근 2~3년 평균 37.5점 이상인 사람으로 완화(제6조)

라. 단위 연도 중 6개월 미만 근무로 근무성적을 평정하지 않은 공무상 질병휴직자, 육아휴직자의 근무성적평정점을 37.5점으로 간주하도록 하는 특례 등이다.

3. 근속승진 대상자명부

경찰공무원 근속승진 운영규칙[경찰청훈령 제857호, 2017. 12. 21. 일부개정]의 제5조(근속승진대상자명부의 작성)는 다음과 같이 명시하고 있다. 즉 ① 근속승진에 필요한 요건을 갖춘 경위 이하에 대하여 계급별로 근속승진 대상자명부를 작성한다. 다만, 경위의 경우 「경찰공무원 승진임용 규정」 제26조제4항에 따라 재직기간별로 근속승진 대상자명부를 작성할 수 있다. ② 제1항에 따른 근속승진 대상자명부 작성은 「경찰공무원 승진임용 규정」 제11조제1항·제4항·제5항을 준용한다. ③ 경장·경사·경위 근속승진 대상자명부는 다음 각 호와 같이 작성한다. 이 경우 근속승진임용 해당 연도의 근무성적평정점은 포함하지 아니한다.

가. 경장·경사 근속승진 대상자명부: 최근 2년간 근무성적평정점을 기준으로 별지 제1호서식에 따라 작성

나. 경위 근속승진 대상자명부: 최근 3년간 근무성적평정점을 기준으로 별지 제2호서식에 따라 작성

④ 경감 근속승진 대상자명부는 근무성적평정점 100분의 50, 경력평정점 100분의 50의 비율로 별지 제3호서식에 따라 작성하며, 근무성적평정점 및 경력평정점의 계산방법은 다음 각 호와 같다. 이 경우 경력의 기간계산은「경찰공무원 승진임용 규정 시행규칙」제10조의 규정에 따른다.

가. 근무성적평정점(50점): (최근 1년 이내에 평정한 근무성적평정점 × 50/100)+(최근 1년 전 2년 이내에 평정한 근무성적평정점 × 30/100)+(최근 2년 전 3년 이내에 평정한 근무성적평정점 × 20/100)

나. 경력평정점(50점): {경위 경력 월 수+(경사 이하 경력 월 수 × 30/100)}× 0.148

⑤ 경위 이하 근속승진 대상자명부는 매월 1일을 기준으로, 경감 근속승진 대상자명부는 매년 1월 1일을 기준으로 작성한다.

⑥ 경위이하 근속승진 대상자명부의 점수가 동일한 때에는「경찰공무원 승진임용 규정 시행규칙」제29조의2를 준용한다.

⑦ 경감 근속승진 대상자명부의 점수가 동일한 때에는 다음 각 호의 순서에 따라 선순위자를 결정한다.

가. 제4항제1호에 따른 근무성적평정점이 우수한 사람

나. 제4항제2호에 따른 경력평정점이 우수한 사람

다. 경위 계급에서 장기간 근무한 사람

그리고 제6조(승진임용 대상 및 시기)에 따라 ① 경장・경사 근속승진 임용대상자는 근속승진 대상자명부의 최근 2년간 근무성적평정점 평균이 37.5점 이상인 사람, 경위 근속승진 임용대상자는 근속승진 대상자명부의 최근 3년간 근무성적평정점 평균이 37.5점 이상인 사람으로 한다. ② 경감 근속승진 인원은「경찰공무원 승진임용 규정」제26조제3항을 따른다. 다만, 경찰청장은 소속기관별 승진대상자 분포, 승진여건 등을 고려하여 소속관서별로 승진예정 인원을 조정할 수 있다. 또한 ③ 경장・경사・경위 근속승진임용의 시기는 매월 1일로 하고, 경감 근속승진임용의 시기는 매년 1월 1일로 한다.

연습문제 >>>

1. 경찰공무원 승진의 의의에 대해 설명하시오.
2. 경찰공무원 승진의 기준에 관해 설명하시오.
3. 경찰공무원의 심사승진 대상자의 명부에 대해 설명하시오.
4. 경찰공무원 심사승진의 과정을 설명하시오.
5. 경찰공무원의 특별승진에 대해 설명하시오.
6. 경찰공무원의 근속승진에 대해 설명하시오.

제 7 장

경찰공무원의 권리와 의무 및 책임

제 1 절 경찰공무원의 권리

Ⅰ. 신분상 권리

통상 공무원이 가지는 권리는 크게 헌법이 보장하는 기본권과 개별법상의 권리로 대별되는데 이는 다시 신분상의 권리와 재산상의 권리로 나누어진다.[1)]

이는 경찰공무원의 신분과 직접 관계되는 권리인데 신분보유권, 직위보유권, 직무수행권을 들 수 있다.[2)]

1) 신분보유권

이는 경찰공무원의 경우 국가공무원법 제68조에 따라 경찰공무원은 형의 선고·징계처분 또는 법에 정하는 사유에 의하지 아니하고는 그 의사에 반하여 면직당하지 아니한다는 것을 의미한다. 하지만 경찰공무원법 제10조 제3항과 제30조 제1항에 따라 시보임용 중의 경찰공무원과 치안총감 및

1) 신현기, 『경찰학개론』(파주: 법문사, 2015), p. 90.
2) 김남진, 『경찰행정법』(서울: 경세원, 2002), p. 89.

치안정감에게는 이 권리가 인정되지 아니한다.

2) 직위보유권

경찰공무원은 국가공무원법 제32조의5 제1항에 따라 계급에 상응하는 일정한 직위를 부여받을 권리를 가지며, 동법 제73조의2에 따라 법에 정한 사유가 있는 경우가 아니고서는 직위를 해제당하지 아니하는 동시에 직위해제된 경우에도 그 해제사유가 소멸된 때에는 지체 없이 직위를 부여받을 권리를 갖는다.

3) 직무수행권

경찰공무원은 자기가 담당하는 직무를 방해받지 아니하고 수행할 권리를 가진다. 이를 방해하는 자는 형법 제136조와 제137조에 따라 공무집행방해죄에 의거해 처벌받게 된다.

4) 무기휴대권과 제복착용

경찰공무원법 제20조에 따라 직무수행을 위해 무기를 휴대할 수 있으며 제복을 착용할 권리를 가진다.

5) 교육훈련권과 능률증진권

경찰공무원법 제17조에 따라 법이 정한 훈련을 받으며 근무능률을 위한 조치를 받을 권리를 지닌다.

6) 고충심사청구권과 행정구제청구권

위법부당하게 신분상의 불이익을 받는 경우 소청 및 행정소송 등을 통해 그 시정을 구할 수 있는 권리를 가진다.

Ⅱ. 재산상의 권리

이는 보수청구권, 연금청구권, 실비변상·실물지급 등을 받을 권리, 보상을 받을 권리, 보훈에 관한 권리 등을 의미한다.

1. 보수청구권

경찰공무원은 직무를 통해 보수와 수당을 받을 재산상의 권리를 가진다. 공무원보수 규정에 따라 기본급여, 계급별 및 호봉별로 기본급여를 받는다. 한편 이들이 받는 수당에는 직무수당, 상여수당, 가계보전수당, 특수지근무수당, 초과근무수당에 속하는 제수당과 기말수당, 가족수당, 겸임수당, 명예퇴직수당 등이 있다. 특히 공무원 보수청구권의 소멸시효는 3년으로 되어 있다.

2. 연금청구권

경찰공무원은 공무원연금법 제1조에 따라 경찰공무원의 퇴직, 사망, 공무로 인한 부상, 질병, 폐질의 경우 공무원 및 그 유족의 생활안정과 복리향상에 기여함을 목적으로 지급하는 급여를 받는데 이것이 연금이다.

한편 급여의 종류를 보면 단기급여로서 보건급여, 재해급여, 사망위로금이 있고 장기급여로는 퇴직급여, 장해급여 및 유족급여 등이 있다(공무원연금법 제34조).

3. 실비변상·실물지급 등을 받을 권리

공무원은 국가공무원법 제48조 제1항에 따라 직무수행과 관련해 소요되는 실비(여비 등)를 받을 권리를 가진다. 또한 제복이나 물품을 지급받을 권리도 가진다.

4. 보상을 받을 권리

경찰공무원은 국가공무원법 제48조 제2항에 따라 본래 업무에 지장을 받지 않는 한도 내에서 담당직무 외의 특수한 연구과제를 위탁받아 처리한 경우에는 그 보상을 지급받을 권리를 가진다.

5. 보훈에 관한 권리

경찰공무원법 제16조에 따라 경찰공무원으로서 전투 및 기타 직무수행이나 훈련 등으로 사망한 자 및 상이를 입고 퇴직한 자와 유족이나 가족은 국가유공자등예우및지원에관한법률이 정하는 바에 의하여 예우를 받을 권리를 가진다.[3)]

6. 경찰공무원의 휴가권

경찰공무원은 매년 근무 중 정해진 법률에 따라 휴가를 받아 향유할 수 있다. 국가공무원복무규정 제14~제24조에서 정한 휴가일수를 활용할 수 있다. 물론 이 휴가기간에는 공무 이외의 목적으로 국외여행도 자유로이 할 수 있다.

1) 경찰공무원의 연가

경찰공무원의 연가라 함은 근무 중에 개인적인 사정이 있을 시 그리고 휴식 등을 위해 자유로이 활용할 수 있는 법정휴가를 의미하는데, 이는 그 경찰공무원이 몇 년을 재직하였느냐에 따라 각기 연가일수가 다르다. 여기서 재직기간에는 경찰공무원의 휴직기간, 정직기간, 직위해제기간, 강등처분에 따라 직무에 종사하지 못하는 기간은 제외한다. 하지만 경찰공무원이 육아휴직(자녀 1명에 대한 총 휴직기간이 1년을 넘는 경우에는 최초의 1년으로 하며, 셋째 자녀부터는 총 휴직기간이 1년을 넘는 경우에도 그 휴직기간 전부로 한다), 법령에 따른 의무수행으로 인한 휴직, 공무상 질병 또는 부상으로 인한 휴직은 재직기간에서 제외한다.[4)]

한편 경찰공무원이 근무하고 있는 연도 중에 결근, 휴직, 정직, 강등, 직위해제된 사실이 전혀 없는 공무원으로서 첫째, 병가를 받지 아니한 공

무원, 둘째, 연가보상비를 받지 못한 연가일수가 아직 남아 있는 공무원인 경우는 그 다음 해에만 재직기간별 연가일수에 각각 1일을 더하도록 규

3) 김남진, 전게서, p. 95.

4) 허경미, 『경찰인사행정론』(서울: 박영사, 2017), p. 176.

표 7-1 경찰공무원의 연가 산출 기준 일수

재직기간	연가 일수
3개월 이상 6개월 미만	3
6개월 이상 1년 미만	6
1년 이상 2년 미만	9
2년 이상 3년 미만	12
3년 이상 4년 미만	14
4년 이상 5년 미만	17
5년 이상 6년 미만	20
6년 이상	21

정되어 있다.

특히 중요한 것은 경찰공무원이 연중 결근한 일수, 직위해제 일수, 강등처분에 따라 직무에 종사하지 못하는 일수는 주어진 연가일수에서 빼도록 되어 있다.

2) 경찰공무원 병가

병가는 일반병가와 공무상 병가로 나누어진다. 전자는 공무상 질병이나 부상으로 인한 경우이고 후자는 그 이외의 사유인 질병 등을 치료할 목적으로 사용하는 휴가를 말한다. ① 행정기관의 장은 소속 공무원이 다음 각 호의 어느 하나에 해당할 경우에는 연 60일의 범위에서 병가를 승인할 수 있다. 이 경우 질병이나 부상으로 인한 지각·조퇴 및 외출은 누계 8시간을 병가 1일로 계산하고, 제17조제4항에 따라 연가 일수에서 빼는 병가는 병가 일수에 산입하지 아니한다(개정 2015.10.6.).

가. 질병 또는 부상으로 인하여 직무를 수행할 수 없을 때

나. 감염병에 걸려 그 공무원의 출근이 다른 공무원의 건강에 영향을 미칠 우려가 있을 때

② 행정기관의 장은 소속 공무원이 공무상 질병 또는 부상으로 직무를 수행할 수 없거나 요양이 필요할 경우에는 연 180일의 범위에서 병가를 승

인할 수 있다(개정 2015.10.6.). ③ 병가 일수가 7일 이상일 경우에는 의사의 진단서를 첨부하여야 한다(전문개정 2011.7.4.).

3) 경찰공무원의 공가

경찰공무원은 공가를 신청할 수 있다. 해다와는 경우 경찰서장은 직원에게 공가를 허가해 주어야 한다. 즉 행정기관의 장은 소속 공무원이 다음 각 호의 어느 하나에 해당하는 경우에는 이에 직접 필요한 기간을 공가로 승인하여야 한다(개정 2012.8.31 제24077호/국민건강보험법 시행령); 2015.10.6, 2016.2.3 제26944호(공무원 인재개발법 시행령); 2016.11.29 제27620호(병역법 시행령).

①「병역법」이나 그 밖의 다른 법령에 따른 병역판정검사·소집·검열점호 등에 응하거나 동원 또는 훈련에 참가할 때

② 공무와 관련하여 국회, 법원, 검찰 또는 그 밖의 국가기관에 소환되었을 때

③ 법률에 따라 투표에 참가할 때

④ 승진시험·전직시험에 응시할 때

⑤ 원격지(遠隔地)로 전보(轉補) 발령을 받고 부임할 때

⑥「산업안전보건법」 제43조에 따른 건강진단 또는「국민건강보험법」 제52조에 따른 건강검진을 받을 때

⑦「혈액관리법」에 따라 헌혈에 참가할 때

⑧「공무원 인재개발법 시행령」 제32조제5호에 따른 외국어능력에 관한 시험에 응시할 때

⑨ 올림픽, 전국체전 등 국가적인 행사에 참가할 때

⑩ 천재지변, 교통 차단 또는 그 밖의 사유로 출근이 불가능할 때

⑪「공무원의 노동조합 설립 및 운영 등에 관한 법률」 제9조에 따른 교섭위원으로 선임(選任)되어 단체교섭 및 단체협약 체결에 참석할 때 등이다.

4) 경찰공무원의 특별휴가

① 행정기관의 장은 소속 공무원이 결혼하거나 그 밖의 경조사가 있는 경우에는 해당 공무원의 신청에 따라 별표 2의 기준에 따른 경조사휴가를

주어야 한다(개정 2017.3.20.).[5)]

② 행정기관의 장은 임신 중인 공무원에게 출산 전과 출산 후를 통하여 90일(한 번에 둘 이상의 자녀를 임신한 경우에는 120일)의 출산휴가를 승인하되, 출산 후의 휴가기간이 45일(한 번에 둘 이상의 자녀를 임신한 경우에는 60일) 이상이 되게 하여야 한다. 다만, 행정기관의 장은 임신 중인 공무원이 다음 각 호의 어느 하나에 해당하는 사유로 출산휴가를 신청하는 경우에는 출산 전 어느 때라도 최장 44일(한 번에 둘 이상의 자녀를 임신한 경우에는 59일)의 범위에서 출산휴가를 나누어 사용할 수 있도록 하여야 한다(개정 2014.6.30, 2015.10.6.).

가. 임신 중인 공무원이 유산(「모자보건법」 제14조 제1항에 따라 허용되는 경우 외의 인공임신중절에 의한 유산은 제외한다. 이하 제3호를 제외하고 같다) · 사산의 경험이 있는 경우

나. 임신 중인 공무원이 출산휴가를 신청할 당시 연령이 만 40세 이상인 경우

다. 임신 중인 공무원이 유산 · 사산의 위험이 있다는 의료기관의 진단서를 제출한 경우

③ 여성공무원은 생리기간 중 휴식과 임신한 경우의 검진을 위하여 매월 1일의 여성보건휴가를 받을 수 있다. 다만, 생리기간 중 휴식을 위한 여성보건휴가는 무급으로 한다(개정 2011.7.4.).

④ 임신 중인 여성공무원으로서 임신 후 12주 이내에 있거나 임신 후 36주 이상에 해당하는 공무원은 1일 2시간의 범위에서 휴식이나 병원 진료 등을 위한 모성보호시간을 받을 수 있다(신설 2013.5.31./시행일 2013.7.1.).

⑤ 생후 1년 미만의 유아를 가진 공무원은 1일 1시간의 육아시간을 받을 수 있다(개정 2011.7.4, 2013.5.31, 2017.3.20.).

⑥ 한국방송통신대학교에 재학 중인 공무원은 「한국방송통신대학교 설치령」에 따른 출석수업에 참석하기 위하여 제15조의 연가 일수를 초과하는 출석수업 기간에 대한 수업휴가를 받을 수 있다(개정 2011.7.4, 2013.5.31./시

5) 국가공무원 복무규정 제20조(대통령령 제28211호(행정안전부와 그 소속기관 직제) 일부개정 2017. 07. 26).

행일 2013.7.1.).

⑨ 풍해·수해·화재 등 재해로 인하여 피해를 입은 공무원과 재해지역에서 자원봉사활동을 하려는 공무원은 5일 이내의 재해구호휴가를 받을 수 있다(개정 2011.7.4.).

⑩ 행정기관의 장은 소속 여성공무원이 유산하거나 사산한 경우 해당 공무원이 신청하면 다음의 기준에 따라 유산휴가 또는 사산휴가를 주어야 한다(개정 2011.7.4./ 2014.6.30.).[6]

1. 임신기간이 11주 이내인 경우: 유산하거나 사산한 날부터 5일까지
2. 임신기간이 12주 이상 15주 이내인 경우: 유산하거나 사산한 날부터 10일까지
3. 임신기간이 16주 이상 21주 이내인 경우: 유산하거나 사산한 날부터 30일까지
4. 임신기간이 22주 이상 27주 이내인 경우: 유산하거나 사산한 날부터 60일까지
5. 임신기간이 28주 이상인 경우: 유산하거나 사산한 날부터 90일까지

⑪ 인공수정 또는 체외수정 등 불임치료 시술을 받는 공무원은 시술 당일에 1일의 휴가를 받을 수 있다. 다만, 체외수정 시술의 경우 난자 채취일에 1일의 휴가를 추가로 받을 수 있다(개정 2011.7.4.).

⑫ 행정기관의 장은 소속 공무원이 국가 또는 해당 기관의 주요 업무를 성공적으로 수행하여 탁월한 성과와 공로가 인정되는 경우에는 10일 이내의 포상휴가를 줄 수 있다. 이 경우 탁월한 성과와 공로에 대한 판단의 기준은 인사혁신처장이 정한다(신설 2015.10.6.).

⑬ 자녀가 있는 공무원은 「영유아보육법」에 따른 어린이집, 「유아교육법」에 따른 유치원 및 「초·중등교육법」 제2조 각 호의 학교에서 공식적으로 주최하는 행사 또는 교사와의 상담에 참여할 경우 연간 2일의 범위에서 자녀돌봄휴가를 받을 수 있다(신설 2017.3.20.).

---

6) 국가공무원 복무규정(대통령령 제28211호(행정안전부와 그 소속기관 직제) 일부개정 2017. 07. 26).

제 2 절 경찰공무원의 의무

① 공무원은 국민전체에 대한 봉사자이며, 국민에 대하여 책임을 진다(헌법 제7조 제1항). 따라서 공공의 이익을 위하여 근무하며, 직무를 수행함에 있어서는 전력을 다하여 전념하여야 한다. 국가공무원법은 국가공무원에게 국민전체의 봉사자로서 행정의 민주적이며 능률적인 운영을 기하게 할 것을 규정하고 있다(동법 제1조).

② 경찰공무원의 의무는 대체로 다음과 같이 분류할 수 있다.

㉠ 선서의무

㉡ 성실의무

㉢ 직무상의 의무

ⓐ 국가공무원법상 의무 - 법령준수의무, 명령복종의무, 영리업무 및 겸직금지의무(직무전념), 친절공정의무, 종교중립의 의무

ⓑ 경찰공무원법상 의무 - 허위보고 등의 금지의무, 지휘권남용 등의 금지의무, 제복착용의무

ⓒ 경찰공무원복무규정상 의무 - 지정장소 외에서의 직무수행금지, 근무시간 중 음주금지, 민사분쟁에의 부당개입금지

㉣ 신분상의 의무 정치활동금지의무, 집단행위금지의무, 비밀엄수의무, 품위유지의무, 청렴의무, 영예 등의 제한

Ⅰ. 선서의 의무

경찰공무원은 국가공무원법 제55조에 따라 소속기관장 앞에서 선서를 하게 할 수 있다. 그 선서의 내용은 ① 본인은 법령을 준수하고 상사의 직무상 명령에 복종한다. ② 본인은 국민의 편에 서서 정직과 성실로 직무에 전념한다. ③ 본인은 창의적인 노력과 능동적인 자세로 소임을 완수한다.

④ 본인은 재직 중은 물론 퇴직 후에라도 업무상 알게 된 기밀을 절대로 누설하지 아니한다. ⑤ 본인은 정의의 실천자로서 부정의 발본에 앞장선다.

Ⅱ. 성실의 의무

모든 공무원은 국가공무원법 제56조에 따라 성실히 직무를 수행할 의무를 진다. 특히 성실의 의무를 위배하면 징계의 사유가 된다.

Ⅲ. 직무상의 의무

경찰공무원의 복무상 의무에는 다음과 같이 허위보고 등의 금지의무, 지휘권남용 등의 금지, 제복 및 무기휴대의 의무, 친절 및 공정의 의무, 직무전념의 의무, 법률준수의 의무, 복종의 의무, 성실의 의무 등이 있다.[7)]

1) 허위보고 등의 금지의무

경찰공무원법 제18조에 따라 경찰공무원은 직무와 관련해서 허위로 보고하거나 통보를 하는 것을 금지하고 있으며 동시에 직무를 태만히 하거나 유기하는 것을 허용하지 않고 있다.

2) 지휘권남용 등의 금지

경찰공무원을 지휘·감독하는 자는 경찰공무원법 제19조에 따라 특별한 이유 없이 그 직무수행을 거부하거나 유기하는 것을 금지한다. 또한 경찰공무원을 지정된 근무지에서 진출이나 퇴각 및 이탈하게 하는 명령을 해서는 안 된다.

3) 제복 및 무기휴대의 의무

경찰공무원법에 따라 경찰공무원은 항상 제복을 착용해야 한다. 그러나 특수한 경우는 물론 예외로 하고 있다. 동법에 따라 필요한 경우에는 직무

---

7) 허경미, 전게서, pp. 95~100.

수행을 위해 무기를 휴대하는 것이 허용되고 있다.

4) 친절 및 공정의 의무

국가공무원법 제59조에 따라 경찰공무원에게는 국민에 대해 친절하고 공정하게 대해야 하는 의무가 부과된다. 국민을 위한 봉사자로서 신속하며 정확하게 업무를 처리해야 한다. 이 의무는 법적인 의무이기 때문에 위반한 경우에는 처벌의 대상이 되기도 한다. 이러한 내용은 공무원복무규정 제4조에도 잘 나타나 있다.

5) 직무전념의 의무

경찰공무원은 직장을 이탈하거나 영리업무를 해서는 안 된다. 국가공무원법 제58조와 경찰공무원복무규정 제8조에 따라 소속상관의 허가 없이 직장을 이탈해서는 안되고 직무와 무관한 장소에서 직무를 해서도 안 된다. 업무 이외에 영리를 위한 활동은 경찰공무에 반하기 때문에 금지하고 있다.

6) 법령준수의 의무

국가공무원법 제56조에 따라 경찰공무원은 법령을 준수함은 물론이고 직무를 성실히 수행할 의무를 진다.

7) 복종의 의무

경찰공무원은 역시 국가공무원법 제57조에 따라 자기 상관의 직무상 명령에 복종해야 한다는 의무를 진다.

8) 성실의 의무

공무원은 국가와 국민을 위해서 업무를 수행한다. 성실히 직무를 수행해야 하는 일은 국가의 이익과 직결되는 만큼 어느 것보다 중요시된다.

9) 경찰공무원의 신분상 의무

① 비밀엄수의 의무　　경찰공무원은 국가공무원법 제60조에 따라 재직 중은 물론 퇴직 후에도 직무상 지득한 비밀을 엄수하여야 한다. 특히 비밀사항으로 분류해 놓은 것들은 물론이고 직무와 관련해 알게 된 모든 사항들이 여기에 해당된다고 볼 수 있다. 물론 경찰공무원의 비밀엄수의무는 행정정보공개요구권과 같은 국민의 알권리에 의해 일부 제한될 수도 있다. 국회에서의증언과감정등에관한법률 제4조가 그 좋은 예이다.

② 청렴의무　　경찰공무원은 국가공무원법 제61조에 따라 직무와 관

련하여 직접이든 간접이든 불문하고 사례·증여 또는 향응을 수수하여서는 안 되고 동시에 소속상관에 대해 증여를 하거나 증여를 받아서도 안 된다.

③ 품위유지에 대한 의무 경찰공무원법 제7조 및 국가공무원법 제63조와 제78조에 따르면 경찰공무원은 어떠한 경우라도 직무상에 있어서 품위를 손상하는 행위를 해서는 안 된다고 규정하고 있다. 여기서 말하는 경찰공무원의 품위라 함은 대법원 판결(1998. 2. 27, 97누18172)에 따를 때 공무원이 국가의 권위나 위신 및 체면에 해가 되지 않아야 함을 의미한다.

④ 개인영예추구의 금지의무 국가공무원법 제62조에 따라 경찰공무원은 대통령의 허가를 얻어서만 외국정부로부터 영예나 증여를 받을 수 있다. 기타의 경우는 위법에 해당한다.

⑤ 선서에 따른 의무 모든 경찰공무원은 국가와 국민을 위해 성실하게 근무할 것을 맹세하기 위해 자기가 소속된 기관장 앞에서 선서를 하게 된다.

⑥ 정치운동의 금지의무 정당법 제6조 제1호에 따라 경찰공무원은 정당이나 정치단체의 결성에 관여하거나 이에 가입하는 것을 금지하고 있다. 역시 동료 경찰공무원에게 일체의 정치행위와 관련해 권유하는 것도 금지하고 있다.[8)]

⑦ 집단행동의 금지의무 우리나라 경찰공무원은 노동운동을 비롯해 기타 공무 이외의 일을 위한 집단적 행위를 해서는 안 된다고 규정하고 있다. 물론 노무에 종사하는 경우는 예외로 하고 있으며 집단행동의 금지를 위반한 때에는 국가공무원법 제84조에 따라 1년 이하의 징역이나 300만원 이하의 벌금이 부과될 수 있다.[9)]

---

8) 허경미, 전게서, p. 93.
9) 자세한 내용은 상게서, p. 94.

제 3 절 경찰공무원의 징계

여기서는 공무원의 신분은 보유하지만 직무 수행을 정지시키거나 직위를 부여하지 않는 휴직, 직위해제 및 정직과 특정한 사유가 소멸되어 공무원을 직무에 다시 복귀시키는 복직 등을 다루고자 한다.

Ⅰ. 휴 직

휴직은 일시적인 사정으로 공무원이 직무를 일정 기간 떠나 있는 것을 말한다. 휴직 중 공무원은 공무원으로서의 신분을 보유하나 직무에 종사하지 못한다. 임용권자는 특정한 사유가 있어 공무원 본인이 원할 때나, 사정에 따라서는 본인의 의사에도 불구하고 휴직을 명할 수 있다. 본인이 원할 때 휴직이 가능한 경우는 국제기구 또는 외국기관에 임시로 고용되거나, 국내・외 교육기관 및 연구기관에서 연수하거나 유학하게 된 때로 한정되어 있다. 그리고 신체정신상의 장애로 장기 요양이 필요하거나, 병역 복무를 필하기 위하여 징집 또는 소집될 경우 등에는 임용권자가 본인의 의사에도 불구하고 휴직을 명할 수 있다.

휴직기간은 병역 복무 및 외국기관에 고용되는 경우를 제외하고는 사유에 따라 3개월 내지 2년으로 규정되어 있다. 휴직기간 중 그 사유가 소멸된 공무원은 30일 이내에 임용권자에게 신고하여야 하며, 임용권자는 지체 없이 복직을 명하여야 한다. 또한 휴직기간이 만료된 공무원이 30일 이내에 복귀 신고를 하면 당연히 복직된다.

표 7-2 공무원의 직권휴직 및 의원휴직

구 분	휴직사유	휴직기간
직권휴직	신체정신상의 장애로 장기요양을 요할 때	1년 이내
	병역법에 의한 병역복무를 필하기 위하여 징집 또는 소집된 경우	복무기간이 만료될 때까지
	기타 법률의 규정에 의한 의무를 수행하기 위하여 직무를 이탈하게 되었을 때	
	천재지변 또는 전시 및 사변이나 기타의 사유로 인하여 생사 또는 소재가 불명하게 된 때	법원의 실종선고를 받은 날까지
의원휴직	국제기구, 외국기관, 국내외의 대학 및 연구기관, 기타 국가기관 또는 대통령령이 정하는 민간기업 그 밖의 기관에 임시로 채용될 때	채용기간, 민간기업, 그 밖의 기관은 3년 이내
	해외유학을 하게 된 때	3년 이내로 하되 2년의 범위에서 연장 가능
	중앙인사기관장이 지정하는 연구기관이나 교육기관 등에서 연수하게 된 때	2년 이내
	자녀(휴직당시 3세 미만)를 양육하기 위해 필요한 경우 및 여자공무원이 임신 혹은 출산하게 된 때	자녀 1인에 대하여 1년 이내
	사고나 질병 등으로 장기간의 요양을 요하는 부모·배우자·자녀 또는 장인장모의 간호를 위해 필요할 때	1년 이내로 하되 재직기간중 총 3년을 초과하지 못함
	외국에서 근무·유학 또는 연수하게 되는 배우자를 동반하게 된 때	3년 이내로 하되 2년의 범위에서 연장 가능

Ⅱ. 면직과 직위해제

1. 면직제도

공무원관계의 소멸사유로 면직제도가 있다. 면직에는 의원면직, 직권면직, 징계면직, 명예퇴직이 있다.[10)]

10) 이영남, 전게서, pp. 42～43.

(1) 의원면직

의원면직(依願免職)이란 공무원 자신의 사의표시에 의하여 공무원관계를 소멸시키는 행위이다. 이와 같이 의원면직은 공무원 자신의 자유로운 의사에 의한 신청을 전제로 하나, 실제로는 많은 경우에 강요에 의한 사의표시, 즉 권고사직을 당하는 경우도 있다. 의원면직은 공무원법상의 신분보장규정을 악용하여 스스로 의원면직하도록 압력을 넣어 공무원의 신분을 박탈하는 수단으로 남용되는 경우도 있다.

(2) 직권면직

직권면직 사유 및 절차는 다음과 같다.

1. 직권면직 사유

가. 국가공무원법 제70조 제1항

- 직제와 정원의 개폐 또는 예산의 감소 등에 따라 폐직 또는 과원이 되었을 때(제3호)

- 휴직기간의 만료 또는 휴직사유가 소멸된 후에도 직무에 복귀하지 아니하거나 직무를 감당할 수 없을 때(제4호)

- 직무수행능력이 부족하거나 근무성적 불량으로 대기명령을 받은 자가 그 기간중 능력 또는 근무성적의 향상을 기대하기 어렵다고 인정된 때(제5호)

나. 경찰공무원법 제22조 제1항, 경찰공무원임용령 제47조 제1·2항

- 경찰공무원으로서 부적합할 정도로 직무수행능력 또는 성실성이 현저히 결여된 자(제2호)

표 7-3 경찰공무원임용령 제47조 제1항

▶1호: 지능저하 또는 판단력 부족으로 경찰업무를 감당할 수 없는 경우
▶2호: 책임감 결여로 직무수행에 성의가 없고 위험한 직무에 당하여 고의로 직무수행을 기피 또는 포기하는 경우

- 직무수행에 있어서 위험을 일으킬 우려가 있을 정도의 성격 또는 도덕적 결함이 있는 자(제3호)

표 7-4 경찰공무원임용령 제47조 제2항

▶ 1호: 인격장애, 알콜·약물중독 그 밖의 정신장애로 경찰업무를 감당할 수 없는 경우
▶ 2호: 사행행위 또는 재산낭비로 인한 채무과다, 부정한 이성관계 등 도덕적 결함이 현저하여 타인의 비난을 받는 경우

- 해당 경과에서 직무를 수행하는 데 필요한 자격증의 효력이 상실되거나 면허가 취소되어 담당직무를 수행할 수 없게 되었을 때(제4호)

2. 직권면직 절차

가. 경찰공무원법 제22조 제1항 2·3호 및 국가공무원법 제70조 제1항 5호의 사유는 관할 징계위원회의 '동의'를 얻어 직권면직

나. 직권면직 징계위원회 관할은 일반 징계절차와 동일

표 7-5 직권면직 징계위원회 관할

계급별	직권면직 동의 요구권자	관할 징계위원회
총경·경정	경찰청장	경찰청 중앙징계위원회
경감	지방청장	지방청 보통징계위원회
경위 이하	지방청장	경찰서 보통징계위원회

* 징계위원회 구성은 '경찰공무원징계령'을 준용

다. 직권면직 발령(집행)권자: 임용권자

- 경정 이상: 경찰청장 제청 → 대통령 집행
- 경감 이하: 지방청장(경찰청 및 부속기관은 소속기관장)

3. 직권면직 활용 방안

가. <지능저하 또는 판단력 부족·책임감 결여 등 직무수행능력 부족, 인격 장애, 알콜 등 약물중독, 정신장애, 난치성 질병 등>으로 인해 경찰업

무를 감당할 수 없는 경우 관심대상 직원으로 관리하며, 상담・치료권고・직권휴직 등 개선의 기회제공 후, 개선이 어려울 경우 직권면직 추진

나. <사행행위, 채무과다, 부정한 이서관계, 기타 자체사고 우려자>의 경우, 관심대상 직원으로 관리하며 비위사실에 대하여 계속적 불이익 처분 후 개전의 정이 없을 경우, 그간의 자료를 축적 → 직권면직 또는 비위에 상응한 배제(파면, 해임) 징계로서 퇴출

직권면직(職權免職)은 공무원이 일정한 사유에 해당되었을 경우에 본인의 의사와는 관계없이 임용권자가 그의 공무원신분을 박탈하여 공직으로부터 배제하는 제도를 말한다(국가공무원법 제70조).

직권면직은 직제・정원의 개폐, 예산의 감소 등에 의해 폐직 또는 과원(過員)이 되거나, 공무원이 심신의 장애로 1년 이상 직무를 감당하지 못하게 되거나 근무성적이 극히 불량한 경우, 휴직기간 만료 후 직무에 복귀하지 않는 경우, 전직 시험 3회 이상 불합격자로서 직무수행을 위한 능력이 부족한 경우 등에 본인의 의사와는 무관하게 임용권자가 공무원의 신분을 박탈하여 공직으로부터 배제하는 제도이다.

직권면직도 징계위원회의 의견을 듣고 동의를 받아 강제퇴직시킨다는 점에서 징계처분의 하나로 볼 수 있으나, 국가 공무원법상의 징계의 종류로 규정되어 있지 않다는 점이 해임 및 파면과 다르다.

그러나 이와 같은 직권면직은 직제 개편으로 인한 폐직 등의 경우에 활용되기보다는 편법적인 징계의 수단으로 많이 활용되고 있는 실정이다. 직권면직은 직위해제와 같이 그 사유의 추상성으로 인해 자의적 운영의 소지가 많음에도 불구하고 징계 절차에서와 같이 인사권자의 재량권을 통제할 수 있는 장치가 없어 공무원의 신분 보장을 위협하는 요인이 되고 있다. 직권면직된 자는 징계 파면된 자와는 달리 퇴직급여에 대한 제한이 없으며, 공무원 임용의 결격사유가 되지 아니한다. 권고사직은 직권면직과 달리 국가공무원법상의 제도는 아니다.

(3) 징계면직

징계면직(懲戒免職)에는 파면과 해임의 두 가지 종류가 있는데 징계위원

회의 징계절차를 거쳐서 행하여야 한다. 이는 경찰공무원의 징계에서 후술하기로 한다.

(4) 명예퇴직

명예퇴직은 20년 이상 장기근속자에 대한 명예로운 퇴직기회부여와 퇴직시 금전적으로 보상을 함으로 노고에 보답하기 위해 마련한 제도이다(국가공무원법 제74조 2항). 그러나 그 자격요건은 1년 이상 재직기간이 남아있는 경찰공무원에 한한다.

2. 직위해제

한편 「직위해제」와 「대기발령」의 개념을 살펴보면 다음과 같다.

1. 직위해제 및 대기발령 개념

가. '직위해제'란 직위를 계속 유지시킬 수 없는 상가 있을 경우 공무원 신분관계는 존속하되, 다만 그 직위를 부여치 않는 것으로서 징계와는 구별되는 성질의 처분임 <국가공무원법 제73조의3 제1항>

나. '대기발령'은 경찰공무원 임용령 등 관계법령에 규정된 인사상 조치는 아니나 인사권 범위내에서 가능한 인사관행임

- 통상 직위해제와 같이 경찰관서의 경무과 소속으로 발령하고 특별한 직위를 부여하지 않으나, 승진임용제한 · 기본급 및 수당 감액 등의 불이익은 없으며, 출근의무가 있다는 점에서 직위해제와는 차이가 있음

➔ 법령상 근거의 의한 인사조치가 아닌 만큼 대기발령이 남용되지 않도록 유의하여야 함

* 경찰공무원 임용령에서는 휴직, 파견, 해임, 면직된 자의 복직시나 직제의 신설, 개폐준비를 위한 경우가 아니면 소속 공무원에게 하나의 직위를 부여하도록 규정

2. 직위해제의 사유 및 효력

가. 직위해제 사유 <국가공무원법 제73조의3 제1항>

- 2호: 직무수행능력이 부족하거나 근무성적이 극히 불량한 자

- 3호: 중징계(파면 · 해임 · 강등 · 정직) 의결이 요구 중인 자
- 4호: 형사사건으로 기소된 자(약식명령 청구 제외)

나. 직위해제 효력

- 공무원 신분관계는 존속하되 그 직위만을 부여치 아니하며,
- 사유 소멸 시에는 지체 없이 직위를 부여하여야 하고
- 직위해제 사유 중에서 2호에 해당하는 경우 3월 이내의 대기기간을 명하되, 3월 후에도 능력 또는 근무성적의 향상을 기대하기 어렵다고 인정된 때에는 관할 징계위원회의 동의를 얻어 직권면직 조치

* 3호, 4호의 경우에는 기간제한이 없음

- 기간 중 승급 및 승진임용 제한, 승진 최저년수기간 미포함, 보수 8할 지급(3개월 경과 시 5할), 당해 연도 승진심사 대상 제외 등 인사 상 불이익 조치

직위해제(職位解除)는 공무원에 대하여 직위를 계속 유지시킬 수 없다고 인정되는 사유가 있는 경우에, 공무원으로서의 신분은 보존시키되 직위를 부여하지 않는 임용행위를 말한다. 임용권자는 특정 공무원의 직무수행능력이 부족하거나, 근무성적이 극히 불량한 자 및 징계 의결이 요구중이거나 형사사건 기소자 등에 대해서는 직위를 부여해서는 안 된다.

직무수행의 능력이 부족하거나, 근무성적이 불량한 자 등에 대해서는 3개월 이내의 기간 동안 대기를 명하게 되며, 대기명령을 받은 자에 대하여는 능력 회복을 위한 교육훈련 등 특별한 조치를 취하여야 한다. 그리고 직위해제의 사유가 소멸하면 임용권자는 지체 없이 직위를 부여하여야 한다. 그러나 이 기간 중 능력의 향상 또는 개전의 정이 없다고 인정된 때에 임용권자는 직권면직을 통하여 공무원의 신분을 박탈할 수 있다.

직위해제제도에 대한 본래의 취지는 공무원이 형사사건으로 기소된 때 또는 징계의결이 요구된 때, 그 직위를 해제하여 직무의 집행으로부터 일시적으로 격리함으로써 공무집행의 공정성과 개인사무의 해결시간을 부여하는 데 있다. 그런데 우리나라 법제도상 직위해제는 공무원이 직무수행능력이 부족하거나 불량한 자 또는 공무원으로서 근무태도가 심히 불성실한 자

에게도 적용할 수 있어 그 사유가 추상적이므로 인사권자가 자의적으로 운영할 여지를 남겨 두고 있다. 이러한 사유는 또한 징계의 사유에도 해당되기 때문에 징계처분의 절차를 밟아야 하나, 징계처분보다 절차가 간편하고 인사권자의 독단적 운영이 가능한 직위해제가 남용되는 사례가 많다. 또한 3개월의 대기기간 동안 능력향상의 여부를 입증할 수 있는 객관적 방법도 없어 인사권자의 자의가 개입될 여지가 그만큼 크다. 직위해제는 공무원의 신분상 불이익을 초래한다는 점에서 징계처분의 효과와 크게 다르지 아니함에도 불구하고 통제 방안이 전혀 없다는 문제점을 지닌다.

Ⅲ. 복 직

복직은 휴직 또는 직위해제 중인 공무원을 직위에 복귀시키는 것을 말한다. 휴직 기간이 끝난 공무원은 30일 이내에 복직신고를 함으로써 당연히 복직되며, 휴직기간 중 그 사유가 소멸되면 해당 공무원은 30일 이내에 그 사유를 임용권자에게 신고하여야 하고 임용권자는 지체 없이 복직을 명하여야 한다. 그리고 직위해제 중인 공무원은 직위해제 사유가 소멸되면 곧 복직시켜야 한다.

Ⅳ. 권고사직

권고사직[11]은 의원면직의 형식을 취하나 인사권자의 자의에 의해 이루어지는 사실상의 강제퇴직이다. 권고사직은 흔히 징계대상의 공무원에 대해 가혹한 징계를 모면하게 하는 수단으로 이용되거나 대량 숙정 작업시 비공식적 징계의 수단으로 이용된다. 그러나 이러한 권고사직은 공무원 인사제도의 정상적 작동을 방해한다는 의미에서 억제되어야 할 것이다. 즉 징

11) 이종수, 『행정학사전』(서울: 대영문화사, 2000) 참조.

계대상 공무원에게 온정을 베푸는 수단으로 이용되는 권고사직은 엄격한 법질서의 확립을 방해한다는 차원에서 삼가야 할 것이며, 비공식적 징계의 수단으로 이용되는 권고사직은 공무원의 신분 보장을 위협한다는 점에서 억제되어야 한다. 권고사직은 공무원 본인의 의사표시의 하자에 대한 입증이 어렵다는 점에서 법적인 구제가 어렵다.

표 7-6 징계절차

단계	내용
1. 비위사실 조사	• 비위인지: 임원, 첩보, 언론보도, 외부기관 통보사항, 직무감찰 • 감찰 외근에 사건 배당 → 2개월 내에 조사 완료
⇩	
2. 징계의결요구	• 징계의결요구서, 징계위원 구성 · 임명(안) → 청장 수결 • 징계위원회에게 징계의결 요구(중징계, 경징계로 구분 요구) • 혐의자에게 징계의결요구 및 사유서 부본 통보
⇩	
3. 징계의결	• 관할 징계위원회 - 중앙징계위원회(5~7인으로 구성, 총경 · 경정 관할) - 보통징계위원회(3~7인으로 구성, 경감이하 관할) * 경무관 이상은 국무총리 산하 중앙징계위원회 관할 • 징계의결 요구 접수일로부터 30일 이내 징계의결 -개최 3일전 출석통지, 심문 및 진술권 부여
⇩	
4. 징계의결 통고	• 징계위원회는 징계의결 결과를 요구권자에게 지체 없이 통보
⇩	
5. 징계집행	• 징계처분권자는 징계 의결 통고받은 날로 15일 이내 집행 - 징계혐의자에게 인사발령 통지(징계처분사유설명서 교부) * 심사 또는 재심사 청구 - 징계요구권자는 징계 의결이 경하다고 인정한 때에는 징계 의결 통고받은 날로부터 15일 이내 직근 상급기관에 설치된 징계위원회에 재심사 청구할 수 있음
⇩	
6. 소청심사 청구 행정소송 제기	• 소청심사 청구: 징계처분사유설명서를 통지 받은 날로부터 30일 이내 소청심사위원회에 청구 • 행정소송: 소청심사위원회 결정을 받은 날로부터 90일 이내 행정소송 청구

징계절차는 〈표 7-6〉과 같다.

Ⅴ. 경찰징계처분의 종류(국가공무원법 제79조)

징계사유에는 여러 가지가 있지만 특히 국가공무원법이나 경찰공무원법 그리고 동법에 의한 법령위반의 경우, 경찰공무원이 직무상 의무를 위반한 경우, 기타 직무에 태만한 경우, 그리고 직무의 내외를 불문하고 그 체면 혹은 위신을 손상하는 행위를 행한 경우에 내려지는 일련의 제재를 의미한다.

이러한 의미에서 징계벌과 형사법은 큰 차이점을 유지하고 있다.

한국의 경찰공무원징계령에는 파면, 해임, 강등, 정직, 감봉, 견책 등 6가지 징계처분을 규정하고 있는데 파면, 해임, 강등, 정직은 중징계에 해당하고 감봉과 견책은 경징계에 속한다.

표 7-7 징계관할 및 징계 요구·처분권자

징계 / 계급	징계관할	파면·해임	강등·정직	감봉·견책
경무관 이상	국무총리소속 중앙징계위	요구: 경찰청장	요구: 경찰청장	요구: 경찰청장
		처분: 대통령(청장제청)	처분: 대통령(청장제청)	처분: 경찰청장
총경 경정	경찰청 중앙징계위	요구: 경찰청장	요구: 경찰청장	요구: 경찰청장
		처분: 대통령(청장제청)	처분: 경찰청장	처분: 경찰청장
경감	지방청 보통징계위	요구: 지방청장	요구: 지방청장	요구: 지방청장
		처분: 지방청장	처분: 지방청장	처분: 지방청장
경위 이하	경찰서 보통징계위 *전경대 경사이하 전경대 보통징계위	요구: 경찰청장 *전경대 경사이하-전경대장	요구: 경찰청장 *전경대 경사이하-전경대장	요구: 경찰청장 *전경대 경사이하-전경대장
		처분: 지방청장 (서·대장 제청)	처분: 지방청장 (서·대장 제청)	처분: 경찰서장

* 계급 또는 소속을 달리하는 관련사건일 경우 상급기관 징계위원회에 징계관할권이 있음. 다만, 타당한 이유가 있는 경우 관할 징계위원회의 결정으로 분리 심의·의결 가능

표 7-8 관련사건별 유형

관련사건 유형	처분유형	징계관할	징계요구	처분권자
▸총경 · 경정 및 경감 이하 ▸2개이상 지방청 소속	경징계	경찰청 중앙징계위원회	경찰청장	총경 · 경정-경찰청장 경감 이하-위 표에 따름
	중징계			총경 · 경정-위 표에 따름 경감 이하-소속 지방청장
▸경감 및 경위 이하 ▸2개이상 경찰서 소속	경징계	지방청 보통징계위원회	지방청장	경감-지방청장 경위 이하-위 표에 따름
	중징계			경감-지방청장 경위 이하-지방청장

(1) 파면과 해임

즉 파면과 해임은 공무원을 강제로 퇴직시키는 중징계 처분 중의 하나다. 파면과 해임은 배제징계라고도 하고 정직, 감봉, 견책은 교정징계라고도 불린다. 그리고 그 효과는 강제퇴직에 그치지 않는다. 법에 따라 파면된 사람은 5년 동안 공무원으로 임용될 수 없다. 해임은 파면보다는 가벼운 처분이나 강제 퇴직시키는 것은 동일하다.

표 7-9 경찰공무원의 징계벌과 형사벌에 관한 비교

구분	징계벌	형사벌
권력적 기초	국가와 공무원간의 특별권력관계	국가의 일반통치권
목　　적	공무원관계의 내부질서유지	국가사회의 일반적 법질서유지
내　　용	공무원의 신분적 이익의 박탈	신분적 이익과 재산적 이익 및 개인의 자유와 생명까지
대　　상	공무원법상 의무위반	형사법상의 반사회적 법익침해
주관적 요건	· 고의와 과실 없더라도 처벌가능 · 부하의 감독책임까지 문책가능	고의범만 처벌, 과실범은 예외적으로 처벌
퇴직후의 가벌성	퇴직후 불가	퇴직후도 가능
양자의 관계	징계벌과 형벌은 그 성질을 달리하기 때문에 병과할 수 있으며, 병과하더라도 일사부재리의 원칙에 위배되지 않음.	

표 7-10 국가공무원법상의 징계종류

구분	종류	주요 내용
중징계	파면	○ 경찰공무원 신분 박탈, ○ 파면경찰관은 임용불가, ○ 5년 이상 근무경찰관 퇴직급여액의 1/2 감액지급, ○ 5년 미만 근무자: 퇴직급여액의 3/4 지급, ○ 보수: 일할계산, ○ 기말수당은 지급 불가
	해임	○ 경찰공무원 신분관계의 종료, ○ 경찰공무원으로 임용불가, ○ 퇴직급여는 전액지급, ○ 보수: 일할계산, ○ 기말수당은 지급불가, ○ 정근수당가산금 일할 계산(금전비리 해임시), ○ 재직기간 5년 미만자: 퇴직급여액 1/8 제한, ○ 재직기간 5년 이상자: 퇴직급여액 1/4 제한, 퇴직수당: 1/4 제한
	강등	○ 1계급 아래로 직급을 내리고 ○ 3개월간 직무에 종사하지 못하며 그 기간 중 보수의 2/3를 감함 ○ 직무에 종사하지 못하는 3개월 종료일로부터 18개월간 승진·승급제한 ○ 직무에 종사하지 못하는 3개월간은 승진 소요 최저 연수 및 경력평정 기간에서 제외됨
	정직	○ 신분보유하나 1~3개월 동안 직무 집행정지, ○ 기간 중 보수의 2/3 감액지급, ○ 집행이 종료한 날로부터 18개월이 지나야 승진과 승급할 수 있음, ○ 각종 수당지급제한(정근수당 1회 미지급, 장기근속수당·가족수당·자녀학비보조수당의 2/3 감액)
경징계	감봉	○ 1~3개월 동안 보수의 1/3 감액지급, ○ 집행이 종료한 날로부터 12개월이 지나야 승진·승급할 수 있음. ○ 감봉 1월에 대하여 (정근수당의 1회 미지급, 장기근속수당·가족수당·자녀학비보조수당의 2/3 감액)
경징계	견책	○ 전과에 대한 훈계 및 회개, ○ 집행이 종료한 날로부터 6개월이 지나야 승진, 습급할 수 있음

출처: 신현기, 『새경찰학개론』(서울: 우공출판사, 2017), p. 160.

한편 징계의 종류 및 효과를 살펴보면 다음과 같다.

1. 인사상 불이익
   - 파면 및 해임: 신분 박탈
   - 강등: 1계급 강등 + 정직 3개월 + 징계 기간(3개월) 및 징계종료 후 18개월 간 승진임용 제한
   - 정직: 정직 1개월~3개월 + 징계 기간 및 징계 종료 후 18개월 간 승진임용 제한
   - 감봉: 감봉 1개월~3개월 +징계 기간 및 징계 종료 후 12개월 간 승

진임용 제한

· 견책: 6개월 간 승진임용 제한

＊승진임용 제한 기간: 금품 및 향응수수, 공금횡령·유용에 따른 징계 처분의 경우에는 위 기간에 각각 3개월을 더해야 함

2. 금전적 손실

표 7-11 파면·해임·당연퇴직시

<table>
<tr><th rowspan="2">구분</th><th colspan="2">퇴직급여</th><th rowspan="2">퇴직수당</th><th rowspan="2">공직임용
제한기간</th></tr>
<tr><th>5년이상 재직자</th><th>5년미만 재직자</th></tr>
<tr><td>파면</td><td>1/2 감액</td><td>1/4 감액</td><td>1/2 감액</td><td>처분받은 후 5년</td></tr>
<tr><td>당연퇴직
(금고이상의 刑을 받은 때)</td><td>1/2 감액</td><td>1/4 감액</td><td>1/2 감액</td><td>집행종료 후 5년</td></tr>
<tr><td>해임
(금품·향응수수·공금 횡·유용)</td><td>1/4 감액</td><td>1/8 감액</td><td>1/4 감액</td><td>처분받은 후 3년</td></tr>
</table>

＊ 공무원 연금법 제64조 제1항, 동법 시행령 제55조 제1항

표 7-12 강등·정직·감봉·견책

<table>
<tr><th rowspan="2">구분</th><th colspan="4">기본급 및 수당</th><th colspan="6">실비 변상</th></tr>
<tr><th>봉급</th><th>정근
수당</th><th>가족
수당</th><th>정근
수당
가산금</th><th>정액
급식비</th><th>교통
보조비</th><th>가계
지원비</th><th>명절
휴가비</th><th>직급
보조비</th><th>치안
활동
수당</th></tr>
<tr><td>강등</td><td>2/3감액</td><td>미지급</td><td>2/3감액</td><td>2/3감액</td><td colspan="6">미지급</td></tr>
<tr><td>정직</td><td>2/3감액</td><td>미지급</td><td>2/3감액</td><td>2/3감액</td><td colspan="6">미지급</td></tr>
<tr><td>감봉</td><td>1/3감액</td><td>미지급</td><td>1/3감액</td><td>1/3감액</td><td colspan="6">지급</td></tr>
<tr><td>견책</td><td>지급</td><td>미지급</td><td>지급</td><td>지급</td><td colspan="6">지급</td></tr>
<tr><td colspan="11">정근수당은 강등, 정직, 감봉, 견책 시 1회 미지급, 설날·추석이 있는 기간에 강등·정직처분 받은 때에만 명절휴가비 미지급, 승진임용 제한 기간 중(강등·정직: 징계기간+18개월, 감봉: 징계기간+12개월, 견책: 6개월, 직위해제 기간 중) 호봉 승급제한으로 퇴직금 산정시 보수월액 달라져 감소됨</td></tr>
</table>

표 7-13 직위해제

구분	기본급 및 수당				실비 변상					
	봉급	정근 수당	가족 수당	정근 수당 가산금	정액 급식비	교통 보조비	가계 지원비	명절 휴가비	직급 보조비	치안 활동 수당
3개월 이내	80% 지급		80% 지급	80% 지급	미지급					
3개월 이후	80% 지급		50%지급	50% 지급	미지급					

표 7-14 징계 부과금

부가 기준	비위의 도가 중하고, 고의가 있는 경우	비위의 도가 중하고 중과실이거나 비위의 도가 경하고 고의가 있는 경우	비위의 도가 중하고 경과실이거나, 비위의 도가 경하고 중과실인 경우	비위의 도가 경하고 경과실인 경우
1. 금품 및 향응수수	금품 및 향응수수 액의 4~5배	금품 및 향응수수 액의 3~4배	금품 및 향응수수 액의 2~3배	금품 및 향응수수 액의 1~2배
2. 공금횡령·유용	공금 횡령·유용 액의 3~5배	공금 횡령·유용 액의 2~3배	공금 횡령·유용 액의 2배	공금 횡령·유용 액의 1배

* 징계부가금 배수는 정수를 기준으로 하며 △부과의결 전 형사 처벌·변상책임 등 이행 시, 징계 부과금과의 합계액이 5배를 초과하지 않는 범위 내에서 부과의결 △벌금 외의 형을 선고받은 경우 형의 종류, 형량 및 실형, 집행유예 등을 종합적으로 고려(60일 이내 금융기관 등에 납부)

3. 기타

- 개인적 신뢰도(가족, 지인 등) 및 금융기관 등 사회적 신뢰도 하락
- 의무위반자 한 명으로 경찰 조직 전체의 이미지 훼손

해임의 경우에는 3년 동안 공무원으로 임용될 수 없다. 해임의 경우 연

금법상의 불이익은 없으나, 파면의 경우에는 퇴직급여액의 1/2이 삭감(5년 미만 근무자에게는 퇴직급여액의 1/4이 삭감)되는 불이익을 받는다. 해임은 파면보다는 약하다. 그러나 해임의 경우에도 향후 경찰관 임용이 불가능하며 3년간 공직재임용이 제한되는 효력이 발생하고 퇴직급여 전액을 지급하고 있다. 원칙적으로 징계종류의 선택은 징계권자의 재량에 속한다. 그러나 징계사유나 징계벌 사이에 반드시 비례의 원칙이 적용되어야하는데 위반시는 재량권의 남용으로 위법이다.

표 7-15 전투경찰대 설치법상 징계의 종류[12)]

영 창	○ 복무규율 위반행위로 가해지는 징계처분임 ○ 15일 이내로 구금장에 유치함
근 신	○ 평상근무를 금하고 일정한 장소에서 비행을 반성하는 징계처분임(훈련 또는 교육참석 제외) ○ 15일 이내

(2) 강 등

중징계로서 1계급 아래로 직급을 내리고 3개월간 직무에 종사하지 못하며 그 기간 중 보수의 2/3를 감한다. 직무에 종사하지 못하는 3개월 종료일로부터 18개월간 승진·승급제한이 있다. 직무에 종사하지 못하는 3개월간은 승진 소요 최저 연수 및 경력평정 기간에서 제외된다.

(3) 정 직

경찰공무원에게 흔히 내려지는 징계조치 중 하나이다. 이는 경찰직무수행을 정지시키는 제도이다. 정직 기간은 통상 1~3개월이 보통이다. 이 기간동안에 경찰공무원은 신분은 보장되지만 직무에 종사하지는 못하는 것이다. 아쉽게도 이 기간 동안에는 보수의 2/3와 각종수당을 감하는 불이익을 받는다. 또한 정직기간 이후 18개월 동안은 승진과 호봉승급이 제한된다. 그 밖에 정직기간만큼 최저년수 및 경력평정기간에서 제외하고 있다(국가공

12) 전투경찰대설치법 제5조 참조.

무원법 제80조 1항).

(4) 감 봉

감봉은 정직과는 달리 직무수행은 가능하나 1개월 이상 3개월 이하의 기간 동안 보수의 1/3과 각종수당을 감액하는 조치가 내려진다(국가공무원법 제80조 2항). 감봉기간 이후 12개월은 승진과 호봉승급이 제한된다. 물론 직무에는 종사하게 되고 경력평정기간에도 산입된다(국가공무원법 제80조 2항).

(5) 견 책

견책은 공식적 징계절차를 거쳐 전과에 대하여 징계하고, 그 사실을 인사기록에 남기는 징계처분 가운데서 가장 가벼운 처분이며, 사용빈도가 가장 높은 징계처분의 형태이다.[13] 이는 교정의 차원에서 행해지는 처분이다. 즉 6개월간 승진 및 호봉승급이 제한되는 초치를 받게 된다(국가공무원법 제80조 5항).

한편 전투경찰대설치법상 영창과 근신은 징계에 해당한다. 전투경찰대원 경사 이하의 경찰관과 전투경찰순경에게 적용된다.[14]

(6) 경 고

이전에 계고로 불리우던 용어는 경정급 이상의 지휘관에 대해서는 경고에 해당하는 용어로 사용된다. 그 이하의 경우에는 계고라 불렀으나 오늘날에는 경고로 개정되었다. 만일 경찰공무원이 비위를 저지른 경우 징계령이 규정하고 있는 경징계사유에 미치지 못하는 경미한 사안인 경우, 각급 징계위원회에서 징계의결요구를 기각하고 경고할 것을 권고하는 사안이나 감독자를 문책하는 경우에 대해 각급 경찰기관의 장이 주의를 환기시키고 훈계하는 매우 가벼운 징계 중 하나이다.

---

13) 이영남, 『경찰행정학』(서울: 대영문화사, 2008), pp. 153~188.
14) 임창호, 전게서, p. 268.

(7) 경찰공무원의 징계기준

경찰공무원의 징계에 해당하는 비위의 유형과 비위정도 및 과실을 설명하면 다음과 같다.[15)]

표 7-16 경찰공무원 징계의 양정기준

	비위의 정도가 크고 고의가 있는 경우	비위의 정도가 크고 중과실 또는 비위의 정도가 작고 고의가 있는 경우	비위의 정도가 크고 경과실이거나 비위가 경과실인 경우	비위의 정도가 작고 경과실인 경우
성실의 의무위반: ○ 직무태만 혹은 질서문란 ○ 기타	파면 파면-해임	해임 정직	정직-감봉 감봉	견책 견책
복종의무위반	파면	해임	정직-감봉	견책
직장이탈금지 위반	파면-해임	정직	감봉	견책
친절공정의무 위반	파면-해임	정직	감봉	견책
비밀엄수의무 위반	파면	해임	정직	감봉-견책
청렴의무 위반	파면	해임	정직	감봉-견책
품위유지의무 위반	파면-해임	정직	감봉	견책
영리업무 및 겸직금지의무 위반	파면-해임	정직	감봉	견책
집단행위금지 위반	파면-해임	정직	감봉	견책

한편 징계의 시효는 다음과 같다.

1. 징계시효 기간

▶ 징계사유가 발생한 날로부터 3년(금품 및 향응수수, 공금의 횡령·유용의 경우에는 5년)을 경과한 때에는 징계의결 요구 불가

* 단, 징계시효 기간이 5년인 비위행위를 행한 공무원의 상급자에게 감독 책임(성실의 의무 위반)으로 징계 시, 징계시효 기간은 3년('12. 6. 22이전에

15) 중앙경찰학교, 전게서, p. 117.

발생한 징계사유는 2년, 그 이후로 발생한 징계사유는 3년 적용)

2. 징계시효에 관한 특례

▶ 감사원 조사 또는 수사기관의 수사중인 사건

감사원 조사(조사개시 통보 후) 또는 감찰, 경찰 등 수사기관에서 수사 중임을 사유로 징계절차를 진행하지 못하여 징계 시효가 경과하거나, 그 잔여기간이 1월 미만인 경우에는 징계시효 기간은 그 조사나 수사의 종료통보를 받은 날로부터 1월이 경과한 날에 만료되는 것으로 봄.

▶ 중앙행정기관의 자체감사 진행 중인 특정 사건

중앙행정기관의 장이 특정사건에 대한 조사 중임을 사유로 징계 절차를 진행하지 못해 시효기간이 만료되거나 시효의 남은 기간이 1개월에 못 미치게 될 때에는 조사종료의 통보를 받은 날 및 처분요구 또는 조치사항을 통보받은 날로부터 1개월이 경과한 날에 만료되는 것으로 봄.

▶ 징계처분에 대한 무효 또는 취소의 결정이나 판결

징계위원회의 구성·징계의결·기타 절차상의 하자나 징계양정의 과다를 이유로 소청심사위원회 또는 법원에서 징계처분의 무효 또는 취소의 결정·판결을 한 때에는 시효 기간이 경과하거나 잔여기간이 3개월 미만인 경우에도 결정·판결이 확정된 날로부터 3개월 이내에 다시 징계의결 요구 가능.

3. 경정급 감찰조사 관할

- 관련 근거: 지방청장 감찰권 강화방안(경정급 조사관련) 하달(2009. 4. 29, 감찰담당관-4590)

4. 경정급 감찰조사 관할

가. 지방청에서 경정급 첩보·인지, 민원, 타기관 등 통보, 감독책임 사건에 대하여는 원칙적으로 소속청에서 감찰조사 실시

* 본청에서 인지·접수한 사건이라도 필요시 지방청 하달, 조사

다만, ① 2개 청 이상에 관련된 사건, ② 구조적 비리 내지 다수가 연루되어 있는 사건, ③ 2명 이상의 경정이 관련된 사건, ④ 경정 이상 상위직과 연관되어 있는 사건, ⑤ 기타 지방청에서 심도 깊은 조사 내지 비위 구증이 곤란하다고 판단되어 이첩이 필요한 사건은 기존대로 경찰청에서

조사

나. 지방청에서는 조사 착수시, 본청에 先 보고, 조사 개시 적정 여부 승인 후 조사 개시 및 중간 진행상황 보고·종결보고 등 본청 지휘받아 처리

* 별도 양식은 없으며, 유선·팩스·전자우편 등 방법 활용

- 경찰청에서는 원활한 징계운영을 위하여 비위 구증을 위한 조사 적정 여부, 입증 자료 확보 여부, 절차에 의한 조사 진행 여부, 인권 침해 여부 등 수시 확인 및 지휘

다. 경찰청에서는 지방청에서 조사 완료, 조치 상신한 기록을 조치 前 최종 검토, 특히 징계의결 요구 사건은 향후 징계 및 소청·소송에 대비하여 면밀하게 내용 검토, 추가·보완 사항 필요시 지방청 추가 지시 내지 본청에서 직수 처리

Ⅵ. 경찰징계결정

1. 의 의

경찰공무원법 제26조, 공무원징계령 제4조에 따라 경찰관이 징계를 받아야 할 중대한 사건이 발생하였을 때는 징계권남용을 방지하기 위해서 합의제 기관으로 징계위원회가 가동된다. 경무관급 이상은 국무총리 소속하에 설치된 중앙징계위원회에서 행한다. 위원의 수는 9명이며 차관급 공무원 중에서 국무총리가 임명한다. 위원장은 행정자치부장관이며 부위원장은 차관 그리고 위원은 고위공무원단 중 '가' 등급자이다.

그리고 총경과 경정에 대한 징계는 경찰청에 설치된 중앙경찰징계위원회에서 행해진다. 위원은 5~7인으로 구성된다.

표 7-17 징계권자와 관련 내용

대통령	· 경무관 이상의 파면, 해임, 강등, 정직 · 총경과 경정의 파면, 해임
경찰청장	· 총경과 경정의 강등, 정직 · 경감 이하의 파면, 해임, 강등, 정직
소속기관장	모든 경찰공무원의 감봉, 견책

이에 반해 경찰보통징계위원회는 경찰청과 시·도지방경찰청을 비롯한 전체경찰기관에 설치하여 경감 이하의 징계사건을 관장하는데 3~7인의 위원으로 구성한다. 위원장은 최상위계급경찰관이나 선임경찰공무원이 맡는다.[16] 징계권자는 다음과 같다.

(1) 징계위원회

경찰공무원의 징계는 반드시 관할 징계위원회의 의결을 거쳐야 한다.

첫째, 중앙징계위원회(국무총리 소속)는 경무관 이상의 징계를 의결한다. 둘째, 경찰공무원 중앙징계위원회는 총경 및 경정의 징계를 의결한다. 셋째, 경찰공무원 보통징계위원회는 경감 이하의 징계를 의결한다. 넷째, 관련사건의 관할은 다음과 같다. 상·하계급의 경찰공무원이 관련된 징계사건은 상위계급의 경찰공무원을 관할하는 징계위원회에서 심의·의결하고, 상·하급의 경찰기관에 소속한 경찰공무원이 관련된 징계사건은 상급경찰기관에 설치된 징계위원회에서 심의·의결한다. 그리고 소속을 달리하는 2명 이상의 경찰공무원이 관련된 징계사건으로서 관할 징계위원회가 서로 다른 경우에는 그 직근상급의 경찰기관에 설치된 징계위원회에서 심의·의결한다. 또한 관련자에 대한 징계를 분리하여 심의·의결하는 것이 타당하다고 인정되는 경우에는 해당 징계위원회의 의결로 관련자에 대한 징계사건을 경찰공무원징계령 제4조에 따른 관할 징계위원회로 이송할 수 있다.<신설 2010.6.15>

16) 임창호, 전게서, p. 270.

⑵ 징계위원회의 구성

첫째, 경찰청 및 해양경찰청에 두는 중앙징계위원회는 위원장을 포함한 5인 이상 7인 이하로 구성되며, 보통징계위원회는 위원장을 포함 3인 이상 7인 이하로 구성한다.

둘째, 경찰서, 경찰기동대 및 경찰청장이 지정하는 총경이상의 경찰공무원을 장으로 하는 기관에 설치된 보통징계위원회는 해당 경찰기관 소속 경위 이하의 경찰공무원에 대한 징계사건을 심의·의결하고, 전투경찰대 및 경비함정 등 경찰청장 또는 해양경찰청장이 지정하는 경감 이상의 경찰공무원을 장으로 하는 경찰기관에 설치된 보통징계위원회는 해당 기관 소속 경사 이하의 경찰공무원에 대한 징계사건을 심의·의결한다. 경찰청에 설치된 보통징계위원회는 경찰청장이 징계의결을 요구하는 경찰공무원에 대한 징계사건을 심의·의결하고, 해당 보통징계위원회의 징계 관할에서 제외되는 경찰공무원의 징계사건은 직근 상급경찰기관에 설치된 보통징계위원회에 설치된 보통징계위원회에서 심의·의결한다(경찰공무원징계령 제4조, 제6조).

한편 징계위원회가 설치된 경찰기관의 장은 징계위원회의 공정하고 효율적인 운영을 위하여 위원장을 포함한 위원 수의 30퍼센트를 넘지 아니하는 범위에서 법조인과 관련 대학교수 등 외부인사를 징계위원회 위원으로 위촉할 수 있다. 그리고 징계위원회 위원은 징계심의 대상자보다 상위계급 경위 이상의 소속 경찰공무원 중에서 당해 경찰기관의 장이 임명한다.

⑶ 징계절차

1) 징계의 의결요구

경찰기관의 장은 징계의결요구를 받았거나 징계사유가 있는 경우에 지체없이 관할징계위원회에 징계의결을 요청해야 한다. 해당 징계위원회는 그 요구서를 받은 경우에 그로부터 30일 이내에 징계의결을 해야하는 책임이 따른다. 그러나 예외로 부득이 한 경우에 한해 징계의결을 요구한 자의 승인을 얻어 30일 이내의 범위 안에서 연장이 가능하도록 법이 규정하고 있다.[17)]

2) 출석심사와 서면심사

징계가 시작되기 위해서는 해당자에게 출석하여 징계위원회가 진행되도록 알려야 하고 징계사유가 무엇인지를 알려야 하며 충분히 심문하여야 한다. 또한 해당자에게 진술을 위한 기회를 충분히 주어야 한다. 이러한 기회가 여유치 못할 경우에는 서면심사도 가능하다. 그러나 징계대상자가 출석을 거부하는 경우, 해당자가 도피한 경우, 해외여행으로 출석이 불가능한 경우는 서면에 의해 징계의결이 가능하다.

3) 징계의결과 기피제도

위원장을 포함하여 재적위원 과반수의 출석과 출석위원 과반수의 찬성을 통해 경찰공무원의 징계가 결정된다. 또한 징계대상자와 친척이거나 이해관계가 걸려있는 경우에는 심의를 피해야 하는 기피제도가 마련되어 있다.

4) 징계의결의 통고처분

징계위원회는 징계를 의결한 후 즉시 징계해당자에게 통고하여야 한다. 즉 징계처분사유설명서를 해당자에게 교부하고 징계처분을 집행하게 되는데 이때 감봉이나 견책의 경우에는 징계의결을 요구한 자가 10일 이내에 집행해야 한다. 그러나 이보다 강한 파면, 해임, 정직이 의결된 경우는 이를 임용권자에게 제청해야 한다. 무엇보다 경무관 이상의 정직이나 경정 이상의 파면, 해임처분의 제청은 경찰청장이 행한다. 그리고 총경과 경정의 정직처분의 집행은 경찰청장이 행한다.[18]

5) 징계의결의 불복과 행정소송의 제기

징계에 대해 이의가 있는 해당자는 불복할 수 있다. 이 경우 징계요구권자는 그 처분을 내리기 전에 직근 상급기관에 설치된 징계위원회에 심사나 재심을 청구할 수 있다. 징계처분을 받은 자는 처분사유설명서를 받은 날로부터 30일 이내에 소청심사위원회에 심사를 청구할 수 있으며(국가공무원법 제76조), 소청심사위원회의 결정에 불복이 있는 때 또는 소청제기 후 60일이 지나도록 위원회의 결정이 없는 때에는 행정법원에 행정소송을 제기할 수 있다.

---

17) 이황우 · 김진혁 · 임창호, 전게서, p. 305.

18) 임창호, 전게서, p. 270.

(4) 징계의 양정

재량의 인정 여부와 관련해 징계사유가 발생하면 징계권자는 반드시 징계위원회에 징계를 요구하여야 하므로(동법 제78조 1항), 징계를 요구할 것인가(징계의 요건 자체)에 관하여 결정재량은 인정되지 않는다. 반면 징계의 종류 중 어느 것을 선택할 수 있는지에 대해서는 징계권자에게 선택재량이 인정된다. 일반적으로 징계정도는 의무위반행위의 유형·정도, 과실의 경중, 평소소행, 근무성적, 공적, 개전의 정, 또는 그 밖의 정상을 참작하여 징계양정기준에 따라 정한다. 다만 징계 사유의 시효가 5년인 비위 및 「성폭력범죄의 처벌 및 피해자보호 등에 관한 법률」에 따른 성폭력범죄에 대한 징계는 감경할 수 없다. 징계처분이 사회통념상 현저하게 타당성을 잃은 경우에는 재량권 남용으로 위법이다.

한편 감독자의 징계양정 기준(경찰공무원징계양정등에관한규칙 제5조)은 다음과 같다.[19)]

① 징계요구권자 또는 징계위원회는 감독자에 대한 감독의무위반 정도 등을 고려하여 징계의결 요구 또는 징계의결하여야 한다. 다만, 감독자가 부하직원의 의무위반행위를 묵인·방조하거나 은폐·비호하였을 때에는 행위자와 동일한 양정으로 징계의결 요구 또는 징계의결하여야 한다.

② 징계요구권자 또는 징계위원회는 감독자에게 다음 각 호의 어느 하나에 해당하는 사유가 있을 때에는 징계책임을 감경하여 징계의결 요구 또는 징계의결하거나 징계책임을 묻지 아니할 수 있다.

- 부하직원의 의무위반행위를 사전에 발견하여 적법 타당하게 조치한 때
- 부하직원의 의무위반행위가 감독자 또는 행위자의 비번일, 휴가기간, 교육기간 등에 발생하거나, 소관업무와 직접 관련 없는 등 감독자의 실질적 감독범위를 벗어났다고 인정된 때
- 부임기간이 1개월 미만으로 부하직원에 대한 실질적인 감독이 곤란하다고 인정된 때
- 교정이 불가능하다고 판단된 부하직원의 사유를 명시하여 인사상 조

19) 신현기·신인봉 외 18인, 『새경찰학개론』(서울: 우공출판사, 2011), p. 172.

치(전출 등)를 상신하는 등 성실히 관리한 이후에 같은 부하직원이 의무위반행위를 야기하였을 때

- 기타 부하직원에 대하여 평소 철저한 교양감독 등 감독자로서의 임무를 성실히 수행하였다고 인정된 때

한편 경찰공무원 징계현황을 보면 2015년부터 2017년까지 지속적으로 감소하였다. 경위급에서 가장 많은 징계대상자가 발생하였다. 그 다음은 경사급이 차지하고 있으며 총계 이상도 4명 이상을 보여주고 있다.

표 7-18 경찰공무원 징계현황

(단위: 명)

연도	계	계급별						
		총경이상	경정	경감	경위	경사	경장	순경
2015	793	4	21	69	403	191	75	30
2016	778	14	31	77	368	185	58	45
2017	723	5	31	116	329	126	65	51

연도	유형별				조치별					
	금품수수	직무태만	품위손상	규율위반	파면	해임	강등	정직	감봉	견책
2015	52	153	252	336	62	76	31	136	173	315
2016	42	112	280	344	58	71	58	143	186	262
2017	36	101	270	316	40	64	37	163	197	222

출처: 경찰청, 「2018 경찰백서」, p. 462.

2. 불이익처분에 대한 구제제도(권익보장제도)

(1) 처분사유설명서의 교부

첫째, 처분사유설명서의 교부제도가 있다. 이는 공무원에 대하여 징계처분이나 강임, 휴직, 직위해제 또는 면직처분을 할 때에는 그 처분권자 또는 처분제청권자는 처분사유를 적은 설명서를 교부하는 제도를 말한다. 단, 의원면직, 의원휴직 등과 같이 본인의 원(願)에 의한 처분에는 교부하지 않는다. 이 제도는 피처분권자에게 소청심사위원회에 소청심사를 청구할 수 있

는 기회를 부여하는 사전적 구제절차로서의 의미를 가진다.

둘째, 심사청구가 있다. 처분사유설명서를 받은 경찰공무원이 그 처분에 불복(不服)할 때에는 그 설명서를 받은 날부터, 국가공무원법 제75조에서 정한 처분 외에 본인의 의사에 반한 불리한 처분을 받았을 때에는 그 처분이 있은 것을 안 날부터 각각 30일 이내에 소청심사위원회에 이에 대한 심사를 청구할 수 있다. 이 경우 변호사를 대리인으로 선임할 수 있다(동법 제76조).

(2) 소청심사제도(소청절차규정, 대통령령 제18426호)

1) 의 의

첫째, 소청(所請)은 징계처분 그 밖에 그의 의사에 반하는 불이익한 처분이나 부작위에 대하여 경찰공무원이 관할 소청심사위원회에 심사를 청구하는 제도로 행정심판의 일종이다.[20]

둘째, 행정소송과의 관계는 징계처분, 강임·휴직·직위해제 또는 면직처분, 그 밖에 본인의 의사에 반한 불리한 처분이나 부작위에 관한 행정소송은 소청심사위원회의 심사·결정을 거치지 아니하면 제기할 수 없다(동법 제16조 1항).

2) 소청심사위원회의 설치 및 구성

첫째, 경찰공무원은 행정기관 소속 공무원의 징계처분, 그 밖에 그 의사에 반하는 불리한 처분이나 부작위에 대한 소청을 심사·결정하게 하기 위하여 행정안전부에 설치된 소청심사위원회에 소청을 제기한다(동법 제9조). 다만 전경대의 대원 중 경사 이하의 경찰공무원(전경 포함)은 그 소속에 따라 경찰청, 각 시도 지방경찰청에 소청을 제기하여야 한다. 이 때 각 소속의 장들은 경찰관보통징계위원회를 구성하여 소청내용을 심사한다.

둘째, 소청심사위원회는 합의제 행정관청으로, 행정안전부에 설치된 소청심사위원회는 위원장 1명을 포함한 5명 이상 7명 이내의 상임위원으로 구성한다. 위원장은 정무직으로 보하고, 필요하면 약간의 비상임위원을 둘

20) 신현기·신인봉 외 18인, 상게서, p. 174.

수 있다.

셋째, 위원의 임명은 행정자치부 장관의 제청으로 국무총리를 경유하여 대통령이 임명하며, 상임위원의 임기는 3년으로 하며, 한 번만 연임할 수 있다. 그리고 상임위원은 다른 직무를 겸할 수 없다.

넷째, 위원의 자격은 다음과 같다. 법관, 검사 또는 변호사의 직에 5년 이상 근무한 자, 대학에서 행정학, 정치학 또는 법률학을 담당한 부교수 이상의 직에 5년 이상 근무한 자, 3급 이상 해당 공무원 또는 고위공무원단에 속하는 공무원으로서 3년 이상 근무한 자, 소청심사위원회의 공무원이 아닌 위원은 형법이나 그 밖의 법률에 따른 벌칙을 적용할 때 공무원으로 본다(동법 제10조 5항). 한편 소청심사위원회 위원의 결격사유(동법 제10조의2)는 다음과 같다.

㉠ 다음의 어느 하나에 해당하는 자는 소청심사위원회의 위원이 될 수 없다.

- 국가공무원법 제33조(국가공무원 결격사유) 각 호의 어느 하나에 해당하는 자
- 「정당법」에 따른 정당의 당원
- 「공직선거법」에 따라 실시하는 선거에 후보자로 등록한 자

㉡ 위원이 위의 어느 하나에 해당하게 된 때에는 당연히 퇴직한다.

다섯째, 신분보장이 가능하다. 소청심사위원회의 위원은 금고 이상의 형벌이나 장기의 심신쇠약으로 직무를 수행할 수 없게 된 경우 외에는 본인의 의사에 반하여 면직되지 아니한다(국가공무원법 제11조).

3) 소청대상

소청은 징계처분, 강임, 휴직, 직위해제, 면직처분 그 밖에 본인의 의사에 반하는 불리한 처분이다. '그 밖에 본인의 의사에 반하는 불리한 처분'에는 의원면직의 형식에 의한 면직, 전직, 대기명령, 불리한 경력평정 등이 포함된다(전보는 소청대상에 해당되지 않는 것으로 본다).[21]

---

21) 신현기 · 신인봉 외 18인, 상게서, p. 176.

4) 소청심사

① 소청심사의 청구

소청은 징계처분, 강임, 휴직, 직위해제 또는 면직처분의 경우에는 처분사유설명서를 교부받은 날로부터, 기타의 불리한 처분으로 인한 소청심사청구는 그 처분이 있은 것을 안 날로부터 각각 30일 이내에 소청심사위원회에 청구할 수 있다.

소청심사위원회의 심리에는 이 제도에 의한 적정성 보장이라는 차원에서 공익성을 고려하여 불고불리(不告不理)의 원칙이 적용되지는 않는다.

② 소청인의 진술권

소청심사위원회가 소청사건을 심사할 때에는 반드시 소청인 또는 그 대리인에게 진술의 기회를 주어야 하며, 진술의 기회를 주지 않고 한 결정은 무효이다.

③ 결 정

소청심사위원회는 소청사건을 원칙적으로 접수 후 60일 이내에 결정을 해야 하며, 결정에는 각하, 기각, 취소 또는 변경, 무효(부존재)확인 및 의무이행결정 등이 있다(동법 제14조).

불이익변경금지의 원칙이 있다. 이에 따라 소청심사위원회가 징계처분을 받은 자의 청구에 따라 소청을 심사할 경우에는 원징계처분에서 부과한 징계보다 무거운 징계를 부과하는 결정을 하지 못한다. 그리고 소청사건의 결정은 재적위원 2/3이상의 출석과 출석위원 과반수의 합의에 의하고, 이유를 구체적으로 밝힌 결정서로 하여야 한다. 소청심사결정서는 그 정본을 작성하여 지체없이 소청당사자에게 교부하여야 한다.

소청의 결정 효력(기속력)은 다음과 같다. 즉 소청심사위원회의 결정은 처분행정청을 기속한다. 따라서 처분청은 위원회의 결정내용에 따른 작위·부작위의 의무가 발생하게 된다. 또한 소청심사위원회의 취소 또는 변경명령 결정은 그에 따른 징계 기타 처분이 있을 때까지는 종전에 행한 징계처분 또는 징계부가금 부과처분에 영향을 미치지 아니한다(동법 제14조 4항).

④ 각 하

소청제기기간의 경과 등 소청의 제기가 부적법한 때 위원회는 특별한 사정이 있는 경우를 제외하고 당사자를 출석시키지 아니하고 각하결정을 할 수 있다. 이 경우 서면에 의한 진술기회를 주어야 한다(소청절차규정 제7조의2). 각하결정이란 심사청구의 형식적 요건을 갖추지 못하였거나 청구기간 또는 보정기간을 경과하여 청구를 하였을 때, 그에 대한 본안심리를 거절하는 결정을 말한다.

⑤ 불 복

소청인은 소청결정서 정본을 송달받은 날로부터 90일 이내에 관할 행정법원(행정법원이 설치되지 아니한 지역에서는 지방법원 합의부)에 행정소송을 제기할 수 있다.

(3) 행정소송

1) 불복과 이의제기

소청을 제기한 자가 소청심사위원회의 결정에 불복이 있을 때에는 결정서의 정본을 송달 받은 날로부터 90일 이내에, 또는 위원회가 60일이 지나도 결정을 하지 않는 때에는 처분사유설명서를 받은 날로부터 90일 이내에 행정소송을 제기할 수 있다.[22)]

2) 원처분주의

이 경우 행정소송의 대상은 원칙으로 소청심사위원회의 결정이 아니라 원처분(징계처분 등)이다.

3) 소청심사전치주의

위의 행정소송은 소청심사위원회의 심사·결정을 거치지 아니하면 제기할 수 없다(국가공무원법 제16조 1항).

4) 징계처분, 휴직처분, 면직처분, 그 밖에 의사에 반하는 불리한 처분에 대한 행정소송의 경우에는 경찰청장을 피고로 한다. 다만, 제6조 제3항에 따라 임용권을 위임한 경우에는 그 위임을 받은 자를 피고로 한다 [개정 2014.11.19 제12844호(정부조직법)].

22) 신현기·신인봉 외 18인, 상게서, p. 179.

⑷ 고충심사의 청구

1) 고충처리제도의 의의

고충처리제도는 공무원의 직무조건의 적정성을 확보하기 위한 것으로, 공무원에게 근로 3권이 제약되는 것을 보완하기 위해 마련된 제도이다. 고충심사위원회는 공무원을 위한 Ombudsman적 성격을 가진다.

공무원은 누구나 인사·조직·처우 등 각종 직무 조건과 그 밖에 신상 문제에 대하여 인사상담이나 고충심사를 청구할 수 있으며, 이를 이유로 불이익한 처분이나 대우를 받지 아니한다.[23)]

경찰공무원이 근무중에 인사·처우 등 각종의 불이익을 받게 되는 경우 고충처리심사제도에 의해 보상을 받는 제도를 이른바 고충처리심사제도라고 한다. 경찰공무원법 제25조(고충심사위원회)에 따라 경찰청 소속 경찰공무원의 인사상담 및 고충을 심사하기 위하여 경찰청, 지방경찰청 및 대통령령으로 정하는 경찰기관에 경찰공무원 고충심사위원회를 두고, 국민안전처 소속 경찰공무원의 인사상담 및 고충을 심사하기 위하여 국민안전처 및 대통령령으로 정하는 지방해양경비안전관서에 경찰공무원 고충심사위원회를 둔다[개정 2014.11.19 제12844호(정부조직법)]. 위원회의 심사를 거친 재심청구와 경정 이상 경찰공무원의 인사상담 및 운영에 관하여 필요한 사항은 대통령령으로 정한다고 규정하고 있다.[24)]

대통령령으로 규정하고 있는 공무원고충처리규정 제3조의 2(경찰공무원 고충심사위원회) 제2항의 규정에 따라 위원회는 위원장을 포함해 5인 이상 7인 이하의 위원으로 구성된다. 본 위원회의 위원장과 위원은 청구하는 경찰공무원보다 상위계급의 소속경찰공무원 중에서 설치기관의 장이 임명함을 원칙으로 한다.

위원회는 경찰공무원이 청구한 청구서를 접수한 경우 최소한 30일 이내에 고충심사에 대한 결정을 내려야 할 의무를 지고 있다. 그러나 이것이 불가능한 경우가 발생한 때에는 설치기관장의 승인을 받아 30일간 연장이 가능하다. 특히 고충심사위원회는 필요한 경우에 한해 청구한 경찰공무원, 설

23) 신현기·신인봉 외 18인, 상게서, p. 179.
24) 경찰공무원법 제25조 제1항 및 제3항을 참조.

치기관의 장, 그리고 청구경찰관이 소속한 기관의 장이나 대리인을 불러 진술하게 할 수 있고 동시에 관계기관의 심사자료의 제출을 요구하는 등 소속직원을 시켜 사실조사를 행할 수도 있다.[25)]

이렇게 해서 이루어진 고충심사에 관한 결정서를 통보받게 된 경찰기관의 장은 그 결과를 청구한 경찰공무원 당사자에게 통보하고 그 고충에 관한 해결을 위해 노력해야 할 의무를 진다. 한편 위원회의 고충심사에 대하여 불복하여 중앙고충심사위원회에 재심을 청구하고자 하는 때는 심사결과를 통보받은 날을 기준으로 해서 30일 이내에 고충심사청구서를 제출해야 유효하다.

2) 고충심사위원회

경찰공무원의 인사상담 및 고충을 심사하기 위하여 경찰청, 지방경찰청 등 경찰기관에 경찰공무원 고충심사위원회를 둔다. 경찰공무원고충심사위원회는 위원장 1인을 포함한 5인 이상 7인 이하의 위원으로 구성하되, 위원장과 위원은 청구인보다 상위계급의 소속 경찰공무원중에서 설치기관의 장이 임명한다.

경찰공무원 고충심사위원회(경감이하 대상)의 심사를 거친 재심청구와 경정 이상의 경찰공무원의 인사상담 및 고충심사는 국가공무원법에 의하여 설치된 중앙고충심사위원회에서 심사한다(경찰공무원법 제25조). 중앙고충심사위원회의 기능은 소청심사위원회에서 관장한다.

3) 고충심사절차

공무원이 고충심사를 청구할 때에는 설치기관의 장에게 일정 사항을 기재한 인사상담 및 고충심사청구서를 제출하여야 하며, 재심을 청구하는 경우에는 당해 고충심사위원회의 고충심사결정서사본을 첨부하여야 한다(공무원고충처리규정 제4조). 고충심사의 청구기간에는 제한이 없다.

4) 고충심사절차

첫째, 고충심사위원회가 청구서를 접수한 때에는 30일 이내에 고충심사에 대한 결정을 하여야 한다. 다만, 부득이하다고 인정되는 경우에는 설치

25) 이황우 · 조병인 · 최응렬, 전게서, p. 191.

기관의 장의 승인을 얻어 30일을 연장할 수 있다.

둘째, 고충심사의 결정은 고충심사위원회 재적위원 과반수의 합의에 의한다.

셋째, 고충심사위원회가 고충심사청구에 대하여 결정을 한 때에는 결정서를 작성하고, 지체 없이 이를 설치기관의 장에게 송부하여야 한다.

넷째, 결정서를 송부받은 설치기관의 장은 심사결과를 청구인에게 통보하는 외에 스스로 고충의 해소를 위한 조치를 하거나 관계기관의 장에게 필요한 조치를 요청하여야 한다(동규정 제12조). 요청받은 처분청이나 관계기관의 장은 특별한 사유가 없으면 이를 이행하고, 그 처리결과를 알려야 한다. 다만, 부득이한 사유로 이행하지 못하면 그 사유를 알려야 한다(국가공무원법 제76조의2 6항).[26]

다섯째, 처리결과에 대한 강제성은 없어 실효성이 떨어진다는 점이 문제이다.

5) 재심청구기간

경찰공무원고충심사위원회의 고충심사에 대하여 불복이 있어 중앙고충심사위원회에 재심을 청구하는 경우 그 심사결과를 통보받은 날로부터 30일 이내에 청구서를 제출하여야 한다(공무원고충처리규정 제13조).

표 7-19 경찰계급별 징계자 현황

(단위: 명)

연도	계	계급별							조치별						유형별				
		총경 이상	경정	경감	경위	경사	경장	순경	파면	해임	강등	정직	감봉	견책	금품 수수	부당 처리	직무 태만	품위 손상	규율 위반
'10년	1,154	7	15	56	339	500	181	56	104	101	7	171	246	525	94	5	319	256	480
'11년	1,256	11	18	69	429	469	192	68	87	116	28	196	312	517	100	5	365	320	466
'12년	1,160	10	16	58	415	486	102	73	73	102	43	170	257	515	70	7	236	246	601

출처: 경찰청, 『경찰백서』, 2013, p. 389; 신현기 · 신인봉 외 18인, 상게서, p. 289.

26) 신현기 · 신인봉 외 18인, 상게서, p. 180.

6) 경찰공무원 징계현황

우리나라 경찰청은 매년 2,000여명 이상의 신임경찰공무원을 모집하고 있다. 이는 인원을 새로이 증원하는 것이 아니라 퇴직자와 같은 자연감소분을 모집하는 수치이다. 그 감소분이란 정년퇴직자, 의원면직자, 해임 및 파면자 등을 포함하고 있는 것이다. 2009년의 경우 파면자는 150명, 해임자는 174명에 달했다. 2010년의 경우 이러한 수치는 현저히 줄어들었다. 2012년 12월 말 현재 전체 경찰의 징계자 수는 무려 1,160명에 달했다.

Ⅶ. 경찰공무원 상벌상계에 관한 규칙

1. 상벌의 점수 현황

2005년 10월 개정된 경찰공무원 상벌상계에 관한 규칙의 목적은 징계처분 또는 계고를 받은 경찰관이 직무수행 중의 공으로 포상을 받았거나 포상을 받은 경찰관이 징계처분 또는 계고를 받은 경우에 이를 상계하여 인사운영면에 반영함으로써 모든 경찰관의 진취적인 직무의욕을 고취하고자 한다. 이 규칙의 적용대상자는 경정이하의 경찰관으로 하고 있다. 상벌은 〈표 7-20〉에서와 같이 각각 점수로 평점하고 그 상벌의 점수를 가감하여 상계한다.

최근 경찰에서는 직원의 음주운전으로 인한 사고에 대해 징계를 강화하는 추세를 보여주었다.

표 7-20 상벌평점기준표

상		벌	
훈격별	가점	징계, 계고 구분	감점
훈 장	20	정직 3월	25
포 장	15	정직 2월	20
대통령 표창	7	정직 1월	15
각 부처장관, 경찰청장, 검찰총장 표창	5	감봉 3월	10
청의 장, 각군참모총장, 고검사장,	4	감봉 2월	8
특별시장, 광역시장, 도지사, 경찰대학장, 중앙경찰학교장, 운전면허시험관리단장, 지방경찰청장	3	감봉 1월	6
101단장, 기동단장, 사단장	2	견책	4
경찰서장, 기동대장	1.5	· 경찰청장 징계 · 경찰청장 경고	3 2
전투경찰중대장, 연대장 표창	1	경찰대학장, 중앙경찰학교장, 운전면허시험관리단장, 지방경찰청장의 계고	2
		· 경찰서장 · 기동대장 · 전투경찰중대장 - 징계기각 계고 - 일반계고 - 특별교양	 1 0.5 0.25

표 7-21 경찰 청렴의무 위반 징계양정 기준표

<table>
<tr><th rowspan="2">구 분</th><th colspan="2">직무와 관련하여 금품이나 향응 등을 수수하고, 위법·부당한 처분을 한 경우</th><th colspan="2">직무와 관련하여 금품이나 향응 등을 수수하고, 위법·부당한 처분은 하지 않은 경우</th><th colspan="2">직무와 관련하여 의례적인 금품이나 향응 등을 수수한 경우</th></tr>
<tr><th>수동</th><th>능동</th><th>수동</th><th>능동</th><th>수동</th><th>능동</th></tr>
<tr><td>100만원 미만</td><td colspan="2" rowspan="3">중징계</td><td>경징계</td><td rowspan="3">중징계</td><td colspan="2">경징계</td></tr>
<tr><td>100만원 이상
300만원 미만</td><td rowspan="2">중징계</td><td>경징계
중징계</td><td rowspan="2">중징계</td></tr>
<tr><td>300만원 이상</td><td>중징계</td></tr>
</table>

표 7-22 음주운전 징계양정 기준표(제4조 관련)

유 형 별	처리기준
단순음주운전으로 1회 적발된 경우	정직
음주운전으로 2회 적발된 경우	해임·강등
음주운전으로 인적·물적 피해가 있는 교통사고를 일으킨 경우	
음주운전으로 물적피해가 있는 교통사고를 일으킨 후 도로교통법 제54조 제1항에 따른 조치를 하지 않고 도주한 경우	
음주측정을 거부한 경우	
운전면허 취소처분에 해당하는 음주운전으로 2회 적발된 경우	파면·해임
음주운전으로 3회 이상 적발된 경우	
음주운전으로 인적피해가 있는 교통사고를 일으킨 후 도로교통법 제54조 제1항에 따른 조치를 하지 않고 도주한 경우	
음주운전으로 사망사고를 일으킨 경우	
무면허 상태에서 음주운전을 한 경우(사고유무불문)	
근무시간 중 음주운전을 한 경우	

2. 징계 등 처분기록의 말소 요건

경찰공무원이 징계처분을 받고 집행이 종료된 날로부터 아래 기간이 경과한 때에는 징계처분기록이 말소된다. 정직의 경우는 7년이고, 감봉은 5년이며 견책의 경우는 3년이 그 만료기일이며 말소된다. 그리고 소청심사위원회나 법원에서 징계처분의 무효 혹은 취소의 결정이 나와 판결이 확정된 때, 이 밖에 징계처분에 대한 일반사면이 있는 경우 등이다.

한편 직위해제처분은 그 집행이 만료된 지 2년이 경과하면 말소된다. 그리고 소청심사위원회나 법원에서 직위해제시 무효 또는 취소의 결정이나 판결이 확정된 때도 마찬가지다.

표 7-23 처분기록의 말소 기간

강 등	정 직	감 봉	견 책
9년	7년	5년	3년

제 4 절 경찰공무원의 책임

경찰공무원의 책임이란 경찰공무원이 자기의 행위로 인해 받게 되는 법률상의 제재 또는 불이익을 의미하는 것이다. 우선 경찰공무원의 책임은 경찰공무원이 공무원으로서의 의무를 위반하므로 인해 지게 되는 징계책임과 변상책임이 있고, 공무원의 행위가 형사상의 범죄를 구성함으로써 처벌을 받게 되는 형사책임, 그리고 공무원의 직무상 불법행위가 타인에게 손해를 가함으로써 지게 되는 민사책임으로 크게 구분된다.

Ⅰ. 변상책임

경찰공무원이 국가 또는 지방자치단체에 대해 재산상의 손해를 발생시킨 경우에 배상책임을 공무원의 변상책임이라고 한다. 여기에는 국가배상법에 의한 변상책임과 회계관계직원등의책임에관한법률에 의한 책임으로 크게 나누어진다.

경찰공무원이 그 직무를 집행하는 데 있어서 고의 또는 과실로 법령을 위반하여 타인에게 손해를 가한 경우에 국가는 그 가한 경찰공무원에게 구상권을 행사할 수 있다. 구상권 행사는 우선 그 손해에 대해 국가가 배상을 해주고 차후에 해당경찰관에게 손해를 배상하게 하는 제도를 의미한다.

Ⅱ. 형사상 책임

1. 협의의 형사책임

여기서 말하는 협의의 형사책임은 경찰공무원이 형법 제122조 내지 제135조에 따른 형법상 공무원의 직무에 관한 죄를 범한 경우에 받게 되는 책임을 의미한다. 우선 직무와 직결되는 직무범으로 직무유기죄(형법 제122조), 직권남용죄(형법 제123조), 불법체포・감금죄(동법 제124조), 폭행・가혹행위죄(동법 제125조), 피의사실공표죄(동법 제126조), 공무상 비밀누설죄(동법 제127조), 선거방해죄(동법 제128조) 등이다. 그리고 준직무범은 직무행위 자체가 범죄를 구성하는 것이 아니라 행위자가 공무원 신분을 가졌기 때문에 일어나는 행위가 형사상의 범죄를 구성하는 경우를 말한다. 이에는 수뢰죄(형법 제129조), 제3자 뇌물제공죄(동법 제130조), 사후수뢰죄(동법 제131조), 알선수뢰죄(동법 제132조), 뇌물공여죄(동법 제133조) 등이 해당된다.[27] 이 경우 공무원이 심하게 수뢰한 경우 등은 가중처벌할 수 있다.

2. 행정형벌책임

이는 경찰공무원이 행정법규를 위반한 경우 형법이 정한 벌을 받게 되는 것을 의미한다. 즉 시험 또는 임용의 방해행위 금지(국가공무원법 제44조), 인사에 관한 부정행위의 금지(동법 제45조), 정치운동의 금지(동법 제65조), 집단행위의 금지(동법 제66조), 집단행위의 금지를 위반하여 1년 이하의 징역 또는 300만원 이하의 벌금에 처해지는 경우(동법 제84조) 등이 해당된다.[28]

---

27) 김남진, 전게서, p. 127.
28) 상게서, p. 128.

Ⅲ. 민사상 책임

경찰공무원이 직무상 불법행위로 타인에게 손해를 입힌 경우 그것을 국가가 배상책임을 지는 것 이외에 개인도 배상책임을 지느냐 아니 지느냐 하는 문제는 학설이 대립하고 있다. 고의나 중과실인 경우는 책임을 지고 경과실인 경우는 책임을 지지 않는다는 것이 다수설이다. 하지만 공무원이 직무상 경과실로 인한 불법행위인 경우 피해자에 대한 손해배상책임은 면제되지 않는다는 해석도 있다.[29]

29) 허경미, 전게서, p. 117.

연습문제 >>>

1. 경찰공무원의 근무성적평정에서 총경과 경정 이하의 경우를 각각 나누어 설명하시오.
2. 경찰공무원의 징계 중 면직제도에 관해 설명하시오.
3. 경찰공무원 징계처분의 종류를 설명하시오.
4. 경찰공무원의 징계절차에 대해 설명하시오.

제 8 장

경찰공무원의 사기

제 1 절 경찰공무원의 동기부여

Ⅰ. 맥그리거의 XY이론

맥그리거(Douglas McGregor)는 상반되는 인간본질에 대한 가정을 중심으로 이론을 제기하였다. X이론은 조직구성원에 대한 전통적 관리전략을 제시하는 이론이다. 이에 반해 Y이론은 개인목표와 조직목표 간의 통합을 추구하는 새로운 이론이다.[1)]

1. X이론: 통제중심의 전통적 이론

(1) X이론의 가정

X이론의 원리를 직접 경찰관에게 적용해서 설명해 보면 다음과 같다. X

1) D. McGregor, The Human Side of Enterprise, (1960) in Milstein and J.A. Belasco, (ed.), *Educatioal Administration and the Behavior Sciences: A System Perspectives*, Boston: Allyn and Bacon, 1972, pp. 277~290; 조철옥, 전게서, p. 252; 신현기, 『경찰학개론』(파주: 법문사, 2015), p. 156.

이론에 따르면 보통 경찰관은 ① 본래 일하기를 싫어하고 가능하면 일을 하지 않으려고 한다. ② 야망이 없고 책임지기를 싫어하고 명령에 따라가는 것을 원한다. ③ 안전을 원하고 변화에는 저항적이다. ④ 자기중심적으로 타고나고 조직의 요구에 무관심하다. ⑤ 속기 쉽고 영리하지 못하며 사기극에 잘 넘어간다고 가정해 볼 수 있다.

X이론에서 관리자의 관리전략은 직원들의 행동을 감독·통제하고 시정하는 책임을 지며 처벌·통제·위협 등을 비교적 선호한다.

(2) X이론의 관리전략

X이론에 따르면 ① 경찰관리자는 직원에게 동기를 부여하고 직원의 행동을 감독·통제·시정하는 책임을 지게 된다. ② 경찰관리층의 적극적 지지·간섭이 없으면 구성원의 행동은 피동화되고 저항·책임회피로 나가게 되므로 처벌·통제 등 강압적 조치를 취해야 한다는 관리전략을 추구한다.

(3) 비 판

X이론에 대해서는 ① 인간의 미성숙성이 계속된다고만 인식할 뿐 인간이 계속 성장·발전하고 있다는 것을 과소평가하고 있다. ② 인간의 하위욕구 충족에만 중점을 두고 상위 욕구는 경시하는 관리전략을 제시하고 있다. ③ 생리적 욕구·안전욕구 등 하위욕구는 일단 충족되면 동기부여를 할 수 없게 되고 보다 상위욕구가 충족되어야 행동을 자극할 수 있으며, ④ 조직구성원의 자발적인 근무의욕을 고취하는 데는 적절하지 않다는 등의 비판이 제기된다.

2. Y이론: 조직목표와 개인목표의 조화

(1) Y이론의 가정

Y이론은 다음과 같이 X이론과 반대로 하며 경찰관을 적용시켜 설명해 보면 다음과 같다. ① 경찰의 본성은 일을 싫어하지 않고 정신적·육체적 노력을 일에 바치는 것은 놀이나 휴식처럼 자연스럽다. ② 경찰은 외부통제

나 처벌의 위협만이 상책이 아니고 사람은 조직의 목표달성을 위하여 자기 규제를 자율적으로 할 수 있다. ③ 경찰이 조직목표에 헌신적으로 기여하려는 동기는 업적과 결부된 보상이고 자기실현욕구나 존경욕구의 충족이 가장 중요한 보상이다. ④ 보통 사람은 여건만 적절하면 책임을 받아들일 뿐만 아니라 책임을 맡기를 원한다. ⑤ 인간은 대체로 조직문제를 해결하는데 있어서 비교적 높은 수준의 상상력과 창의력을 발휘할 수 있다. ⑥ 보통 사람의 지적 잠재력은 일부만이 활용되고 있을 뿐이라고 가정한다.

(2) Y이론의 관리전략

Y이론에 따르면 ① 경찰관리자는 인간에 대한 전통적인 가정 · 사고 방식을 바꾸고 조직목표와 개인목표가 조화될 수 있도록 해야 한다. ② 경찰관리자는 직무를 통하여 욕구가 충족되고 개인이 발전할 수 있는 조직의 운영방침을 채택해야 한다는 관리전략을 추구한다.

(3) 비 판

Y이론에 대해서는 ① 인간의 욕구충족은 상대적 · 복합적인데도 인간욕구의 체계를 너무 양극화 · 단순화시키고 있다. ② 너무 이상적 · 비현실적 이론으로서 상황에 따라서는 관리자의 명령과 지시가 훨씬 더 효과적일 수 있다. ③ 직무수행을 통한 자기실현욕구의 충족을 강조하고 있으나 직장 밖에서 이러한 욕구를 추구하는 사람이 많다는 비판이 제기된다.

Ⅱ. 경찰과 동기부여 이론

1. 정 의

(1) 동기부여의 개념

동기부여(motivation)란 조직구성원이 개인욕구의 충족능력을 가지면서 조직목표의 달성을 위하여 높은 수준의 자발적 노력을 기울이는 것을 의미한다. 즉 노력 · 조직목표 · 욕구를 핵심요인으로 하는 동기부여는 조직목표를 지향하고 조직목표와 모순되지 않는 높은 수준의 질과 강도를 가진 노력을 기울이며 욕구를 충족시키는 과정이다. 개인이 경험하는 결핍(deficiency)을 의미하는 욕구는 긴장을 유발하게 되며 개인은 긴장의 해소에 노력하여 욕구충족에 주력하게 된다.[2)]

(2) 동기부여의 중요성과 유형

동기부여는 i) 개인의 관점에서는 개인의 생산적인 생활을 좌우하고, ii) 조직의 관점에서는 조직의 존속과 생산성의 관건이 되며, iii) 사회의 관점에서는 인적 자원의 효과적 이용에 직결된다는 점에서 중요성을 가진다.

이러한 동기부여는 i) 1차 동기(학습을 통하지 않는 거의 본능적인 생리적 욕구), ii) 2차 동기(학습된 권력 · 성취 · 친교동기), iii) 일반적 동기(학습되지도 않고 생리적인 것도 아닌 호기심 · 조작 · 활동의 동기) 등의 유형으로 나눌 수 있다.

2. 동기부여이론

(1) 이론의 구분

동기부여이론은 인적 자원의 적극적 개발, 생산성의 향상과 동기유발방법의 처방 등을 위하여 여러 가지 관점에서 다양하게 전개되어 왔으나 내용이론과 과정이론으로 대별할 수 있다. 동기부여이론은 인간관에 관한 이론과 명확하게 구분되기 어렵다는 점에 유의해야 한다. 내용이론과 과정이론은 상호보완적이며 정도의 차이가 있을 뿐 양이론의 내용을 내포하고 있다. 어떻든 동기부여이론은 미국 편향적이며 각국의 국민문화에 수반되는 제약이 불가피하다는 점을 인정하면서도 문화횡단적 일관성도 있다는 점을 인정해야 할 것이다.[3)]

---

2) 신현기, 『경찰학개론』 (파주: 법문사, 2015), p. 156.
3) 이영남 · 신현기, 전게서, p. 350; 신현기, 『경찰학개론』(파주: 법문사, 2015), p. 160.

⑵ 내용이론

내용이론(content theories)은 사람의 동기를 유발하는 요인에 초점을 두는 이론으로서 인간의 어떤 욕구가 동기를 부여할 수 있는가와 관련하여 욕구의 유형·성격·강도 등을 규명하려는 욕구이론이며 비교적 고전적 이론이라 할 수 있다. 특히 동기유발의 개념 내지는 이론의 발전이 눈에 띄게 두드러졌던 시기는 1950년대였다.4)

대표적 이론으로서 ① 매슬로우의 욕구5단계이론, ② 맥그리거의 XY이론, ③ 허즈버그(Herzberg)의 욕구 충족 2요인이론, ④ McClleland의 성취동기이론, ⑤ 앨더퍼(Alderfer)의 ERG이론 등을 들 수 있다.

⑶ 과정이론

과정이론(process theory)은 동기부여의 내용보다 어떤 과정을 거쳐서 동기가 유발되는가에 초점을 두는 이론이며 동기유발에 관한 다양한 변수들이 어떻게 상호작용하여 행동을 일으키게 되는가에 중점을 둔다. 과정이론의 대표적 이론으로서는 ① 기대이론, ② 형평성이론(공평성이론), ③ 강화(보강)이론, ④ 목표설정이론을 들 수 있으며 기대이론에는 브룸(Vroom)의 선호·기대이론, 포터와 롤러(Porter & Lawler)의 성과만족이론, 조고플로스(Georgopoulos)의 통로목표이론 등이 있다.

Ⅲ. 매슬로우의 욕구5단계 이론

1. 욕구5단계이론의 의의

매슬로우(Abraham H. Maslow)는 욕구5단계이론을 제창하면서 인간의 욕구5)는 다섯 계층으로 이루어지며 하위욕구부터 상위욕구로 발달된다고

---

4) 조철옥, 『경찰행정학』(서울: 대영문화사, 2000), p. 257.

5) 욕구란 자극(stimuli)에 의해 충족될 수 있는 모든 감정을 포함하는 것으로 이해할 수 있다.

보았다.[6] 욕구5단계이론은 ① 인간은 다섯 가지 기본욕구가 서로 연관되어 우선 순위의 계층을 이루고 있으며, ② 욕구는 한 단계의 욕구가 충족되어야 다음 단계로 순차적・상향적으로 표출되고, ③ 일단 욕구가 충족되면 동기유발요인으로서의 의미가 없어진다고 전제하였다.[7]

매슬로우는 인간 욕구의 단계(needs hierarchy)를 다섯 단계로 나누고 이 욕구의 단계가 순차적으로 발생한다고 보았다. 매슬로우의 인간 욕구5단계는 다음과 같다.

① 제1단계가 생리적 욕구(physiological needs)인데 이는 가장 기본적 욕구를 의미한다. 이에는 의식주 및 휴식, 성적 욕구 등이다.

② 제2단계는 안전욕구(safety needs)로서 안전과 보호, 경제적 안정, 질서 등에 대한 것으로 일종의 자기보전의 욕구를 말한다.

③ 제3단계는 사회적 욕구(social needs)인데 인간은 사회적 동물로서 여러 집단에 소속되고 싶고 그러한 집단으로부터 받아들여지기를 원하는 욕구로 이른바 소속욕구, 애정욕구 등이 이에 해당한다.

④ 제4단계는 존경욕구(esteem needs)이다. 본인 스스로 자신을 중요하다고 느낄 뿐만 아니라 이 감정이 다른 사람들로부터도 부여되고 인정되어야 한다. 즉 지위, 존경, 인정, 명예, 위신, 자존심, 성공 등에 대한 욕구를 말한다.

⑤ 제5단계는 자아실현 욕구(self-actualization needs)로 성장, 자아실현 등을 통해 자신의 잠재가능성을 실현하려는 욕구이다.[8] 만일 인간이 이 욕구의 단계에 머물러 있으면 있을수록 조직과 개인 간의 갈등은 더욱 심화될 가능성이 매우 높다.

매슬로우는 인간의 욕구는 우선 순위가 있고 가장 먼저 충족되어 할 욕구는 제1단계의 생리적 욕구라고 보았다. 낮은 단계의 욕구가 충족되고 나면 그 다음 단계의 욕구가 강하게 대두된다는 것이다. 그러나 욕구의 단계

---

6) A.H. Maslow, *Motivation and Personality*, 2nd ed., New York: Harper & Row 1970, pp. 35~40.

7) 신현기, 『경찰학개론』(파주: 법문사, 2015), p. 160.

8) 최미옥・신현기, 앞의 책, pp. 182~183.

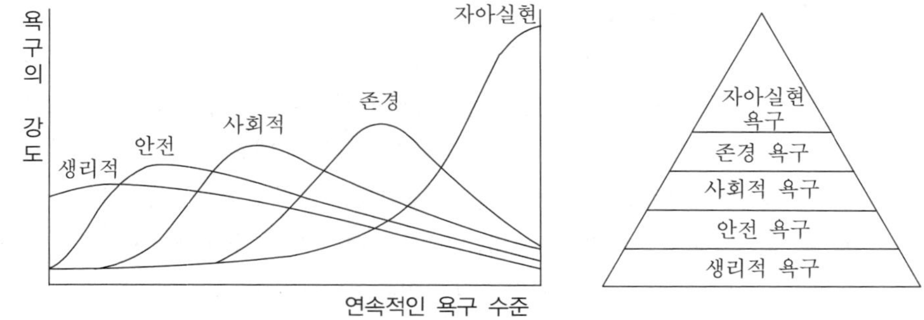

출처: 최미옥 · 신현기, 『현대행정의 이해』(서울: 대영문화사, 2009), p. 197; 신현기, 『경찰조직관리론』(파주: 법문사, 2014), p. 225.

그림 8-1 매슬로우의 욕구5단계

적 순차적 발현을 강조하는 매슬로우 이론은 많은 비판을 받고 있다.

2. 평 가

매슬로우의 이론은 복합적인 인간욕구를 체계적으로 분석하였다는 점에서는 높게 평가되고 있으나 지나친 획일성으로 개인의 차이 내지 상황의 특징을 고려하지 못하였다는 비판을 받고 있다. 즉 ① 욕구의 계층은 고정되어 있지 않고 하위욕구와 상위욕구 간의 경계도 애매하고 중복되어 있다. ② 인간은 욕구에 자극을 받아 행동하지만 욕구 이외의 사회규범 · 의무 · 이념에 따라서 행동할 수 있다. ③ 하나의 행동은 단일 욕구가 아니라 복합적 욕구에 의하여 동기가 부여될 수도 있다. ④ 동일한 욕구라도 모든 사람에게 동일한 반응을 일으키는 것은 아니다. ⑤ 욕구가 완전히 충족될 수 없고 주기적으로 반복된다는 점 등이다. 경찰공무원의 경우 기본적인 욕구들이 해결되어야 국민을 위해 더 질 좋은 서비스 제공을 시도하고자 하는 욕구가 생성될 수 있는 것이다.

Ⅳ. 브룸의 기대이론[9)]

1932년에 출생한 빅토르 브룸(Victor Vroom)은 동기이론 및 리더십이론 분야에 권위 있는 사회심리학자다. 그의 주요 저작으로는 기대이론을 다룬 *Work and Motivation*(1964)이 유명하다. 동기부여의 내용적 차원에 중점에 두었던 매슬로우의 이론과 달리 동기부여의 과정적 차원을 중시한 브룸[10)]은 기대이론을 주장했다. 기대이론은 사람이 다르면 반응도 다르다는 입장을 취하고 있으며 욕구가 충족되면 동기가 곧 부여된다고 보지 않고 기대요인이 개재되고 있다는 점을 중시하고 있다. 브룸은 통로-목표 접근법(pathgoal approach)을 이용하여 동기-기대이론을 구성하였다. 브룸은 동기를 정의하여 사람이 자발적으로 자기 행동을 취할 수 있는 통로는 다양하고 그 중의 하나를 선택하는 과정이라고 하였다.[11)]

브룸 이론의 구성요소 및 특징은 다음과 같다. 즉 ① 사람은 어떤 일에서 발생하는 결과가 여럿일 경우 그 결과들 중 특정한 어떤 것에 더욱 더 매력을 느끼고 선호하며 거기에 더 많은 상대적 가치를 부여한다는 유인가(valence) 개념과, ② 사람이 어떤 행위를 할 경우 어떤 결과를 초래할 것이라고 믿는 가능성, 혹은 그렇게 생각하는 주관적 확률을 말하는 기대(expectancy), ③ 직접적으로 사람이 어떤 일을 한 결과를 말하는 제1차 수준의 결과와, 제1차 수준의 결과에 의해서 초래되는 사상 혹은 결과를 말한다는 제2차 수준의 결과, ④ 제1차 수준의 결과와 제2차 수준의 결과의 관계를 말하는 수단성(instrumentality)의 개념, ⑤ 사람이 인지하고 판단한 여러 가지 행동방안이 있을 때 그 중에서 선택방향을 정하는 역할을 하는 것을 말하는 힘(force)의 개념 등을 그 구성요소로 한다. 브룸은 동기유발과 관련된 기대를 두 가지 형태로 나누었다. 기대 1은 목표달성의 확률에 대한

---

9) 신현기, 『경찰조직관리론』(파주: 법문사, 2014), pp. 229~231; 신현기, 『경찰학개론』(파주: 법문사, 2015), p. 160.

10) Victor H. Vroom & G. Jago Arthur, "On the Validity of the Vroom Yetton Model"(1978), in D. Katz, et al., *The Study of Organizations*(San Francisco: Jossey-Bass, 1980), pp. 384~396; 조철옥, 앞의 책, p. 252.

11) 최미옥 · 신현기, 전게서, pp. 188~189.

기대이고 기대 2는 업무목표를 달성한 결과로 보상을 받을 확률에 대한 기대이다. 결과 1은 개인이 가지고 있는 여러 가지 욕구의 충족을 의미한다. 조직이 제공하는 보상은 개인 욕구의 충족을 위해 사용되는 수단의 성격을 띠고 있으므로 결과 1과 결과 2는 수단성의 관계에 놓여 있다.[12]

동기부여(motivation)란 어떤 사람이 선호하고 가치를 부여하는 결과를 의미하는 유인가와 자신의 어떤 행위가 향후 어떤 결과를 가져 올 것이라고 믿는 주관적 확률인 기대를 곱한 총계이다. 이 공식의 배후에는 수단성의 개념, 즉 결과와 결과 간의 관계를 주관적으로 생각하는 논리가 있으며 특정한 행위를 하도록 방향을 부여하는 힘이 존재하는 것이다.[13]

매슬로우의 욕구5단계이론과 브룸의 기대이론을 비교해 보면 다음과 같다.

① 동기부여상의 강도연구에서 매슬로우 이론은 욕구의 결핍을 어느 정도 지각하고 있기 때문에 사람들은 특정한 형태의 행동을 취하도록 충동을 받는다는 관점에서 동기부여를 연구한 반면, 기대이론은 이러한 욕구의 결핍을 경감시켜 주는 데 기여하는 외적 목표에 중점을 두는 것이다.

② 매슬로우 이론은 동기부여의 내용적 차원에 중점을 둔 반면 기대이론은 과정적 차원을 중시하였다.

③ 욕구5단계이론은 사람에게 동기를 부여하는 데에는 최선의 방법이 있다는 가정에 입각하고 있으나 기대이론은 사람이 다르면 반응도 다르다는 입장을 취하고 있다.

④ 기대이론은 욕구가 충족되면 곧 동기가 부여된다고 보지 않고 기대요인이 개재되고 있다는 점을 중시했다.

한마디로 브룸의 기대이론의 특징을 정리하면 행동을 하는 데는 욕구보다는 기대가 중요한 역할을 하며 인간은 자기의 노력이 좋은 성과를 달성함으로써 적절한 보상을 받고 있다고 믿으면 더욱 열심히 일한다는 것이다.[14]

---

12) 최미옥・신현기, 상게서, p. 189.
13) 최미옥・신현기, 상게서, p. 189.
14) 김중규, 전게서, p. 396.

제2절 경찰공무원의 사기

Ⅰ. 경찰공무원의 사기

설리반(John L. Sullivan)의 정의에 따르면 경찰의 사기(morale)란 경찰조직 내에서 하나의 구성원인 경찰공무원에게 개인적이고 집단적으로 경찰조직이 성취하고자 하는 목적을 위해 최대한의 열의와 솔선수범을 비롯해 결연한 결의와 용기 따위를 제고시키는 정신적 태도(mental attitude) 내지는 확고한 정신을 지칭하는 것을 말한다.[15] 무엇보다 경찰사기는 경찰조직 내의 인간관계, 근무조건, 신분안정, 보수, 승진 등 복합적인 요인들에 의해 결정된다고 한다.[16]

Ⅱ. 경찰사기관리의 중요성

경찰법 제3조(경찰의 임무)에 따르면 경찰은 국민의 생명·신체 및 재산의 보호와 범죄의 예방·진압 및 수사, 치안정보의 수집, 교통의 단속 기타 공공의 안녕과 질서를 그 임무로 하고 있다.[17]

이는 경찰의 직무가 시민(주민)의 일상생활과 얼마만큼 밀접하게 관련되어 있는가를 잘 보여주는 대목이라 아니할 수 없다. 이러한 내용과 관련지어 볼 때 시민(주민)의 안녕과 질서유지는 경찰관의 사기문제와 또한 대단히 밀접하게 연관을 맺고 있는 것이다. 바꾸어 말하면 경찰관의 사기가 충전할 때 시민(주민)에 대한 서비스나 업무는 최대한의 능률을 이끌어 낼 수

15) 이황우, 전게서, p. 396에서 재인용; John L. Sullivan, *op. cit.,* p. 203.
16) 임창호, 전게서, p. 272.
17) 경찰법 제3조 참조.

있는 것이다.

경찰관의 높은 사기는 경찰조직 자체에도 상당히 긍정적인 요인으로 작용하게 된다는 사실은 재언을 요하지 않는다. 이러한 의미에서 시민사회의 공공질서와 안녕을 유지하기 위한 기능을 담당하는 경찰관에게 있어서 사기관리가 제대로 이루어지도록 해주는 일은 매우 중요한 일이다.

Ⅲ. 경찰사기의 특징

경찰사기의 특징을 정리해보면 다음과 같다.[18)]

(1) 무엇보다 경찰의 사기는 직무수행이라고 하는 목표에 지향된 것으로 하나의 조직이 요구하는 직무를 수행하고자 하는 동기를 의미한다는 것이다.

(2) 경찰사기는 그 형성에 있어서 반드시 일정하게 정해진 것이 아니라, 어떤 경우는 인간의 내부적인 요인에 의해 또는 외부적인 영향에 따라 형성되기도 한다는 것이다.

(3) 경찰사기란 경찰관 개인과 관련된 것도 많지만, 다른 한편에서는 경찰조직의 집합체와 연계된 소위 집단적 현상이기도 하다.

(4) 경찰사기란 흔히 절대적인 것이 아니라 대부분 상대적인 개념으로 이해되고 있다.

(5) 사기의 수준이 얼마나 낮으냐 혹은 높으냐 하는 수준의 척도는 조직이나 개인의 주변환경과 밀접히 연계되어 항상 가변적일 수밖에 없다는 것이다.

(6) 사기의 토대는 인간의 욕구와 밀접한 관련을 맺고 있다.

(7) 그러나 경찰관의 욕구가 충족되었다고 해서 반드시 비례해서 사기가 올라가는 것은 아니며, 통상 개인과 조직의 목적달성이 밀접히 부합할 때, 최대의 효과가 나타나게 된다.

(8) 경찰사기란 일정한 행태적 징표를 수반하는 정신적 상태인 동시에

---

18) 이황우, 전게서, p. 389.

생산성 향상에 영향을 주는 중요한 요소인 것이다.

Ⅳ. 경찰사기관리의 필요성

경찰사기를 높게 유지하는 것은 경찰개인으로서 뿐만 아니라 경찰조직 구성원에게 모두 유용한 것이다. 따라서 다음과 같은 점에서 경찰사기의 관리가 필요하다고 하겠다.

첫째, 경찰공무원은 경찰조직이 부여하는 임무를 열성적으로 수행하려 하기 때문에 조직의 생산적인 활동수행에 긍정적으로 기여할 수 있다.

둘째, 경찰공무원은 경찰조직과 지도층에 충성심을 발휘한다.

셋째, 경찰공무원은 자신의 직무에 만족하고 창의성을 발휘한다.

넷째, 경찰공무원은 정신적·육체적 건강을 향상시키는 데 이바지한다.

다섯째, 경찰공무원들은 경찰조직의 규범을 자발적으로 준수한다.

여섯째, 경찰조직의 위기극복능력을 향상시켜 준다.

일곱째, 경찰공무원들은 경찰이라는 직업과 경찰조직을 자랑스럽게 생각하게 된다.

따라서 이러한 이유로 경찰사기의 관리필요성이 있으며, 경찰사기 관리의 성공여부는 경찰조직의 원활한 운영에 중대한 영향을 미치게 되는 것이다. 즉 경찰공무원들의 사기가 저하되면 경찰조직에 불안정을 야기시킬 수 있으며, 경찰구성원간에 갈등이 생길 수 있고, 조직과 관리층을 불신하게 되며, 직무수행을 소극적으로 하는가 하면, 조직규범을 위배하거나 무시하는 등 여러 가지 형태로 사기저하 현상이 나타나게 된다.[19)]

---

19) 이영남, 전게서, pp. 32~33.

V. 경찰사기고양의 효과

반드시 꼭 그렇다고 단정하기에는 다소 무리가 따르겠으나, 통상적으로 경찰공무원들의 사기가 올라가고 최상의 상태를 유지하는 경우에는 그들의 제반직무들과 관련해 생산성이 동시에 올라갈 것이라는 예측은 크게 설득력을 얻고 있다.

C. Davis Ralph와 O. Glenn Stahl에 따르면 경찰공무원들의 높은 사기는 다음과 같은 효과를 가져온다고 주장한다.[20)]

(1) 경찰공무원들의 사기가 높아지면 자신들에게 주어진 업무 내지는 임무를 열성적으로 달성하게 된다.

(2) 경찰공무원의 사기가 올라가면 자신들이 소속된 경찰조직과 상관에게 충성을 다하는 동시에 해당 경찰기관에 자부심을 느끼게 된다.

(3) 경찰공무원들의 사기가 상승하면 모든 경찰업무의 기능이 원활하고 이에 따라 능력 있는 인재들이 경찰공무원이 되고자 하는 유인책으로서 효과가 기대된다.

(4) 경찰공무원들은 사기의 상승과 함께 조직의 규칙, 규범, 직무명령 등을 스스로 지키려는 노력을 하게 된다.

(5) 경찰공무원들은 사기의 제고에 따라 담당직무와 업무에 만족함과 동시에 창의성까지도 발휘하게 된다.

(6) 경찰공무원들은 사기의 상승과 함께 육체적이며 정신적인 건강의 향상을 위해 노력하는 데 앞장서게 된다.

(7) 경찰공무원들의 사기가 상승하면 경찰조직이 처하게 된 위기를 극복하게 하는 힘이나 능력을 키워주는 역할을 한다.

---

20) C. Davis Ralph, *The Fundamentals of Top Management*, Harper & Row, 1951, p. 552; O. G. Stahl, *op. cit.*, p. 238; 이황우, 전게서, p. 390; 박영조, "경찰공무원의 사기증진방안에 관한 연구," 원광대학교 행정대학원, 행정학석사논문, 2001, p. 9; 경찰대학, 『경찰학개론』(용인: 경찰대학, 2001), pp. 237~238.

Ⅵ. 사기저하의 요인

경찰공무원들이 경찰조직에서 직무를 수행하는 동안 사기를 저하시키는 핵심요인들은 무수히 많다. 여기서 그 대표적인 요인들을 중심으로 몇가지 살펴보면 다음과 같다. 즉 경찰에게 비전을 제대로 주지 못하는 것, 상관의 부하 경찰공무원에 대한 명령통제식의 관리, 경찰공무원의 능력에 대한 무시, 경찰조직에서 부정부패요소 발생, 직무 중 부하에 대한 상관의 지나친 지시나 간섭, 경찰공무원에게 주어지는 과중한 직무와 과제, 경찰조직에서 부적절한 배치전환 문제, 승진에서의 누락문제 등이 대표적인 사기저하 요인들이 된다.

첫째, 경찰공무원에게 주어지는 과중한 직무와 과제이다.

경찰공무원에게 과제가 지나치게 많이 주어지면 정신적·신체적으로 압박을 받아 자연히 사기가 저하될 수밖에 없을 것이다. 이렇게 되면 경찰조직 내에서 직무에 대한 성취감을 상실하게 되어 결국에는 경찰조직발전에 저해요인으로 작용하게 될 것이다. 이런 의미에서 근래 우리나라 경찰이 도입한 파출소에서의 3교대 및 4교대 근무제도는 경찰공무원에게 적지 않은 사기상승의 효과를 가져다 준 것으로 평가된다.[21)]

둘째, 경찰의 낮은 보수문제이다.

경찰의 낮은 보수는 분명 경찰의 사기를 저하시킬 것으로 보인다. 과거 한국의 경찰공무원에게 주어진 보수액은 과중한 업무량에 비해 상당히 낮은 편에 속했다. 이러한 상황은 2000년대에 들어서면서 현저하게 향상되어 경찰공무원들 스스로도 어느 정도는 만족하는 실정이다. 경찰공무원에게 보다 높은 금전적 보상 내지는 기타 후생복지 지원은 경찰조직의 활성화와 사기앙양에 지대한 장점으로 작용한다. 우리나라도 2003년 1월부터 경찰공무원의 봉급을 100인 이상 민간기업 대비 96.8%에서 97.3% 수준으로 인상하였고, 수당도 명절휴가비 50%, 직급보조비 20%, 교통보조비도 월 2만

---

21) 4교대 방식(주야비비)은 오전에 출근하여 저녁에 퇴근한다. 그리고 그 다음날 저녁에 출근하여 밤을 새워 근무하고 아침에 퇴근하여 2일간 휴식을 취하고 아침에 다시 출근하는 방식이다.

원에서 5만원까지 인상되고 정액급식비도 1만원씩 인상되고 육아수당도 20만원에서 30만원으로 인상되어 경찰사기 앙양에 좋은 요인으로 작용하게 되었다.[22] 2018년을 기준으로 볼 때 경찰공무원의 봉급은 상당히 현실화되었으며 경찰관 개개인들이 월급이 적다는 불만을 표출하는 경우는 거의 없어진 것으로 보여진다.

셋째, 경찰조직 내의 갈등이다.

조직 내에서 경찰공무원들 간의 상호협력관계가 어려울 때 사기수준이 저하될 소지가 매우 크다. 최근 들어서는 정치, 경제, 사회, 문화적 측면에서 민주화가 크게 향상됨으로써 경찰조직 내에서도 만족 수준의 향상이 현저해졌다.[23]

넷째, 상관의 부하경찰공무원에 대한 명령통제식관리이다. 60년대 이후 80년대 말까지 대체로 군사문화적 분위기의 직·간접적 영향으로 인해 경찰조직에서도 부하를 지나치게 감독이나 간섭함으로써 능률성을 떨어뜨리는 결과도 적지 않았으나 최근에 들어서는 이러한 문제들이 상당히 개선되어 경찰공무원들의 사기가 상당히 앙양된 것으로 보인다.

다섯째, 신분보장의 문제이다. 정확한 것은 아니나 대략 80년대 중반 이전만 해도 군사문화 속에서 군출신들이 경찰간부로 이직하는 소위 낙하산 인사가 적지 않았다. 이는 평생직장이라는 사명감을 지니고 근무하는 경찰공무원들에게 상당히 사기를 저하시키는 요인으로 작용했다고 본다. 그러나 2000년대 접어들어 과격한 시위문화도 사라지고 경찰공무원직이 비교적 안정된 국가공무원이라는 인기 직종으로 자리잡게 되어 대졸자들에게 매력 있는 평생직장으로서 호감을 갖게 해주었다.

여섯째, 승진가능성의 희박이다. 경찰조직 내에서 경찰공무원에게 사기를 앙양시키는 가장 중요하고 매력 있는 요소로 작용하는 것 중의 하나가 바로 승진인 것이다. 승진은 보다 무거운 여러 가지 의무가 따르기는 하지만 다른 한편에서는 높은 지위(position)와 권한 및 재량의 기회가 주어진다. 보다 공정하고 정확한 승진제도를 통해 경찰공무원들의 사기를 높여주어야

22) 조선일보, 2002. 12. 31, p. 29.
23) 이황우, 전게서, p. 395.

한다는 주장은 아무리 강조해도 지나치지 않을 것이다.

Ⅶ. 경찰사기의 앙양방법

매슬로우(Maslow)의 기본욕구 충족 5단계이론을 중심으로 경찰사기앙양 방법을 보면 다음과 같다.[24)]

첫째, 생리적 욕구의 충족으로 ① 업무량과 업무의 성격과 연계된 보수수준, ② 적당한 휴양 및 휴가제도를 들 수 있다.

둘째, 안전욕구의 충족으로 ① 신분보장, ② 연금제도 ③ 업무환경의 안정성을 들 수 있다.

셋째, 사회적 욕구의 충족으로 ① 경찰조직 내 인간관계 개선, ② 고충처리, 상담제도, ③ 비공식 조직의 활성화, ④ 조직의 인간화를 들 수 있다.

넷째, 존경욕구의 충족으로는 ① 참여의 확대, ② 권한위임(분권화), ③ 제안제도의 활성화, ④ 합리적 포상제도, ⑤ 적실성이 있는 교육훈련, ⑥ 합리적인 배치전환 등을 들 수 있다.

다섯째로 자기실현욕구의 충족으로는 ① 합리적 승진 보장, ② 직무확장, 직무확충, ③ 경찰조직의 사회적 평가제고를 들 수 있다.[25)]

---

24) 이영남, 전게서, pp. 33~34.
25) 신현기 외, 전게서, p. 255.

제 3 절 경찰공무원의 보수 현황

Ⅰ. 개 관

1. 보수체계의 의미

보수란 공무원이 공직에서의 봉사에 대하여 정부가 지급하는 금전적인 보상을 말하며 보수체계란 보수지급항목의 구성을 말한다. 보수체계의 기본형태는 대체로 기본급을 중심으로 하여 부가적인 수당으로 구성된다.

2. 보수의 유형

보수를 분류하는 유형론은 다양하다. 일반적인 보수유형분류는 기본급의 종류와 부가급의 종류를 실질적으로 분류할 때 준거틀이 될 수 있다. 기본급은 보수 가운데서 기본적인 부분을 차지하는 것으로 공무원보수 규정에는 기본급을 봉급이라 부르고 있다. 기본급은 그것을 결정하는 주된 기준이 무엇이냐에 따라 생활급, 연령급, 근속급, 자격급, 능력급, 직능급, 직무급, 업적급, 종합결정급으로 분류된다. 생활급은 생계유지에 필요한 생계비를 결정하는 기준으로 공무원과 그 가족의 생활을 보장하기 위한 것이다. 공무원의 근속연수를 기준으로 하는 보수를 근속급 또는 연공급(경험)이라고 하는데 근속급의 기본적인 전제는 공무원의 가치와 업무수행의 유용성이 공무원의 근속·경험에 상응한다는 것이다. 능력급은 공무원의 능력정도에 따라 결정하는 보수로 능력의 범위를 더욱 한정하여 직무별 능력을 기초로 하는 보수를 직능급이라고도 한다. 성과급은 업적급, 능률급, 실적급, 유인급, 장려급 등으로 불리며 직무수행의 결과 또는 산출고를 기준으로 결정하는 보수이다. 종합결정급은 공무원의 생계비, 연령, 자격, 근속 및 경험년수, 능력, 직무, 근무성적, 개혁에 대한 기여 등을 종합적으로 고려하여 결정하는 보수이다. 그리고 보수의 일부로 지급되는 수당은 기본급을 보완하는 부가급으로 근무조건이나 생활조건의 특수성이 인정되는 공무원들에게만 지급되는 것으로 직무요인의 특이성 때문에 지급되는 직무가급적 수당, 생활비를 보조하기 위한 수당으로서의 가계보전수당, 금전적 유인의 부여로 직무능률의 향상을 도모하려고 하는 성과급적 수당, 그외 지역수당, 조정수당, 초과근무수당 등을 들 수 있다.

3. 보수의 결정

보수의 일반적 수준의 결정요인이란 공무원 개개인이 아니라 전체 보수의 최고액과 최저액이 어떻게 결정되느냐 하는 문제이다. 따라서 보수수준을 결정할 때는 먼저 보수의 일반수준을 결정하고 다음에 조직체 내의 상대적 관계를 고려하여 차별수준을 결정하여야 한다. 보수의 일반적 수준에서 고려해야 할 요인은 다음과 같다.

(1) 사회윤리적 요인

사회윤리적 요인은 공무원의 보수를 최저 어느 수준에서 결정해야 하느냐 하는 요인이다. 여러 요인 중 건강과 품위유지를 위한 수준의 생계비용이라고 할 수 있다.

(2) 부가적 요인

부가적 요인이란 휴가시간, 근무조건, 연금제도, 퇴직수당, 신분보장 등에 있어 보수이외에 받는 부가적인 각종 혜택을 말한다.

(3) 정책적 요인

보수를 적극적인 차원에서 높은 근로의욕을 유도할 수 있는 정책적인 수단으로 이용할 수 있는 대가를 말한다.

(4) 경제적 요인

공무원의 보수수준을 최고 어느 수준까지로 하느냐 하는 것으로 정부의 지불능력, 민간수준, 물가 등의 변수를 고려해야 한다.

(5) 보수표의 작성

보수표란 기본급의 내용을 명시한 봉급표로 단계별 구분과 이에 따른 금액구분 즉 호봉으로 구성된다. 보수표 작성시 고려되어야 할 점은 등급폭에 해당하는 호봉, 등급간의 중첩, 승진기회가 더 이상 없는 최고호봉 위에 마련한 초과호봉, J곡선에 해당하는 보수곡선, 즉 보수액을 보수등급에 따라 표시하면 직선이 되지 않고 곡선이 되어야 한다는 등의 요인을 고려해야 할 것이다.

Ⅱ. 경찰공무원의 보수

경찰공무원의 보수(報酬)라 함은 막스 베버(Max Weber)가 자신의 관료제 이론에서 언급하고 있듯이 경찰공무원들이 사회의 치안질서 유지와 공공의 안녕을 위해 봉사한 대가에 대해 매달 정규적으로 받게 되는 일련의 금전적 보상을 말한다. 이러한 경찰공무원의 보수는 대통령령으로 규정하고 있는 공무원 보수규정에 의해 이루어지고 있다. 경찰공무원은 일반공무원과 마찬가지로 공무원보수규정에 따라 이루어지고 있다. 그러나 군인공무원의 경우는 군인보수법에 따라 이루어지고 있다. 여기서 의미하는 공무원의 보수라 함은 봉급과 기타의 각종 수당을 합산해서 계산된 전체 금액을 의미한다. 특히 연봉제를 적용하는 공무원의 경우는 연봉과 기타의 각종 수당[26]을 합산한 전체금액을 의미한다.

연봉은 매년 1월 1일부터 12월 31일까지를 기간으로 1년간 지급되는 기

---

26) 수당이라 함은 공무원의 직무여건이나 생활의 여건에 따라 지급되는 일종의 부가급여를 의미한다.

본연봉과 성과연봉을 합산한 금액을 의미하는데 만일 홍길동의 1년 연봉이 3,600만원이라면 매달 300만원의 연봉을 받는다는 계산이 나온다.[27] 경찰공무원의 보수는 매우 중요한데 이는 경찰공무원의 사기와 행정능률과 밀접히 관계되기 때문이다. 그 밖에 부정부패 문제와도 직결된다. 즉 경찰공무원의 보수가 너무 적으면 사기(士氣)가 저하되고 능률이 떨어지며 경찰부패에 빠질 가능성이 크다.

Ⅲ. 경찰공무원의 봉급

경찰공무원의 봉급(俸給)이라 함은 경찰공무원들이 자기가 맡고 있는 직책이라든가 또는 책임성의 강약에 따라 각자의 직책별로 주어지는 기본급, 직무의 어려움, 그리고 책임성의 정도와 각자의 재직기간 따위에 의해 계급별·호봉별로 받게 되는 기본급여를 의미하는 것이다. 한마디로 경찰공무원들의 봉급은 통상적으로 직무급(職務給)과 근속급(勤續給)의 토대 위에서 최종적으로 결정된다.[28]

경찰관의 기본봉급은 물가인상률에 따라 일정액이 매년 인상되고 있다. 특히 인사발령으로 가족과 떨어져 지내는 경우에는 현재 배우자와 자녀에 대해서만 지급하던 가족수당을 2003년부터는 배우자와 함께 거주하는 부모에게도 지급하고 있다.

한편 2017년도 대통령의 연봉은 대통령 연봉은 약2억2천479만8천원 정도이다. 국무총리로 약 1억 6,436만 원이다. 뒤를 이어 부총리 및 감사원장의 연봉은 1억 2,435만 원이고 장관급 공무원은 1억 2,086만 원 정도로 알려졌다.[29] 특히 1999년 말 민간기업의 88.4%에 불과했던 공무원 봉급이 2000년 말에는 93.8%, 2003년 말에는 97.3% 등으로 높아져 2004년에는

---

27) 즉 1년 연봉 3,600만원 ÷ 12 = 300만원이 된다. 이 중에서 퇴직자는 매달 70%를 연금으로 수령하게 된다.

28) 자세한 내용은 이황우·조병인·최응렬, 전게서, p. 167을 참조.

29) http://itlolti.tistory.com/128

표 8-1 경찰 공무원의 봉급표(2018년 1월 기준)

(월지급액, 단위: 원)

참고 | 2018년 경찰 소방 및 의무경찰 봉급표(안)

경찰공무원 소방공무원 및 의무경찰 등의 봉급표

계급 / 호봉	치안정감 소방정감	치안감 소방감	경무관 소방준감	총경 소방정	경정 소방령	경감 소방경	경위 소방위	경사 소방장	경장 소방교	순경 소방사
1	3,877,000	3,490,300	3,148,900	2,827,400	2,542,400	2,196,300	1,962,300	1,818,800	1,651,600	1,530,900
2	4,012,900	3,619,800	3,265,500	2,937,700	2,639,900	2,290,700	2,054,800	1,900,200	1,728,900	1,603,500
3	4,152,300	3,751,000	3,385,400	3,049,700	2,741,000	2,387,000	2,148,500	1,986,500	1,810,500	1,680,400
4	4,294,800	3,883,500	3,506,300	3,164,300	2,846,200	2,486,200	2,244,700	2,077,100	1,893,700	1,762,000
5	4,440,700	4,017,700	3,629,100	3,280,500	2,954,100	2,586,800	2,343,300	2,170,900	1,980,200	1,844,300
6	4,588,400	4,152,200	3,753,100	3,397,800	3,064,200	2,690,100	2,443,000	2,267,000	2,068,900	1,928,400
7	4,738,300	4,288,400	3,878,600	3,516,200	3,176,000	2,795,500	2,543,500	2,363,900	2,157,900	2,008,900
8	4,889,600	4,424,500	4,004,400	3,635,200	3,289,200	2,901,900	2,644,200	2,461,200	2,243,300	2,086,500
9	5,042,800	4,561,500	4,131,300	3,754,500	3,402,700	3,009,200	2,745,300	2,553,800	2,324,900	2,160,900
10	5,197,000	4,698,500	4,258,100	3,873,700	3,517,100	3,109,500	2,840,800	2,642,300	2,401,900	2,232,400
11	5,350,900	4,836,000	4,385,000	3,994,000	3,623,800	3,204,400	2,930,500	2,725,700	2,476,700	2,300,700
12	5,509,900	4,978,200	4,516,700	4,107,100	3,726,900	3,296,900	3,018,700	2,807,600	2,549,700	2,368,300
13	5,669,900	5,121,400	4,639,100	4,213,100	3,824,700	3,384,300	3,102,600	2,885,400	2,619,900	2,433,400
14	5,830,300	5,250,900	4,752,600	4,311,900	3,916,000	3,467,700	3,181,500	2,959,800	2,686,800	2,496,400
15	5,970,400	5,370,400	4,857,200	4,404,900	4,002,100	3,546,000	3,257,400	3,030,800	2,751,200	2,556,700
16	6,094,800	5,479,900	4,954,900	4,492,600	4,083,200	3,621,200	3,328,500	3,098,100	2,813,300	2,615,100
17	6,205,200	5,580,800	5,045,600	4,574,100	4,159,400	3,691,000	3,396,600	3,162,600	2,871,300	2,672,200
18	6,303,500	5,672,800	5,129,900	4,650,200	4,231,400	3,758,200	3,461,000	3,224,300	2,927,700	2,725,300
19	6,391,500	5,757,900	5,207,900	4,721,300	4,299,300	3,821,200	3,522,100	3,282,300	2,981,700	2,777,500
20	6,470,400	5,835,600	5,280,900	4,787,700	4,362,800	3,881,000	3,580,200	3,337,700	3,033,200	2,827,300
21	6,543,100	5,906,500	5,348,500	4,849,800	4,422,600	3,937,300	3,635,400	3,390,500	3,082,400	2,874,200
22	6,607,800	5,971,700	5,411,100	4,908,000	4,478,800	3,991,700	3,687,700	3,440,400	3,129,700	2,919,400
23	6,662,500	6,031,300	5,468,900	4,962,700	4,531,900	4,041,600	3,737,000	3,488,500	3,174,600	2,962,400
24		6,080,000	5,522,800	5,014,100	4,581,400	4,089,800	3,784,400	3,534,400	3,218,000	3,003,600
25		6,126,500	5,567,200	5,061,300	4,628,300	4,135,100	3,829,600	3,577,700	3,259,100	3,042,900
26			5,609,500	5,101,200	4,672,400	4,178,100	3,870,900	3,619,200	3,299,100	3,078,500
27			5,648,800	5,138,000	4,709,000	4,218,300	3,906,300	3,654,400	3,332,300	3,109,100
28				5,173,200	4,744,200	4,252,700	3,940,500	3,687,100	3,364,400	3,138,600
29					4,776,500	4,284,600	3,972,600	3,718,800	3,394,700	3,167,100
30					4,807,900	4,316,000	4,003,000	3,749,000	3,424,100	3,194,800
31						4,344,900	4,031,900	3,777,400	3,452,600	3,221,900
32						4,372,400				

1. 경찰대학생: 1학년 486,400원, 2학년 523,200원, 3학년 559,000원, 4학년 653,500원
2. 경찰간부후보생 및 소방간부후보생: 임용예정 계급의 1호봉에 해당하는 봉급의 80퍼센트에 상당하는 금액
3. 의무소방원: 특방은 지원에 의하지 않고 임용된 하사 봉급 상당액, 수방은 병장 봉급 상당액, 상방은 상등병 봉급 상당액, 일방은 일등병 봉급 상당액, 이방은 이등병 봉급 상당액
4. 의무경찰: 특경은 지원에 의하지 않고 임용된 하사 봉급 상당액, 수경은 병장 봉급 상당액, 상경은 상등병 봉급상당액, 일경은 일등병 봉급 상당액, 이경은 이등병 봉급 상당액

98%에 육박하게 되었다. 2014년에 1.7% 인상하는데 그친 것에 비하면 2016년에 3.0%는 적지 않다.

매년 11월쯤 공무원에게 지급되던 '봉급조정 수당'은 2006년부터 폐지되었다. 봉급조정 수당은 2000년부터 '공무원과 민간기업 직원과의 봉급 격차 해소'를 위해 지급된 것으로, 공무원 봉급이 '발표된 인상률'보다 더 인상되는 효과를 가져 왔었다.

2018 경찰공무원 소방공무원 및 의무경찰 등의 봉급표에서 경찰공무원 중 치안정감, 치안의 인상률은 2.0%, 경무관 이하(경무관, 총경, 경정, 경감, 경위, 경사, 경장, 순경)는 2.6%를 적용하였다. 그리고 소방공무원의 경우는 소방정감, 소방감이 2.0%, 소방준감, 소방정, 소방령, 소방경, 소방위, 소방장, 소방교, 소방사의 인상률은 2.6%이다. 하단 비고의 내용은 2017년도 내용이다.

Ⅳ. 경찰의 시간외 수당

우리 경찰공무원에게 시급히 해결해 주어야 할 과제 중의 하나가 시간외수당 문제이다. 수당을 주기 어려우면 경찰공무원들에게 일을 시키지 말아야 하는데 현실은 그렇지가 못한 실정이다. 우리나라 경찰의 경우 시간외근무수당은 야간근무수당과 관리업무수당을 합쳐 초과근무수당의 범위에 포함하고 있다. 현행 초과근무수당은 초과근무한 매 시간당 각 직급 기준호봉(10호봉)의 봉급액 중 7할의 1/192에 150%를 곱한 금액으로 계산된다.

2018년 현재 기본 57시간과 기본 보너스 10시간 등 총67시간의 오버타임을 인정하고 있다. 경찰대학이나 중앙경찰학교 등 경찰교육기관의 경우는 더 적어서 50시간에 기본보너스 시간 10시간을 합해 총60시간만 오버타임으로 인정하고 수당을 지급하고 있다.

이러한 문제점을 해소하기 위해 경찰청에서는 예산을 확보해 시간외 수당을 대폭 늘리는 개선안을 실현시켰다. 2012년 경찰청 예산은 8조 103억원이었고 2013년의 경우는 8조 2,700억원이 조금 넘었는데 이 중에 시간외

수당 예산은 1조 200억원이나 확보되기도 했다.

2014년에 경찰예산은 8조 7,139억원을 기재부에 증액 요청하였다. 2016년도 경찰예산은 전년도 기준 4.3%증액(4,060억원)되어 9조 8,092억원에다가 국유재산관리기금 3,020억원을 합하면 10조 1,112억원이 되었다. 2018년도 경찰예산은 총 10조8,181억원이다. 이제 경찰예산이 10조원이 넘는 시대를 돌파하게 되었다는 점에서 의미가 매우 크다.

제 4 절 경찰제안제도

Ⅰ. 제안제도의 의의

제안제도(提案制度/suggestion system)란 일종의 공무원에 대한 보상제도를 의미한다. 즉 공무원들에게 창의적이고 조직에 개선이 될 만한 제안을 받아 심사하고 보상을 해주는 제도로서 공무원들의 사기진작을 위해 그동안 국가별로 많은 호응을 얻어 왔다. 이 제도의 역사적인 뿌리는 1880년 스코틀랜드의 데니(Denny)라는 사람이 주창한 데서 찾고 있다. 이미 1930년경에 선진국에서 정착되고 우리나라는 1960년대에 본격 도입되어 1963년 국가공무원법이 개정될 때 이 제안제도를 일부에서 실시해 오늘에 이르고 있다.

제안의 종류에는 3가지가 있는데 첫째는 과제선정을 공무원이 자유로 행하는 자유제안이다. 둘째는 정부가 과제를 지정하여 모집하는 지정제안이 있다. 셋째는 중앙행정기관이 자체적으로 심의하여 기관장이 추천하는 추천제안이 있다. 제출된 제안들을 심사하게 되는데 얼마만큼의 창의성, 경제성, 능률성, 실용성, 적용범위, 계속성 등이 있는가에 초점을 두고 심사하게 된다.[30]

표 8-2 제안의 채택에 따른 인사특전의 현황

창안등급	인사특전의 종류	인사특전 대상자
금상 은상 동상	특별승진	- 5급 이하의 일반직공무원, 국가정보원 직원, 경호공무원 및 군무원 - 기능직 공무원 - 경위(警衛) 이하의 경찰공무원 - 소방위 이하의 소방공무원 - 교육공무원
	특별승급	- 4급 이상의 일반직공무원, 국가 정보원 직원, 경호공무원 및 군무원 - 경감(警監) 이상의 경찰공무원 - 소방경 이상의 소방공무원 - 특별 승진을 부여하기 곤란한 교육공무원, 고용직 공무원
장려상 노력상	특별승급	- 경력직 공무원 및 특수경력직 공무원

출처: 강성철 외, 전게서, p. 427.

표 8-3 경찰의 제안제도 운영실적 (단위: 건)

구 분	2000	2001	2002	2003	2004	2005	2006	2007
총접수	186	137	119	80	76	97	71	
자체포상	4	3	1	-	2	8	3	
중앙포상	2	2	-	-	2	4	2	

출처: 경찰청, 『경찰백서』, 2007, p. 391.

행정자치부 장관이 채택하는 제안에 대한 창안등급에는 〈표 8-3〉에서 보여 주듯이 금상, 은상, 동상, 장려상, 노력상이 주어진다. 이에는 서훈이나 표창 및 모범공무원으로 선발되는 기회도 부여된다. 물론 창안자에 대해 인사특전도 부여된다. 행정자치부장관이 행하는 경우는 부상금도 지급되고 있는데 우선 금상의 경우 공무원제안규정 제19조에 따라 1창안당 500만원 이상 800만원 미만이고, 은상은 1창안당 300만원 이상 500만원 미만, 동상

30) 강성철 외, 전게서, p. 396.

은 1창안당 200만원 이상 300만원 미만, 장려상은 1창안당 100만원 이상 200만원 미만, 노력상의 경우는 1창안당 50만원 이상 100만원 미만의 포상금이 주어진다.

Ⅱ. 경찰청의 제안제도 운영

1. 현 황

경찰에서도 경찰청 자체제안제도 운영규칙을 제정하여 시행하고 있다. 2005년에는 총 97건의 제안을 접수받아 그 중에서 4건은 중앙제안심사위원회에서 각기 은상, 동상, 장려상, 노력상을 선정해 해당 경찰관에게 포상과 특진을 실시했다.

2006년도의 경우 총 71건이 접수되어 그 중 2건은 중앙제안심사위원회에서 각각 금상·노력상을 수상하여 제안자에게 특진 등 포상을 실시했다.

2. 제안제도의 심사기준

제안제도의 심사기준에 있어서는 창의성, 경제성 혹은 능률성, 실용성, 적용범위, 계속성 등이 활용되고 있다.

3. 제안제도의 장·단점

우선 장점으로는 행정의 능률화와 예산절약 등에 기여한다는 점이다. 그리고 직무에 대한 관심을 갖게 하고 공무원의 근무의욕을 끌어 올린다는 점이다. 더불어 창의력을 개발하고 문제해결 능력을 향상시키는 동시에 소속감과 일체감을 갖고 그 만족감으로 인해 사기를 높인다는 것이다. 이에 반해 단점으로는 경찰 직원들간에 경쟁심을 유발시켜 인간관계를 해칠 수 있고, 합리적이며 공정한 심사가 곤란한 경우가 적지 않다. 또한 기술적인

제안에 무리하게 치중할 가능성도 있고 진정한 제안자를 분명히 식별하기가 곤란하다는 점이다.[31)]

제5절 공무원 재해보상법[32)]

Ⅰ. 제정배경

1. 추진경과

인사혁신처장은 2016년 9월 27일 이른바 재해보상제도 개선 종합계획을 수립하고 언론브리핑을 실시했다. 이어서 전문가와 공직사회 등 의견을 수렴하기 위해서 2016년 7월부터 12월까지 현장공무원, 공무원노조 등과 10여회에 걸쳐 토론회를 개최하였고 2017년 4월 27일 『공무원 재해보상법』이 국회 본회의에 제출되어 마침내 2018년 2월 28일 본회의 의결을 거쳐 2018년 3월 20일 공포됨으로써 6개월 후인 2018년 9월 21일 본격 시행에 들어간다. 이는 1960년 공무원연금법과 통합운영돼 왔던 공무원재해보상제도가 제정 58년 만에 전격 분리되어 공무원 재해보상법이라는 단일법으로 제정되었다는 점에서 큰 의미를 지닌다.

2. 추진배경

이는 기존의 『공무원연금법』[33)]에서 재해보상제도 부분만을 따로 분리

---

31) 중앙경찰학교, 「2011 경무」, 2011, p. 122.

32) 공무원 재해보상법은 2018년 3월 20일 의결되어 9월 21일 본격 시행에 들어간다. 경찰과 소방공무원에게 매우 좋은 혜택이 주어지게 되었다.

33) 현행 「공무원연금법」(제3조 제1항 제2호 가~파목)에는 위험직무순직 요건에 해당하

하여 공무수행 중 발생한 재해보상에 대한 별도의 법령체계를 정비하는 동시에 국가책임을 대폭 강화했다는 점에서 의미가 크다. 특히 경찰·소방 등 현장공무원의 위험직무순직요건의 확대와 보상 수준의 현실화 및 심사체계 간소화 등을 통해 직무 여건의 조성 그리고 유족의 생활안정을 도모하는데 크게 기여하는 법적토대가 마련되었다는 점에서 큰 의미가 돋보인다.

Ⅱ. 공무원 재해보상법의 핵심 내용

본『공무원 재해보상법』은 제7장 제63조로 이루어져 있다. 몇가지 주요 핵심 내용을 살펴보면 다음과 같다.

가. 공무원 재해보상제도 적용 대상 확대와 보훈 등 예우의 법적 근거 강화(제3조, 제59조 및 제60조)

① 법률상 공무원 신분임에도 "상시" 공무라는 요건을 충족하지 못해서 공무원 재해보상제도의 적용 대상에서 제외되었던 시간선택제 채용공무원 등을 적용 대상에 포함되도록 했다.

② 공무수행사망자 정의 및 특례를 신설하여, 공무수행 중 사망한 무기계약직·비정규직 등 근로자에게 공무원과 동일하게 순직 또는 위험직무순직 심사절차를 거쳐 순직공무원 또는 위험직무순직공무원으로 인정되는 경우 그에 따른 예우 및 지원 등을 받을 수 있도록 했다.

③ 순직공무원 및 위험직무순직공무원과 그 유족에게「국가유공자 등 예우 및 지원에 관한 법률」과「보훈보상대상자 지원에 관한 법률」에 따른 보훈 등 예우를 받을 수 있는 법적 근거를 강화하고, 국가 또는 지방자치단체가 별도의 예우 및 지원을 할 수 있는 근거를 마련했다.

는 위해가 제한적(13개)으로 열거되어 있어, 다양한 유형의 위험직무로 발생한 사망에 대한 합리적 보상이 곤란했다. 이에 위해의 종류를 직종별·기능별로 유형화하여 합리적으로 통합·재정비(10종류)하고, 현장공무원의 의견수렴을 통해 다양한 유형의 위험직무를 반영하여 위험직무순직 요건을 대폭 확대한 것.

나. 공무상 재해의 인정기준의 정비 및 위험직무순직공무원의 요건 확대(제4조 및 제5조)

① 공무상 부상 또는 공무상 질병을 공무상 재해로 보도록 하고, 공무상 부상은 공무원이 공무수행 또는 그에 따르는 행위를 하던 중 발생한 사고 등으로 하며, 공무상 질병은 공무수행 과정에서 물리적·화학적·생물학적 요인의 원인에 의하여 발생한 질병 등으로 했다.

② 위험직무순직공무원의 요건으로서 재해의 종류를 직종별・기능별[34]로 유형화하는 한편, 경찰공무원의 긴급신고 처리를 위한 현장 출동・범죄예방 등을 위한 순찰활동, 소방공무원의 위험제거를 위한 생활안전활동, 사법경찰관리의 범죄 수사・단속 활동, 공무수행 관련 보복성 범죄・테러 또는 실기・실습 훈련 중 입은 재해 등을 위험직무순직공무원의 요건으로 확대했다.

다. 공무원 재해보상의 심사체계 개편(제6조, 제7조, 제52조 및 제53조)

공무원 재해보상의 심사체계를 간소화하여 공무원 및 유족의 부담을 덜 수 있도록 현행 공무원연금공단 소속의 공무원연금급여심의회와 인사혁신

표 8-4 위험직무순직공무원 요건 재정비 및 확대

구분	현행		개선
요건 재정비 확대	직종별・기능별로 혼재되어 제한적(13종)으로 열거	▶	직종별・기능별 요건 재정비
	요건에 해당하지 않는 다양한 유형의 위험직무로 인한 사망에 대한 적정 보상 곤란		요건 확대・신설 - 경찰: 긴급신고처리를 위한 현장활동 - 소방: 위헌제거를 위한 생활안전 활동 - 사법경찰관리: 범죄의 수사, 단속 또는 범인이나 피해자 체포

34) 공무원 재해보상법은 기존까지는 제한적으로 열거됐던 위험직무순직 요건을 직종/직능별로 재정비했는데, 예를들어 경찰공무원의 경우 ○ 범인체포, ○ 주요인사 경호 및 대테러 작전, ○ 교통단속 등의 업무만 위험직무순직 요건에 해당되었지만 이번에 추가로 ○ 긴급신고 현장출동, ○ 순찰활동, ○ 해양오염확산 방지 등이 이번에 추가되었다.

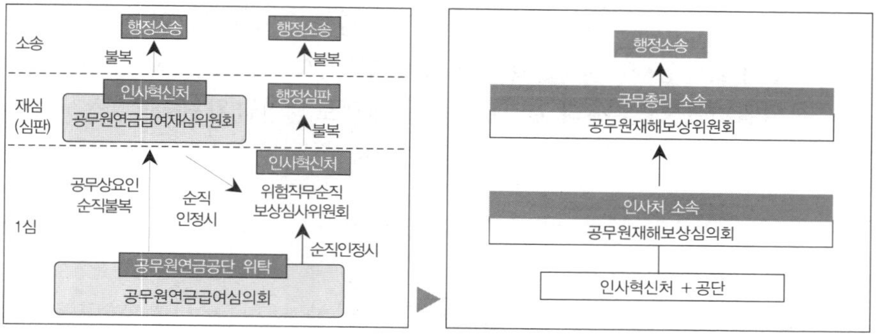

출처: http://v.media.daum.net/v/20170425100047317

그림 8-2 공무원 재해보상 심사절차 간소화

표 8-5 재해보상 심사절차 통합 간소화 및 전문성 제고

구분	현행	개선
심사체계개편	1심: - 공단 공무원연금급여심의회 - 인사처 위험직무순직보상심사위원회	1심: 인사처 공무원재해보상심의회 성격: 자문위원회/기능 1심 + 제도개선
	재심: 인사처 공무원연금급여재심위원회 성격: 행정위원회/ 기능: 재심	▶ 재심: 국무총리 소속 공무원재해보상위원회 성격: 행정위원회/기능: 재심+제도개선 의견 제출 및 권고
위원회 구성 다양화	제한된 인원으로 구성 운영	심사위원 풀(pool)제 도입
		심사위원의 대표성 강화 - 경찰 소방 등 추천하는 공무원 민간 위원을 위원 풀에 포함
심사운영 내실화	서면심사 중심	청구인(또는 청구인이 지정하는 자) 의견청취 규정 명문화
		전문조사/ 현장조사 확대 실시

처 소속의 위험직무순직보상심사위원회를 통합하여 인사혁신처 소속의 공무원재해보상심의회를 설치하고, 현행 인사혁신처 소속 공무원연금급여 재심위원회를 국무총리 소속 공무원재해보상연금위원회로 격상하여 급여에 관한 결정에 대한 심사를 담당하도록 했다.

라. 급여의 종류 확대 및 순직유족연금 등의 급여수준 향상(제8조, 제36조부터 제39조까지)

① 재활운동비와 심리상담비를 포함한 재활급여 및 간병급여를 신설하

표 8-6 유족의 실질 생계보장을 위한 재해보상 수준 현실화

<table>
<tr><th>구분</th><th colspan="3">현행</th><th colspan="3">개선</th></tr>
<tr><td>재직기간 차등폐지</td><td colspan="3">재직기간 20년을 기준으로 유족연금 지급비율 차등 적용</td><td colspan="3">재직기간에 따른 차등지급 폐지</td></tr>
<tr><td>유족가산</td><td colspan="3">×</td><td colspan="3">유족 가산금제 도입
유족 1인당 5%씩 최대 4인까지 20% 가산</td></tr>
<tr><td>순직유족 보상금 지급기준 변경</td><td colspan="3">해당 공무원의 본인 기준소득월액
위험직무순직유족보상금의 경우
공무원 전체 기준소득월액 평균액 적용</td><td colspan="3">공무원 전체 기준소득월액 평균액
순직-위험직무순직 간 유족보상금
지급기준 통일</td></tr>
<tr><td rowspan="4">지급률 조정</td><td rowspan="2">연금</td><td>위험직무순직</td><td>본인 기준소득월액의 35.75%(재직20년이하)~42.25%(재직20년이상)</td><td rowspan="2">연금</td><td>위험직무순직</td><td>본인 기준소득월액의 43%+5~20%(유족가산)</td></tr>
<tr><td>순직</td><td>본인 기준소득월액의 26.0%(재직20년이하)~32.5%(재직20년이상)</td><td>순직</td><td>본인 기준소득월액의 38%+5~20%(유족가산)</td></tr>
<tr><td rowspan="2">보상금</td><td>위험직무순직</td><td>공무원 전체 기준소득월액평균액의 44.2배</td><td rowspan="2">보상금</td><td>위험직무순직</td><td>공무원 전체 기준소득월액평균액의 45배-60배(대간첩작전 수행 중 사망시)</td></tr>
<tr><td>순직</td><td>본인 기준소득월액의 23.4배</td><td>순직</td><td>공무원 전체 기준소득월액평균액의 24배
- 본인 기준소득월액 → 공무원 전체기준소득월액 평균액으로 변경</td></tr>
<tr><td>최저/최고 보상기준 설정</td><td colspan="3">×</td><td colspan="3">최고/최저 보상수준 설정
공무원 전체 기준소득월액 평균액의 최저(0.5배)~최고(1.6배) 범위로 설정</td></tr>
</table>

여 이 법에 따른 급여를 요양급여, 재활급여, 장해급여, 간병급여, 재해유족급여, 부조급여의 총 6가지로 분류하도록 했다.

② 순직유족연금의 지급률을 현재 해당 공무원의 사망 당시 기준소득월액의 26퍼센트에 상당하는 금액에서 앞으로는 38퍼센트에 상당하는 금액으로, 위험직무순직유족연금의 지급률을 현재 해당 공무원의 사망 당시 기준소득월액의 35.75퍼센트에 상당하는 금액에서 앞으로는 43퍼센트에 상당하는 금액으로 확대하도록 했다.

③ 순직유족연금 및 위험직무순직유족연금의 경우 20년 이상 근무여부에 따라 지급률을 차등하던 것을 폐지하고, 유족 1명당 지급률을 5퍼센트씩 최대 20퍼센트까지 가산할 수 있도록 했다.

현재 순직공무원의 유족급여는 일반적으로 민간근로자의 산업재해보상 대비 54~75% 수준에 불과한 문제를 지니고 있다. 예를들어 배우자와 자녀 2명을 둔 10년차 공무원이 순직할 경우 유족이 받는 보상금은 순직유족연금과 순직유족보상금을 합쳐 6억 8,000만원인데, 이는 민간근로자가 받는 12억 4,000만원의 55% 수준에 그치고 있다. 본 법이 시행되면 상당히 개선될 예정이다. 경찰공무원 D씨는 응급환자 이송 중 헬기 추락으로 사망해 위험직무순직으로 인정받았지만 1년 1개월 근무에 그침으로서 유족은 위험직무순직연금으로 월72만원을 받는데 그쳤으나 이번 공무원 재해보상법을 적용할 경우 재직기간 구분 없이 동일한 위험직무유족연금 지급률(43%), 유족가산금제(10%), 최저보상기준(2015 기준 233만원)을 적용해 D씨의 유족이 받는 위험직무유족연금액은 월 123만원으로 늘어나게 되었다. 그리고 7년을 근무하고 순직한 소방관의 경우(배우자와 자녀 2명)인데 민간근로자가 이 경우 유족연금 월 200만원인데 비해 소방관은 115만원에 그치는 등 매우 불리했다.[35] 2018년 초 현재 경찰·소방 등 현장공무원이 재해공무원의 다수를 차지하고 있는데, 최근 5년간(2013-2017) 공무상 재해를 당한 공무원이 연평균 5,289명인데, 이 중 경찰과 소방공무원이 2,574명이다. 현재 공무원 연금법 적용대상자 약110만명 중 경찰과 소방이 약17만여명으로

35) http://v.media.daum.net/v/20170425100047317.

15.3%에 불과하지만 재해를 입은 경찰과 소방공무원의 비율이 무려 48.7%나 된다.[36]

한편 2018년 3월 의결된 『공무원 재해보상법안』과 『공무원연금법 전부개정법률안』은 원래 6개월이 지나야 시행되지만 공무수행 중 사망한 공무원 유족의 생활보장과 직접 관련 있는 위험직무순직요건과 순직위험직무순직유족급여 관련 제도개선 사항은 법 공포일 즉시 적용되었다.[37]

마. 급여의 청구 및 연금의 지급기간 등(제9조 및 제13조)

① 요양급여, 장해급여, 순직유족급여, 위험직무순직유족급여를 청구하려는 경우 해당 공무원의 기관장 확인을 받아 인사혁신처장에게 청구하고, 인사혁신처장은 해당 급여의 청구를 받으면 급여의 요건을 확인한 후 급여를 결정하고 지급하도록 했다.

② 연금인 급여는 그 급여의 사유가 발생한 날이 속하는 달의 다음 달부터 그 사유가 소멸된 날이 속하는 달까지의 급여분을 지급하도록 했다.

바. 재해예방 및 재활·직무복귀 지원 강화 등(제26조, 제27조, 제34조, 제46조 및 제47조)

공무상 재해를 입은 공무원의 재활 및 직무복귀를 지원하며, 재해예방을 위한 사업을 체계적으로 시행하기 위하여 해당 공무원을 대상으로 재활운동비, 심리상담비 및 간병급여를 신설하여 지급하도록 하고, 재해예방 및 재활·직무복귀 지원과 관련한 종합적 대책 및 각종 사업을 추진할 수 있는 근거를 마련했다.

현행 공무상 질병·부상을 당한 공무원을 대상으로 한 재해보상제도는 공무상 요양비, 장해급여 지급 등 금전적 보상 중심으로 설계되어 있다는 지적이 있었다.

앞으로는 재활운동비, 심리상담비를 지급하여 신체적·정신적 재활치료

---

36) http://www.anewsa.com/detail.php?number=1285772.

37) http://news1.kr/articles/?3258519.

표 8-7 재해예방-보상-재활 및 직무복귀 지원의 종합서비스 제공

구분	현행		개선
재활 및 직무복귀 지원 강화	공무상 요양비, 장해급여 지급 등 금전적 보상 중심	▶	재해예방사업 근거 마련, 재활운동비 및 심리상담비 지급
간병급여 신설	×		중증장해 공무원 대상 간병급여 지급

서비스를 강화하고, 근로복지공단 산하 병원과 연계하여 △의료재활(근골격계·뇌혈관 질환 공무원을 대상으로 산재 재활전문병원(8개)과 연계하여 집중운동치료, 재활심리상담 등 서비스 실시)과 △직무복귀 지원(공무상 요양 종결 예정 공무원을 대상으로 직무분석, 작업능력평가, 직업 모의훈련(잡 시뮬레이션) 등 실시)서비스를 실시할 예정이다.

나아가 재해예방사업의 실시근거를 법률에 명시함으로써 '재해예방-보상-직무복귀(재활)'로 이어지는 종합적인 서비스를 제공할 수 있는 보상체계가 마련된다.

이 외에도 공무상 질병·부상으로 인해 요양을 한 뒤 중증장해(장해 제1~2급) 상태가 되어 타인의 도움 없이는 생활이 어려운 공무원을 대상으로 간병급여를 지급하도록 하여 중증장해를 입은 공무원과 그 가족의 경제적 부담이 완화되도록 했다.

넷째, 재해보상의 전 과정에 대한 국가의 책임성을 높이고, 심사의 전문성과 대표성을 강화해 심사결과에 대한 수용도를 제고하도록 했다.

기존에는 위험직무순직 심사절차가 2~3단계로 복잡하여 유족의 부담이 가중된다는 지적이 있었으나 앞으로는 심사체계를 통합·간소화하고 전문화하여 재해보상의 전 과정에 대한 국가의 책임성을 높인다.

또 인사혁신처의 '공무원재해보상심의위원회(가칭)'에서 모든 심사(1심)를 담당함으로써 심사에 대한 국가의 책임성을 높이고, 인사혁신처 재심위원회를 국무총리 소속 '공무원재해보상위원회(가칭)'로 격상시킴으로써 재심기능을 강화하고 재해보상 정책과 제도개선에 관한 심의 및 관계기관과의 협력도 이루어지게 한다는 구상이다.

제 6 절 여성경찰의 사기향상과 경찰포상 및 대우공무원제

Ⅰ. 여경의 채용목표제와 승진목표제

우리나라의 여경의 비율은 타행정직공무원에 비해 현저하게 낮은 수치를 보여주었다. 남녀평등 차원에서 여경의 점유율을 높이는 작업은 경찰사에서 매우 의미 있는 일이다. 우리나라 경찰공무원 수사 13만명(전 · 의경 제외)을 육박하는 현 시점에서 남 · 녀 경찰의 불균형을 해소하기 위한 일환으로 2005년부터 매년 여경의 수를 늘려 나가기 위한 소위 「여경의 채용목표제」와 「여경승진목표제」를 도입 · 시행하게 되었다.

1. 여경채용 목표제

해마다 여경을 15～25% 선발하여 2005년 12월 말에 우리나라 전체 경찰관의 4.60%를 여경이 차지하게 됐다. 2010년에 6.8% 그리고 2014년말 기준 9.0%정도에 도달하였다.[38] 이는 향후 10%대로 상향시켜 나간다는 것이 경찰의 야심찬 전략이다. 최근 여성들이 급속히 증가하였고 여성 및 청소년 범죄율이증가하고 있는 상황에 적극 대처하기 위해 여경 점유 10% 목표를 설정했던 것이다. 물론 승진시에도 우선적으로 배려하고 있는 것으로 아려져 있다. 2017년 12월 말 기준 전체 경찰관 중 여성경찰관은 10.9%를 점유하고 있다. 사실 여경점유 10%를 조기에 달성했고 매년 여경인력 충원이 10～20%를 선발하고 있다. 여경은 주로 대민활동 부서, 사회적 약

38) 경찰의 승진심사시에 총경 · 경정은 여경승진대상 인원의 30%, 경감은 10%, 경위 이하는 남 · 여 승진대상 인원의 비율에 따라 여경에게 별도로 승진인원을 배정하여 2014년 이내에 여경의 계급별 점유율을 남자경찰과 형평을 이루게 한다는 계획을 시행 중이다. 한국 경찰사상 처음으로 여자순경 출신 이금형 치안정감(부산지방경찰청장)이 2013년 12월 승진되었는데, 여경으로서는 최초의 기록이다.

자 대상 범죄 담당부서 등 여성경찰이 다양한 분야에서 근무할 수 있도록 노력하고 있다고 평가된다. 또한 여성경찰에게 별도의 승진대상 인원을 배당하기도하는 등 남녀양성평등 인사를 실현하는 노력을 진행 중이다.

표 8-8 여경의 계급별 인원현황(2017. 12. 31)

(단위: 명)

구분	계	경무관이상	총경	경정	경감	경위	경사	경장	순경
총원	118,069	33	72	559	2,571	8,772	45,695	24,531	15,457
비율(%)	100%	0.1%	0.5%	2.2%	7.4%	38.7%	20.8%	13.1%	17.3%
여경	12,904	2	14	117	536	1,807	3,631	3,291	3,506
(%)	100.0%	0.02%	0.11%	0.91%	4.2%	14.0%	28.1%	25.5%	27.2%

출처: 경찰청, 『경찰백서』, 2018, p. 402.

2. 경찰대우공무원제

일반직과 공안직은 1990년 7월에 도입되었으나 경찰공무원은 2009년 1월1일부터 경위 이하(5년 이상자) 경찰공무원을 대상으로 대우공무원 수당(월 봉급액의 4.8%→2011. 1. 1부터 4.1로 변경)을 지급하고 있다. 경위 이하 경찰관들에게 실질적인 혜택이 주어져 경찰조직 전체에 사기가 향상되는 계기로 작용했다. 그 후 적용 계급을 경감~총경 까지 확대 노력에 따라 2011년 12월 22일부터 경찰공무원 승진임용 시행규칙을 개정하여 2012년 1월 1일부터 시행하여 경감 이상에게도 사기진작에 기여하게 되었다.

표 8-9 선발대상 및 경력요건

대상계급	근무기간	발령일
총경 · 경정	해당계급 7년 이상	매분기 첫 달 1일 (1월 1일, 4월 1일, 10월 1일)
경감 이하	해당계급 5년 이상	

가장 많은 비율을 차지하는 계급은 경감대우로 15,184명이며 총계는 26,332명이었다.

표 8-10 선발결과 (2017. 4. 1 기준 단위: 명)

계	경무관대우	총경대우	경정대우	경감대우	경위대우	경사대우	경장대우
26,332	80	411	1,792	15,184	8,574	284	7

출처: 경찰청, 『2018 경찰백서』, p. 408.

경찰관의 대우공무원수당 지급은 기본급의 4.1%를 매월 지급하는 방식을 취하고 있다.

표 8-11 대우공무원의 수당 지급

구분	총경20 호봉	경정22 호봉	경감24 호봉	경위25 호봉	경사20 호봉	경장15 호봉	순경9 호봉
수당	190,650원	178,350원	162,860원	152,500원	132,910원	109,560원	80,000원

출처: 경찰청, 『2018 경찰백서』, p. 408.

Ⅱ. 경찰포상

그동안 경찰은 경찰관들의 사기진작을 위해 경찰포상제를 실시하여 왔다. 그러나 경찰포상에 대한 남발을 방지하고 포상의 의미를 살리기 위해서 연도별로 총량관리제를 실시하여 왔다. 경찰표창규칙에 따라서 경찰청장 표창은 소속 정원의 10% 이내, 지방청장 표창은 소속 정원의 15%이내, 경찰서장 표창은 소속 정원의 35% 이내에서 포상이 이루어지고 있다. 그 포상 대상자를 폭넓게 발굴하기 위해 기관장의 추천, 언론보도, 인터넷, 우편접수 등 다양한 창구를 활용하고 있다.

표 8-12 경찰청장 포상 현황 (단위: 명)

구 분	계	표창장	상장	감사장
인원	14,984	13,240	360	1,384

출처: 경찰청, 『2018 경찰백서』, p. 407.

연습문제 >>>

1. 경찰사기관리의 중요성과 경찰사기의 특징을 설명하시오.
2. 경찰사기의 앙양방법을 설명하시오.
3. 경찰공무원의 보수에 관해 설명하시오.
4. 경찰공무원의 성과상여금제도에 관해 설명하시오.
5. 경찰의 제안제도에 관해 설명하시오.
6. 경찰공무원의 순직자보상특별법을 설명하시오.

제 9 장

경찰공무원의 단체행동

제 1 절 한국경찰공무원의 단체활동

Ⅰ. 전국공무원 노조(일명 전공노)

우리나라의 경우 헌법에서 아직 공무원 노조는 인정하지 않고 있다. 그러나 헌법에는 분명 제33조를 통해 "근로자는 노동조건 향상을 위해 자주적인 단결권, 단체교섭권, 단체행동권을 가진다. 공무원인 근로자는 법률이 정하는 자에 한하여 단결권, 단체교섭권, 단체행동권을 가진다"라고 규정하고 있다. 이에 반해 국가공무원법 제66조는 "공무원은 노동운동 기타 공무이외의 일을 위한 집단적 행위를 하여서는 안 된다"라고 규정하고 있다. 이처럼 우리나라의 경우 공무원은 노조활동을 할 수 없도록 하고 있다. 특히 경찰노조의 경우는 전혀 언급조차 어려운 실정이다.

Ⅱ. 공무원직장협의회

공무원의 노동조합 설립 및 운영 등에 관한 법률은 「대한민국헌법」

제33조제2항에 따른 공무원의 노동기본권을 보장하기 위하여 「노동조합 및 노동관계조정법」 제5조 단서에 따라 공무원의 노동조합 설립 및 운영 등에 관한 사항을 정함을 목적으로 한다(전문개정 2010.3.17.). 우여곡절 끝에 2006년 8월 11일 행정안전부 공무원 노동조합이 설립되었으며 이 산하에 지부형태로 2006년 8월 25일 경찰청 노동조합이 설치되었는데 그 가입자격은 경찰청 산하 일반직, 기능직 공무원만 가입이 가능하다.

다음의 해당자는 공무원은 노동조합에 가입할 수 없다.

① 다른 공무원에 대하여 지휘・감독권을 행사하거나 다른 공무원의 업무를 총괄하는 업무에 종사하는 공무원

② 인사・보수에 관한 업무를 수행하는 공무원 등 노동조합과의 관계에서 행정기관의 입장에서 업무를 수행하는 공무원

③ 교정・수사 또는 그 밖에 이와 유사한 업무에 종사하는 공무원

④ 업무의 주된 내용이 노동관계의 조정・감독 등 노동조합의 조합원 지위를 가지고 수행하기에 적절하지 아니하다고 인정되는 업무에 종사하는 공무원 등이다.

Ⅲ. 공무원 노동관계 조정위원회의 구성

단체교섭이 결렬된 경우 이를 조정・중재하기 위하여 중앙노동위원회에 공무원 노동관계 조정위원회(이하 "위원회"라 한다)를 둔다. 위원회는 공무원 노동관계의 조정・중재를 전담하는 7명 이내의 공익위원으로 구성한다. 공익위원은 「노동위원회법」 제6조 및 같은 법 제8조에도 불구하고 공무원 문제 또는 노동 문제에 관한 지식과 경험을 갖춘 사람 또는 사회적 덕망이 있는 사람 중에서 중앙노동위원회 위원장의 추천과 고용노동부장관의 제청으로 대통령이 위촉한다(개정 2010.6.4 제10339호(정부조직법)/ 시행일 2010.7.5.). 공익위원을 위촉하는 경우에는 「노동위원회법」 제6조제2항에도 불구하고 그 공익위원에 해당하는 정원

이 따로 있는 것으로 본다(전문개정 2010.3.17.).

Ⅳ. 행정부공무원노동조합 경찰청 지부

한국경찰은 2006년 8월 25일은 경찰노조와 관련해 매우 의미 있는 날이었다. 왜냐하면 8월 11일 행정공무원노동조합이 출범한 후 25일에는 서울지방경찰청 대강당에서 행정공무원노동조합 경찰청 지부(이하 경찰청 지부)가 출범했다.[1] 이미 경찰청 지부는 2006년 6월 10일 창립 대의원대회를 통해 규약과 강령을 제정했고 이연월 위원장과 김영순 수석부위원장을 선출했으며, 16개 각 지방경찰청 경찰지회로 조직을 구성해 대상인원 3,850명 중 2,200여명이 가입하게 되었다. 가입범위는 행정부처럼 6급 이하의 일반·기능직으로 구성되었다. 다음의 내용에서 행정공무원노동조합 경찰청 지부의 주장이 잘 나타나 있다.[2]

> 행정부 노조의 경찰청 지부로 맑은 행정 실현을 통해 관료주의 병폐와 부정부패를 척결하고, 경찰은 참경찰로, 경찰본연의 업무로 돌아가고, 일반, 기능직공무원은 경찰행정을 책임짐으로써 고품질 행정 서비스 제고, 대한민국의 공권력을 바로 세우기 위해 노력할 것이며 국가의 발전과 공무원의 권익증진을 위한 강령을 선언하고 실천할 것이다. 또한 경찰공무원은 노동조합을 법으로 금지하기 때문에 실상 목숨을 내놓고 고강도의 노동을 하는 노동자로서의 권리를 주장할 수 없음에 우린 그들의 대변자가 되어 일반공무원들에 비해 소외되는 일이 없도록 할 것이다(2006년 8월 23일(수) 행정공무원노동조합 경찰청 지부 보도자료).

1) 본 영역의 원고완성을 위해 자료를 제공해 준 행정부공무원노동조합 경찰청 지부 이연월 위원장과 박진아 사무국장에게 이 자리를 빌려 진심으로 감사한다.
2) 행정부공무원노동조합 경찰청 지부 보도자료, 2006. 8. 23.

그림 9-1 행정부공무원노동조합 경찰청 지부의 심벌

행정부공무원노동조합 경찰청 지부는 위와 같은 심벌을 통해 자신을 표현하고 있다.

1. 행정부공무원노동조합 경찰청 지부의 기구

경찰청 지부는 다음과 같이 조직을 구성하여 활동하고 있다. 즉 총회를 최고기관으로 하고 대의원회, 운영위원회, 집행위원회, 사무처, 특별위원회, 선거관리위원회 등으로 구성되어 19개의 지회와 18개의 분회로 운영된다.

2. 경찰청지부 규약

본 규약은 총 72조와 부칙 5조로 이루어져 있다. 특히 본 지부는 그 목적을 실현하기 위해 다음의 사업을 추진하고 있다(제3조).

(1) 경찰청 지부의 사업내용

다음에서 소개하는 바와 같이 경찰청 지부는 8개의 사업내용을 추진해 나가고 있다.

① 조직의 단결과 연대에 관한 사업, ② 지부원의 노동기본권 확립에 관

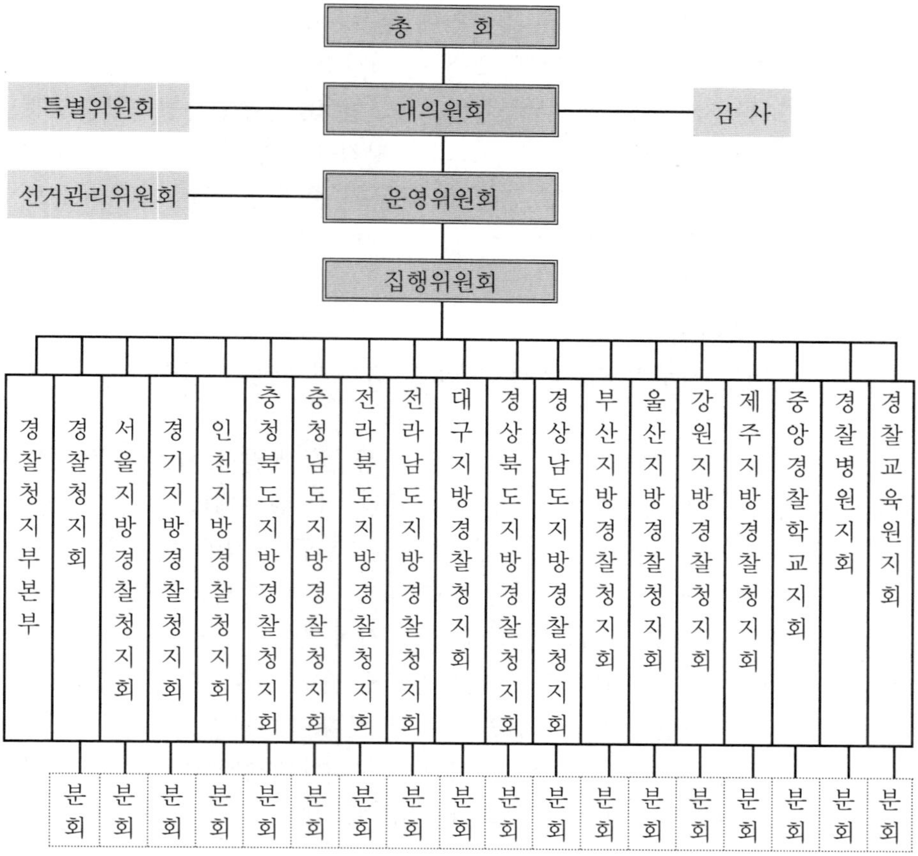

출처: 경찰청 지부 규약 참조.

그림 9-2 행정부공무원노동조합 경찰청 지부의 기구표

한 사업, ③ 지부원의 근로조건 개선, 공동복지 후생, 교육에 관한 사업, ④ 지부원의 경제적 · 사회적 · 문화적 지위향상을 위한 사업, ⑤ 지부원의 삶의 질 향상과 국민에 대한 질 높은 서비스 제공을 위한 사업, ⑥ 부정부패 추방과 공직사회의 투명성을 제고하기 위한 자정활동 강화 사업, ⑦ 공직사회의 불합리한 사법개혁, 행정제도와 관행을 개선하기 위하여 필요한 사업, ⑧ 기타 지부발전과 지부원의 공동이익에 필요한 사업 등이다.

본 지부의 주사무소는 경찰청에 두고, 지회 사무실은 그 소속기관에 둔다(제4조). 본 지부는 구성원 모두가 경찰청 공무원으로 결성되고 공무원독자노조를 지향하는 행정부공무원노동조합 및 공무원노동조합총연맹을 상급단체로 하고 있다(제5조 1항). 그리고 자격을 보면 경찰청 본부 및 소속공무원은 누구나 지부원이 될 수 있고, 공무원 중 법령 또는 기타 사유로 가입할 수 없을 경우 후원인이 될 수 있음을 명시하고 있다(제7조 1항).

⑵ 총회의 기능

총회는 지부의 최고의결기구로서 다음의 사항을 결정하고 있다(제15조 1항).

① 규약의 제정 및 개정에 관한 사항, ② 임원의 선출 및 불신임에 관한 사항, ③ 운영방침의 수립에 관한 사항, ④ 활동계획 수립 및 활동보고에 관한 사항, ⑤ 예산, 결산 승인 및 특별부과금 결정에 관한 사항, ⑥ 기금의 설치, 관리 또는 처분에 관한 사항, ⑦ 지부의 합병·분할·해산에 관한사항, ⑧ 상위노조 가입과 연대에 관한 사항, ⑨ 자산의 처분 또는 관리에 관한 사항, ⑩ 지부원의 징계, 재심청구에 관한 사항, ⑪ 단체협약 체결에 관한 사항, ⑫ 단체교섭권 위임에 관한 사항, ⑬ 사면 및 복권에 관한 사항, ⑭ 노동쟁의에 관한 사항, ⑮ 희생자 구제에 관한 사항 및 기타 위원장 또는 대의원회에서 총회에 부의한 사항 등이다.

⑶ 사무처

위원장 직속으로 사무처를 두며, 사무처의 업무를 관장하기 위하여 사무총장을 두고 있다. 사무처에는 사무국, 정책국, 조직국, 회계운영국, 교육홍보국, 대외협력국을 설치하며 상근직원도 둘 수 있다. 여기서 사무총장은 사무처의 제반업무를 관장한다. 특히 사무처는 ① 분장된 사무에 관한 집행, ② 대의원회, 운영위원회, 집행위원회의 수임사항 집행, ③ 각종 회의 부의안건 및 회의준비에 관한 사항, ④ 지부원의 관리에 관한 사항, ⑤ 기타 집행업무에 관한 사항 등을 집행한다.

⑷ 임 원

본 조합에는 위원장 1명, 수석부위원장 1명, 부위원장 16명 이내(각지회장)의 임원을 둔다. 그리고 본 조합에는 사무총장 1명, 사무처 각실·국 6명 등의 직원을 둔다.

⑸ 재 정

조합의 각종 운영비와 제반 사업비는 조합비, 후원금, 기부금, 기타 수익금으로 한다(제55조). 조합원 및 준조합원이 납부하여야 하는 조합비는 월급여의 1.3%로 한다(제56조). 그리고 조합비 납부일은 매 급여일로 하며, 원천징수를 원칙으로 한다.

⑹ 교섭권한

조합은 단체교섭의 당사자이며 위원장은 교섭의 대표자가 된다(제60조). 위원장은 교섭권과 협약체결권을 총연맹위원장, 중앙부처위원장 및 지회장에게 위임할 수 있다. 교섭위원은 위원장을 포함하여 10인 이내로 하되, 그 구성은 각 지회 대의원수를 기준으로 안분한다(제61조). 조합의 단체협약은 위원장이 사용자와 체결한다(제62조). 노사협의회의는 각 지회별로 구성·운영하되, 대표를 포함하여 7인 이내로 구성한다(제63조). 그리고 노사협의회의 대표는 각 지회장이 된다.

⑺ 노동쟁의

조합은 본 규약의 목적 및 사업을 달성하기 위하여 교섭이 결렬되었을 때 그 관철을 위해 조정·중재 등을 신청할 수 있다(제64조). 조정·중재신청의 당사자는 위원장이 된다(제65조). 위원장은 쟁의가 발생하거나 쟁의발생이 예측될 때는 즉시 대의원회를 소집하여 결의에 의하여 쟁의대책위원회를 구성할 수 있다(제66조). 쟁의대책위원회는 위원장, 수석부위원장, 부위원장, 사무총장을 포함한 임원과 대의원들로 구성하며, 위원장이 이를 소집하고 의장이 된다. 한편 쟁의대책위원회의 기능은 다음과 같다(제67조). 즉 쟁의대책에 대한 구체안 수립, 쟁의에 필요한 기구 구성에 관한 사항,

기타 쟁의에 관한 중요한 사항 등이다.

Ⅴ. 우리나라 경찰노조위원회 출범

2010년 9월 우리나라에도 경찰노조추진위원회가 출범했는데 이는 4개 경찰단체 주도로 이루어지되 공무원노조-전교조-외국경찰노조를 연대시킨다는 복안이다. 외국과는 달리 우리나라에서는 경찰의 노동조합 설립이 현행법으로 금지되어 있다. 하지만 이번 경찰노조위원회의 출범으로 인해 이 주제가 향후 사회적으로 공론화될 가능성이 커지게 됐다.

경찰개혁 시민연대, 시민연대, 경찰발전협의회, 자치경찰시민연대, 대한민국 무궁화클럽 등 경찰 개혁을 주장하는 위의 4개 단체가 '전국경찰노조추진위원회'를 출범시키게 된 것이며 종국에는 경찰노조를 결성하겠다는 것이다. 무엇보다 이들 단체는 전·현직 하위직 경찰관 등으로 구성됐는데, 이들은 목표로 "경찰의 권익 대변을 포함하여 특히 부패 방지와 공정한 경찰로 거듭나기 위한 경찰 바로 세우기에 진력할 것"을 내세운 바 있다. 본 추진위원회의 위원장은 2010년 5월 경찰 내부게시판에 조현오 경찰청장의 실적주의를 비판한 글을 인터넷 사이트에 올린 후 내홍이 일어나는 바람에 파면당한 경기지방경찰청 소속의 안산상록경찰서에 근무했던 박윤근 전 경사가 맡아 이끌게 되었다.[3)]

무엇보다 현재 우리나라 현직 경찰은 노조에 관해 활동하면 법에 따라 처벌받게 되는 관계로 퇴직경찰관을 중심으로 경찰노조에 관한 토론들이 이루어지고 있다.

---

3) http://blog.daum.net/peter90/7662772 참조.

Ⅵ. 민주공무원노조 경찰청지부 출범

이 밖에도 정헌재 위원장을 중심으로 민주공무원노조에 경찰청 소속 공무원들이 가입해 활동하고 있는 것으로 알려졌다. 2009년 1월 민주공무원노조에 따르면 박원태 지부장을 중심으로 300여명 규모의 경찰청지부가 2009년 12월 출범해 활동하고 있는데, 이 지부는 경찰청 경찰관을 제외하고 일반직과 기능직 공무원들을 가입대상으로 하고 있다. 그러나 주로 일반직을 중심으로 활동하고 있는 상태다. 박원태 지부장은 "경찰청 내에서 소수인 일반직과 기능직에 대한 차별을 없애기 위한 활동에 주력할 것"임을 언론과의 인터뷰에서 밝히고 있다.[4]

이뿐만 아니라 경찰청노조의 노조활동은 공무원노조총연맹(위원장 김찬균) 산하에도 2천 600여명 규모로 활동이 이루어지고 있다고 한다. 경찰청노조(위원장 김영수)는 일반직과 기능직 모두를 가입대상으로 하고 있지만 기능직 공무원들이 대다수를 차지하고 있다고 밝힌 바 있다. 김학태 기자의 기사에 따르면 경찰청에서 일하는 공무원 10만여명 중 기능직이 3천여명이고 일반직은 1천여명이다.[5]

제2절 미국의 경찰노조

미국에서의 경찰노조는 대부분의 지역에서 그 합법성을 인정받고 있다. 이미 미국의 경우는 1960년대부터 공무원들이 노조를 결성하고 단체교섭권을 행사하기 시작했다. 특히 교사나 체신공무원의 노조활동이 두드러졌다. 1970년대에 이르러서는 노동운동의 합법화를 활발하게 추진하기도 했다.

4) 김학태 기자, http://www.vop.co.kr/A00000238091.html(검색일: 2012. 01. 07).
5) 김학태 기자, http://www.vop.co.kr/A00000238091.html(검색일: 2012. 01. 07).

이러한 결과에 힘입어 미국에서는 오늘날 경찰관의 70% 이상이 노조에 가입해 활동하고 있다. 경찰노조대표는 경찰대표자와 노조의 보수와 후생 등 경찰의 복지향상을 위해 협상을 벌이고 있으며 나아가서 경찰조직 내의 정책결정에 대해서 많은 영향력을 행사하고 있다.[6)]

다음의 사항들은 당시의 미국에서 경찰노조활동을 활성화해 주는 계기가 되었다.

첫째, 경찰인력은 부족한데 국가는 경찰에게 요구사항이 커졌다. 즉 미국에서 1960년대에 경찰력의 부족현상은 극치에 달해 35%나 부족한 모습을 보여주었다. 경찰관의 연봉이 전문직이나 기능공에 비해 2,000여 달러가량 적었다. 경찰관은 원래 임무를 수행하면서 큰 위험에 노출되어 있는 상황이다. 이 와중에서 경찰기관은 경찰관들의 수준을 높이기 위해 대학교육을 받을 것을 권장하였다. 경찰관들은 노조활동을 통해 자신들의 상황을 호소하며 권리를 찾게 되었고, 이로써 경찰노조가 활성화되는 계기가 되었다.

둘째, 경찰서장에게 속해 있던 독단적인 의사결정들에 대해 대항하였다. 미국의 경우 1960년대에 경찰조직은 경찰서장에 의해 독단적으로 운영되었다. 특히 경찰의 승진이나 징계권을 경찰서장이 행사함으로써 경찰관들은 노조활동을 통해 대항하게 되었다. 만일의 경우 경찰서장이 하급경찰관들에게 부당한 대우나 인사조치를 취할 경우 경찰노조원들은 자기들의 경찰노조를 통해 물리적인 대응을 취하며 발언권을 행사하였다.

셋째, 경찰관들이 정치적 희생양이 되는 데서 벗어나고자 했다. 1960년대 미국의 경우 경찰관들이 열악한 환경에서 근무하고 있었으며 시민들로부터 대우받지 못하는 실정이었다. 어떤 문제가 터질 때마다 정치인들은 나름대로 여론을 등에 업고 경찰을 정치적 속죄양으로 삼았다. 이에 대해 경찰노조는 자신들의 입지를 지키기 위해 경찰노조를 활성화시키게 되었다.

넷째, 시민들의 폭동이 빈번하게 발생했다. 이에 대해 경찰이 공공질서를 유지하는 데 크게 기여했다. 경찰의 역할이 매우 중요하다는 분위기가

---

6) 전돈수, “미국의 경찰제도,” 신현기 외 8인, 『비교경찰제도론』(파주: 법문사, 2012), p. 358.

형성되었다.

이러한 사항들로 인해 미국에서 1960년대에는 경찰노조를 인정하고 합법성을 인정하게 되었다.

노동3권은 단결권, 단체교섭권, 단체행동권을 말한다. 이 중에서 단체행동권은 경찰에게 인정하기 어려운 것이다. 예를 들어 경찰이 파업을 하는 경우 치안에 큰 공백이 생긴다. 그러므로 미국에서 경찰의 파업을 금지하는 경우가 많다. 그럼에도 불구하고 미국에서 경찰관들은 자신들의 의사를 파업을 통해 관철하는 방식을 종종 활용한다. 또한 태업의 방식도 활용한다. 질병을 핑계로 경찰들이 집단적으로 늦게 출근하는 경우라든지 혹은 경찰 업무를 아주 느리게 처리하는 방식 등이다.[7)]

단결권은 경찰들이 노조를 결성할 권리를 의미한다. 미국에서 경찰관이 노조에 가입하는 데는 2가지가 있다. 전자는 개방형이고 후자는 폐쇄형이다. 즉 개방형은 경찰관의 노조가입 여부가 개인의 자유이다. 그러나 폐쇄형은 누구나 경찰서에 채용되는 동시에 의무적으로 경찰노조에 가입하는 것을 의미한다.

단체교섭권은 노동자와 사용자가 타협을 통해 노조원들의 보수나 후생복지 등의 고용조건을 결정하는 일련의 과정이다. 단체교섭에서 해결방안이 나오지 않으면 노사는 제3자에 의한 중재를 통해 해결책을 강구하기도 한다. 단체교섭의 대상을 임금, 노동시간, 기타 고용의 조건으로 하는 데는 문제가 없다. 그러나 경찰이 중요한 정책결정을 할 때 경찰노조대표에게도 참여할 권리를 부여하느냐 하는 문제에 대해서는 논란이 있다. 또한 경찰관들이 어느 계급까지 노조가입을 허용할 것인가에 대해서도 결정해야 할 문제로 남아 있다. 미국의 경우 경찰사용자측에서는 경찰서장, 시장, 시의회의원, 주의회의원 등이 참여한다. 시의원의 경우는 경찰예산을 통제하는 자격이 있기 때문이다. 그리고 경찰노조측에서는 대부분 전문대리인과 노조대표 경찰관들이 대표성을 띠고 협상에 참여한다. 또한 노조전문 변호사가 협상에 나오기도 한다. 아무튼 경찰노조에 대해 많은 사람들은 우려를 한

7) 전돈수, 전게논문, p. 417.

다. 그럼에도 불구하고 미국에서 경찰노조는 다음과 같은 기대효과를 가져왔다. 첫째, 경찰노조 활동을 통해 경찰의 봉급과 근무여건의 개선을 가져왔다. 둘째, 노조는 경찰의 업무향상에 기여하였다. 셋째, 미국에서 경찰노조의 활동으로 인해 경찰서장이 부하 경찰관들에게 부당하게 행하던 인사조치 등이 대폭 감소되었다.[8)]

제 3 절 영국의 경찰노조

영국에서 경찰관의 노조는 경찰연합(Police Federation)이라는 이름으로 허용되고 있다. 그러나 이 경찰연합은 경정 이하의 경찰관들에게만 그 대표성이 인정되는 기관이다. 1919년 경찰법에 의해 설립된 역사를 가지고 있다. 반드시 경찰관이어야만 자격이 주어지며 경찰관이 정치활동에 관여하는 것은 안 된다. 경찰연합의 회원은 1996년 기준으로 126,000여명으로 알려졌다.[9)]

제 4 절 독일의 경찰노조

Ⅰ. 독일경찰의 역사

독일제국 시절인 1871년 독일경찰관조합(Polizeiverein)은 그 뿌리를 내

8) 전돈수, 전게논문, pp. 416~418.
9) 이황우 · 최진혁 · 임창호, 『경찰인사행정론』(서울: 법문사, 2003), p. 438.

리기 시작하였다. 독일 바이마르공화국이 출범하기 이전인 1917년에 큰 저항을 일으키기도 하였다. 1928년에는 독일제국 공무원노동조합의 일원이 되어 활동하기 시작하였다. 그리고 히틀러 통치하인 1933년에는 해체되는 역사도 가지고 있다. 그 후 1951년에는 독일경찰공무원노동조합이라는 이름으로 새로이 출범하기도 했다. 그리고 1966년에는 경찰노동조합이라는 명칭을 쓰기 시작했다.[10)]

Ⅱ. 독일경찰노동조합원

임준태의 연구에 따르면 2002년 독일의 경찰관 중 약 85,000여명이 경찰조합원으로 가입하고 있는 것으로 나타났다. 2001년에 경찰노동조합결성 50주년기념행사도 치루었다. 독일경찰노동조합은 2006년에 창설 55주년을 맞았다.[11)]

Ⅲ. 독일경찰의 시위

2001년 11월 독일경찰은 군인과 함께 25,000여명이 베를린에서 시위를 벌이기도 했다. 이슈는 경찰과 군인의 처우개선 문제였다. 근무여건이 악화되었고 경찰의 사회보장이 축소된 데 따른 시위였다. 유로화를 사용하게 되어 현금수송 차량의 경비수요가 늘어났는데 오히려 경찰력은 축소되고 국경수비대 경찰요원들이 격무에 시달리게 된 것이다. 여기에 연금지급액까지 삭감된 데 따른 반발이었다.[12)]

---

10) 임준태, “독일의 경찰제도,” 신현기 외 8인, 『비교경찰제도론』(서울: 법문사, 2012), p. 445.

11) 임준태, 전게서, p. 493.

12) 임준태, 전게서, p. 494.

제5절 프랑스의 경찰노조

Ⅰ. 현 황

이황우의 연구에 따르면 1995년 기준 프랑스의 경우 경찰관 84,000여명이 경찰자치노동조합연맹(FASP), 경찰부문별노동조합연합(USCP), 경찰독립연맹(FPIP), 사복경찰과 전국자치노동조합(SNAPC), 총경 상급간부노동조합(SCHF)에 가입하고 있다.[13] 이렇게 볼 때 프랑스 경찰은 2/3 이상이 노조에 가입하고 있는 셈이다. 이러한 결과는 프랑스 경찰조직에서 상하간에 의사소통이 부족하고 경찰공무원들의 불만을 들어주고 해소하여 줄 만한 제도적인 장치가 제대로 마련되어 있지 않은 데서 나타나는 현상이라고 평가하기도 한다.[14]

Ⅱ. 프랑스경찰의 노동3권

프랑스에서는 이미 1948년에 공무원의 노동3권이 국가로부터 인정되었다. 하지만 경찰공무원과 교정직공무원에게는 단체조직권과 단체교섭권만 인정하였다. 나머지 단체행동권은 엄격히 제한했다. 그 업무의 중요성 때문에 불허하게 된 것이다. 그럼에도 불구하고 다른 공무원과 형평을 맞추기 위해 이들에게는 단체행동권을 제한하는 대신 수당으로 보전을 해주고 있다.[15]

---

13) 이황우 · 최진혁 · 임창호, 전게서, p. 442.

14) 이종화, "프랑스의 경찰제도," 신현기 외 8인, 『비교경찰제도론』(서울: 법문사, 2012), p. 484.

15) 이종화, 전게서, p. 484.

Ⅲ. 프랑스경찰의 시위

프랑스에서 2001년 10월 봉급인상과 장비개선을 요구하며 1개월간 시위가 발생했다. 이때 국민들로부터 높은 호응을 얻기도 했다. 국가로부터 경찰의 봉급인상과 장비개선을 얻어내는 순기능적 결과도 나타났다. 그러나 한편으로는 프랑스에서 노조가 지나치게 과격하다는 평가도 받고 있다.

제6절 이탈리아의 경찰노조

1981년 이탈리아는 경찰개혁을 통해 경찰노조를 허용하였다. 우선 이탈리아는 내무부 국가경찰에 국한하여 경찰노조를 허용했으며, 군인경찰에 대해서는 경찰노조가 허용되지 않았다. 이탈리아는 경찰노조 허용을 포함한 각종 경찰기관들 업무조정을 위한 조정기관 설치 등 여러 경찰개혁을 위한 조치들을 취했다. 그러나 아직 이탈리아는 경찰비리민원조사위원회 혹은 경찰옴부즈만 등을 아직까지 도입하고 있지 않다. 이탈리아는 여성의 경우 1981년 경찰개혁 조치 이후 내무부 국가경찰에 대해서 입직할 수 있도록 허용했다. 그 후 여성경찰은 1987년에 이탈리아 전체 경찰의 5%에 불과하다가 1990년대 초반 들어서면서 그 비율은 50% 이상으로 급증하였다. 스페인의 경우 여성경찰관이 고작 1% 미만인 것에 비교하면 큰 규모다. 이탈리아의 경우 여성은 군인경찰, 재무경찰 분야에서는 아직도 그 입직이 불허되고 있다.

이탈리아 경찰노조는 자주성과 독립성을 강조한다. 한편 경찰노조는 유럽경찰노조협의회에 소속해 있다. 위원장은 리옹, 사무국장은 독일 프라이부르크에 소재하고 있다. 유럽경찰노조협의회에는 이탈리아를 포함하여 포르투갈, 독일, 헝가리, 키프러스, 아일랜드, 몰타, 마케도니아 체코공화국,

불가리아, 폴란드, 그리스, 슬로베니아, 벨기에, 프랑스, 스페인 등 총 17개국의 경찰노조가 가맹되어 있다. 그리고 영국, 에이레, 네덜란드, 스웨덴, 노르웨이, 핀란드 등의 경찰노조는 별도로 조직되어 활동을 펼치고 있다.[16)]

제 7 절 스페인의 경찰노조

스페인 치안조직법 제18조에 따르면 국립경찰공무원은 순수 자체노동조합에만 참여할 수 있도록 정하고 있다. 이 때문에 스페인 경찰은 타 조합이나 동맹 등과 연합할 수 없다. 그럼에도 불구하고 유사성격의 국제적 조직에의 가입은 가능하다. 무엇보다 노동조합을 결성하기 위해서는 설립증서와 함께 정관을 스페인 경찰청 특별대장에 등록해야 한다. 본 정관에 들어갈 내용은 조합의 명칭, 동조합의 특수한 목적, 주소지, 대표기관, 집행기관 및 이 기관들의 운영규칙들, 조합원의 조건 취득 및 상실을 위한 요건과 조치와 정관의 변경, 조합의 해체를 위한 요건과 조치, 조합의 체계(자원의 성격, 출처, 목적명시) 및 조합원들에게 경제상황을 알릴 수 있는 방법들이 포함되어야 한다.[17)] 스페인 경찰은 경찰협의회 선출선거에서 의석을 얻거나 2개 등급에서 각 10% 이상의 표를 얻은 조합이 협의회의 대표조합이 되는 동시에 절차를 통해 공무원들의 근무조건 결정에 조정자로서 참여하기도 한다. 또한 상기목적을 위해 설치된 연구단체나 위원회에도 참여하고 있다. 특히 스페인 치안조직법 제22조에 따르면 조합의 대표자는 자기가 속한 소속장에게 사전 보고 후 노조활동에 참가, 대표자들의 노동활동을 위한 규칙적인 월간 시간산정, 노조활동을 위한 무보수의 휴가 향유, 다음 근무예정지를 지정 받을 권리와 함께 특별근무 조건의 이동권 및 대표자 수행 경력

16) http://www.sap-nazionale.it/

17) 신현기, 『자치경찰론(제3판)』(서울: 웅보출판사, 2007), p. 121; 신현기, 『자치경찰론(제4판)』(부평: 진영사, 2010), p. 137.

의 산정요구권 등을 지니고 있다.[18] 이 밖에 스페인의 경우 250명 이상의 공무원을 가진 산하기관에서는 조합이 노조사무실을 가질 권리가 있다. 소속장의 사전허가 하에서 근무에 동요를 주지 않고 근무시간 외에 동 사무실에서 노조회합을 개최할 수 있도록 규정하고 있다. 이에 대한 허가는 최소한 72시간 전에 회합의 일시, 장소, 순서와 함께 득해야 한다.[19] 그리고 이에 대한 허가의 결정은 회의시작 24시간 전에 해야 함을 규정하고 있다.

※ 스페인 국립경찰공무원의 노동조합

국립경찰공무원은 순수한 자체 노동조합만 참여할 수 있고, 타 조합과 동맹이나 연합할 수 없다.[20] 그러나 유사성격의 국제적 조직에의 가입은 가능하다.[21] 노동조합의 결성을 위해서는 설립증서와 함께 정관을 경찰청 특별대장에게 등록해야 한다. 정관에는 조합의 명칭, 동조합의 특수한 목적, 주소지, 대표기관·관리기관·집행기관과 이 기관들의 운영규칙들, 조합원의 조건 취득 및 상실을 위한 요건과 조치와 정관의 변경 그리고 조합의 해체를 위한 요건과 조치, 조합의 체계(자원의 성격, 출처, 목적명시) 및 조합원들에게 경제 상황을 알릴 수 있는 방법들이 포함되어야 한다.[22] 경찰협의회 선출선거에서 의석을 얻거나 2개 등급에서 각 10% 이상의 표를 얻은 조합이 협의회의 대표조합이 되는 동시에 절차를 통해 공무원들의 근무조건 결정에 조정자로서 참여한다. 그리고 상기 목적을 위해 설치된 연구단체나 위원회에도 참여한다. 조합의 대표자는 다음과 같이 소속장에게 사전보고 후 노조활동에 참가, 대표자들의 노조활동을 위한 규칙적인 월간 시간산정, 노조활동을 위한 무보수의 휴가 향유, 다음 근무예정지를 지정 받을 권리와 함께 특별근무 조건의 이동권 및 대표자수행 경력의 산정요구권 등을 지닌다.[23] 그리고 250명 이상의 공무원을 가진 산하기관에서는 조합이 노

18) 신현기, 상게서, p. 121.
19) 신현기, 전게서, p. 121.
20) 신현기, 『자치경찰론(제4판)』(부평: 진영사, 2010), pp. 137~138.
21) 스페인 치안조직법, 제18조.
22) 스페인 치안조직법, 제20조.
23) 스페인 치안조직법, 제22조.

조사무실을 가질 권리가 있다. 소속장의 사전허가 하에서 근무에 동요를 주지 않고 근무시간 외에 동 사무실에서 노조회합을 개최할 수 있다. 허가는 최소한 72시간 전에 회합의 일시, 장소, 순서와 함께 득해야 한다. 허가의 결정은 회의시작 24시간 전에 해야 한다.[24)]

제8절 러시아의 경찰노조

러시아의 경찰은 노조를 결성할 권리를 가지고 있다. 즉 러시아 경찰들은 누구나 경찰노동조합에 회원으로 가입하여 경찰공무원 자신의 직업적, 사회, 경제적, 기타 권익을 보호하기 위해 단결할 수 있다. 하지만 러시아 경찰공무원에게는 집단적인 노동쟁의를 통해 직무를 중단하는 행위는 허용하지 않고 있다.[25)]

제9절 경찰조직에서 노조의 역할

경찰노조는 경찰조직에서 노조활동을 함으로써 긍정적인 기여와 부정적인 기여를 동시에 수반하고 있다. 경찰노조의 단체행동은 국가의 안위와 공공질서유지 차원에서 볼 때 심히 우려되는 사항이다. 따라서 어느 국가이든간에 이를 허용한다는 것은 거의 어려운 실정이다. 그럼에도 불구하고 조철옥의 연구에 따르면 다음과 같은 긍정적인 측면도 있다.[26)]

24) 스페인 치안조직법, 제23조.

25) 신현기, 『비교경찰제도의 이해』(서울: 웅보출판사, 2006), p. 110.

첫째, 경찰은 노조활동을 통해 자신들의 복지향상에 큰 결과들을 가져왔다. 위 미국의 경찰노조 편에서 살펴보았듯이 경찰의 인사권이 서장에게 집중되어 인사상의 불이익 등을 당하는 경우가 있었다. 이러한 문제들은 노조활동을 통해 상당히 개선되는 효과를 가져왔다. 경찰의 복지향상으로 인해 많은 유능한 젊은이들이 경찰조직에 대거 지원하는 결과도 있었을 뿐 아니라 경찰공무원들의 사기도 급속도로 향상되었다.

둘째, 경찰관련 제반 정책결정에 경찰노조가 참여하여 도움을 준다. 미국의 경우를 보면 경찰노조는 지방자치단체가 경찰에 관련된 정책을 수립하고 결정하는 데 있어서 직간접적으로 참여함으로 미리 이슈화될 결정사항들을 다소나마 억제시키는 역할을 수행할 수 있었다고 평가된다.

셋째, 경찰의 전문직업화와 경찰노조간의 갈등이다. 미국의 경우 자치단체는 경찰관의 자격요건을 강화하고 고등교육의 이수를 통해 능률의 극대화를 꾀하려는 정책을 추구하고 있으나 경찰노조는 이러한 정책에 반대하는 입장을 취하고 있다.

위와 같이 경찰노조는 긍정적이고 부정적인 특성을 동시에 내포하고 있기 때문에 경찰노사가 상호 협조해서 문제를 풀어가는 지혜가 요구된다.

---

26) 조철옥, 『경찰행정학』(서울: 대영문화사, 2000), pp. 408~409; 이황우·최진혁·임창호, 전게서, p. 436.

연습문제 >>>

1. 행정부공무원 노동조합 경찰청 지부의 설립배경과 규약에 관해 설명하시오.
2. 경찰노조 설립의 당위성 및 필요성에 대해 설명하고 경찰노조의 장점과 단점에 관해 기술하시오.
3. 미국 경찰노조의 특징에 관해 기술하시오.
4. 프랑스 경찰노조의 특징에 관해 기술하시오.
5. 이탈리아 경찰노조의 특징에 관해 기술하시오.
6. 스페인 경찰노조의 특징에 관해 기술하시오.
7. 독일 경찰노조의 특징을 설명하시오.
8. 러시아 경찰노조의 특징을 설명하시오.

제 10 장 경찰공무원의 정년제도와 연금관리제도

제 1 절 정년의 의의

우리나라 공무원은 국가공무원법 제68조(의사에 반한 신분조치)에 따라 형의 선고나 징계처분 또는 본인의 의사에 반하여 휴직·강임·면직을 당하지 않는다고 규정하고 있다. 따라서 경찰공무원들은 국가공무원인 관계로 이 규정에 따라 법적 보호를 받는 동시에 별도로 경찰공무원법 제24조(정년)에 따라 정년을 보장받고 있다. 우리나라 경찰공무원은 우선 연령정년(年齡停年)과 계급정년(階級停年) 제도의 적용을 받고 있다는 이야기가 된다. 경찰공무원법 제24조 제1항(정년)에는 경찰공무원의 연령정년과 계급정년에 관해 자세히 명시하고 있다. 우선 연령정년은 홍길동이라는 경찰공무원이 재직기간이나 계급 따위와 전혀 관계없이 본 조항에서 규정하는 연령에 도달하게 될 때까지 경찰공무원으로서의 신분을 보장받는 것을 의미한다. 이에 반해 계급정년은 계급별로 홍길동이라는 경찰공무원의 최장재직기간을 정해 정해진 시간 내에 상위계급으로 승진하지 못할 경우에는 이유여하를 불문하고 자동퇴직하게 되는 것을 의미한다.

경찰공무원의 연령정년을 보면 경정, 총경, 경무관, 치안감, 치안총감 등의 경우는 60세까지 보장을 받아 왔다. 그러나 경감 이하인 경우는 57세까

표 10-1 연령정년과 계급정년

연령정년	계급정년				
전 계급	치안감	경무관	총경	경정	경감 이하
만60세	4년	6년	11년	14년	없음

지로 3년이 적었다. 이에 반해 계급정년에도 적용을 받게 되는데 1998년 12월 31일까지는 치안감은 4년, 경무관 6년, 총경 9년, 경정 11년, 경감 15년, 경위 18년으로 유지되다가 경찰공무원법의 개정을 통해 1999년 1월 1일부터는 치안감 4년, 경무관 6년, 총경 11년, 경정 14년으로 변경되어 오늘에 이르고 있다. 개정에 의해 총경의 계급정년은 2년이 늘어났고 경정의 경우는 3년이 늘어났다.

정년을 계산할 때는 그 정년에 달한 날이 1월에서 6월 사이인 경우는 매년 6월 30일로 하고, 7월부터 12월 사이에 해당하는 경우는 12월 31일 각각 정년에 달해 퇴직하는 것으로 되어 있다. 그런가 하면 경찰청의 치안총감과 치안정감의 경우는 경찰공무원법 제30조 제1항에 따라 연령정년과 계급정년제에 해당되지 않는다. 바꾸어 말하면 이들은 대통령의 지명에 의해 승진 및 임용되거나 해임되는 강한 정치적 영향력에 의해 좌우된다.

주목할 점은 치안총감과 치안정감은 경찰공무원법 제30조(국가공무원법과의 관계)에 따라서 연령정년과 계급정년에 따른 신분보장을 받지 못하도록 규정되어 있다. 이는 본 조항 제30조 제1항 경찰공무원에 대하여는 국가공무원법 제73조의 3, 동법 제76조 제2항 내지 제5항의 규정을 적용하지 아니하며 치안총감 및 치안정감에 대하여는 국가공무원법 제68조 본문을 적용하지 아니한다는 규정에 근거하고 있다.

제 2 절 정년의 연장

Ⅰ. 경찰공무원 정년의 연장

한편 수사·정보·외사·보안 등 특수부문에 근무하는 경찰공무원으로서 대통령령이 정하는 바에 의하여 지정을 받은 자는 총경 및 경정의 경우에는 3년의 범위 안에서 대통령령이 정하는 바에 의하여 제1항 제2호의 규정에 의한 계급정년을 연장할 수 있다.[1)]

경찰청장은 전시·사변 기타 이에 준하는 비상사태하에서는 2년의 범위 안에서 본법 제24조 제1항 제2호의 규정에 의한 계급정년을 연장할 수 있다. 이 경우 경무관 이상의 경찰공무원에 대하여는 행정자치부장관[2)]과 국무총리를 거쳐 대통령의 승인을 얻어야 하고 총경·경정의 경찰공무원에 대하여는 국무총리를 거쳐 대통령의 승인을 얻어야 한다.[3)]

그러나 2008년 12월 31일 경찰공무원법이 개정되어 경찰공무원의 연령정년이 연장되었다. 경감 이하의 57세를 60세로 단일화 한 것이다. 이는 헌법상 평등권을 보장하고 경찰공무원의 사기를 높이며 경찰조직의 공동체 복원 및 노령인구에 대한 취업기회 확대를 기대하는 것이다. 이는 2008년 6월 13일 국가공무원법을 개정해 6급 이하 공무원의 정년을 60세로 한다고 개정한데 기인하고 있다. 이에 따라 경찰공무원법도 2009년 1월 1일부터 법시행에 들어갔다. 즉 법시행 당시 경감 이하의 연령정년에 대해서는 2009년부터 2010년까지는 58세로, 2011부터 2012년까지는 59세로, 2013년부터 60세로 연장되었다.

---

1) 이영남·신현기, 전게서, p. 560.

2) 이명박 정부에서는 이전의 해양수산부 명칭을 국토해양부로 개명해 사용하였으나, 박근혜 정부에서는 다시 해양수산부로 사용하기로 했다. 2015년에 다시 국토해양부로 개명되었다.

3) 경찰공무원법 제24조 제4항 및 제5항 참조.

표 10-2 경찰공무원의 정년연장

<table>
<tr><td rowspan="2">계급정년</td><td>○ 수사, 정보, 외사, 보안 등 특수부문에 근무하는 자로서 대통령령이 정하는 바에 의해 특기지정을 받은 자</td><td>총경
경정</td><td>3년 이내</td></tr>
<tr><td colspan="2">경찰청장은 전시, 사변 등 이에 준하는 비상사태하에서는 계급정년을 연장가능. 이 경우 경정 이상의 경찰공무원에 대해서는 국무총리를 거쳐 대통령의 승인이 필요함</td><td>2년 이내</td></tr>
</table>

Ⅱ. 경찰공무원의 명예퇴직

경찰공무원 중 20년 이상 근속한 자로서 정년퇴직일 전 1년 이상 10년 이내에 자진해서 퇴직하는 자로서 치안정감 이하의 계급이 해당된다. 하지만 ① 현재 징계요구 중인 자, ② 현재 징계처분으로 승진제한 기간 중에 있는 자, ③ 경찰공무원으로 계속 근무한 기간이 5년 미만인 자는 명예퇴직 대상자에서 제외된다.

표 10-3 경감 이하 경찰공무원의 정년연장 변경

적용연도	늘어나는 정년
2009~2010	58세
2011~2012	59세
2013	60세

제 3 절 퇴직관리제도

경찰공무원이 퇴직하는 경우는 2가지 종류가 있는데 하나는 당연퇴직이고 다른 하나는 정년퇴직이다. 당연퇴직에 해당하는 사유는 당해 경찰공무원이 대한민국의 국적을 상실한 경우, 금치산자 또는 한정치산자가 된 경우, 파산자로서 복권되지 아니한 경우, 자격정지 이상의 형의 선고를 받은 경우, 자격정지 이상의 형의 선고유예를 받고 그 선고유예기간 중에 있는 경우, 징계에 의하여 파면 또는 해임의 처분을 받은 경우 등이다. 이에 반해 정년퇴직은 경찰공무원법 제24조에 따라 치안감이 4년, 경무관이 6년, 총경이 11년, 경정이 14년에 해당된 때이다.[4)]

제 4 절 경찰공무원의 연금관리제도

Ⅰ. 개 관

공무원의 연금제도는 공무원에 대한 일종의 사회보장제도로 그 범위와 내용은 나라에 따라 조금씩 상이하다. 오늘날 각국의 연금제도는 퇴직금만을 대상으로 하거나 이를 주축으로 범위를 유형화하고 있다. 퇴직연금이란 공무원이 노령, 질병, 부상, 기타 이유로 퇴직하거나 사망한 경우, 또는 유족의 생계를 돌보기 위하여 연금을 지급하는 제도이다.

퇴직연금의 성격에 관하여는 장기간에 걸친 성실한 근무에 대한 위로와 감사의 표시로 지급하는 공로보상설, 퇴직 후의 생활보장을 위해 지급하는 생활보장설, 감원, 퇴직, 사망 등에 대한 위자료의 뜻으로 지급하는 위자료설, 보수의 일부가 적립되었다가 퇴직이후에 지급하는 가치보수설 등이 있다.

4) 상게서, p. 560; 김충남, 전게서, pp. 169~170.

Ⅱ. 경찰공무원 연금제도의 실시배경

경찰공무원에게 연금제도를 실시하는 이유는 여러 가지가 있겠으나 여기서는 크게 몇 가지만 살펴보기로 한다.

첫째, 경찰공무원의 생활의 안정이다. 경찰공무원들이 연금을 통해 퇴직, 사망, 부상, 질병을 당한 이후에 본인이나 가족의 생활안정이 보장된다는 안심을 할 수 있다.

둘째, 연금이 보장됨으로써 경찰공무원은 사기가 앙양되어 국가의 업무를 수행하는 데 있어서 최대한의 능률을 기할 수 있다. 또한 노년이 되었을 때 국가는 당사자들을 안심시키고 퇴직을 시킬 수 있을 것이다.

셋째, 국가는 경찰공무원으로 하여금 연금을 활용해 오랜 기간 동안 경찰직에 머무르게 하며 경찰공무원들이 축적한 지식을 국가를 위해 아낌없이 발휘하도록 유인할 수 있다.

1. 연금제의 의미

연금제는 사회보장제도의 일환이다. 즉 공무원이 노령·질병·부상 기타의 이유로 퇴직하거나 사망한 경우 본인 또는 유족의 생계를 위해서 금전을 지급하는 제도이다. 따라서 연금하면 보통 퇴직연금을 말한다.

퇴직연금은 거치[5]된 보수로 이해해야 한다고 지적되고 있다.[6] 즉 정부가 베푸는 은전이 아니라 정부가 맡아두었던 보수를 나중에 공무원에게 지급하는 것으로 공무원은 이를 받을 권리가 있다는 것이다.

연금제는 직업공무원제도의 확립에 불가결한 요소로서 공무원이나 정부나 납세자의 입장에서 다같이 이익을 주는 제도라고 지적되고 있다.[7] 즉 정부로서는 생산성이 떨어진 연로한 공무원을 보수의 전액을 지급하면서 계속

5) 거치(据置)란 손을 대거나 변경하지 않고 그대로 둠, 또는 공채·사채·저금·연금 따위를 일정기간 동안 상환 또는 지불하지 아니함을 의미한다.

6) O. G. Stahl, *Public Personnel Administration*(7th ed.), Harper & Row, 1976, p. 401.

7) 오석홍, 전게서, p. 458.

근무시키는 것보다는 보수의 일부를 주고 퇴직시키는 것이 보다 경제적이라는 것이다. 공무원으로서는 퇴직 후에 생활이 보장된다는 면에서 연금에서 받는 혜택은 자못 크다. 또한 연금제도로써 인력을 교체하여 행정업무의 생산성을 높이면 납세자(納稅者)인 국민에게도 이익이 된다.

우리나라도 1960년부터 공무원연금제도를 채택하고 있는데, 선거에 의한 공무원과 임시직 공무원을 제외하고는 모든 공무원이 이 제도의 적용을 받게 되어 있다. 현행의 연금제는 기금제와 기여제를 채택하고 있다. 즉 정부와 공무원이 공동으로 기여하여 기금을 만들고 거기서 연금을 지급하도록 되어 있다.

2. 연금제도의 유효성

퇴직연금제도는 정부와 공무원 그리고 납세자인 국민에게 다같이 이익을 주는 제도이다.

무엇보다 정부의 입장에서 볼 때 첫째, 퇴직 후의 생활보장으로 재직기간중 근무능률의 향상과 이직률의 저하를 방지하여 직업공무원제의 정착을 가져올 수 있다. 둘째, 공무원의 채용 및 인사이동에 관한 계획을 수립하는데 도움을 줄 수 있다. 셋째, 노후에 공무원들이 안심하고 퇴직할 수 있어 행정상의 비능률 및 국가재정상의 손실을 예방할 수 있다.

3. 연금제도의 조성

공무원에 있어서 기여금이란 퇴직급여, 유족급여 등 연금급여에 소요되는 비용으로 공무원이 부담하는 금액을 의미한다. 기여금은 공무원에 임명된 날이 속하는 달로부터 퇴직이나 사망한 날이 속하는 달까지의 돈을 월별로 납부하도록 되어있다. 그러나 납부기간은 무한정이 아니라 33년까지만 인정된다. 근무기간이 33년 이상 지난 경우는 법적으로 더 이상 인정하지 않고 있다. 기여금의 금액은 보수월액의 85/1,000으로 하며 기여금 징수의무자가 매월 보수에서 징수하며 보수지급일로부터 5일 이내에 공단에 납부함을 원칙으로 한다.

한편 연금제도는 그 성격에 따라 기금제와 비기금제, 기여제와 비기여제로 구분할 수 있다.

(1) 기금제와 비기금제

퇴직연금지급에 필요한 재원을 조달하기 위하여 미리 기금을 마련하고 이 기금과 기금의 투자운용에서 얻어지는 이자와 사업의 수익으로 퇴직연금에 충당하는 제도를 기금제라 한다. 반면에 비기금제는 기금을 미리 마련하지 않고 국가의 일반 세입금 중에서 퇴출연금지출에 소요되는 금액을 세출예산에 계산하여 지출하는 제도이다.

비기금제는 개시비용이 적게 들고 그 운영이 간단하며 관리비용도 적게 든다. 그러나 이 제도는 시간이 흐를수록 기금제보다 비용이 많이 들고 운영하기도 불편하다. 그리고 미리 마련해 놓은 기금도 없고, 거기에서 나오는 수익도 없어 연금수혜자에게 충분한 보상을 주지 못할 가능성이 크다. 이러한 점에서 연금은 기금제로 운영하는 것이 바람직하다.

(2) 기여제와 비기여제

기여제란 정부와 연금수혜자인 공무원이 공동으로 기금조성의 비용을 부담하는 제도이다. 대부분의 국가들은 주로 기여제를 채택하고 있다.

비기여제란 기금조성의 비용을 정부에서 독자적으로 부담하는 제도이다. 연금제도는 정부와 공무원에게 다같이 이익을 주는 제도이므로 호혜의 원칙에 충실하려면 기여제를 도입하는 것이 옳을 것이다. 인간의 능력은 정부조직이 요구하는 활동에만 필요한 것이 아니라 조직외적인 개인적인 활동에도 소모된다는 것을 고려하더라도 노동력상실에 대비하여 정부와 공무원이 공동으로 기금을 마련하는 제도가 적절할 것이다.

1960년부터 실시되고 있는 정부의 공무원연금제도는 기금제와 기여제를 채택하고 있으며 연금급여의 종류는 단기급여 4종과 장기급여 4개 범주의 13종으로 분류되어 있다. 우리나라의 공무원연금제도는 퇴직 · 사망 · 노령 등에 의해 소득이 상실되거나 일시적으로 중단되었을 경우 설정된 기준에 따라 획일적으로 급여하는 사회보장방식의 연금제도이다.

4. 기금급여의 조정

연금제도에 있어서 가장 중요한 문제 중의 하나가 연금급여의 구매력을 유지하는 것이다. 인플레이션이 심한 사회에서 연금지급이 조정되지 않으면 그 연금제도는 아무런 의미가 없다.

연금급여의 구매력을 유지시키기 위해서는 연금구조에 인플레이션에 대항할 수 있는 장치를 마련해야 한다. 우리나라 공무원연금법에서는 이것에 대한 대책으로 두 가지를 규정하고 있는데, 하나는 재직기간의 최종월의 보수를 연금예출의 기초로 하는 것이고, 다른 하나는 퇴직시에 일시금을 지불하는 것이다. 그러나 이러한 대책들은 미흡하고 불완전하다.

인플레이션에 보다 적극적으로 대항하는 조정책을 두 가지만 예로 들면 다음과 같다. 하나는 연금급여를 생계비지수에 결부시켜 생계비의 변동에 따라 연금급여도 자동적으로 조정케 하는 것이다. 다른 하나는 연금급여의 산출기초로 삼았던 보수가 변동될 때마다 연금지불도 함께 조정되게 하는 것이다. 이것은 재직자의 보수수준과 퇴직자의 연금급여수준을 결부시켜 보수가 인상되면 연금도 자동적으로 올라가게 하는 것이다.

연금법은 2010년과 2015년에 공무원연금법이 개정되었다. 즉 2015년 6월 22일 공포되어 개정 연금법의 시행일은 2016년 1월 1일이었다.

표 10-4 공무원연금법의 개정

구 분	종 전	개 정
기여율(공무원)·부담률(정부) 인상	기준소득월액의 7%	기준소득월액의 9% • 2020년까지 단계적 인상 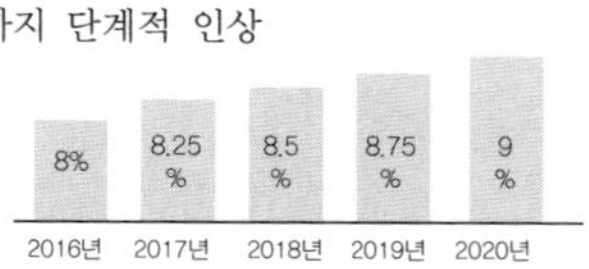

<table>
<tr><th colspan="2">구 분</th><th>종 전</th><th>개 정</th></tr>
<tr><td colspan="2">연금지급률 인하</td><td>재직기간 1년당 1.9%</td><td>재직기간 1년당 1.7%
• 2035년까지 단계적 인하

</td></tr>
<tr><td colspan="2">소득재분배
요소 도입</td><td>없음</td><td>연금지급률 1.7% 중
1%에 소득 재분배 요소 도입</td></tr>
<tr><td colspan="2">연금지급개시
연령 연장</td><td>• 2009년 이전 임용자 60세 지급
• 2010년 이후 임용자 65세 지급</td><td>임용 시기 구분 없이
65세로 단계적 연장
• 퇴직연도별 연금지급개시연령
<table><tr><th>퇴직연도</th><th>지급개시연령</th></tr><tr><td>2016~2021년</td><td>60세</td></tr><tr><td>2022~2023년</td><td>61세</td></tr><tr><td>2024~2026년</td><td>62세</td></tr><tr><td>2027~2029년</td><td>63세</td></tr><tr><td>2030~2032년</td><td>64세</td></tr><tr><td>2033년 이후</td><td>65세</td></tr></table>※ 1995년 12월 31일 이전 임용자는 종전 규정 적용</td></tr>
<tr><td colspan="2">유족연금
지급률 인하</td><td>2009년 이전 임용자 70%
2010년 이후 임용자 60%</td><td>모든 재직자 및
퇴직·장해연금수급자 포함 60% 적용
• 개정법 시행 이후 유족연금 사유 발생자부터
• 기존 유족연금수급자는 종전 지급률 유지</td></tr>
<tr><td colspan="2">연금액
한시 동결</td><td>매년 소비자물가지수에
따라 연금액 조정</td><td>향후 5년간 연금액 동결
• 2016년부터 2020년까지
• 기존 연금수급자 및 2016~2019년 퇴직자 동일 적용</td></tr>
<tr><td colspan="2">기준소득월액
상한 하향 조정</td><td>전체 공무원 기준소득월액 평균액의 1.8배</td><td>전체 공무원 기준소득월액 평균액의 1.6배로 하향 조정</td></tr>
<tr><td rowspan="4">연금
지급
정지제도
강화</td><td rowspan="2">전액
정지</td><td rowspan="2">공무원으로 재임용 시</td><td>공무원으로 재임용 시</td></tr>
<tr><td>선거직 및 정부전액출자 · 출연기관에
재취업한 고소득자도 연금 전액 정지</td></tr>
<tr><td rowspan="2">일부
정지</td><td>소득심사 기준
'근로자 평균임금월액' 적용</td><td>소득심사 기준 '평균연금월액' 적용</td></tr>
<tr><td>부동산 임대소득 제외</td><td>부동산 임대소득 포함</td></tr>
<tr><td colspan="2">분할연금제도 도입</td><td>없음</td><td>이혼 시 혼인 기간에 해당하는
연금액의 1/2 배우자에게 지급
• 공무원 재직 중 혼인 기간이 5년 이상인 경우
• 2016.1.1. 이후 이혼한 경우
• 당사자 간 협의 또는 법원 결정을 우선 적용</td></tr>
<tr><td colspan="2">비공무상
장해연금 신설</td><td>없음</td><td>비(非)공무상 장애로 퇴직 시 지급
• 공무상 장해연금의 1/2 수준</td></tr>
</table>

<table>
<tr><th>구 분</th><th>종 전</th><th>개 정</th></tr>
<tr><td>연금수급요건 조정</td><td>20년 이상 재직</td><td>10년 이상 재직</td></tr>
<tr><td>재직기간
상한 연장</td><td>최대 33년까지 인정
• 기여금 납부 및 퇴직급여 산정 재직기간</td><td>최대 36년까지 단계적 연장
• 재직기간 21년 미만부터 단계적 연장
<table>
<tr><th>개정법 시행 당시 재직기간</th><th>재직기간 상한</th></tr>
<tr><td>21년 이상</td><td>33년</td></tr>
<tr><td>17년 이상 21년 미만</td><td>34년</td></tr>
<tr><td>15년 이상 17년 미만</td><td>35년</td></tr>
<tr><td>15년 미만</td><td>36년</td></tr>
</table></td></tr>
<tr><td>최저생계비 이하
연금 압류금지
신설</td><td>없음</td><td>연금액 중 월 150만원 압류 금지
• 민사집행법상 압류가 금지되는 최소한의 생계비 기준</td></tr>
<tr><td>공무상 유족연금
및 유족보상금
지급요건 개선</td><td>공무상 질병 또는 부상으로 퇴직 후 3년 이내 사망</td><td>공무상 질병 또는 부상으로 퇴직 후 사망</td></tr>
</table>

Ⅲ. 경찰공무원의 연금현황

공무원 연금법에 따른 공무원의 퇴직급여의 종류는 크게 단기급여와 장기급여로 나누어진다.

공무원연금법 제42조(장기급여)에 따른 장기급여는 다음과 같다(개정 2016.1.27.).

표 10-5 단기급여(공무원연금법 제34조)

구 분	주요내용
공무상 요양비 (동법 제35조)	공무원이 공무상 질병 또는 부상으로 진단, 치료 등의 요양을 하는 경우 2년의 범위내에서 요양비를 지급함
재해부조금 (동법 제41조)	공무원이 수해, 화재 기타 재해로 인해 재산상 손해를 입었을 때, 보수 월액의 4배에 상당하는 금액의 범위 안에서 재해부조금을 지급함
사망조위금 (동법 제41조의 2)	공무원 본인, 배우자, 직계존속, 부양하는 배우자의 직계존속의 사망시에 지급하며 공무원 본인의 경우 보수월액의 3배, 배우자, 직계존속은 보수월액 상당액을 지급함

1. 퇴직급여

가. 퇴직연금

10년 이상 재직하고 퇴직하여 연금지급개시연령에 도달한 때부터 사망까지 매월 연금을 지급한다.

나. 퇴직연금일시금

퇴직연금에 갈음하여 일시금으로 지급한다.

다. 퇴직연금공제일시금

10년 이상의 재직기간에 대하여는 퇴직연금을 지급받고 나머지 기간에 대해서는 일시금으로 지급한다.

라. 퇴직일시금

10년 미만 재직하고 퇴직한 때에 일시금으로 지급한다.

2. 장해급여

가. 장해연금

나. 장해보상금

공무원이 다음 각 호의 어느 하나에 해당하게 된 경우에는 대통령령으로 정하는 장애의 정도에 따라 장해연금 또는 장해보상금을 지급한다. 즉 ① 공무상 질병 또는 부상으로 인하여 장애 상태로 되어 퇴직한 때 또는 퇴직 후에 그 질병 또는 부상으로 인하여 장애 상태로 된 때, ② 공무 외의 사유로 생긴 질병 또는 부상으로 인하여 장애 상태가 되어 퇴직한 때 또는 퇴직 후에 그 질병 또는 부상으로 인하여 장애 상태로 된 때(공무원염금법 제51조 전문개정 2015.6.22.).

장해연금 또는 장해보상금의 금액은 다음과 같다.

① 제51조제1호에 따른 장해연금의 금액은 기준소득월액에 다음 각 호의 등급에 따른 비율을 곱한 금액으로 한다(개정 2015.6.22.).

1. 제1급은 1만분의 5200
2. 제2급은 1만분의 4875

3. 제3급은 1만분의 4550
4. 제4급은 1만분의 4225
5. 제5급은 1만분의 3900
6. 제6급은 1만분의 3575
7. 제7급은 1만분의 3250
8. 제8급은 1만분의 2925
9. 제9급은 1만분의 2600
10. 제10급은 1만분의 2275
11. 제11급은 1만분의 1950
12. 제12급은 1만분의 1625
13. 제13급은 1만분의 1300
14. 제14급은 1만분의 975

그리고 제51조제2호에 따른 장해연금의 금액은 기준소득월액에 다음 각 호의 등급에 따른 비율을 곱한 금액으로 한다. 다만, 장해등급이 8급 이하인 경우에는 기준소득월액의 2.25배에 상당하는 금액을 일시금으로 지급한다(개정 2015.6.22.).

1. 제1급～제2급: 1만분의 2,600
2. 제3급～제4급: 1만분의 2,275
3. 제5급～제7급: 1만분의 1,950

③ 제51조제1호에 따른 장해연금 대신 장해보상금을 받으려는 경우에는 5년분의 장해연금에 상당하는 금액을 지급한다(신설 2015.6.22./전문개정 2009.12.31.).

3. 유족급여

가. 유족연금

10년 이상 재직한 공무원이 재직 중에 사망한때 유족이 원하는 경우 유족연금에 갈음하여 일시금으로 지급하는 것이다.

나. 유족연금부가금

10년 이상 재직한 공무원이 재직중 사망한 때 유족이 유족연금 신청시 유족연금과는 별도로 일시금으로 추가 지급한다. 퇴직연금일시금 상당액의 1/4을 지급한다.

다. 유족연금특별부가금

퇴직연금 또는 조기퇴직연금수급자가 퇴직후 3년 이내에 사망한 때 유족연금과는 별도로 일시금으로 지급한다.

라. 유족연금일시금

10년 이상 재직한 공무원이 재직 중에 사망한때 유족이 원하는 경우 유족연금에 갈음하여 일시금으로 지급한다.

마. 유족일시금

10년 미만 재직한 공무원이 재직 중에 사망한때 일시금으로 지급한다.

바. 순직유족보상금

공무원이거나 공무원이었던 자의 기준소득월액의 10분의 234에 상당하는 금액으로 한다.

사. 위험직무순직유족연금

순직유족보상금은 공무원이었던 자의 기준소득월액의 10분의 234에 상당하는 금액으로 한다.

아. 위험직무순직유족보상금

위험직무순직유족보상금은 공무원 전체의 기준소득월액 평균액의 10분의 442에 상당하는 금액으로 한다.

4. 퇴직수당

공무원이 10년 이상 재직하고 제1항제1호부터 제4호까지의 규정에서 정한 퇴직연금 지급이 시작되는 시점 이전에 퇴직한 경우에는 본인이 원하면 그가 사망할 때까지 제1항제1호부터 제4호까지의 규정에서 정한 퇴직연금 지급이 시작되는 시점에 못 미치는 햇수[이하 "미달연수(未達年數)"라 한다)]에 따라 다음 각 호에 정한 금액을 조기퇴직연금으로 지급할 수 있다 <개정 2015.6.22.>[8)]

1. 미달연수 1년 이내: 퇴직연금 상당액의 100분의 95
2. 미달연수 1년 초과 2년 이내: 퇴직연금 상당액의 100분의 90
3. 미달연수 2년 초과 3년 이내: 퇴직연금 상당액의 100분의 85
4. 미달연수 3년 초과 4년 이내: 퇴직연금 상당액의 100분의 80
5. 미달연수 4년 초과 5년 이내: 퇴직연금 상당액의 100분의 75

---

8) 공무원연금법 제46조(퇴직연금 또는 퇴직연금일시금).

연습문제 >>>

1. 경찰공무원의 명예퇴직에 대해 설명하시오.
2. 경찰공무원 정년의 연장에 관해 설명하시오.
3. 경찰공무원 연금제도에 대해 설명하시오.

찾 아 보 기

참 고 문 헌

1. 국내문헌

강성철 외, 『새인사행정론』, 서울: 대영문화사, 2012.
강용길 외 7인, 『경찰학개론』, 서울: 경찰공제회, 2010.
경찰청, 『2017 경찰백서』, 서울: 경찰청, 2017.
______, 『2018 경찰백서』, 서울: 경찰청, 2018.
김남진, 『경찰행정법』, 서울: 경세원, 2005.
김상호 · 신현기 외 7인, 『경찰학개론』, 서울: 법문사, 2006.
김충남, 『경찰학 개론』, 서울: 박영사, 2001.
김충남, 『경찰수사론』, 서울: 박영사, 2004.
______, 『경찰학개론』, 서울: 박영사, 2006.
김영종, 『부패학』, 서울: 숭실대학교 출판부, 1996.
김일곤, "부패공화국리포트," 『부정부패의 사회학』, 서울: 나남출판, 1997.
김중양, 『한국인사행정론(제3판)』, 서울: 법문사, 1999.
김택 · 신현기 · 한형서, 『지방행정론』, 일산: 한국학술정보(주), 2002.
김상호 · 신현기 외 7인, 『경찰학개론』, 파주: 법문사, 2006.
______, 『경찰행정학』, 파주: 법문사, 2005.
김해동 외, 『관료부패와 통제』, 서울: 집문당, 1994.
남재성, 『경찰학개론』, 서울: 대영문화사, 2013.
박동서, 『인사행정론』, 서울: 법문사, 1984.
백완기, 『행정학』, 서울: 박영사, 1995.
서기영, 『한국경찰행정사』, 서울: 법문사, 1976.
서재근, 『경찰행정학』, 서울: 삼중당, 1986.
신윤표, 『행정학』, 서울: 박영사, 1999.
신현기 · 김형만 외, 『비교경찰제도론(제5판)』, 파주: 법문사, 2018.
______, 『경찰학개론』, 파주: 21세기사, 2010.
______, 『경찰학개론』, 파주: 법문사, 2015.
______, 『새경찰학개론(제5판)』, 서울: 우공출판사, 2017.
______, 『경찰인사관리론(제3판)』, 파주: 법문사, 2012.
______, 『경찰조직론』, 파주: 법문사, 2003.
______, 『경찰조직관리론(5판)』, 파주: 법문사, 2016.
______, 『경찰조직관리론(6판)』, 파주: 법문사, 2018.
______, 『특별사법경찰론』, 파주: 법문사, 2017.

______ 외, 『정책학개론』, 서울: 웅보출판사, 2003.
______ 외 8인, 『현대행정의 이해』, 서울: 대영문화사, 2016.
______, 『자치경찰론(제4판)』, 서울: 웅보출판사, 2010.
______, 『비교경찰제도의 이해』, 서울: 웅보출판사, 2006.
______, 『비교경찰제도론』, 서울: 우공출판사, 2014.
______ 외 3인, 『새행정학개론』, 파주: 21세기사, 2008.
______, 『경찰학사전』, 파주: 법문사, 2012.
신현기 · 이영남 외, 『경찰인사관리론』, 서울: 법문사, 2006.
오석홍, 『인사행정론』, 서울: 박영사, 2001.
유재천, 『한국언론과 언론문화』, 서울: 나남출판, 1988.
유종해, 『행정의 윤리』, 서울: 박영사, 1992.
______, 『현대행정학』, 서울: 박영사, 1987.
윤덕중, 『범죄사회학』, 서울: 박영사, 1984.
윤재풍 · 정용덕 공역, 『행정학』, 서울: 박영사, 1987.
이황우 · 김진혁 · 임창호, 『경찰인사행정론(제5판)』, 파주: 법문사, 2017.
이상안, 『공직윤리봉사론』, 서울: 박영사, 2000.
______, 『신경찰행정학』, 서울: 대명출판사, 1999.
이영남, 『경찰행정학』, 서울: 대영문화사, 2008.
이영남 · 신현기, 『경찰조직관리론』, 서울: 법문사, 2003.
이은영, 『부정부패의 사회학』, 서울: 나남출판, 1997.
이종수, 『행정학사전』, 서울: 대영문화사, 2000.
이종수, 윤영진 외, 『새 행정학』, 서울: 대영문화사, 2014.
이운주, 『경찰학개론』, 용인: 경찰대학, 2001.
이황우, 『경찰행정학(제3판)』, 서울: 법문사, 2002.
이황우 · 조병인 · 최응렬, 『경찰학개론』, 서울: 한국형사정책연구원, 2001.
임준태, 『경찰학개론』, 서울: 좋은세상, 2002.
______, 독일형사사법론, 서울: 21세기사, 2004.
______, 범죄통제론, 서울: 도서출판 좋은세상, 2003.
임창호, 『경찰학의 이해』, 서울: 대왕사, 2004.
정진환, 『경찰행정론』, 서울: 대영문화사, 1998.
조철옥, 『경찰행정학: 이론과 실천의 만남』, 서울: 대영문화사, 2000.
______, 『경찰윤리학』, 서울: 대영문화사, 2005.
______, 『경찰행정학』, 서울: 대영문화사, 2000.
전용린 · 박영대, 『경찰경무론』, 용인: 경찰대학, 2002.
전종섭, 『행정학: 구상과 문제해결』, 서울: 박영사, 1987.
정영석, 『형법총론』, 서울: 법문사, 1987.
정진환, 『비교경찰제도』, 서울: 도서출판 대정, 1991.

최선우, 『경찰과 커뮤니티』, 서울: 대왕사, 2003.
최종술, 『경찰인사관리론』, 서울: 대왕사, 2004.
최응렬 편저, 『경찰개혁론』, 파주: 법문사, 2006.
한상진, 『한국사회와 관료적 권위주의』, 서울: 문학과 지성사, 1988.
함승희, 『성역은 없다』, 서울: 문예당, 1995.
허경미, 『경찰행정법』, 서울: 법문사, 2003.
허경미, 『경찰인사행정론(제2판)』, 서울: 박영사, 2017.
중앙경찰학교, 「2017 경무」, 2017.

2. 국내논문

김대원, "한국의 경찰정신에 관한 연구," 동국대학교 대학원, 박사학위논문, 2000.
김 택, "한국사회의 부패유착구조," 「한국부패학보」, 2호, 1998.
김택 · 신현기, "국가경찰공무원의 부패원인과 방지에 관한 연구," 한국유럽행정학회, 「한국유럽행정학회보」, 제1권 제1호, 2004.
김병준 · 이승현 · 이동규 · 장영길, "경찰전문인력 확보 및 운영대책," 치안연구소, 「연구보고서 2002-02」.
김영종, "개발도상국가들의 관료 부패 모형정립," 「한국행정학보」, 1985, 제19권 2호.
______, "민주사회발전을 향한 행정부패의 방지전략," 「민주사회의 성숙을 위한 공공행정」, 한국행정학회 제1차 국제학술대회, 1988.
______, "부패의 실체발견과 통제전략," 「민주사회의 성숙을 위한 공공행정」, 한국행정학회, 1988.
______, "한국관료 부패와 부패방지," 「계간경향」, 봄호, 1988.
김해동, "관료부패에 관한 연구(I)," 행정논총 제10권, 1호, 1972.
______, "관료부패의 유형," 「행정논총」, 제28권 1호, 1990.
박영조, "경찰공무원의 사기증진방안에 관한 연구," 원광대학교, 행정학석사논문, 2001.
박종두, "행정윤리에 관한 연구," 「현대사회와 行政」, 제2집, 연세행정연구회, 1991.
서규하, "경찰공무원의 모집에 관한 연구," 「한국공안행정학회보」, 2호, 1993.
석청호, "경찰채용시험의 개선방안", 「한국경찰학회보」, 12(1), 2010.
신현기, "특별사법경찰 교육훈련제도의 개선방안에 관한 연구", 「한국경찰연구」, 12(1), 2013.
______, "철도특별사법경찰제의 실태분석과 개선방안에 관한 연구", 「한국민간경비학회보」, 11(1), 2012.
______, "서울특별시 특별사법경찰제의 실태분석과 개선방안에 관한 연구," 「한국민간경비학회보」, 11(3), 2012.
______, "서울시 지하철보안관제도의 개선방안에 관한 연구," 「한국민간경비학회보」, 12(2), 2013.
______, "제주자치경찰단 특별사법경찰제의 실태분석과 개선방안에 관한 연구", 「한국경찰연

구」, 11(3), 2012.
______, "한국과 독일의 경찰간부후보생 교육훈련제도에 관한 연구,"「한국경찰연구」, 9(2), 2010.
______, "독일경찰대학원의 교육과 연구기능,"「한국치안행정논집」, 9(1), 2012.
______, "경찰관범죄의 위기대책에 관한 연구," 인천대학교 위기관리연구센터, 『위기관리와 안전문화』, 제2권 제3호, 2008. 9.
______, "경찰시험제도의 개편에 대한 고찰",「한국치안행정논집」, 8(1), 2011.
______·안영훈, "도농복합형 기초자치단체의 자치경찰 운영모형에 관한 연구," 한국경찰발전연구학회,「한국경찰연구」, 제7권 제2호, 2008.
______, "제주자치경찰의 인력확보 대책에 관한 고찰," 한국경찰발전연구학회,「한국경찰연구」, 제7권 제1호, 2008.
______, "제주자치경찰의 실태분석과 개선방안에 관한 연구," 한국경찰발전연구학회,「한국경찰연구」, 제6권 제2호, 2007.
______, "공상경찰관 손해전보체계의 개선방안에 관한 연구," 한국경찰발전연구학회,「한국경찰연구」, 제6권 제1호, 2007.
______, "경찰시험제도의 개편에 대한 고찰 -일반 순경과 경찰간부후보 채용을 중심으로-," 한국치안행정학회, 『한국치안행정논집』, 제8권 제2호, 2011.
______, "제주자치경찰공무원의 승진현황과 개선방안에 관한 연구," 한국치안행정학회, 『한국치안행정논집』, 제8권 제3호, 2011.
______, "우리나라 수사경과제의 개선방안에 관한 연구," 한·독사회과학회,「한·독사회과학논총」, 제15권 제2호, 2005.
______, "경찰계급단계의 개선방안에 관한 연구," 한·독사회과학회,「한·독사회과학논총」, 제14권 제1호, 2004.
______, "경찰공무원 성과상여금제도에 관한 연구," 한·독사회과학회,「한·독사회과학논총」, 제14권 제2호, 2004.
______·이상열, "우리나라 경찰근속승진제도의 개선방안에 관한 연구," 한국경찰발전연구학회,「한국경찰연구」, 제5권 제1호, 2006.
______, "우리나라 성폭력범죄의 실태분석에 관한 연구," 한·독사회과학회,「한독사회과학논총」, 제16권 제1호, 2006.
안병영, "국가 관료제 그리고 국민,「사상」, 제1권 1호, 1989.
______, "전환기 한국관료제의 갈등과 발전방향,"「사상」, 제2권 3호, 1989.
오규철, "경찰채용시험제도의 변천 특징과 개선방안",「공안행정학회보」, 20(1), 2011.
이시우·정갑영 외, "경찰문화 창달방안에 관한 연구," 치안연구소,「치안논총」, 제15집, 1999.
이영남, "바람직한 경찰공무원 채용시험의 개선방안",「한국경찰연구」, 6(2), 2007.
______, "경찰공무원의 신규임용 시험의 개선방안,"「사회과학논총」, 제7집, 관동대학교 사회과학연구소, 2002.

______, “경찰공무원의 충원에 관한 연구,” 「한국공안행정학회보」, 한국공안행정학회, 9호, 2000.
______, “경찰조직의 효과성 제고를 위한 복지체제에 관한 연구,” 명지대학교 대학원, 박사학위 논문, 1991.
______, “한국의 경찰인력 모집에 관한 연구,” 「사회과학논총」, 제4집, 관동대 사회과학연구소, 1999.
이황우 “경찰공무원의 선발모형에 관한 연구,” 「행정논집」, 제15집, 동국대학교 행정대학원, 1986.
이상수, “경찰윤리 교육훈련프로그램 개발 및 운영방안 연구”, 치안정책연구소 연구보고서, 2009.
이상원, “경찰관의 윤리성이 직무요인에 미치는 영향에 관한 연구”, 「한국경찰학회보」, 제10권 2호, 2008.
임창호, “경찰승진제도의 실태분석 및 개선방안,” 한국공안행정학회, 「공안행정학회보」, 제22호, 2006.
______, “경찰공무원 선발시험에 관한 연구”, 「한국경찰학회보」, 4, 2001.
임준태, “독일경찰공무원 교육제도에 관한 연구 -신규입직 교육과정을 중심으로-”, 「한독사회과학논총」, 16(1), 2006.
전수일, “관료부패에 관한 연구,” 박사학위 논문, 고려대학교, 1982.
전종섭, “전문가의 역할과 윤리적 책임,” 「민주사회 성숙을 위한 공공행정」, 한국행정학회편, 1988.
정헌영, “행정윤리의 성립가능성 및 확립방안,” 「한국행정학보」, 제24권, 2호, 1990.
조용효, “한국 행정의 민주화 정착을 위한 모색,” 「한국민주행정론」, 서울: 고시원, 1988.
조호대, “우리나라 경찰의 잠재청렴도 향상방안”, 「한국콘텐츠학회논문집」, 제9권 7호, 2009.
최봉기, “행정오류의 진단과 시정에 관한 언론의 역할,” 「한국행정학보」, 제24권 1호, 1990.
최응렬, “경찰행정학 전공자의 활용방안,” 「바람직한 경찰인력활용방안」, 한국경찰학회 동계학술세미나 자료집, 2002.11.
최응렬 · 김순석, “경찰간부후보생 선발을 위한 평가도구의 개선에 관한 연구”, 「한국경찰학회보」, 13, 2007.
표창원, “경찰부패방지제도 개선방안의 모색,” 한국부패학회, 「한국부패학회보」, 제8권 1호, 2003.
허 범, “새로운 공공행정의 모색,” 『한국민주행정론』(서울: 고시원, 1988).

3. 기타자료

경찰종합학교, 『민주경찰정신교본』, 서울: 경찰종합학교, 1991.
경찰공제회, 『경찰실무종합(상, 하)』, 서울: 경찰공제회, 2013.
______, 『경찰실무종합』, 서울: 경찰공제회, 2006.

경찰청, 『2017 경찰백서)』, 서울: 경찰청, 2017.
______, 『경찰통계연보)』, 제60호, 서울: 경찰청, 2016.
______, 『21C 한국경찰의 비전』, 서울: 경찰청, 2001.
국회 민주당 내무전문위원, "경찰행정의 주요 문제점과 개선방안," 1994.
부정방지대책위원회, "공무원 부패방지를 위한 처우개선 기본방안," 1993, 10.
중앙경찰학교, 『경찰경무론』, 충주: 중앙경찰학교, 2013.
______, 『경찰경무론』, 충주: 중앙경찰학교, 2012.
______, 『경찰윤리』, 용인: 경찰대학, 2013.
______, 『경찰학개론』, 용인: 경찰대학, 2001.
치안본부, 『경찰정신』, 서울: 치안본부, 1984.
치안연구소 제도개선기획단, 일본경찰연구자료집(Ⅲ-2), 1998.
한국개발연구원, 『2000년대 경찰행정발전방안』, 서울: 한국개발연구원, 1992.

4. 일간지

동아일보, 1999. 1. 16.
문화일보, 2003. 3. 28.
서울신문, 1998. 5. 6, 10. 22.
조선일보, 1994. 12. 6/ 1995. 10. 29, 12. 1/ 1998. 9. 24/ 2002. 12. 28, 12. 31/ 2003. 1. 16, 1. 17, 1. 25.
중앙일보, 1995. 11. 15/ 1996. 1. 1/ 1998. 5. 6/ 2002. 1. 28.
한겨레신문, 1994. 11. 28.

5. 외국문헌

Baker, Bruce R. & William F. Danielson, "Recruitment," in O. Glenn Stahl & Richard A. Staufenberger(eds.), *Police Personnel Administration*, Mass.: Duxbury Press, 1974.
Bayley, H. D., "The Effects of Corruption in a Developing Nation," *Western Political Quarterly*, Vol. 19, No. 4, 1966.
Bopp, William J. & Paul M. Whisenand, *Police Personnel Administration*, Boston: Allyn and Bacon, Inc., 1980.
Caiden, Gerald E. & Naomi J. Caiden, "Administrative Corruption," *Public Administra-tion Review*, Vol. 37, No. 1, May-June 1977.
Cederblom, Douglas, "Promotability Ratings: An Underused Promotion Method for Public Safety Organizations," *Public Personnel Management*, Vol. 20, No. 1, Spring 1991.
Cohen, Howard S. & Feldberg Michael, *Power and Restaint: The Moral Dimension*

of Police Work, N.Y.: Praeger, 1991.

Everett, F. O., "Promotion Principles and Practices," *Technical Bulletin*, No. 2, Chicago, Civil Service Assembly, 1929.

Falkenberg, Steve, Larry K. Gaines, & Terry C. Cox, "The Oral Interview Board: What does it Measure?," *Journal of Police Science and Administration*, Vol. 17, No. 1, March 1990.

FBI, *Uniform Crime Reports* 1978, Washington, D.C.: Government Printing Office, 1979.

French, Wendell L., *Human Resource Management*(2nd ed.), Houghton Mifflin, 1994.

Gregory, Henderson, *Korea: The politics of the Vortex, Cambridge*: Harvard University Press, 1968.

Halaby, Charles N., "Bereaucratic Promotion Criteria," *Administrative Science Quarterly*, Vol. 23, No. 3, September 1978.

Heidenheimer, Arnold J., *Political Corruption: Readings in Comparative Analysis*, Reinhart and Winston, 1970.

Kilpatrick, F. P. *et al., The Image of the Federal Service*, Washington, D.C.: The Brookings Institution, 1964.

Kleinig, John, *The Ethics of Policing*, N.Y.: Cambridge University Press, 1996.

Leff, Nathaniel, H., "Economic Development through Bureaucratic Corruptioon" in Heidenheimer.

Myrdal, G., "*Corruption:* Its Cause and Effects" in G. Myral, Asian Drama. N.Y.: Pantheon Books, 1971.

National Advisory Commission on criminal Justice Standards and Goals, *Report on Police*, Washington, D.C.: U.S. Government Printing Office, 1973.

Peter, Lawrence J. & Raymond Hull, *The Peter Principle*, Bantam Books, 1969.

Police Executive Research Forun, *Police Practices: The General Administrative Survey*, Washinton, D.C.: Police Foundation, 1978.

Powell, N. J., *Personnel Administration in Governmont*, Englewood Cliffs, N.J.: Prentice-Hall, 1956.

President's Commission on Law Enforcement and Administration of Justice Field Surveys Ⅲ, *Studies in Crime and Law Enforcement in Major Metropolitan Areas*, Vol. 2 Sec., "Career Orientations, Job Satisfaction, and the Assessment of Law Enforcement Problems by Police Officers, Washinton, D.C.: U.S. Government Printing Office, n. d.

Pugh, George M., "The Good Police Officers: Qualities, Roles and Concepts," *Journal of Police Science and Administration*, Vol. 14, 1986.

Ralph, C. Davis, *The Fundamentals of Top Management*, Harper and Row, 1951.

Ring, Peter Smith & Fanle Dyson, "Human Resource Planning," in O. Glenn Stahl &

Richard A. Staufenberger(eds.), *Police Personnel Administration*, Mass.: Duxbury Press, 1974.

Roberg, Roy R. & Jack Kuykendall, *Police and Society*, Belmont, California: Wadsworth Publishing, 1993.

Ross, Joyce D., "Development in Recruitment and Selection," in Steven W. Hays & Richard C. Kearney(eds.), *Public Personnel Administration: Problems and Prospects*(2nd ed.), N.J.: Prentice-Hall, 1990.

Scott, Walter D. *et al., Personnel management: Principles, Practices, and Point of View*, McGraw-Hill, 1961.

Scott, James C., *Comparative poritical Corruption*, Englewood Cliffs, N.J.: Prentice-Hall, 1972.

Sikula, Andrew F. *Personnel Administration & Human Resource Management*, N.Y.: John Wiley & Sons Inc., 1976.

Spielberger, Charles D., *Police Selection and Evaluation: Issues and Techniques,* N.Y.: Praeger Publisher, 1979.

Stahl, O. G., *Public Personnel Administration*(7th ed.), Harper and Row, 1976. (8th ed.), Harper and Row, 1983.

Sullivan, John L., *Introduction to Police Science*, N.Y.: McGraw-Hill, 1977.

Territo, Leonard, C. R. Swanson, & Neil C. Chamelin, *The Police Personnel Selection Process*, Indianapolis: Bobbs-Merrill Educational Publishing, 1977.

Tilman, Robert O., "Bureaucracy: Administration, Development and Corruption in the New states," *Public Administration Review*, Vol. 28, No. 5, 1968.

U.S. Dept. of Juslice, *Justice Agencies in the United States: Summary Report 1980*, Washington, D.C.: U.S. Government Printing Office, 1980.

U.S. Equal Employment Opportunity Commission, *Affirmative Action and Equal Employment: A Guidebook for Employer*, Vol. 1, Washington, D.C.: U.S. Government Printing Office, 1974.

Van Klaveren, Jocob, "The Concept of Corruption" in Heidenheimer.

Walker, Samuel, *The Police in America-An Introduction*, N.Y.: McGraw-Hill Co., 1983.

Weston, Paul B. & Philip K. Fraley, *Police Personnel Management* Englewood Cliffs, N.J.: Prentice-Hall, 1980.

Wilson, O. W. & Roy C. McLaren, *Police Administration*, N.Y.: McGraw-Hill, 1977.

저자의 주요 저서 및 논문

저 서

- 『독일통일백서(공역)』, 서울: 한겨레신문사, 1999.
- 『Korea zur Wiedervereinigung』, 독일 Herbert Utz 출판사, 1999.
- 『남북한 통일정책비교(공저)』, 서울: 숭실대학교출판부, 2000.
- 『남북한 통일정책과 교류협력(공저)』, 서울: 백산자료원, 2001.
- 『베를린 시대의 독일공화국(공저)』, 서울: 엠 애드, 2001.
- 『독일연방정부론(공저)』, 서울: 백산자료원, 2001.
- 『현대행정의 이해(공저)』, 서울: 대영문화사, 2002.
- 『독일행정론(공저)』, 서울: 백산자료원, 2002.
- 『북한정부론(공저)』, 서울: 백산자료원, 2002.
- 『지방행정론(공저)』, 일산: 한국학술정보(주), 2002.
- 『유럽연합정부론(공저)』, 서울: 엠 애드, 2002.
- 『한국행정의 윤리와 부패(공저)』, 일산: 한국학술정보(주), 2003.
- 『독일지방행정론(공저)』, 서울: 엠 애드, 2003.
- 『정책학개론(공저)』, 서울: 웅보출판사, 2003.
- 『경찰조직관리론(공저)』, 서울: 법문사, 2003.
- 『경찰인사관리론(공저)』, 서울: 법문사, 2003.
- 『비교경찰제도론(공저)』, 서울: 법문사, 2003.
- 『경찰학개론(공저)』, 서울: 법문사, 2004.
- 『자치경찰론』, 서울: 웅보출판사, 2004.
- 『자치경찰론(개정증보판)』, 서울: 웅보출판사, 2005.
- 『경찰행정학(공저)』, 서울: 법문사, 2005.
- 『자치경찰론(전정판)』, 서울: 웅보출판사, 2006.
- 『비교경찰제도의 이해』, 서울: 웅보출판사, 2006.
- 『경찰인사관리론(제2판, 공저)』, 파주: 법문사, 2006.
- 『경찰조직론』, 파주: 법문사, 2007.
- 『자치경찰론(개정3판)』, 서울: 웅보출판사, 2007.
- 『비교경찰제도론(제2판)』, 파주: 법문사, 2007.
- 『새행정학개론』, 파주: 21세기사, 2008.
- 『현대행정의 이해(제2판, 공저)』, 서울: 대영문화사, 2009.
- 『경찰학개론』, 파주: 21세기사, 2010.

- 『자치경찰론(개정4판)』, 인천: 진영사, 2010.
- 『새경찰학개론』, 서울: 우공출판사, 2011.
- 『경찰학사전』, 파주: 법문사, 2012.
- 『비교경찰제도론(제3판)』, 파주: 법문사, 2012.
- 『경찰인사관리론(제3판)』, 파주: 법문사, 2012.
- 『경찰조직관리론(제3판)』, 파주: 법문사, 2012.
- 『새경찰학개론(제2판)』, 서울: 우공출판사, 2012.
- 『새경찰학개론(제3판)』, 서울: 우공출판사, 2013.
- 『비교경찰제도론(제2판)』, 서울: 우공출판사, 2014.
- 『비교경찰제도론(제4판)』, 파주: 법문사, 2015.
- 『경찰인사관리론(제4판)』, 파주: 법문사, 2014.
- 『경찰조직관리론(제4판)』, 파주: 법문사, 2014.
- 『새경찰학개론(제4판)』, 서울: 우공출판사, 2015.
- 『경찰학개론(제2판)』, 파주: 법문사, 2015.
- 『비교경찰제도론(제4판)』, 파주: 법문사, 2015.
- 『경찰조직관리론(제5판)』, 파주: 법문사, 2016.
- 『경찰인사관리론(제5판)』, 파주: 법문사, 2016.
- 『특별사법경찰론』, 파주: 법문사, 2017.
- 『새경찰학개론(제5판)』 , 서울: 우공출판사, 2017.
- 『자치경찰론(개정5판)』, 부평: 진영사, 2017.
- 『비교경찰제도론(제5판)』, 파주: 법문사, 2018.
- 『경찰조직관리론(제6판)』, 파주: 법문사, 2018.

논 문

- 독일 공공행정과 사기업에서 인력수급계획의 방법에 관한 연구(한・독사회과학논총, 1999).
- 정책집행의 전개과정에 관한 연구(한・독사회과학논총, 1999).
- 유엔헌장에 나타난 목적, 기본토대 및 특성의 변화과정 연구(한・독사회과학논총, 2000).
- 국제연합 사무국과 사무총장의 기능에 대한 역사적 고찰(한・독사회과학논총, 2000).
- Die Sicherheitspolitik der USA in der asiatisch-pazipischen Region(한양대, 2000).
- 지방자치경찰제도 도입의 당위성 분석(한・독사회과학논총, 2001).
- 우리나라 자치경찰제 도입에 관한 연구(한세대 교수논총, 2001).
- 사회적 시장경제질서와 독일통일(한국정책학회보, 2001).
- 한국 민간경비와 경찰의 협력방안에 관한 연구(한・독사회과학논총, 2001).
- 북한경찰(인민보안성)에 관한 연구(한・독사회과학논총, 2002).
- 프랑스 경찰제도의 구조와 특징에 관한 역사적 고찰(한세대 교수논총, 2002).

- 절충형 자치경찰제 도입에 관한 연구(한·독사회과학논총, 2003).
- 순찰지구대 운용상의 문제점에 관한 고찰(한·독사회과학논총, 2003).
- 한국 기초방범교육의 발전방안에 관한 연구(경찰공제회, 2003).
- 독일 주정부의 경찰제도에 관한 연구(한세대 교수논총, 2003).
- 경찰계급단계의 개선방안에 관한 연구(한·독사회과학논총, 2004).
- 이탈리아 경찰제도의 구조와 특징에 관한 연구(한국경찰연구, 2004).
- 유럽연합에서 경찰공조의 현황과 과제(한국경찰연구, 2004).
- 스페인 경찰제도의 구조와 특징에 관한 연구(한세대 교수논총, 2004).
- 경찰공무원 성과상여금제도의 개선방안에 관한 연구(한·독사회과학논총, 2004).
- 프랑스 자치경찰의 특징에 관한 연구(한국경찰연구, 2004).
- 국가경찰공무원의 부패원인과 방지에 관한 연구(한국유럽행정학회보, 2004).
- 우리나라 여성경찰제도에 관한 역사적 고찰(한국경찰연구, 2005).
- 지역경찰제의 조기정착화 방안에 관한 연구(한국유럽행정학회보, 2005).
- 스위스 경찰제도의 구조와 특징에 관한 연구(한세대 교수논총, 2005).
- 우리나라 수사경과제의 개선방안에 대한 연구(한·독사회과학논총, 2005).
- 학교경찰(School Police) 제도에 관한 연구(한국경찰연구, 2005).
- 미국의 경찰조직체계와 특징에 관한 연구", 한국유럽행정학회, 『한국유럽행정학회보』, 제3권 제1호, 2006.
- 우리나라 경찰근속승진제도의 개선방안에 관한 연구, 한국경찰발전연구학회, 『한국경찰연구』, 제5권 제1호, 2006.
- 우리나라 성폭력범죄의 실태분석에 관한 연구, 한·독사회과학회, 『한·독사회과학논총』, 제16권 제1호, 2006.
- 제주특별자치도 자치경찰공무원의 선발절차에 관한 연구, 한국유럽행정학회, 『한국유럽행정학회보』, 제3권 제2호, 2006.
- 조직폭력범죄의 실태분석과 수사상 개선방안에 관한 연구, 한·독사회과학회, 『한·독사회과학논총』, 제16권 제2호, 2006.
- 행정부공무원 노동조합 경찰청지부에 관한 연구, 한국경찰발전연구학회, 『한국경찰연구』, 제5권 제2호, 2006.
- 자치경찰과 국가경찰간의 업무협약에 관한 연구, 한세대학교, 『교수논총』, Vol. 22, 2006.
- 벨기에 자치경찰의 구조와 특징에 관한 연구, 한국유럽행정학회, 『한국유럽행정학회보』, 제4권 제1호, 2007.
- 공상경찰관 손해전보체계의 개선방안에 관한 연구, 한국경찰발전연구학회, 『한국경찰연구』, 제6권 제1호, 2007.
- 제주자치경찰제의 실태분석과 개선방안에 관한 연구, 한국경찰발전연구학회, 『한국경찰연구』, 제6권 제2호, 2007.
- 제주자치경찰의 인력확보 대책에 관한 고찰, 한국경찰발전연구학회, 『한국경찰연구』, 제7

권 제1호, 2008.
- 도농복합형 기초자치단체의 자치경찰 운영모형에 관한 연구, 한국경찰발전연구학회, 『한국경찰연구』, 제7권 제2호, 2008.
- 경찰청렴도 제고를 위한 정책제언, 한·독사회과학회, 『한·독사회과학논총』, 제18권 제2호, 2008.
- 순직·공상경찰관의 보상제도에 관한 연구, 한국경찰발전연구학회, 『한국경찰연구』, 제7권 제4호, 2008.
- 참여정부의 자치경찰법안에 관한 역사적 고찰, 한국자치경찰학회, 『자치경찰연구』, 제1권 제1호, 2008.
- 제주자치경찰의 기구개편과 성과에 관한 고찰, 한국자치경찰학회, 『자치경찰연구』, 제1권 제2호, 2008.
- 경찰관범죄의 위기대책에 관한 연구, 인천대학교 위기관리연구센터, 『위기관리와 안전문화』, 제2권 제3호, 2008.
- 선진국 대도시 지방정부의 지방행정체제 특성에 관한 연구, 한·독사회과학회, 『한·독사회과학논총』, 제19권 제1호, 2009.
- 광역경제권 구상과 정부간 관계모델에 관한 연구 -독일광역권 운영기구를 중심으로-, 한·독사회과학회, 『한·독사회과학논총』, 제19권 제3호, 2009.
- 국제반부패논의와 유럽연합과 독일의 대응, 한·독사회과학회, 『한·독사회과학논총』, 제19권 제4호, 2009.
- 여자경찰관의 위상과 역할제고에 관한 연구, 한국치안행정학회, 『한국치안행정논집』, 제6권 제1호, 2009.
- 제주자치경찰의 입직·승진제도 현황과 활성화 방안에 관한 고찰, 한국치안행정학회, 『한국치안행정논집』, 제6권 제2호, 2009.
- 멕시코 자치경찰제도에 관한 연구, 한국자치경찰학회, 『자치경찰연구』, 제2권 제1호, 2009.
- UN경찰의 조직과 임무에 관한 연구, 한국자치경찰학회, 『자치경찰연구』, 제2권 제2호, 2009.
- 한국과 독일의 경찰간부후보생 교육훈련제도에 관한 비교 연구, 한국경찰연구학회, 『한국경찰연구』, 제9권 제2호, 2010.
- 프랑스 리옹(Lyon)시 자치경찰에 관한 연구, 한국자치경찰학회, 『자치경찰연구』, 제3권 제1호, 2010.
- 영국경찰제도의 구조와 특징에 관한 연구, 한국유럽행정학회, 『한국유럽행정학회보』, 제7권 제1호, 2010.
- 경찰시험제도의 개편에 대한 고찰 -일반 순경과 경찰간부후보 채용을 중심으로-, 한국치안행정학회, 『한국치안행정논집』, 제8권 제2호, 2011.
- 제주자치경찰공무원의 승진현황과 개선방안에 관한 연구, 한국치안행정학회, 『한국치안행정논집』, 제8권 제4호, 2011.

- 자치경찰제의 전국확대실시 가능성에 대한 연구, 한국자치경찰학회, 『자치경찰연구』, 제4권 제1호, 2011.
- 호주경찰제도의 구조와 특징에 관한 연구, 한국자치경찰학회, 『자치경찰연구』, 제4권 제2호, 2011.
- 오스트리아 경찰제도에 대한 역사적 고찰, 한국자치경찰학회, 『자치경찰연구』, 제4권 제3호, 2011.
- 지방행정체제개편추진위원회를 통해서 본 자치경찰제의 과제와 모델 고찰, 한국자치경찰학회, 『자치경찰연구』, 제5권 제1호, 2012.
- 특별사법경찰제의 발전과정과 성과에 대한 고찰, 한국자치경찰학회, 『자치경찰연구』, 제5권 제2호, 2012.
- 프랑스 군인경찰제도에 관한 연구, 한국자치경찰학회, 『자치경찰연구』, 제5권 제3호, 2012.
- 철도특별사법경찰제의 실태분석과 개선방안에 관한 연구, 한국민간경비학회, 『한국민간경비학회보』, 제19호, 2012.
- 제주자치경찰단 특별사법경찰제의 실태분석과 개선방안에 관한 연구, 한국경찰연구학회, 『한국경찰연구』, 제11권 제3호(2012 가을).
- 독일경찰대학원의 교육과 연구기능 -독일연방공화국의 경찰행정에 관한 교육, 재교육, 연구의 중심지-, 한국경찰연구학회, 『한국치안행정논집』, 제9권 제1호(2012. 5).
- 서울특별시 특별사법경찰제의 실태분석과 개선방안에 관한 연구, 한국민간경비학회, 『한국민간경비학회보』, 제11권 제3호, 2012.
- 북한이탈주민의 사회일탈 예방을 위한 보안경찰의 역량강화 방안, 한국치안행정학회, 『한국치안행정논집』, 제9권 제4호(2013 2월).
- 특별사법경찰 교육훈련제도의 개선방안에 관한 연구, 한국경찰연구학회, 『한국경찰연구』, 제12권 제1호(2013 봄).
- 서울시 지하철보안관제도의 개선방안에 관한 연구, 한국민간경비학회, 『한국민간경비학회보』, 제12권 제2호, 2013.
- 독일자치경찰제도에 관한 연구, 한국자치경찰학회, 『자치경찰연구』, 제6권 제1호(통권 13호/ 2013 봄), 2013.
- 관광경찰제 도입논쟁에 관한 실태분석, 한국자치경찰학회, 『자치경찰연구』, 제6권 제2호, 2013.
- 캐나다 자치경찰제도에 관한 연구, 한국자치경찰학회, 『자치경찰연구』, 제6권 제3호, 2013.
- 노무현 · 이명박 · 박근혜 정부의 자치경찰제에 관한 실태분석, 한국자치경찰학회, 『자치경찰연구』, 제6권 제4호(통권 제16호), 2013.
- 경찰공무원 보건안전 및 복지기본법 시행에 대한 실태분석, 한국경찰복지연구학회, 『경찰복지연구』, 제1권 제1호(창간호), 2013.
- 순직 · 공상경찰관 후원제도의 실태분석과 개선방안, 한국민간경비학회, 『한국민간경비학회보』, 제13권 제1호(2014 2월).

- 제주자치경찰제에 대한 역사적 고찰, 한국자치경찰학회, 『자치경찰연구』, 제7권 제1호(통권 제17호), 2014.
- 우리나라 관광경찰제의 현황과 미래지향적 제언, 치안정책연구소, 『치안정책연구』, 제28권 제1호(2014년 6월).
- 경찰공무원 보건안전 및 복지증진 제1차 기본계획안의 현황 분석, 한국경찰복지연구학회, 『경찰복지연구』, 제2권 제2호, 2014.
- 독일 주경찰단위의 범죄예방 프로그램에 관한 연구 -바이어른주 안전감시제도와 바덴-뷔르템베르크주 자원경찰관제도를 중심으로-, 한국민간경비학회, 『한국민간경비학회보』, 제14권 제1호, 2015(2월 28일).
- 제주자치경찰제의 변화와 박근혜정부 자치경찰제의 전망, 한국자치경찰학회, 『자치경찰연구』, 제8권 제1호(통권 21호), 2015(3월 31일).
- 제주자치경찰제의 실태분석과 박근혜정부의 자치경찰제 도입 방향-, 한국경찰연구학회, 『한국경찰연구』, 제14권 제2호, 2015(6월 30일).
- 경찰인사구조의 개선을 위한 바람직한 방향, 한국자치경찰학회, 『자치경찰연구』, 제8권 제3호(통권 23호), 2015(9월 30일).
- 경찰교육원의 교육과 재교육기능에 대한 연구, 한국치안행정학회, 『한국치안행정논집』, 제12권 제3호, 2015(11월 30일).
- 공익희생자를 위한 선양사업의 현황과 미래지향적 제언 -국가경찰, 국민안전처 소속 중앙소방본부와 해양경비안전본부 해양경찰을 중심으로-, 한국경찰연구학회, 『한국경찰연구』, 제14권 제4호, 2015(12월 30일).
- 미국과 일본의 순직・공상경찰공무원 보상제도에 관한 연구-, 한국민간경비학회, 『한국민간경비학회보』, 제14권 제5호, 2015(12월 30일).
- 자치경찰제 시행을 대비한 서울시 특별사법경찰단의 운영실태와 발전방안에 관한 연구, 한국자치경찰학회, 『자치경찰연구』, 제9권 제1호(통권 25호), 2016(6월 30일).
- 독일 바이에른주와 바덴-뷔르템베르크주 경찰개혁의 현황과 실태분석, 한국경찰연구학회, 『한국경찰연구』, 제15권 제2호, 2016(6월 30일).
- 식품의약품안전처 특별사법경찰운영에 관한 실태분석, 한국민간경비학회, 『한국민간경비학회보』, 제15권 제3호, 2016(6월 30일).
- 북한이탈주민에 대한 신변보호 관리실태의 문제점과 효율적 개선방안에 관한 연구, 한국치안행정학회, 『한국치안행정논집』, 제13권 제2호, 2016(8월 30일/장승수, 신현기 공저).
- 박근혜 정부의 자치경찰제 도입에 대한 실태분석, 한국자치경찰학회, 『자치경찰연구』, 제9권 제2호(통권 26호), 2016(9월 30일/ 신현기, 이진경, 김재주 공저).
- 2016년 경찰맞춤형복지제도의 시행계획, 한국경찰복지연구학회, 『경찰복지연구』, 제4권 제2호, 2016년(신현기, 양재열 공저).
- 제주특별자치도 자치경찰 활동의 목표설정과 평가 분석, 한국자치경찰학회, 『자치경찰연구』,

제9권 제3호, 2016(신현기, 김재주 공저).

- 프랑크푸르트시 도시경찰제와 서울시 자치경찰제 도입에 관한 실태분석, 한국치안행정학회, 『한국치안행정논집』, 제13권 제4호, 2017(2월 30일).
- 제주자치경찰단 관광경찰제의 현황과 미래지향적 제언, 한국치안행정학회, 『한국치안행정논집』, 제13권 제4호, 2017(11월 23일).
- 순직 · 공상경찰공무원의 복지향상을 위한 공무원 재해보상법, 한국경찰복지연구학회, 『경찰복지연구』, 제6권 제1호, 2018(신현기/김정일).
- 금융감독원 특별사법경찰(특사경)제도 운용 방안, 금융감독원 연구보고서, 2018.
- 특허, 디자인 및 영업비밀 특사경 운영방안, 특허청 연구용역보고서, 2018.

[저자 약력]

신 현 기

가평 설악 중・고등학교
국민대학교 법정대학 행정학과 및 동행정대학원(행정학 석사)
독일 라인란트-팔츠 주 슈파이어(Speyer) 행정대학원 수료
독일 바이에른주립 뮌헨(München)대학교(Dr. phil. / 철학박사 / 정책학 전공 / 사회학 부전공)
(전) 한세대학교 학생처장, 교무처장, 기획처장, 일반대학원장 겸 경찰법무대학원장, 중앙도서관장, 경찰복지학부장, 경찰행정학과장, 한국경찰연구학회장, 한국유럽경찰학회장, 한국치안행정학회장, 한국자치경찰학회장, 한국유럽행정학회장, 한국특별사법경찰학회장, (사)한국자치경찰연구원장, 한독사회과학회 부회장, 한국경찰학회 부회장, 한국테러학회 부회장, 대한경찰복지학회 부회장, 한국민간경비학회 부회장 겸 편집위원, 한국공안행정학회 이사, 경찰청 경찰혁신위원회 위원, 경찰청 치안정책연구소 연구위원, 행정고시 출제위원, 경기경찰청 징계위원, 경찰간부후보생시험 출제위원, 제주자치경찰시험 출제위원, 대통령 소속 지방행정체제개편추진위원회 자치경찰소위원회 실무위원, 대통령 소속 지방자치발전위원회 자문위원, 경찰교육원 발전자문위원, 경찰청 및 경기경찰청 치안정책고객평가단 평가위원 역임
(현) 한세대 경찰행정학과 교수, 기획처장, 미래지식교육원장 겸 평생교육원장, 일반대학원 및 경찰법무대학원 경찰학 석사 / 박사과정 학과장, 사회과학부장, 경찰행정학과장, 한국경찰복지연구학회장, 한국위기관리학회장, 경기남부지방경찰청 인권위원, 군포경찰서 집시위원, 군포시 정보공개청구위원, 의왕시 정보공개청구위원, 경찰청 외사협력위원, 서울시 자치경찰시민회의 위원, 경찰청 경찰복지정책심의위원회 자문위원

경찰인사관리론 [제6판]

2003년 6월 10일 초판 발행
2006년 12월 15일 제2판 발행
2012년 2월 15일 제3판 발행
2014년 2월 20일 제4판 발행
2016년 2월 25일 제5판 발행
2018년 8월 30일 제6판 1쇄 발행

저 자 신 현 기
발행인 배 효 선
발행처 도서출판 法 文 社
주 소 10881 경기도 파주시 회동길 37-29
등 록 1957년 12월 12일/제2-76호(윤)
전 화 (031)955-6500~6 FAX (031)955-6525
E-mail (영업) bms@bobmunsa.co.kr
(편집) edit66@bobmunsa.co.kr
홈페이지 http://www.bobmunsa.co.kr
조 판 광 진 사

정가 27,000원 ISBN 978-89-18-02484-4